TUDO QUE
É SÓLIDO
DESMANCHA
NO AR

MARSHALL BERMAN

TUDO QUE É SÓLIDO DESMANCHA NO AR

A aventura da modernidade

Tradução
Carlos Felipe Moisés
Ana Maria L. Ioriatti

Consultor desta edição
Francisco Foot Hardman

10ª reimpressão

Copyright © 1982 by Marshall Berman
Publicado originalmente por Simon and Schuster
Proibida a venda em Portugal

*Grafia atualizada segundo o Acordo Ortográfico da Língua Portuguesa
de 1990, que entrou em vigor no Brasil em 2009.*

Título original
All that is Solid Melts into Air

Tradução
Carlos Felipe Moisés (Prefácio, Introdução, Capítulos I, II e III); Ana Maria L.
Ioriatti (Capítulos IV e V) e Marcelo Macca (Notas)

Capa
Jeff Fisher

Revisão
Renato Potenza Rodrigues
José Muniz Jr.

Revisão técnica
Carlos Felipe Moisés e João Roberto Martins

Índice remissivo
Verba Editorial

Dados Internacionais de Catalogação na Publicação (CIP)
(Câmara Brasileira do Livro, SP, Brasil)

Berman, Marshall
    Tudo que é sólido desmancha no ar: a aventura da modernidade /
Marshall Berman ; tradução Carlos Felipe Moisés, Ana Maria L. Ioriatti.
— 1ª ed. — São Paulo : Companhia das Letras, 2007.

    Título original: All that is Solid Melts into Air.
    ISBN 978-85-359-1030-8

    1. Civilização moderna — Século 19 2. Civilização moderna —
Século 20 3. Crítica literária I. Hardman, Francisco Foot. II. Título.

07-2625   CDD-909.82

Índice para catálogo sistemático:
1. Civilização contemporânea 909.82

2023

Todos os direitos desta edição reservados à
EDITORA SCHWARCZ S.A.
Rua Bandeira Paulista, 702, cj. 32
04532-002 — São Paulo — SP
Telefone: (11) 3707-3500
www.companhiadasletras.com.br
www.blogdacompanhia.com.br
facebook.com/companhiadasletras
instagram.com/companhiadasletras
twitter.com/cialetras

À memória de
Marc Joseph Berman
1975-1980

SUMÁRIO

Agradecimentos *9*
O caminho largo e aberto *11*
Prefácio *21*
Introdução: Modernidade — ontem, hoje e amanhã *24*

I. O *FAUSTO* DE GOETHE: A TRAGÉDIA DO
    DESENVOLVIMENTO *50*
Primeira metamorfose: o sonhador *54*
Segunda metamorfose: o amador *65*
Terceira metamorfose: o fomentador *77*
Epílogo: Uma era fáustica e pseudofáustica *90*

II. TUDO QUE É SÓLIDO DESMANCHA NO AR:
    MARX, MODERNISMO E MODERNIZAÇÃO *109*
1. A visão diluidora e sua dialética *112*
2. Autodestruição inovadora *122*
3. Nudez: o homem desacomodado *130*
4. A metamorfose dos valores *136*
5. A perda do halo *140*
   Conclusão: A cultura e as contradições do
      capitalismo *146*

III. BAUDELAIRE: O MODERNISMO NAS RUAS *158*
1. Modernismo pastoral e antipastoral *162*
2. O heroísmo da vida moderna *171*
3. A família de olhos *178*

4. O lodaçal de macadame *185*
5. O século xx: o halo e a rodovia *196*

  IV. PETERSBURGO: O MODERNISMO DO
     SUBDESENVOLVIMENTO *204*
1. A cidade real e irreal 207
    "A geometria surgiu": a cidade nos pântanos *207*
    "O Cavaleiro de Bronze" de Puchkin: o funcionário
     e o czar *213*
    Petersburgo sob Nicolau I: palácio × projeto *223*
    Gogol: a rua real e surreal *229*
    Palavras e sapatos: o jovem Dostoievski *243*
2. A década de 1860 — o novo homem na rua *250*
    Chernyshevski: a rua como fronteira *253*
    O homem do subterrâneo na rua *257*
    Petersburgo × Paris: duas tendências do modernismo
     nas ruas *268*
    O projeto político *272*
    Epílogo: O Palácio de Cristal, fato e símbolo *275*
3. O século xx: ascensão e queda da cidade *290*
    1905: mais luz, mais sombras *290*
    Petersburgo de Bieli: passaporte para a sombra *298*
    Mandelstam: a palavra abençoada sem sentido *316*
    Conclusão: o projeto de Petersburgo *333*

  V. NA FLORESTA DOS SÍMBOLOS: ALGUMAS NOTAS
    SOBRE O MODERNISMO EM NOVA YORK *336*
1. Robert Moses: o mundo da via expressa *339*
2. A década de 1960: um grito na rua *366*
3. A década de 1970: trazer tudo de volta ao lar *386*

Notas *411*
Índice remissivo *451*
Sobre o autor *465*

AGRADECIMENTOS

Este livro está longe de ser um livro confessional. Apesar disso, como o levei dentro de mim por muitos anos, creio que é, de algum modo, a história da minha vida. Impossível agradecer aqui a todos aqueles que conviveram comigo, através do livro, e colaboraram para que ele fosse o que é: os nomes seriam demasiados, os predicados muito complexos, as emoções muito intensas; a tarefa de preparar a lista jamais começaria ou, antes, jamais chegaria ao fim. O que segue é apenas um ponto de partida. Pela energia, as ideias, o apoio e o amor, meu profundo agradecimento a Betty e Diane Berman, Morris e Lore Dickstein, Sam Girgus, Denise Green, Irving Howe, Leonard Kriegel, Meredith e Corey Tax, Gaye Tuchman, Michael Walzer; a Georges Borchardt e Michel Radomisli; a Erwin Glikes, Barbara Grossman e Susan Dwyer na Simon and Schuster; a Allen Ballard, George Fischer e Richard Wortman, de quem recebi especial ajuda em relação a São Petersburgo; aos meus alunos e colegas do City College e da City University de Nova York, de Stanford e da Universidade do Novo México; aos participantes do Seminário sobre Pensamento Político e Social, na Universidade Colúmbia, e do Seminário sobre Cultura Urbana, na Universidade de Nova York; ao National Endowment for the Humanities; ao Purple Circle Day Care Center; a Lionel Trilling e Henry Pachter, que me encorajaram a iniciar este livro e a persistir no projeto, mas que não viveram para vê-lo impresso; e a muitos outros, não mencionados aqui, porém não esquecidos, que muito me ajudaram.

O CAMINHO LARGO E ABERTO*

EM *TUDO QUE É SÓLIDO DESMANCHA NO AR*, defino modernismo como qualquer tentativa feita por mulheres e homens modernos no sentido de se tornarem não apenas objetos mas também sujeitos da modernização, de apreenderem o mundo moderno e de se sentirem em casa nele. Trata-se de uma concepção de modernismo mais ampla e mais inclusiva do que as que costumamos encontrar em obras acadêmicas. Ela implica uma visão aberta e abrangente da cultura; é muito diferente da abordagem museológica que subdivide a atividade humana em fragmentos e os enquadra em casos separados, rotulados em termos de tempo, lugar, idioma, gênero e disciplina acadêmica.

O caminho largo e aberto é apenas um entre muitos outros possíveis, mas tem suas vantagens. Ele nos permite ver uma grande variedade de atividades artísticas, intelectuais, religiosas e políticas como partes de um mesmo processo dialético, e desenvolver uma interação criativa entre elas. Ele cria condições para o estabelecimento de um diálogo entre o passado, o presente e o futuro. Ele transpõe as fronteiras do espaço físico e social, revelando solidariedades entre grandes artistas e pessoas comuns, e também entre pessoas que vivem nas regiões a que damos os nomes pouco adequados de Velho Mundo, Novo Mundo e Terceiro Mundo. Ele estabelece uma união que transcende as barreiras de etnia e nacionalidade, sexo, classe e raça. Ele nos proporciona uma visão mais ampla de nossa própria experiência, mostrando-nos que em nossa vida há mais do que imaginamos, e dá ao tempo em que vivemos mais intensidade e profundidade.

* Prefácio à edição Penguin de 1988.

Sem dúvida, esta não é a única maneira de interpretar a cultura moderna ou a cultura em geral. Mas ela faz sentido se queremos que a cultura seja um estímulo à vida atual, e não um culto aos mortos.

Se encaramos o modernismo como um empreendimento cujo objetivo é fazer que nos sintamos em casa num mundo constantemente em mudança, nos damos conta de que nenhuma modalidade de modernismo jamais poderá ser definitiva. Nossas construções e realizações mais criativas estão fadadas a se transformar em prisões e sepulcros caiados; para que a vida possa continuar, nós ou nossos filhos teremos de escapar delas ou então transformá-las. É o que sugere o homem do subterrâneo de Dostoievski em seu infindável diálogo interior:

> Julgam, porventura, meus senhores, que estou dizendo desatinos? Deem-me licença para que me justifique. Concordo que o homem é um animal, geralmente criador, que tem a obrigação de perseguir um objetivo com plena consciência e fazer trabalho de engenheiro, quer dizer, abrir caminho eternamente e sem cessar, seja em que direção for. [...] Que o homem tem tendência para construir e traçar caminhos é indiscutível. Mas [...] não será possível [...] que sinta um terror instintivo de chegar ao fim da obra e acabar o edifício? Não poderá suceder que goste só de ver o edifício de longe, e não de perto; *que apenas lhe agrade construí-lo, mas não habitá-lo?*

Tive a oportunidade de vivenciar e mesmo participar de um choque muito intenso entre modernismos quando estive no Brasil em agosto de 1987 para participar de um debate sobre o presente livro. Minha primeira escala foi Brasília, a capital criada por decreto, *ex nihilo*, pelo presidente Juscelino Kubitschek, no final dos anos 1950 e início dos anos 1960, exatamente no centro geográfico do país. A cidade foi planejada e projetada por Lúcio Costa e Oscar Niemeyer, discípulos esquerdistas de Le Corbusier. Vista do ar, Brasília parecia dinâmica e fascinante:

de fato, a cidade foi feita de modo a assemelhar-se a um avião a jato tal como aquele do qual eu (e quase todas as outras pessoas que lá vão) a vemos pela primeira vez. Vista do nível do chão, porém, do lugar onde as pessoas moram e trabalham, é uma das cidades mais inóspitas do mundo. Não caberia aqui uma descrição detalhada do projeto da cidade, mas a sensação geral que se tem — confirmada por todos os brasileiros que conheci — é a de enormes espaços vazios em que o indivíduo se sente perdido, tão sozinho quando um homem na Lua. Há uma ausência deliberada de espaços públicos em que as pessoas possam se reunir e conversar, ou simplesmente olhar uma para a outra e passar o tempo. A grande tradição do urbanismo latino, em que a vida urbana se organiza em torno de uma grande praça, é rejeitada de modo explícito.

O projeto de Brasília talvez fizesse sentido para a capital de uma ditadura militar, comandada por generais que quisessem manter a população a certa distância, isolada e controlada. Como capital de uma democracia, porém, é um escândalo. Para que o Brasil possa continuar democrático, declarei em debates públicos e aos meios de comunicação, ele precisa de espaços públicos democráticos aonde pessoas vindas dos quatro cantos do país possam convergir e reunir-se livremente, conversar umas com as outras e dirigir-se a seus governantes — porque numa democracia, afinal de contas, o governo pertence às pessoas — para discutir suas necessidades e desejos, e para manifestar sua vontade.

Depois de algum tempo, Niemeyer respondeu. Após uma série de comentários pouco lisonjeiros a meu respeito, ele disse algo mais interessante: Brasília simbolizava as aspirações e esperanças do povo brasileiro, e qualquer ataque ao projeto da cidade era um ataque ao próprio povo. Um de seus seguidores acrescentou que era sinal de meu vazio interior eu pretender ser modernista e ao mesmo tempo atacar uma obra que figura entre as maiores encarnações do modernismo.

Tudo isso me fez pensar. Num ponto Niemeyer estava certo: quando foi concebida e planejada, nos anos 1950 e início

13

dos anos 1960, Brasília de fato representava as esperanças do povo brasileiro, em particular seu desejo de modernidade. O grande hiato entre essas esperanças e sua realização parece dar razão ao homem subterrâneo: para homens modernos, pode ser uma aventura criativa construir um palácio, e no entanto ter de morar nele pode virar um pesadelo.

Esse problema é particularmente crucial para um modernismo que impede ou hostiliza a mudança — melhor dizendo, um modernismo que busca uma única grande mudança, e depois não aceita mais nenhuma. Niemeyer e Costa, tal como Le Corbusier, acreditavam que o arquiteto moderno deve usar a tecnologia para concretizar certas formas ideais, clássicas, eternas. Se isso pudesse ser feito na escala de uma cidade inteira, ela seria perfeita e completa; suas fronteiras poderiam se estender, mas ela jamais deveria se desenvolver a partir de dentro. Tal como o Palácio de Cristal imaginado por Dostoievski, a Brasília de Costa e Niemeyer não deixava a seus cidadãos — e aos outros brasileiros — "nada mais a fazer".

Em 1964, pouco depois da inauguração da nova capital, a democracia brasileira foi derrubada, sendo instaurada uma ditadura militar. Durante o período de governo militar (ao qual Niemeyer se opôs), a população teve de enfrentar crimes muito mais sérios do que as falhas no projeto da capital. Mas quando os brasileiros reconquistaram a liberdade, no final dos anos 1970 e início dos 1980, era inevitável que muitos deles manifestassem seu descontentamento com a cidade, que parecia ter sido projetada com o fim de mantê-los calados. Niemeyer deveria ter percebido que uma obra modernista que negava algumas das mais básicas prerrogativas modernas dos cidadãos — falar, reunir-se, discutir, manifestar suas necessidades — fatalmente conquistaria muitos inimigos. Em meus pronunciamentos no Rio, São Paulo e Recife, terminei atuando como porta-voz de uma indignação generalizada a respeito de uma cidade que, como muitos brasileiros me disseram, não tinha lugar para eles.

Mas até que ponto a culpa foi de Niemeyer? Se algum

outro arquiteto tivesse vencido a concorrência para o projeto da cidade, é provável que o resultado final fosse um cenário mais ou menos tão desolador quanto o atual. Pois não é verdade que tudo que há de mais empobrecedor em Brasília era coerente com o consenso mundial dos planejadores e designers mais progressistas da época? Foi só nos anos 1960 e 1970, depois que a geração responsável pela construção de proto-Brasílias em todo o mundo — inclusive nas cidades e subúrbios do meu país — teve oportunidade de morar em tais lugares, que ficaram claras as deficiências do mundo criado por esses modernistas. Então, tal como o homem do subterrâneo no Palácio de Cristal, essas pessoas (e seus filhos) começaram a fazer caretas e gestos ofensivos, e a criar um modernismo alternativo que afirmasse a presença e a dignidade de todas as pessoas que haviam sido excluídas.

Minha visão das deficiências de Brasília me fez voltar a um dos temas centrais de meu livro, um tema que me parecia tão óbvio que não o expus com a clareza necessária: a importância da comunicação e do diálogo. Pode parecer que não há nada de particularmente moderno nessas atividades, as quais remontam — e mesmo definem em parte — os primórdios da civilização, e já eram afirmadas como valores humanos básicos pelos profetas bíblicos e por Sócrates há mais de 2 mil anos. Porém acredito que a comunicação e o diálogo ganharam um peso e uma urgência especiais nos tempos modernos, porque a subjetividade e a interioridade estão mais ricas e mais intensamente desenvolvidas, e ao mesmo tempo mais solitárias e ameaçadas, do que em qualquer outro período da história. Nesse contexto, a comunicação e o diálogo se tornam necessidades críticas e também fontes fundamentais de deleite. Num mundo em que os significados se dissolvem no ar, essas experiências estão entre as poucas fontes de sentido com que podemos contar. Uma das coisas que podem tornar a vida moderna digna de ser vivida é o fato de que ela nos proporciona mais oportunidades — por vezes até nos impondo a obrigação — de conversar, de fazer um esforço no sentido de compreender o outro. Precisamos aproveitar ao máximo essas possibilidades; elas deveriam determinar o modo como organizamos nossas cidades e nossa vida.*

Muitos leitores me perguntaram por que motivo não escrevi sobre uma série de pessoas, lugares, ideias e movimentos que no mínimo serviriam tão bem ao meu projeto geral quanto os temas que escolhi. Por que deixei de fora Proust e Freud, Berlim e Xangai, Mishima e Sembene, os expressionistas abstratos de Nova York ou o conjunto de rock tchecoslovaco Plastic People of the Universe? A resposta mais simples é que eu queria que *Tudo que é sólido desmancha no ar* fosse publicado enquanto eu ainda estivesse vivo. Por isso foi necessário decidir, a certa altura, não exatamente terminar o livro, e sim parar de escrevê-lo. Além disso, jamais fora minha intenção compilar uma enciclopédia da modernidade. Meu objetivo era desenvolver uma série de visões e paradigmas que pudessem inspirar as pessoas a explorar *suas próprias* experiências e histórias de modo mais detalhado e aprofundado. Minha ideia era escrever um livro que fosse aberto e permanecesse aberto, um livro em que os leitores pudessem incluir capítulos de sua própria lavra.

Alguns leitores podem achar que não dei atenção suficiente ao volumoso discurso contemporâneo em torno do conceito de pós-modernidade. Esse discurso começou a ser propagado a partir da França no final dos anos 1970, sendo seus principais proponentes os rebeldes de 1968, agora desiludidos, orbitando em torno do pós-estruturalismo: Roland Barthes, Michel Foucault, Jacques Derrida, Jean-François Lyotard, Jean Baudrillard e seus incontáveis seguidores. Na década de 1980, o pós-modernismo tornou-se um tema obrigatório das discussões estéticas e literárias nos Estados Unidos.[1]

Pode-se dizer que os pós-modernistas desenvolveram um paradigma que se opõe frontalmente ao que é proposto na presente obra. Defendo a ideia de que a vida, a arte e o pensamento

---

* Este tema aponta para ligações com pensadores como Georg Simmel, Martin Buber e Jürgen Habermas.

modernos têm uma capacidade de autocrítica e autorrenovação perpétuas. Já os pós-modernistas afirmam que o horizonte da modernidade está fechado, suas energias estão exauridas — em outras palavras, que a modernidade acabou. O pensamento social pós-modernista vê com desprezo todas as esperanças coletivas de progresso moral e social, liberdade individual e felicidade pública, que nos foram legadas pelos modernistas do Iluminismo setecentista. Essas esperanças, segundo os pós--modernos, se revelaram falidas, na melhor das hipóteses fantasias vazias e fúteis, na pior delas máquinas que promoveram a dominação e uma escravização monstruosa. Os pós-modernistas julgam saber ler nas entrelinhas dos "grandes relatos" da cultura moderna, em particular o relato da "humanidade como herói da liberdade". A sofisticação pós-moderna caracteriza-se por ter perdido "a própria nostalgia do relato perdido".[2]

Numa obra recente, *O discurso filosófico da modernidade*, Jürgen Habermas põe a nu os pontos fracos do pensamento pós--moderno de modo mais detalhado e incisivo. Devo escrever algo no mesmo sentido no próximo ano. Por ora, o melhor que posso fazer é reafirmar a visão geral de modernidade que exponho neste livro. Os leitores podem se perguntar se o mundo de Goethe, Marx, Baudelaire, Dostoievski e tantos outros, tal como o apresento, é de fato radicalmente diferente do nosso. Será que deixamos mesmo para trás os dilemas que surgem quando "tudo que é sólido desmancha no ar", ou o sonho de uma vida em que "o livre desenvolvimento de cada um é a condição para o livre desenvolvimento de todos"? Creio que não. Mas espero que este livro ajude os leitores a formar juízos próprios sobre o tema.

Há um sentimento moderno que lamento não ter explorado com mais profundidade. Refiro-me ao medo generalizado, e muitas vezes desesperado, da liberdade que a modernidade confere a todo indivíduo, e o desejo de fugir dessa liberdade (para usar a expressão feliz cunhada por Erich Fromm em 1941) por quaisquer meios. Este horror tipicamente moderno foi explorado pela primeira vez por Dostoievski na sua parábola do Grande Inquisidor (*Os irmãos Karamazov*, 1881). Diz o Inquisidor: "O homem prefere a paz e até mesmo a morte à liberdade de discernir o bem e o mal. Não há nada de mais sedutor para o homem do que o livre-arbítrio, mas também nada de mais doloroso". Em seguida, ele sai do cenário da história, Sevilha no tempo da Contrarreforma, e se dirige diretamente à plateia de Dostoievski, no final do século XIX: "Jamais os homens se creram tão livres como agora, e no entanto eles depositaram sua liberdade humildemente a nossos pés".

O Grande Inquisidor projetou uma sombra lúgubre sobre a política do século XX. Inúmeros demagogos e movimentos demagógicos conquistaram o poder e a adoração das massas ao tirar dos ombros do povo o fardo da liberdade. (O atual déspota sagrado do Irã chega mesmo a parecer-se fisicamente com o Grande Inquisidor.) Os regimes fascistas do período 1922-45 podem vir a ser considerados apenas um primeiro capítulo na história ainda em andamento do autoritarismo radical. Muitos movimentos desse tipo, na verdade, valorizam a tecnologia, as comunicações e as técnicas de mobilização de massa do mundo moderno, e as utilizam com o fim de esmagar as liberdades modernas. Alguns desses movimentos foram defendidos com ardor por grandes modernistas: Ezra Pound, Heidegger, Céline. Os paradoxos e perigos envolvidos nessa questão são terríveis e profundos. Dou-me conta de que um modernista sincero precisa examinar as profundezas desse abismo mais atentamente do que o fiz até agora.

Isso ficou muito claro para mim no início de 1981, quando *Tudo que é sólido desmancha no ar* foi para a gráfica e teve início o governo de Ronald Reagan. Uma das forças mais importantes da coalizão que levou Reagan ao poder foi a vontade de destroçar todo e qualquer vestígio de "humanismo secular" e transformar os Estados Unidos num estado policial teocrático. O ativismo frenético (e muito bem financiado) desse movimento convenceu muitas pessoas, inclusive seus adversários veementes, de que seria essa a onda do futuro.

Agora, porém, passados sete anos, os fanáticos inquisitoriais de Reagan estão sendo rechaçados de modo categórico no

Congresso, nos tribunais (até mesmo na Suprema Corte, dominada por juízes escolhidos por Reagan) e na tribuna da opinião pública. Foi possível enganar o povo americano a ponto de fazê-lo votar em Reagan, mas ficou claro que o povo não está disposto a entregar suas liberdades ao presidente. Os americanos se recusam a abrir mão do processo legal justo (mesmo em nome de uma guerra à criminalidade), dos direitos civis (mesmo quando sentem medo e desconfiança em relação aos negros), da liberdade de expressão (mesmo que não gostem de pornografia), nem do direito à privacidade e da liberdade de fazer opções sexuais (mesmo que sejam contrários ao aborto e abominem os homossexuais). Até mesmo americanos que se consideram profundamente religiosos rejeitaram uma cruzada teocrática com o objetivo de obrigar toda a população a cair de joelhos. A resistência — que inclui eleitores de Reagan — à "plataforma social" de Reagan mostra como é profundo o compromisso do homem comum com a modernidade e seus valores mais fundamentais. Ela mostra também que as pessoas podem ser modernistas mesmo nunca tendo ouvido a palavra "modernismo" em suas vidas.

Em *Tudo que é sólido desmancha no ar*, tentei propor uma perspectiva que apresentasse uma grande variedade de movimentos culturais e políticos como parte de um mesmo processo: mulheres e homens modernos afirmando sua dignidade no presente — mesmo num presente miserável e opressivo — e seu direito de controlar o próprio futuro; tentando criar para si próprios um lugar no mundo moderno, um lugar em que possam se sentir em casa. Com base nesse ponto de vista, as lutas pela democracia que estão ocorrendo em todo o mundo contemporâneo são de importância fundamental para o significado e o poder do modernismo. As massas anônimas que arriscam a própria vida — de Gdansk a Manila, de Soweto a Seul — estão criando novas formas de expressão coletiva. O Solidarność e o People Power são realizações tão notáveis quanto *The waste land* e *Guernica*. O "grande relato" que apresenta "a humanidade como herói da liberdade" está longe de ter se encerrado: novos sujeitos e novos atos surgem o tempo todo.

O grande crítico Lionel Trilling criou uma expressão em 1968: "modernismo nas ruas". Espero que os leitores deste livro se lembrem de que o lugar do modernismo é nas ruas, nas nossas ruas. O caminho aberto leva à praça pública.

PREFÁCIO

DURANTE A MAIOR PARTE DA MINHA VIDA, desde que me ensinaram que eu vivia num "edifício moderno" e crescia no seio de uma "família moderna", no Bronx de trinta anos atrás, tenho sido fascinado pelos sentidos possíveis da modernidade. Neste livro, tentei descortinar algumas das dimensões de sentido, tentei explorar e mapear as aventuras e horrores, as ambiguidades e ironias da vida moderna. O livro progride e se desenvolve através de vários caminhos de leitura: leitura de textos — o *Fausto* de Goethe, o *Manifesto do Partido Comunista*, as *Notas do subterrâneo*, e muitos mais; mas tentei também ler ambientes espaciais e sociais — pequenas cidades, grandes empreendimentos da construção civil, represas e usinas de força, o Palácio de Cristal de Joseph Paxton, os bulevares parisienses de Haussmann, os projetos de Petersburgo, as rodovias de Robert Moses através de Nova York; e por fim tentei ler a vida das pessoas, a vida real e ficcional, desde o tempo de Goethe, depois de Marx e Baudelaire, até o nosso tempo. Tentei mostrar como essas pessoas partilham e como esses livros e ambientes expressam algumas preocupações especificamente modernas. São todos movidos, ao mesmo tempo, pelo desejo de mudança — de autotransformação e de transformação do mundo em redor — e pelo terror da desorientação e da desintegração, o terror da vida que se desfaz em pedaços. Todos conhecem a vertigem e o terror de um mundo no qual "tudo o que é sólido desmancha no ar".

Ser moderno é viver uma vida de paradoxo e contradição. É sentir-se fortalecido pelas imensas organizações burocráticas que detêm o poder de controlar e frequentemente destruir comunidades, valores, vidas; e ainda sentir-se compelido a enfrentar essas forças, a lutar para mudar o *seu* mundo transformando-o em *nosso* mundo. É ser ao mesmo tempo revolucionário e conservador: aberto a novas possibilidades de experiência e aventura, aterrorizado pelo abismo niilista ao qual tantas das aventuras modernas conduzem, na expectativa de criar e conservar algo real, ainda quando tudo em volta se desfaz. Dir-se-ia que para ser inteiramente moderno é preciso ser antimoderno: desde os tempos de Marx e Dostoievski até o nosso próprio tempo, tem sido impossível agarrar e envolver as potencialidades do mundo moderno sem abominação e luta contra algumas das suas realidades mais palpáveis. Não surpreende, pois, como afirmou Kierkegaard, esse grande modernista e antimodernista, que a mais profunda seriedade moderna deva expressar-se através da ironia. A ironia moderna se insinua em muitas das grandes obras de arte e pensamento do século XIX; ao mesmo tempo ela se dissemina por milhões de pessoas comuns, em suas existências cotidianas. Este livro pretende juntar essas obras e essas vidas, restaurar o vigor espiritual da cultura modernista para o homem e a mulher do dia a dia; pretende mostrar como, para todos nós, modernismo é realismo. Isso não resolverá as contradições que impregnam a vida moderna, mas auxiliará a compreendê-las, para que possamos ser claros e honestos ao avaliar e enfrentar as forças que nos fazem ser o que somos.

Logo depois de terminado este livro, meu filho bem-amado, Marc, de cinco anos, foi tirado de mim. A ele eu dedico *Tudo que é sólido desmancha no ar*. Sua vida e sua morte trazem muitas das ideias e temas do livro para bem perto: no mundo moderno, aqueles que são mais felizes na tranquilidade doméstica, como ele era, talvez sejam os mais vulneráveis aos demônios que assediam esse mundo; a rotina diária dos parques e bicicletas, das compras, do comer e limpar-se, dos abraços e beijos costumeiros, talvez não seja apenas infinitamente bela e festiva, mas também infinitamente frágil e precária; manter essa vida exige talvez esforços desesperados e heroicos, e às vezes perdemos. Ivan Karamazov diz que, acima de tudo o mais, a morte de uma criança lhe dá ganas de devolver ao universo o seu bilhete de entrada. Mas ele não o faz. Ele continua a lutar e a amar; ele continua a continuar.

Cidade de Nova York
Janeiro de 1981

Introdução
MODERNIDADE:
ONTEM, HOJE E AMANHÃ

EXISTE UM TIPO DE EXPERIÊNCIA vital — experiência de tempo e espaço, de si mesmo e dos outros, das possibilidades e perigos da vida — que é compartilhada por homens e mulheres em todo o mundo, hoje. Designarei esse conjunto de experiências como "modernidade". Ser moderno é encontrar-se em um ambiente que promete aventura, poder, alegria, crescimento, autotransformação e transformação das coisas em redor — mas ao mesmo tempo ameaça destruir tudo o que temos, tudo o que sabemos, tudo o que somos. A experiência ambiental da modernidade anula todas as fronteiras geográficas e raciais, de classe e nacionalidade, de religião e ideologia: nesse sentido, pode-se dizer que a modernidade une a espécie humana. Porém, é uma unidade paradoxal, uma unidade de desunidade: ela nos despeja a todos num turbilhão de permanente desintegração e mudança, de luta e contradição, de ambiguidade e angústia. Ser moderno é fazer parte de um universo no qual, como disse Marx, "tudo que é sólido desmancha no ar".

As pessoas que se encontram em meio a esse turbilhão estão aptas a sentir-se como as primeiras, e talvez as últimas, a passar por isso; tal sentimento engendrou inúmeros mitos nostálgicos de um pré-moderno Paraíso Perdido. Na verdade, contudo, um grande e sempre crescente número de pessoas vem caminhando através desse turbilhão há cerca de quinhentos anos. Embora muitas delas tenham provavelmente experimentado a modernidade como uma ameaça radical a toda sua história e tradições, a modernidade, no curso de cinco séculos, desenvolveu uma rica história e uma variedade de tradições próprias. Minha intenção é explorar e mapear essas tradições, a fim de compreender de que modo elas podem nutrir e enriquecer nossa própria modernidade e como podem empobrecer ou obscurecer o nosso senso do que seja ou possa ser a modernidade.

O turbilhão da vida moderna tem sido alimentado por muitas fontes: grandes descobertas nas ciências físicas, com a mudança da nossa imagem do universo e do lugar que ocupamos nele; a industrialização da produção, que transforma conhecimento científico em tecnologia, cria novos ambientes humanos e destrói os antigos, acelera o próprio ritmo de vida, gera novas formas de poder corporativo e de luta de classes; descomunal explosão demográfica, que penaliza milhões de pessoas arrancadas de seu *habitat* ancestral, empurrando-as pelos caminhos do mundo em direção a novas vidas; rápido e muitas vezes catastrófico crescimento urbano; sistemas de comunicação de massa, dinâmicos em seu desenvolvimento, que embrulham e amarram, no mesmo pacote, os mais variados indivíduos e sociedades; Estados nacionais cada vez mais poderosos, burocraticamente estruturados e geridos, que lutam com obstinação para expandir seu poder; movimentos sociais de massa e de nações, desafiando seus governantes políticos ou econômicos, lutando por obter algum controle sobre suas vidas; enfim, dirigindo e manipulando todas as pessoas e instituições, um mercado capitalista mundial, drasticamente flutuante, em permanente expansão. No século XX, os processos sociais que dão vida a esse turbilhão, mantendo-o num perpétuo estado de vir-a-ser, vêm a chamar-se "modernização". Este livro é um estudo sobre a dialética da modernização e do modernismo.

Na esperança de ter algum controle sobre algo tão vasto quanto a história da modernidade, decidi dividi-la em três fases. Na primeira fase, do início do século XVI até o fim do século XVIII, as pessoas estão apenas começando a experimentar a vida moderna; mal fazem ideia do que as atingiu. Elas tateiam, desesperadamente mas em estado de semicegueira, no encalço de um vocabulário adequado; têm pouco ou nenhum senso de um público ou comunidade moderna, dentro da qual seus julgamentos e esperanças pudessem ser compartilhados. Nossa segunda fase começa com a grande onda revolucionária de 1790. Com a

Revolução Francesa e suas reverberações, ganha vida, de maneira abrupta e dramática, um grande e moderno público. Esse público partilha o sentimento de viver em uma era revolucionária, uma era que desencadeia explosivas convulsões em todos os níveis de vida pessoal, social e política. Ao mesmo tempo, o público moderno do século XIX ainda se lembra do que é viver, material e espiritualmente, em um mundo que não chega a ser moderno por inteiro. É dessa profunda dicotomia, dessa sensação de viver em dois mundos simultaneamente, que emerge e se desdobra a ideia de modernismo e modernização. No século XX, nossa terceira e última fase, o processo de modernização se expande a ponto de abarcar virtualmente o mundo todo, e a cultura mundial do modernismo em desenvolvimento atinge espetaculares triunfos na arte e no pensamento. Por outro lado, à medida que se expande, o público moderno se multiplica em uma multidão de fragmentos, que falam linguagens incomensuravelmente confidenciais; a ideia de modernidade, concebida em inúmeros e fragmentários caminhos, perde muito de sua nitidez, ressonância e profundidade e perde sua capacidade de organizar e dar sentido à vida das pessoas. Em consequência disso, encontramo-nos hoje em meio a uma era moderna que perdeu contato com as raízes de sua própria modernidade.

Se existe uma voz moderna, arquetípica, na primeira fase da modernidade, antes das revoluções francesa e americana, essa é a voz de Jean-Jacques Rousseau. Rousseau é o primeiro a usar a palavra *moderniste* no sentido em que os séculos XIX e XX a usarão; e ele é a matriz de algumas das mais vitais tradições modernas, do devaneio nostálgico à autoespeculação psicanalítica e à democracia participativa. Rousseau era, como se sabe, um homem profundamente perturbado. Muito de sua angústia decorre das condições peculiares de uma vida difícil; mas parte dela deriva de sua aguda sensibilidade às condições sociais que começavam a moldar a vida de milhões de pessoas. Rousseau aturdiu seus contemporâneos proclamando que a sociedade europeia estava "à beira do abismo", no limite das mais explosivas conturbações revolucionárias. Ele experimentou a vida cotidiana nessa sociedade — especialmente em Paris, sua capital — como um redemoinho, *le tourbillon social*.[1] Como era, para o indivíduo, mover-se e viver em meio ao redemoinho?

Na sua romântica novela *A nova Heloísa*, o jovem herói, Saint-Preux, realiza um movimento exploratório — um movimento arquetípico para milhões de jovens nas épocas seguintes — do campo para a cidade. Saint-Preux escreve à sua amada, Julie, das profundezas do *tourbillon social*, tentando transmitir--lhe suas fantasias e apreensões. Ele experimenta a vida metropolitana como "uma permanente colisão de grupos e conluios, um contínuo fluxo e refluxo de opiniões conflitivas. [...] Todos se colocam frequentemente em contradição consigo mesmos", e "tudo é absurdo, mas nada é chocante, porque todos se acostumam a tudo". Este é um mundo em que "o bom, o mau, o belo, o feio, a verdade, a virtude, têm uma existência apenas local e limitada". Uma infinidade de novas experiências se oferecem, mas quem quer que pretenda desfrutá-las "precisa ser mais flexível que Alcibíades, pronto a mudar seus princípios diante da plateia, a fim de reajustar seu espírito a cada passo". Após alguns meses nesse meio,

> eu começo a sentir a embriaguez a que essa vida agitada e tumultuosa me condena. Com tal quantidade de objetos desfilando diante de meus olhos, eu vou ficando aturdido. De todas as coisas que me atraem, nenhuma toca o meu coração, embora todas juntas perturbem meus sentimentos, de modo a fazer que eu esqueça o que sou e qual meu lugar.

Ele reafirma sua intenção de manter-se fiel ao primeiro amor, não obstante receie, como ele mesmo o diz: "Eu não sei, a cada dia, o que vou amar no dia seguinte". Sonha desesperadamente com algo sólido a que se apegar, mas "eu vejo apenas fantasmas que rondam meus olhos e desaparecem assim que os tento agarrar".[2] Essa atmosfera — de agitação e turbulência, aturdimento psíquico e embriaguez, expansão das possibilidades de experiência e destruição das barreiras morais e dos compromissos pessoais, autoexpansão e autodesordem, fantasmas na rua e na alma — é a atmosfera que dá origem à sensibilidade moderna.

Se nos adiantarmos cerca de um século, para tentar identificar os timbres e ritmos peculiares da modernidade do século XIX, a primeira coisa que observaremos será a nova paisagem, altamente desenvolvida, diferenciada e dinâmica, na qual tem lugar a experiência moderna. Trata-se de uma paisagem de engenhos a vapor, fábricas automatizadas, ferrovias, amplas novas zonas industriais; prolíficas cidades que cresceram do dia para a noite, quase sempre com aterradoras consequências para o ser humano; jornais diários, telégrafos, telefones e outros instrumentos de *media*, que se comunicam em escala cada vez maior; Estados nacionais cada vez mais fortes e conglomerados multinacionais de capital; movimentos sociais de massa, que lutam contra essas modernizações de cima para baixo, contando só com seus próprios meios de modernização de baixo para cima; um mercado mundial que a tudo abarca, em crescente expansão, capaz de um estarrecedor desperdício e devastação, capaz de tudo exceto solidez e estabilidade. Todos os grandes modernistas do século XIX atacam esse ambiente, com paixão, e se esforçam por fazê-lo ruir ou explorá-lo a partir do seu interior; apesar disso, todos se sentem surpreendentemente à vontade em meio a isso tudo, sensíveis às novas possibilidades, positivos ainda em suas negações radicais, jocosos e irônicos ainda em seus momentos de mais grave seriedade e profundidade.

Pode-se ter uma ideia da complexidade e riqueza do modernismo do século XIX, assim como das unidades que alimentam sua multiplicidade, prestando atenção a duas de suas vozes mais distintas: Nietzsche, que é geralmente aceito como fonte de muitos dos modernismos do nosso tempo, e Marx, que não é comumente associado a qualquer modernismo.

Primeiro, Marx, falando um inglês desajeitado, mas convincente, em Londres, em 1856.[3] "As assim chamadas revoluções de 1848 foram apenas incidentes desprezíveis", ele começa, "pequenas fraturas e fissuras na crista seca da sociedade europeia. Mas denunciaram o abismo. Sob a superfície aparentemente sólida, deixaram entrever oceanos de matéria líquida, que apenas aguardam a expansão para transformar em fragmentos continentes inteiros de rocha dura." As classes dirigentes do movimento reacionário de 1850 dizem ao mundo que tudo está sólido outra vez; porém não está claro se eles próprios acreditam nisso. De fato, diz Marx, "a atmosfera sob a qual vivemos pesa várias toneladas sobre cada um de nós — mas vocês o sentem?". Um dos propósitos mais firmes de Marx foi fazer o povo "sentir"; eis por que suas ideias são expressas através de imagens tão intensas e extravagantes — abismos, terremotos, erupções vulcânicas, pressão de forças gravitacionais —, imagens que continuarão a ecoar na arte e no pensamento modernista do nosso tempo. Marx continua: "Há um fato eloquente, característico deste nosso século XIX, um fato que nenhuma facção ousa negar". O fato básico da vida moderna, conforme a vê Marx, é que essa vida é radicalmente contraditória na sua base:

> De um lado, tiveram acesso à vida forças industriais e científicas de que nenhuma época anterior, na história da humanidade, chegara a suspeitar. De outro lado, estamos diante de sintomas de decadência que ultrapassam em muito os horrores dos últimos tempos do Império Romano. Em nossos dias, tudo parece estar impregnado do seu contrário. O maquinário, dotado do maravilhoso poder de amenizar e aperfeiçoar o trabalho humano, só faz, como se observa, sacrificá-lo e sobrecarregá-lo. As mais avançadas fontes de saúde, graças a uma misteriosa distorção, tornaram-se fontes de penúria. As conquistas da arte parecem ter sido conseguidas com a perda do caráter. Na mesma instância em que a humanidade domina a natureza, o homem parece escravizar-se a outros homens ou à sua própria infâmia. Até a pura luz da ciência parece incapaz de brilhar senão no escuro pano de fundo da ignorância. Todas as nossas invenções e progressos parecem dotar de vida intelectual as forças materiais, estupidificando a vida humana no nível da força material.

Tais misérias e mistérios instilam desespero na mente dos modernos. Alguns pensariam em "livrar-se das artes modernas para livrar-se dos conflitos modernos"; outros tentarão conciliar progresso industrial e retrocesso neofeudal e neoabsolutista em política. Marx, porém, proclama o caráter paradigmático da fé modernista: "Quanto a nós, não nos deixamos confundir pelo espírito mesquinho que continua a marcar todas essas contradições. Sabemos que para obter um bom resultado [...] as forças de vanguarda da sociedade devem ser governadas pelos homens de vanguarda, e esses são os operários. Eles são uma invenção dos tempos modernos, tanto quanto o próprio maquinário". Logo, a classe dos "novos homens", homens que são legitimamente modernos, conseguirá absolver as contradições da modernidade, superar as pressões esmagadoras, os terremotos, as misteriosas distorções, os abismos sociais e pessoais, em cujo interior todos os homens e mulheres modernos são forçados a viver. Tendo dito isso, Marx se torna repentinamente animado e conecta sua visão do futuro com a do passado — com o folclore inglês, com Shakespeare: "Nos signos que desnorteiam a classe média, a aristocracia e os pobres profetas do retrocesso, nós reconhecemos nosso bravo camarada Robin Goodfellow, a velha toupeira que pode trabalhar a terra com rapidez, aquele valioso pioneiro — a Revolução".

Os escritos de Marx são famosos pelos seus fechos. Mas, se o virmos como um modernista, perceberemos o impulso dialético que subjaz ao seu pensamento, animando-o, um impulso de final em aberto, que se move contra a corrente de seus próprios conceitos e desejos. Assim, no *Manifesto*, vemos que a dinâmica revolucionária destinada a destronar a burguesia brota dos mais profundos anelos e necessidades dessa mesma burguesia:

> A burguesia não pode sobreviver sem revolucionar constantemente os instrumentos de produção, e com eles as relações de produção, e com eles todas as relações sociais. [...] Revolução ininterrupta da produção, contínua perturbação de todas as relações sociais, interminável incerteza e agitação, distinguem a era burguesa de todas as anteriores.

Esta é provavelmente a visão definitiva do ambiente moderno, esse ambiente que desencadeou uma espantosa pletora de movimentos modernistas, dos tempos de Marx até o nosso tempo. A visão se desdobra:

> Todas as relações fixas, enrijecidas, com seu travo de antiguidade e veneráveis preconceitos e opiniões, foram banidas: todas as novas relações se tornam antiquadas antes que cheguem a se ossificar. Tudo que é sólido desmancha no ar, tudo que é sagrado é profanado, e os homens finalmente são levados a enfrentar [...] as verdadeiras condições de suas vidas e suas relações com seus companheiros humanos.[4]

Assim, o impulso dialético da modernidade se volta ironicamente contra seus primitivos agentes, a burguesia. Mas talvez não pare aí: com efeito, todos os movimentos modernos acabam por se aprisionar em semelhante ambiência — incluindo o próprio Marx. Suponhamos, como Marx o faz, que as formas burguesas se decomponham e que um movimento comunista atinja o poder: o que poderá impedir que essa nova forma social conheça o mesmo destino de seu predecessor, desmanchando no ar moderno? Marx cogitou dessa questão e sugeriu algumas respostas, que exploraremos mais adiante. Porém, uma das virtudes específicas do modernismo é que ele deixa suas interrogações ecoando no ar, muito tempo depois que os próprios interrogadores, e suas respostas, abandonaram a cena.

Se nos adiantarmos um quarto de século, até Nietzsche, na década de 1880, encontraremos outros preconceitos, devoções e esperanças; no entanto, encontraremos também uma voz e um sentimento, em relação à vida moderna, surpreendentemente similares. Para Nietzsche, assim como para Marx, as correntes da história moderna eram irônicas e dialéticas: os ideais cristãos da integridade da alma e a aspiração à verdade levaram a implodir o próprio cristianismo. O resultado constituiu os eventos que Nietzsche chamou de "a morte de Deus" e "o advento do niilismo". A moderna humanidade se vê em meio a uma enorme

31

ausência e vazio de valores, mas, ao mesmo tempo, em meio a uma desconcertante abundância de possibilidades. Em *Além do bem e do mal*, de Nietzsche (1882), encontramos uma explanação em que, tal como em Marx, tudo está impregnado do seu contrário:[5]

> Nesses pontos limiares da história exibem-se — justapostos quando não emaranhados um no outro — uma espécie de tempo tropical de rivalidade e desenvolvimento, magnífico, multiforme, crescendo e lutando como uma floresta selvagem, e, de outro lado, um poderoso impulso de destruição e autodestruição, resultante de egoísmos violentamente opostos, que explodem e batalham por sol e luz, incapazes de encontrar qualquer limitação, qualquer empecilho, qualquer consideração dentro da moralidade ao seu dispor. [...] Nada a não ser novos "porquês", nenhuma fórmula comunitária; um novo conluio de incompreensão e desrespeito mútuo; decadência, vício, e os mais superiores desejos atracados uns aos outros, de forma horrenda, o gênio da raça jorrando solto sobre a cornucópia de bem e mal; uma fatídica simultaneidade de primavera e outono. [...] Outra vez o perigo se mostra, mãe da moralidade — grande perigo — mas desta vez deslocado sobre o indivíduo, sobre o mais próximo e mais querido, sobre a rua, sobre o filho de alguém, sobre o coração de alguém, sobre o mais profundo e secreto recesso do desejo e da vontade de alguém.

Em tempos como esses, "o indivíduo ousa individualizar-se". De outro lado, esse ousado indivíduo precisa desesperadamente "de um conjunto de leis próprias, precisa de habilidades e astúcias, necessárias à autopreservação, à autoimposição, à autoafirmação, à autolibertação". As possibilidades são ao mesmo tempo gloriosas e deploráveis. "Nossos instintos podem agora voltar atrás em todas as direções; nós próprios somos uma espécie de caos." O sentido que o homem moderno possui de si mesmo e da história "vem a ser na verdade um instinto apto a tudo, um gosto e uma disposição por tudo". Muitas estradas se descortinam a partir desse ponto. Como farão homens e mulheres modernos para encontrar os recursos que permitam competir em igualdade de condições diante desse "tudo"? Nietzsche observa que há uma grande quantidade de mesquinhos e intrometidos cuja solução para o caos da vida moderna é tentar deixar de viver: para eles "tornar-se medíocre é a única moralidade que faz sentido".

Outro tipo de mentalidade moderna se dedica à paródia do passado: esse "precisa da história porque a vê como uma espécie de guarda-roupa onde todas as fantasias estão guardadas. Ele repara que nenhuma realmente lhe serve" — nem primitiva, nem clássica, nem medieval, nem oriental — "e então continua tentando", incapaz de aceitar o fato de que o homem moderno "jamais se mostrará bem trajado", porque nenhum papel social nos tempos modernos é para ele um figurino perfeito. A própria posição de Nietzsche em relação aos perigos da modernidade consiste em abarcar tudo com alegria: "Nós modernos, nós semibárbaros. Nós só atingimos nossa bem-aventurança quando estamos realmente em perigo. O único estímulo que efetivamente nos comove é o infinito, o incomensurável". Mesmo assim, Nietzsche não almeja viver para sempre em meio a esse perigo. Tão fervorosamente quanto Marx, ele deposita sua fé em uma nova espécie de homem — "o homem do amanhã e do dia depois de amanhã" — que, "colocando-se em oposição ao seu hoje", terá coragem e imaginação para "criar novos valores", de que o homem e a mulher modernos necessitam para abrir seu caminho através dos perigosos infinitos em que vivem.

Notável e peculiar na voz que Marx e Nietzsche compartilham não é só o seu ritmo afogueado, sua vibrante energia, sua riqueza imaginativa, mas também sua rápida e brusca mudança de tom e inflexão, sua prontidão em voltar-se contra si mesma, questionar e negar tudo o que foi dito, transformar a si mesma em um largo espectro de vozes harmônicas ou dissonantes e distender-se para além de sua capacidade na direção de um espectro sempre cada vez mais amplo, na tentativa de expressar e agarrar um mundo onde tudo está impregnado de seu contrário, um mundo onde "tudo o que é sólido desmancha no ar". Essa voz ressoa ao mesmo tempo como autodescoberta e autotripúdio, como autossatisfação e autoincerteza. É uma voz que conhece a dor e o terror, mas acredita na sua capacidade de ser bem--sucedida. Graves perigos estão em toda parte e podem eclodir a qualquer momento, porém nem o ferimento mais profundo pode deter o fluxo e refluxo de sua energia. Irônica e contraditória, polifônica e dialética, essa voz denuncia a vida moderna em nome dos valores que a própria modernidade criou, na esperança — não raro desesperançada — de que as modernidades do amanhã e do dia depois de amanhã possam curar os ferimentos que afligem o homem e a mulher modernos de hoje. Todos os grandes modernistas do século XIX — espíritos heterogêneos como Marx e Kierkegaard, Whitman e Ibsen, Baudelaire, Melville, Carlyle, Stirner, Rimbaud, Strindberg, Dostoievski e muitos mais — falam nesse ritmo e nesse diapasão.

O que aconteceu, no século XX, ao modernismo do século XIX? De vários modos, prosperou e cresceu para além de suas próprias esperanças selvagens. Na pintura e na escultura, na poesia e no romance, no teatro e na dança, na arquitetura e no *design*, em todo um setor de *media* eletrônica e em um vasto conjunto de disciplinas científicas que nem sequer existiam um século atrás, nosso século produziu uma assombrosa quantidade de obras e ideias da mais alta qualidade. O século XX talvez seja o período mais brilhante e criativo da história da humanidade, quando menos porque sua energia criativa se espalhou por todas as partes do mundo. O brilho e a profundidade da vida moderna — vida que pulsa na obra de Grass, García Márquez, Fuentes, Cunningham, Nevelson, Di Suvero, Kanzo Tange, Fassbinder, Herzog, Sembene, Robert Wilson, Philip Glass, Richard Foreman, Twyla Tharp, Maxine Hong Kingston e tantos mais que nos rodeiam — certamente nos dão fortes motivos de orgulho, em um mundo onde há tanto de que se envergonhar e tanto que temer. Ainda assim, parece-me, não sabemos como usar nosso modernismo; nós perdemos ou rompemos a conexão entre nossa cultura e nossas vidas. Jackson Pollock imaginou suas pinturas gotejantes como florestas onde os espectadores podiam perder-se (e, é claro, achar-se) a si mesmos; mas no geral nós esquecemos a arte de nos pormos a nós mesmos na pintura, de nos reconhecermos como participantes e protagonistas da arte e do pensamento de nossa época. Nosso século fomentou uma espetacular arte moderna; porém, nós, parece que esquecemos como apreender a vida moderna de que essa arte brota. O pensamento moderno, desde Marx e Nietzsche, cresceu e se desenvolveu, de vários modos; não obstante, nosso pensamento acerca da modernidade parece ter estagnado e regredido.

Se prestarmos atenção àquilo que escritores e pensadores do século xx afirmam sobre a modernidade e os compararmos àqueles de um século antes, encontraremos um radical achatamento de perspectiva e uma diminuição do espectro imaginativo. Nossos pensadores do século xix eram simultaneamente entusiastas e inimigos da vida moderna, lutando desesperados contra suas ambiguidades e contradições; sua autoironia e suas tensões íntimas constituíam as fontes primárias de seu poder criativo. Seus sucessores do século xx resvalaram para longe, na direção de rígidas polarizações e totalizações achatadas. A modernidade ou é vista com um entusiasmo cego e acrítico ou é condenada segundo uma atitude de distanciamento e indiferença neo-olímpica; em qualquer caso, é sempre concebida como um monolito fechado, que não pode ser moldado ou transformado pelo homem moderno. Visões abertas da vida moderna foram suplantadas por visões fechadas: Isto *e* Aquilo substituídos por Isto *ou* Aquilo.

As polarizações básicas se manifestam exatamente no início do século xx. Eis aí os futuristas italianos, defensores apaixonados da modernidade, nos anos que antecedem a Primeira Guerra Mundial: "Camaradas, nós afirmamos que o triunfante progresso da ciência torna inevitáveis as transformações da humanidade, transformações que estão cavando um abismo entre aqueles dóceis escravos da tradição e nós, livres modernos, que acreditamos no radiante esplendor do nosso futuro".[6] Aí não há ambiguidades: "tradição" — todas as tradições da humanidade atiradas no mesmo saco — se iguala simplesmente a dócil escravidão, e modernidade se iguala a liberdade; caminhos unilateralmente fechados. "Peguem suas picaretas, seus machados, seus martelos e ponham abaixo, ponham abaixo as veneráveis cidades, impiedosamente! Vamos! Ateiem fogo nas estantes das bibliotecas! Desviem os canais de irrigação para inundar os museus! [...] Deixem que eles venham, os alegres incendiários com seus dedos em brasa! Aqui estão eles! Aqui estão eles!" Agora, Marx e Nietzsche podiam também regozijar-se na moderna destruição das estruturas tradicionais; mas eles sabiam bem dos altos custos humanos desse progresso, e sabiam que a modernidade tinha um longo caminho a percorrer antes que suas feridas pudessem cicatrizar.

> Nós cantaremos as grandes multidões excitadas pelo trabalho, pelo prazer e pela sublevação; nós cantaremos as marés multicoloridas e polifônicas da revolução nas capitais modernas; nós cantaremos o fervor noturno dos arsenais e dos estaleiros resplandecendo sob violentas luas elétricas; gulosas estações ferroviárias que devoram serpentes emplumadas de fumo; fábricas suspensas nas nuvens pelos cordéis enrolados de suas fumaças; nuvens que cavalgam os rios como ginastas gigantescos, brilhando ao sol com uma cintilação de facas; vapores aventureiros [...] locomotivas de peito proeminente [...] e a luz insinuante dos aeroplanos (etc.).[7]

Setenta anos depois, ainda podemos sentir-nos tocados pela verve e o entusiasmo juvenil dos futuristas, pelo seu desejo de fundir suas energias com a tecnologia moderna e criar um mundo novo. Mas tanto desse mundo foi posto de lado! Podemos vê-lo até naquela maravilhosa metáfora das "marés multicoloridas e polifônicas da revolução". Constitui uma verdadeira expansão da sensibilidade humana essa aptidão a experimentar o fenômeno da sublevação política em termos estéticos (musicais, pictóricos). Por outro lado, o que acontece a todas as pessoas que foram tragadas nessas marés? Sua experiência não está registrada na imagem futurista. Ao que tudo indica, algumas das mais importantes variedades de sentimentos humanos vão ganhando novas cores à medida que as máquinas vão sendo criadas. De fato, como se lê num texto futurista posterior, "nós intentamos a criação de uma espécie não humana, na qual o sofrimento moral, a bondade do coração, a afeição e o amor, esses venenos corrosivos da energia vital, bloqueadores da nossa poderosa eletricidade corpórea, serão abolidos".[8] Assim, os jovens futuristas lançaram-se ardentemente a si mesmos naquilo que eles chamavam de "guerra, a única higiene do mundo", em 1914. Em dois anos, dois dos seus espíritos mais criativos — o pintor-escultor Umberto Boccioni e o arquiteto Antonio Sant'Elia — seriam mortos pelas máquinas que eles amavam. Os outros sobreviveram para se tornarem instrumentos culturais de Mussolini, pulverizados pela mão negra do futuro.

Os futuristas levaram a celebração da tecnologia moderna a um extremo grotesco e autodestrutivo, garantia de que suas extravagâncias jamais se repetiriam. Mas o seu acrítico namoro com as máquinas, combinado com o profundo distanciamento do povo, ressurgiria em formas menos bizarras, no entanto mais longevas. Deparamos com essa espécie de modernismo, após a Primeira Guerra Mundial, nas formas refinadas da "máquina estética", as tecnocráticas pastorais da Bauhaus, Gropius e Mies van der Rohe, Le Corbusier e Léger, o *Ballet Mécanique*. Vemo-lo de novo, após outra guerra mundial, na alta tecnologia espacejada das rapsódias de Buckminster Fuller e Marshall McLuhan e no *Choque do futuro*, de Alvin Toffler. Em *Understanding media*, de McLuhan, publicado em 1964, lemos:

O computador, em poucas palavras, promete através da tecnologia a possibilidade pentecostal de entendimento e unidade universais. O próximo passo lógico parece ser [...] ultrapassar as linguagens em favor de uma generalizada consciência cósmica. [...] A condição da "ausência de peso" que, segundo os biologistas, representará a imortalidade física, deve ser posta em paralelo com a condição da ausência da fala, que poderá significar a perpetuidade da paz e harmonia coletiva.[9]

Esse modernismo sustenta os modelos de modernização que cientistas sociais norte-americanos do pós-guerra — não raro trabalhando para generosas instituições governamentais subsidiadas por fundações — desenvolveram a fim de exportar para o Terceiro Mundo. Eis aqui, como exemplo, uma espécie de hino à fábrica moderna, do psicólogo social Alex Inkeles:

> Uma fábrica gerida por administração moderna e princípios seguros nas relações pessoais dará a seus trabalhadores um exemplo de comportamento racional, equilíbrio emocional, comunicação aberta e respeito pelas opiniões, os sentimentos e a dignidade do trabalhador, o que pode ser um poderoso exemplo dos princípios e práticas da vida moderna.[10]

Os futuristas poderiam execrar a baixa intensidade dessa prosa, mas certamente se deliciariam com a visão de uma fábrica como um ser humano exemplar, que homens e mulheres deveriam tomar como modelo para suas vidas. O ensaio de Inkeles se intitula "A modernização do homem" e foi concebido para realçar a importância do desejo humano e da iniciativa na vida moderna. Porém, o problema, como o problema de todos os modernismos na tradição futurista, é que, com esplêndido maquinário e sistemas mecânicos desempenhando os papéis principais — tal como a fábrica é o protagonista no trecho citado —, resta muito pouco para o homem moderno executar, além de apertar um botão.

Se nos movermos para o polo oposto do pensamento do século XX, que declara um enfático "Não!" à vida moderna, encontraremos uma visão surpreendentemente semelhante do que seja a vida. No desfecho de *A ética protestante e o espírito do capitalismo*, escrito em 1904, Max Weber afirma que todo o "poderoso cosmo da moderna ordem econômica" é como "um cárcere de ferro". Essa ordem inexorável, capitalista, legalista e burocrática "determina a vida dos indivíduos que nasceram dentro desse mecanismo [...] com uma força irresistível". Essa ordem "determina o destino do homem, até que a última tonelada de carvão fóssil seja consumida". Agora, Marx e Nietzsche — e Tocqueville e Carlyle e Mill e Kierkegaard e todos os demais grandes críticos do século XIX — chegam a compreender como a tecnologia moderna e a organização social condicionaram o destino do homem. Porém, todos eles acreditavam que os homens modernos tinham a capacidade não só de compreender esse destino, mas também de, tendo-o compreendido, combatê-lo. Assim, mesmo em meio a um presente tão desafortunado, eles poderiam imaginar uma brecha para o futuro. Os críticos da modernidade, no século XX, carecem quase inteiramente dessa empatia com e fé em seus camaradas, homens e mulheres modernos. Segundo Weber, seus contemporâneos não passam de "especialistas sem espírito, sensualistas sem coração; e essa nulidade caiu na armadilha de julgar que atingiu um nível de desenvolvimento jamais sonhado antes pela espécie humana".[11] Portanto, não só a sociedade moderna é um cárcere, como as pessoas que aí vivem foram moldadas por suas barras; somos seres sem espírito, sem coração, sem identidade sexual ou pessoal — quase podíamos dizer: sem ser. Aqui, como nas formas futuristas e tecnopastorais do modernismo, o homem moderno como sujeito — como um ser vivente capaz de resposta, julgamento e ação sobre o mundo — desapareceu. Ironicamente, os críticos do "cárcere de ferro", no século XX, adotam a perspectiva do carcereiro: como os confinados são desprovidos do sentimento interior de liberdade e dignidade, o cárcere não é uma prisão, apenas fornece a uma raça de inúteis o vazio que eles imploram e de que necessitam.[12]

Weber depositava pouquíssima fé no povo e menos ainda em suas classes dominantes, aristocráticas ou burguesas, burocráticas ou revolucionárias. Por isso, sua perspectiva política, pelo menos

nos últimos anos de vida, foi um liberalismo sob permanente ameaça. Todavia, assim que o seu ceticismo e visão crítica foram postos à margem do seu distanciamento e desrespeito pelos homens e mulheres modernos, o resultado foi uma política muito mais à direita do que a do próprio Weber. Muitos pensadores do século XX passaram a ver as coisas deste modo: as massas pululantes, que nos pressionam no dia a dia e na vida do Estado, não têm sensibilidade, espiritualidade ou dignidade como as nossas; não é absurdo, pois, que esses "homens-massa" (ou "homens ocos") tenham não apenas o direito de governar-se a si mesmos, mas também, através de sua massa majoritária, o poder de nos governar? Nas ideias e nas posturas intelectuais de Ortega, Spengler, Maurras, T. S. Eliot e Allen Tate, vemos a perspectiva neo-olímpica de Weber apropriada, distorcida e amplificada pelos modernos mandarins e candidatos a aristocratas da direita do século XX.

Mais surpreendente e mais perturbadora é a extensão que essa perspectiva atingiu entre alguns dos democratas participativos da recente Nova Esquerda. Porém, foi isso o que aconteceu, ao menos por algum tempo, no fim da década de 1960, quando o ensaio de Herbert Marcuse, *O homem unidimensional*, tornou-se o paradigma dominante de certo pensamento crítico. De acordo com esse paradigma, tanto Marx como Freud são obsoletos: não só lutas de classes e lutas sociais, mas também conflitos e contradições psicológicos foram abolidos pelo Estado de "administração total". As massas não têm ego, nem id, suas almas são carentes de tensão interior e dinamismo; suas ideias, suas necessidades, até seus dramas "não são deles mesmos"; suas vidas interiores são "inteiramente administradas", programadas para produzir exatamente aqueles desejos que o sistema social pode satisfazer, nada além disso. "O povo se autorrealiza no seu conforto; encontra sua alma em seus automóveis, seus conjuntos estereofônicos, suas casas, suas cozinhas equipadas."[13]

Isso veio a ser um refrão familiar no século XX, partilhado por aqueles que amam e por aqueles que odeiam o mundo moderno: a modernidade é constituída por suas máquinas, das quais os homens e mulheres modernos não passam de reproduções mecânicas. Mas isso é apenas uma caricatura da tradição moderna do século XIX, em cuja órbita Marcuse declarou mover-se, a tradição crítica de Hegel e Marx. Invocar esses pensadores rejeitando sua visão da história como atividade incansável, contradição dinâmica, luta e progresso dialéticos é reter pouca coisa além dos seus nomes. Assim, mesmo que os jovens radicais dos anos 1960 lutassem por mudanças que poderiam tornar o povo em redor capaz de controlar suas vidas, o paradigma "unidimensional" proclamava que nenhuma mudança era possível e que, de fato, esse povo nem sequer estava vivo. Dois caminhos se abriram a partir daí. Um deles foi a pesquisa em torno de uma vanguarda que estivesse inteiramente "fora" da sociedade moderna: "o substrato dos proscritos e marginais, os explorados e perseguidos por outras raças e outras cores, os desempregados e os inempregáveis".[14] Esses grupos, seja nos guetos e prisões da América, seja no Terceiro Mundo, podiam qualificar-se como vanguarda revolucionária, porque supostamente não haviam sido tocados pelo beijo da morte da modernidade. Tal pesquisa se vê condenada certamente à futilidade; ninguém no mundo contemporâneo é ou pode ser "marginal". Para os radicais que compreenderam isso, ainda que tomassem a sério o paradigma unidimensional, a única válvula de escape foram a futilidade e o desespero.

A volátil atmosfera dos anos 1960 gerou um amplo e vital *corpus* de pensamento e controvérsias sobre o sentido último da modernidade. Muito do que houve de mais interessante nesse pensamento girou em torno da natureza do modernismo. O modernismo nos anos 1960 pode ser grosseiramente dividido em três tendências, com base em sua atitude diante da vida moderna como um todo: afirmativo, negativo e ausente. Essa divisão parece simplista, mas as atitudes recentes diante da modernidade tendem de fato a ser mais grosseiras e mais simples, menos sutis e menos dialéticas do que aquelas de um século atrás.

O primeiro desses modernismos, aquele que se esforça por ausentar-se da vida moderna, foi proclamado mais veementemente por Roland Barthes, em literatura, e Clement Greenberg, nas artes visuais. Greenberg afirmou que a única preocupação

41

legítima da arte modernista era com a própria arte; mais ainda, que o único foco adequado para um artista, em qualquer forma ou gênero, era a natureza e o limite desse gênero: o meio é a mensagem. Logo, por exemplo, o único tema admissível para um pintor modernista era a planura da superfície (*canvas* etc.), onde a pintura ocorre porque "somente a planura é única e exclusiva em termos de arte".[15] O modernismo, então, se torna a procura de uma arte-objeto pura, autorreferida. E assim foi: a adequada relação entre arte moderna e vida moderna veio a ser a ausência de qualquer relação. Barthes coloca essa ausência debaixo de uma luz positiva, até mesmo heroica: o escritor moderno "volta as costas para a sociedade e confronta o mundo dos objetos, recusando-se a caminhar através de quaisquer das formas da História ou da vida social".[16] O modernismo aparece, desse modo, como uma grande tentativa de libertar os artistas modernos das impurezas e vulgaridades da vida moderna. Muitos artistas e escritores — e, mais ainda, críticos de arte e literatura — são gratos a esse modernismo por estabelecer a autonomia e a dignidade de suas atividades. Mas poucos artistas e escritores modernos pactuaram com esse modernismo por muito tempo: uma arte desprovida de sentimentos pessoais e de relações sociais está condenada a parecer árida e sem vida, em pouco tempo. A liberdade que ela permite é a liberdade belamente configurada e perfeitamente selada... da tumba.

Ao lado disso tivemos a visão de um modernismo como interminável, permanente revolução contra a totalidade da existência moderna: foi "uma tradição de destruir a tradição" (Harold Rosenberg),[17] uma "cultura de combate" (Lionel Trilling),[18] uma "cultura de negação" (Renato Poggioli).[19] Foi dito da obra de arte moderna que ela deve "molestar-nos com agressiva absurdidade" (Leo Steinberg).[20] Esse modernismo busca a violenta destruição de todos os nossos valores e se preocupa muito pouco em reconstruir os mundos que põe abaixo. Tal imagem ganhou força e credibilidade à medida que a mentalidade dos anos 1960 evoluiu e que o clima político atingiu seu apogeu: em alguns círculos, "modernismo" tornou-se palavra-código para todas as forças em revolta.[21] Isso obviamente mostra uma parte da verdade, mas deixa muita coisa de lado. Deixa de lado a grande epopeia da construção, uma força crucial do modernismo, de Carlyle e Marx a Tatlin e Calder, Le Corbusier e Frank Lloyd Wright, Mark di Suvero e Robert Smithson. Deixa de lado toda a força afirmativa e positiva em relação à vida, que nos grandes modernistas vem sempre entrelaçada com a sublevação e a revolta: a alegria erótica, a beleza natural e a ternura humana em D. H. Lawrence, sempre aprisionadas em abraço mortal com seu rancor e desespero niilistas; as figuras de *Guernica*, de Picasso, lutando por manter viva a própria vida, enquanto emitem o seu grito agudo de morte; o triunfante coro final de *Um amor supremo*, de Coltrane; Aliosha Karamazov beijando e abraçando a terra, em meio ao caos e à angústia; Molly Bloom trazendo o arquetípico livro modernista a um final com "sim eu disse sim eu farei Sim".

Existe ainda outro aspecto nessa ideia de modernismo como nada além de perturbação: ela implica um modelo ideal de sociedade moderna isento de perturbações. Com isso, põe de lado "o permanente distúrbio das relações sociais, a interminável incerteza e agitação" que ao longo de duzentos anos têm sido os fatos básicos da vida moderna. Quando os estudantes da Universidade Colúmbia se rebelaram em 1968, alguns dos seus professores conservadores descreveram a ação como "modernismo nas ruas". É de supor que essas ruas só poderiam ser calmas e ordeiras — em pleno coração de Manhattan! — se a cultura moderna pudesse ter sido de algum modo mantida fora delas, confinada às salas de aula e às bibliotecas da universidade e aos museus de arte moderna.[22] Tivessem os professores aprendido suas próprias lições e poderiam lembrar quanto de modernismo — Baudelaire, Boccioni, Joyce, Maiakovski, Léger e outros — se nutriu da verdadeira perturbação das ruas modernas, transformando seus ruídos e dissonância em beleza e verdade. Ironicamente, a imagem radical do modernismo como pura subversão ajudou a alimentar a fantasia neoconservadora de um mundo impermeável à subversão modernista. "O modernismo foi o grande sedutor", escreve Daniel Bell em

As contradições culturais do capitalismo. "O movimento moderno subverte a unidade da cultura", "estilhaça a 'cosmologia racional' que subjaz à burguesa visão de um mundo ordenado segundo bem-comportadas relações espaço–tempo" etc.[23] Se a serpente modernista pudesse ser expelida do éden moderno, espaço, tempo e cosmo poderiam reordenar-se. Aí então, presume-se, uma idade de ouro tecnopastoral surgiria, e homens e mulheres poderiam aninhar-se apaziguados, para todo o sempre.

A visão afirmativa do modernismo foi desenvolvida nos anos 1960 por um grupo heterogêneo de escritores, que reunia John Cage, Lawrence Alloway, Marshall McLuhan, Leslie Fiedler, Susan Sontag, Richard Poirier, Robert Venturi. Coincidiu vagamente com a aparição da pop-art no início da década. Seus temas dominantes eram que nós devemos "despertar para a verdadeira vida que vivemos" (Cage) e "cruzar a fronteira, eliminar a distância" (Fiedler).[24] Isto significou eliminar as fronteiras entre a "arte" e as demais atividades humanas, como o entretenimento comercializado, a tecnologia industrial, a moda e o *design*, a política. Também encorajou escritores, pintores, dançarinos, compositores e cineastas a romper os limites de suas especializações e trabalhar juntos em produções e *performances* interdisciplinares, que poderiam criar formas de arte mais ricas e polivalentes.

Para modernistas desse tipo, que às vezes se autodesignam "pós-modernistas", o modernismo da forma pura e o modernismo da pura revolta eram ambos muito estreitos, muito autoindulgentes, muito castradores do espírito moderno. Seu ideal era cada um abrir-se à imensa variedade e riqueza de coisas, materiais e ideais, que o mundo moderno inesgotavelmente oferece. Eles insuflaram ar novo e alegria em um ambiente cultural que, a partir da década de 1950, vinha se tornando insuportavelmente solene, rígido e fechado. Esse modernismo pop recriou a abertura para o mundo, a generosidade de visão de alguns dos grandes modernistas do passado — Baudelaire, Whitman, Apollinaire, Maiakovski, William Carlos Williams. Mas, se esse modernismo encontrou sua empatia imaginativa, nunca aprendeu a recapturar seu lado crítico. Quando um espírito criativo como John Cage aceitou a subvenção do xá do Irã e montou espetáculos modernistas a poucas milhas de onde prisioneiros políticos gemiam e morriam, a falha de imaginação moral não foi apenas sua. O problema estava em que o modernismo pop nunca desenvolveu uma perspectiva crítica que pudesse esclarecer até que ponto devia caminhar essa abertura para o mundo moderno e até que ponto o artista moderno tem a obrigação de ver e denunciar os limites dos poderes deste mundo.[25]

Todos os modernismos e antimodernismos dos anos 1960 se viram, portanto, seriamente comprometidos. Porém, sua despojada plenitude, assim como sua intensidade e vitalidade de expressão, geraram uma linguagem comum, uma ambiência vibrante, um horizonte comum de experiência e desejo. Todas essas visões e revisões da modernidade constituíram orientações ativas em relação à história, tentativas de conectar o conturbado presente com o passado e o futuro, a fim de ajudar homens e mulheres de todo o mundo contemporâneo a se sentirem em casa nesse mundo. Todas essas iniciativas falharam, mas nasceram da largueza de vistas e de imaginação e de um ardente desejo de se atualizar. Foi a ausência de tais visões e iniciativas generosas que fez dos anos 1970 uma década insípida. Virtualmente ninguém hoje parece interessado em estabelecer as amplas conexões humanas que a ideia de modernidade implica. Por isso, o discurso e a controvérsia sobre o sentido da modernidade, tão acesos dez anos atrás, praticamente deixaram de existir.

Muitos artistas e trabalhadores intelectuais imergiram no mundo do estruturalismo, um mundo que simplesmente risca do mapa a questão da modernidade e todas as outras questões a respeito da autoidentidade e da história. Outros adotaram a mística do pós-modernismo, que se esforça para cultivar a ignorância da história e da cultura modernas e se manifesta como se todos os sentimentos humanos, toda a expressividade, atividade, sexualidade e senso de comunidade acabassem de ser inventados — pelos pós-modernistas — e fossem desconhecidos, ou mesmo inconcebíveis, até a semana passada.[26] Enquanto isso, cientistas sociais, constrangidos pelos ataques a seus modelos tecnopastorais, abdicaram de sua tentativa de construir um modelo eventualmente mais verdadeiro para a vida moderna. Em vez disso, retalharam a modernidade em uma série de componentes isolados — industrialização, construção, urbanização, desenvolvimento de mercados, formação de elites — e resistem a qualquer tentativa de integrá-los em um todo. Isso libertou-os de generalizações extravagantes e vagas totalidades — mas também do pensamento que poderia conduzir ao engajamento de seu trabalho e suas vidas e à determinação do seu lugar na história.[27] O eclipse do problema da modernidade nos anos 1970 significou a destruição de uma forma vital de espaço público. Acelerou a desintegração do nosso mundo em um aglomerado de grupos de interesse privado, material e espiritual, vivendo em mônadas sem janelas, ainda mais isolados do que precisamos ser.

O único escritor da década passada que tinha realmente algo a dizer sobre a modernidade foi Michel Foucault. E o que ele tem a dizer é uma interminável, torturante série de variações em torno dos temas weberianos do cárcere de ferro e das inutilidades humanas, cujas almas foram moldadas para se adaptar às barras. Foucault é obcecado por prisões, hospitais, asilos, por aquilo que Erving Goffman chamou de "instituições totais". Ao contrário de Goffman, porém, Foucault nega qualquer possibilidade de liberdade, quer dentro, quer fora dessas instituições. As totalidades de Foucault absorvem todas as facetas da vida moderna. Ele desenvolve esses temas com obsessiva inflexibilidade e, até mesmo, com filigranas de sadismo, rosqueando suas ideias nos leitores como barras de ferro, apertando em nossa carne cada torneio dialético como mais uma volta do parafuso.

Foucault reserva seu mais selvagem desrespeito às pessoas que imaginam ser possível a liberdade para a moderna humanidade. Nós pensamos que sentimos um espontâneo impulso de desejo sexual? Estamos apenas sendo movidos pelas "modernas tecnologias do poder que tomam a vida como seu objeto", dirigidos "pelo poder que dispõe da sexualidade em seu controle sobre corpos e sua materialidade, suas forças, suas energias, suas sensações e prazeres". Nós agimos politicamente, derrubamos tiranias, fazemos revoluções, criamos constituições para estabelecer e proteger direitos humanos? Mera "regressão jurídica" aos tempos do feudalismo, porque constituições e cartas de direitos são apenas "as formas que tornam aceitável um poder essencialmente normalizador".[28] Nós usamos nossas mentes para desmascarar a opressão — como Foucault aparenta estar fazendo? Esqueça-o, pois toda espécie de inquérito sobre a condição humana "apenas desliga indivíduos de uma autoridade disciplinar para ligá-los a outra" e, portanto, apenas faz engrossar o triunfante "discurso do poder". Toda crítica soa vazia, porque o próprio crítico está "dentro da máquina pan-óptica, investido de seus efeitos de poder, poder que conferimos a nós mesmos, já que somos parte do seu mecanismo".[29]

Submetidos a isso por um momento, percebemos que não há liberdade no mundo de Foucault porque sua linguagem compõe uma teia inconsútil, um cárcere mais constrangedor do que tudo o que Weber sonhou, no qual nenhum sopro de vida pode penetrar. Estranho é que tantos intelectuais da atualidade parecem querer definhar lá dentro, com ele. A resposta, eu creio, é que Foucault oferece a toda uma geração de refugiados dos anos 1960 um álibi de dimensão histórica e mundial para o sentimento de passividade e desesperança que tomou conta de tantos de nós nos anos 1970. Inútil tentar resistir às opressões das injustiças da vida moderna, pois até os nossos sonhos de liberdade não fazem senão acrescentar mais elos à cadeia que nos aprisiona; porém, assim que nos damos conta da total futilidade disso tudo, podemos ao menos relaxar.

Dentro desse contexto insípido, eu gostaria de trazer novamente à vida o dinâmico e dialético modernismo do século XIX. Um grande modernista, o poeta e crítico mexicano Octavio Paz, lamentou que a modernidade "tenha sido cortada do passado e tenha de ir continuamente saltando para a frente, num ritmo vertiginoso que não lhe permite deitar raízes, que a obriga meramente a sobreviver de um dia para o outro: a modernidade se tornou incapaz de retornar a suas origens para, então, recuperar seus poderes de renovação".[30] O argumento básico deste livro é, de fato, que os modernismos do passado podem devolver-nos o sentido de nossas próprias raízes modernas, raízes que remetem a duzentos anos atrás. Eles podem ajudar-nos a conectar nossas vidas às de milhares de indivíduos que vivem a centenas de milhas, em sociedades radicalmente distintas da nossa — e a milhões de pessoas que passaram por isso há um século ou mais. Eles podem iluminar as forças contraditórias e as necessidades que nos inspiram e nos atormentam: nosso desejo de nos enraizarmos em um passado social e pessoal coerente e estável, e nosso insaciável desejo de crescimento — não apenas o crescimento econômico mas o crescimento em experiência, em conhecimento, em prazer, em sensibilidade —, crescimento que destrói as paisagens físicas e sociais do nosso passado e nossos vínculos emocionais com esses mundos perdidos; nossa desesperada fidelidade a grupos étnicos, nacionais, classistas e sexuais que, esperamos, possa dar-nos uma firme "identidade" e, ao lado disso, a internacionalização da vida cotidiana — nossas roupas e objetos domésticos, nossos livros e nossa música, nossas ideias e fantasias — , que espalha nossas identidades por sobre o mapa-múndi; nosso desejo de sólidos e claros valores em função dos quais viver e nosso desejo de abarcar todas as ilimitadas possibilidades de vida e experiência modernas, que oblitera todos os valores; as forças sociais e políticas que nos impelem a explosivos conflitos com outras pessoas e outros povos, ainda quando desenvolvemos uma profunda percepção e empatia em relação a nossos inimigos declarados, chegando a dar-nos conta, às vezes tarde demais, de que eles afinal não são tão diferentes de nós. Experiências como essas nos unem ao mundo moderno do século XIX, um mundo em que, como disse Marx, "tudo está impregnado do seu conteúdo", "tudo que é sólido desmancha no ar"; um mundo em que, como disse Nietzsche, "existe o perigo, a mãe da moralidade — grande perigo [...] deslocado sobre o indivíduo, sobre o mais próximo e mais querido, sobre a rua, sobre o filho de alguém, sobre o coração de alguém, sobre o mais profundo e secreto recesso do desejo e da vontade de alguém". As máquinas modernas mudaram consideravelmente nos anos que medeiam entre os modernistas do século XIX e nós mesmos; mas os homens e mulheres modernos, como Marx e Nietzsche e Baudelaire e Dostoievski os viram então, talvez só agora comecem a chegar à plenitude de si mesmos.

Marx, Nietzsche e seus contemporâneos sentiram a modernidade como um todo, num momento em que apenas uma pequena parte do mundo era verdadeiramente moderna. Um século depois, quando o processo de modernização desenvolveu uma rede da qual ninguém pode escapar, nem no mais remoto canto do mundo, podemos aprender de maneira considerável com os primeiros modernistas, não tanto sobre o seu, mas sobre o nosso próprio tempo. Nós perdemos o controle sobre as contradições que eles tiveram de agarrar com toda a força, a todo momento, em suas vidas cotidianas, para poderem sobreviver, afinal. Paradoxalmente, é bem possível que esses primeiros modernistas nos compreendam — a modernização e o modernismo que constituem nossas vidas — melhor do que nós nos compreendemos. Se pudermos fazer nossa a sua visão e usar suas perspectivas para nos ver e ao nosso ambiente com olhos mais desprevenidos, concluiremos que há mais profundidade em nossas vidas do que supomos. Veremos a imensa comunidade de pessoas em todo o mundo que têm enfrentado dilemas semelhantes aos nossos. E voltaremos a tomar contato com uma cultura modernista admiravelmente rica e vibrante que tem brotado dessas lutas: uma cultura que contém vastas reservas de força e saúde, basta que a reconheçamos como nossa.

Pode acontecer então que voltar atrás seja uma maneira de seguir adiante: lembrar os modernistas do século XIX talvez nos dê a visão e a coragem para criar os modernistas do século XIX. Esse ato de lembrar pode ajudar-nos a levar o modernismo de volta às suas raízes, para que ele possa nutrir-se e renovar-se, tornando-se apto a enfrentar as aventuras e perigos que estão por vir. Apropriar-se das modernidades de ontem pode ser, ao mesmo tempo, uma crítica às modernidades de hoje e um ato de fé nas modernidades — e nos homens e mulheres modernos — de amanhã e do dia depois de amanhã.

I. O *FAUSTO* DE GOETHE:
A TRAGÉDIA DO DESENVOLVIMENTO

A moderna sociedade burguesa, uma sociedade que desenvolveu gigantescos meios de troca e produção, é como o feiticeiro incapaz de controlar os poderes ocultos que desencadeou com suas fórmulas mágicas.
Manifesto do Partido Comunista

Meu Deus!... Os garotões cabeludos perderam o controle!
Um oficial do exército em Alamogordo, Novo México, imediatamente após a explosão da primeira bomba atômica, em julho de 1945.

Vivemos uma era fáustica, destinada a enfrentar Deus ou o Diabo antes que tudo isso se cumpra, e o inevitável minério da autenticidade é nossa única chave para abrir a porta.
Norman Mailer, 1971

DESDE QUE SE COMEÇOU a pensar em uma cultura moderna, a figura de Fausto tem sido um de seus heróis culturais. Nos quatro séculos que nos separam do *Faustbuch* de Johann Spiess, de 1587, e da *História trágica do Doutor Fausto*, de Christopher Marlowe, de 1588, a história tem sido contada e recontada, interminavelmente, em todas as línguas modernas, em todos os meios conhecidos, da ópera ao espetáculo de marionetes e aos livros cômicos; em todas as formas literárias, da poesia lírica à tragédia teológico-filosófica e à farsa vulgar; a história de Fausto provou ser irresistível a todos os tipos de artista em todo o mundo. Embora tenha assumido muitas formas, a figura de Fausto tem sido sempre, praticamente, o "garotão cabeludo", isto é, um intelectual não conformista, um marginal e um caráter suspeito. Em

50

todas as versões, também, a tragédia ou comédia ocorre quando Fausto "perde o controle" sobre suas energias mentais, que a partir daí adquirem vida própria, dinâmica e altamente explosiva.

Quase quatrocentos anos após sua entrada em cena, Fausto continua a atrair a imaginação moderna. Por isso, o semanário *The New Yorker*, em um editorial antinuclear, logo após o acidente de Three Mile Island, aponta a figura de Fausto como símbolo de irresponsabilidade política e indiferença à vida: "O propósito fáustico que os *experts* concebem em relação a nós é deixá-los dispor da eternidade com suas mãos humanas e falíveis, e isso não é tolerável".[1] Enquanto isso, no outro extremo do espectro cultural, um número recente da revista em quadrinhos *Capitão América* anuncia "os desígnios maléficos do... Doutor Fausto!". O vilão, que se assemelha extraordinariamente a Orson Welles, sobrevoa o porto de Nova York num gigantesco dirigível. "Enquanto observamos", diz ele a duas vítimas acorrentadas e indefesas, "esses recipientes que contêm meu engenhoso gás mental estarão sendo afixados aos ejetores especiais do sistema de exaustão do meu dirigível. Ao meu comando, os leais [robotizados] agentes da Força Nacional começarão a inundar a cidade com o gás, levando todos os homens, mulheres e crianças de Nova York a caírem sob meu absoluto *controle mental*!" Isso quer dizer confusão: na última vez que conseguiu agir, o Doutor Fausto confundiu as mentes de todos os americanos, levando-os paranoicamente a suspeitar de todos os vizinhos e a denunciá-los, o que gerou o macarthismo. Quem sabe o que está em suas intenções, agora? Nisso, um relutante Capitão América interrompe sua pacata vida de aposentado para enfrentar o inimigo. "E, por mais fora de moda que isso pareça", ele diz a seus embotados leitores dos anos 1970, "eu preciso fazê-lo, pela Nação. A América jamais poderá ser a terra dos homens livres se Fausto capturá-la em sua armadilha!" Quando o vilão fáustico é finalmente derrotado, a aterrorizada Estátua da Liberdade se sente à vontade para voltar a sorrir.[2]

O *Fausto* de Goethe ultrapassa todos os outros, em riqueza e profundidade de perspectiva histórica, em imaginação moral, em inteligência política, em sensibilidade e percepção psicológica. Ele abre novos caminhos no emergente autoconhecimento moderno, que o mito do Fausto sempre explorou. Sua imaculada imensidão, não apenas em abrangência e ambição mas na visão genuína, levou Puchkin a chamá-lo de "*Ilíada* da vida moderna".[3] O trabalho de Goethe no tema do Fausto começou em torno de 1770, quando ele tinha 21 anos, e prosseguiu intermitentemente por seis anos; ele não considerou a obra terminada até 1831, um ano antes de sua morte, aos 83 anos, e sua publicação integral só se deu algum tempo depois que ele morreu.[4] A obra, portanto, foi concebida e criada ao longo de um dos períodos mais turbulentos e revolucionários da história mundial. Muito de sua força brota dessa história: o herói goethiano e os personagens a sua volta experimentam com grande intensidade muitos dos dramas e traumas da história mundial que o próprio Goethe e seus contemporâneos viveram; o movimento integral da obra reproduz o movimento mais amplo de toda a sociedade ocidental.

O *Fausto* começa num período cujo pensamento e sensibilidade os leitores do século XX reconhecem imediatamente como modernos, mas cujas condições materiais e sociais são ainda medievais; a obra termina em meio às conturbações espirituais e materiais de uma revolução industrial. Ele principia no recolhimento do quarto de um intelectual, no abstrato e isolado reino do pensamento; e acaba em meio a um imensurável reino de produção e troca, gerido por gigantescas corporações e complexas organizações, que o pensamento de Fausto ajuda a criar e que, por sua vez, lhe permitem criar outras mais. Na versão goethiana do tema do Fausto, o sujeito e objeto de transformação não é apenas o herói, mas o mundo inteiro. O *Fausto* de Goethe expressa e dramatiza o processo pelo qual, no fim do século XVIII e início do seguinte, um sistema mundial especificamente moderno vem à luz.

A força vital que anima o Fausto goethiano, que o distingue dos antecessores e gera muito de sua riqueza e dinamismo é um impulso que vou designar com desejo de *desenvolvimento*. Fausto tenta explicar esse desejo ao diabo, porém não é fácil fazê-lo. Nas suas primitivas encarnações, Fausto vendia sua alma em troca de determinados bens, claramente definidos e universalmente desejados: dinheiro, sexo, poder sobre os outros, fama e glória. O Fausto de Goethe diz a Mefistófeles que, sim, ele deseja todas essas coisas, mas não pelo que elas representam em si mesmas.

> *Entendamo-nos bem. Não ponho eu mira*
> *na posse do que o mundo alcunha gozos.*
> *O que preciso e quero é atordoar-me.*
> *Quero a embriaguez de incomportáveis dores,*
> *a volúpia do ódio, o arroubamento*
> *das sumas aflições. Estou curado*
> *das sedes do saber; de ora em diante*
> *às dores todas escancaro est'alma.*
> *As sensações da espécie humana em peso,*
> *quero-as eu dentro de mim; seus bens, seus males*
> *mais atrozes, mais íntimos, se entranhem*
> *aqui onde à vontade a mente minha*
> *os abrace, os tateie; assim me torno*
> *eu próprio a humanidade; e se ela ao cabo*
> *perdida for, me perderei com ela. (1765-75)*[5]

O que esse Fausto deseja para si mesmo é um processo dinâmico que incluiria toda sorte de experiências humanas, alegria e desgraça juntas, assimilando-as todas ao seu interminável crescimento interior; até mesmo a destruição do próprio eu seria parte integrante do seu desenvolvimento.

Uma das ideias mais originais e frutíferas do *Fausto* de Goethe diz respeito à afinidade entre o ideal cultural do *auto*desenvolvimento e o efetivo movimento social na direção do desenvolvimento *econômico*. Goethe acredita que essas duas formas de desenvolvimento devem caminhar juntas, devem fundir-se

---

* *Fausto*, Quadro v, Cena i. Trad. Antônio Feliciano de Castilho. Rio de Janeiro, W. M. Jackson Editores, 1948, p. 105. (N. T.)

em uma só, antes que qualquer uma dessas modernas promessas arquetípicas venha a ser cumprida. O único meio de que o homem moderno dispõe para se transformar — Fausto e nós mesmos o veremos — é a radical transformação de todo o mundo físico, moral e social em que ele vive. A heroicidade do Fausto goethiano provém da liberação de tremendas energias humanas reprimidas, não só nele mesmo, mas em todos os que ele toca e, eventualmente, em toda a sociedade a sua volta. Porém, o grande desenvolvimento que ele inicia — intelectual, moral, econômico, social — representa um altíssimo custo para o ser humano. Este é o sentido da relação de Fausto com o diabo: os poderes humanos só podem se desenvolver através daquilo que Marx chama de "os poderes ocultos", negras e aterradoras energias, que podem irromper com força tremenda, para além do controle humano. O *Fausto* de Goethe é a primeira e ainda a melhor *tragédia do desenvolvimento*.

A história do Fausto pode ser acompanhada através de três metamorfoses: ele aparece primeiro como O Sonhador; em seguida, graças à mediação de Mefisto, transforma-se em O Amador, e finalmente, bem depois do desenlace da tragédia do amor, ele atingirá o clímax de sua vida, como O Fomentador.

PRIMEIRA METAMORFOSE: O SONHADOR

Quando as cortinas se abrem,[6] encontramos Fausto sozinho em seu quarto, tarde da noite, sentindo-se trapaceado. "Ah! Estarei ainda preso nesta jaula? Neste maldito buraco lúgubre nas paredes! [...] De qualquer modo, há um mundo imenso lá fora!" (398-99, 418). Essa cena devia chamar-nos a atenção: Fausto se insere em uma longa linhagem de heróis e heroínas modernos surpreendidos falando a si mesmos no meio da noite. Normalmente, porém, o falante é jovem, pobre, inexperiente — decerto privado de experiências pelas barreiras de classe, de sexo ou de raça de uma sociedade cruel. Fausto não é apenas um homem de meia-idade (é um dos primeiros heróis de meia-idade na literatura moderna; o capitão Ahab talvez seja o seguinte), mas um homem de meia-idade tão bem-sucedido quanto é possível, no seu mundo. É reconhecido e estimado como médico, advogado, teólogo, filósofo, cientista, professor e administrador de ensino. Surpreendemos Fausto cercado de belos e raros livros e manuscritos, pinturas e diagramas, instrumentos científicos — toda a parafernália de uma vida espiritual bem-sucedida. No entanto, tudo quanto ele conseguiu soa vazio, tudo em volta dele parece um monte de sucata. Ele fala a si mesmo, sem cessar, e diz que nem sequer chegou a viver.

O que leva Fausto a sentir seus triunfos como lixo é que, até esse momento, foram apenas conquistas da vida interior, apenas espiritualidade. Ao longo de anos, através da meditação e da experimentação, através dos livros e das drogas — ele é um humanista na acepção verdadeira; nada do que é humano lhe é estranho —, ele fez tudo o que pôde para aperfeiçoar sua capacidade de pensar, sentir e ver. Apesar disso, quanto mais sua mente se expandiu, quanto mais aguda se tornou sua sensibilidade, mais ele se isolou e mais pobres se tornaram suas relações com o mundo exterior — suas relações com outras pessoas, com a natureza, até mesmo com suas próprias necessidades e forças ativas. Sua cultura se desenvolveu no sentido de divorciá-lo da totalidade da vida.

Vemos Fausto invocar seus poderes mágicos e uma esplendorosa visão cósmica se desdobra diante dos seus (e dos nossos) olhos. Mas ele se afasta do brilho visionário: "Um grande espetáculo! Sim, mas apenas um espetáculo!". A visão contemplativa, ou mística ou matemática (ou ambas), mantém o visionário em seu lugar, o lugar de um espectador passivo. Fausto almeja ter com o mundo uma ligação mais vital, ao mesmo tempo mais erótica e mais ativa.

> *Natureza infinita, como poderei agarrá-la?*
> *Onde estão suas tetas, fonte de toda vida [...]*
> *por quem meu coração vazio anseia. (455-60)*

Seus poderes mentais, interiorizando-se, voltaram-se contra ele e se tornaram sua prisão. Ele luta para encontrar um meio de fazer transbordar a abundância de sua vida interior, de expressá-la através da ação no mundo exterior. Folheando seu livro mágico, encontra o símbolo do Espírito da Terra e imediatamente

Observo e sinto minhas forças crescerem,
resplandeço embriagado por um vinho novo.
Sinto coragem de mergulhar no mundo,
de carregar todas as dores e alegrias da terra,
de lutar com a tormenta, de agarrar e torcer,
de apertar a mandíbula dos náufragos e jamais desistir. (462-7)

Ele invoca o Espírito da Terra e, quando este se manifesta, declara seu parentesco com ele; todavia, o espírito ri dele e de suas aspirações cósmicas e diz-lhe que procure outro espírito, mais adequado às suas reais dimensões. Antes que se desvaneça diante dele, o Espírito da Terra lançará sobre Fausto um epíteto escarnecedor que terá larga ressonância na cultura dos séculos seguintes: *Übermensch*, "Super-homem". Livros inteiros poderiam ser escritos sobre as metamorfoses desse símbolo; o que importa aqui é o contexto metafísico e moral em que se manifesta pela primeira vez. Goethe traz à tona esse *Übermensch* não tanto para expressar a luta titânica do homem moderno, mas para sugerir que muito dessa luta está mal colocada. O Espírito da Terra diz a Fausto: "Por que, em vez disso, você não luta para se tornar um *Mensch* — um autêntico ser humano?".

Os problemas de Fausto não são apenas seus: eles dramatizam tensões mais amplas, que agitaram todas as sociedades europeias nos anos que antecedem a Revolução Francesa e a Revolução Industrial. A divisão social do trabalho na Europa moderna, da Renascença e da Reforma ao tempo do próprio Goethe, produziu uma vasta classe de produtores de cultura e ideias, relativamente independentes. Esses especialistas em artes e ciências, leis e filosofia produziram, ao longo de três séculos, uma brilhante e dinâmica cultura moderna. Por outro lado, essa mesma divisão do trabalho, que propiciou a existência e o desenvolvimento dessa cultura moderna, manteve inacessíveis ao mundo em redor suas novas descobertas e perspectivas, seu vigor e fecundidade. Fausto participa de (e ajuda a criar) uma cultura que abriu uma amplitude e profundidade de desejos e sonhos humanos que se situam muito além das fronteiras clássicas e medievais. Ao mesmo tempo, ele está inserido numa sociedade fechada e estagnada, ainda incrustada em formas sociais típicas do feudalismo e da Idade Média: formas como a orientação especializadora, que impede o seu desenvolvimento, bem como o de suas ideias. Como portador de uma cultura dinâmica em uma sociedade estagnada, ele está dividido entre vida interior e vida exterior. Durante os sessenta anos que Goethe levou para terminar o *Fausto*, os modernos intelectuais encontrarão novas formas de luta para romper com seu isolamento. Esses anos assistirão ao nascimento de uma nova divisão social do trabalho no Ocidente, e com ele novas relações — plenas de aventuras, mas também, como o veremos, trágicas — entre o pensamento e a vida política e social.

A cisão por mim descrita na figura do Fausto goethiano ocorre em toda a sociedade europeia e será uma das fontes básicas do Romantismo internacional. Mas tem uma ressonância especial em países social, econômica e politicamente "subdesenvolvidos". Os intelectuais alemães no tempo de Goethe foram os primeiros a ver as coisas desse modo, comparando a Alemanha com a Inglaterra e a França, e com a América em processo de expansão. Essa identidade "subdesenvolvida" foi às vezes fonte de vergonha; outras vezes (como no conservadorismo romântico alemão), fonte de orgulho; muitas vezes, uma volátil mistura de ambas. Essa mistura vai acontecer em seguida na Rússia do século XIX, caso que examinaremos em detalhes mais adiante. No século XX, os intelectuais do Terceiro Mundo, portadores de cultura de vanguarda em sociedades atrasadas, experimentaram a cisão fáustica com invulgar intensidade. Sua angústia interior frequentemente inspirou visões, ações e criações revolucionárias — como acontecerá a Fausto no final da segunda parte da tragédia goethiana. Com a mesma frequência, porém, ela tem conduzido apenas às sombrias alamedas da futilidade e do desespero — tal como acontece ao Fausto pioneiro, nas solitárias profundezas da sua noite.

Enquanto Fausto permanece sentado noite adentro, a caverna de sua interioridade cresce em escuridão e abismo, até que ele resolve matar-se, trancando-se de uma vez por todas na tumba em que se transformou seu espaço interior. Apanha um frasco de veneno. Contudo, no ponto extremo de sua mais sombria autonegação, Goethe o resgata e o inunda de luz e afirmação. O quarto inteiro treme, ouve-se um extraordinário bimbalhar de sinos lá fora, o sol se ergue e um impressionante coro angelical ressoa: porque é Domingo de Páscoa. "Cristo se ergueu, do útero da decadência!", eles dizem. "Irrompam de suas prisões, rejubilem--se com o dia!" Os anjos cantam com elevação, o frasco despenca dos lábios do condenado e ele está salvo. Esse milagre sempre incomodou muitos leitores, como um truque simplista, um arbitrário *deus ex machina*; mas é mais complexo do que parece. O que salva o herói de Goethe não é Jesus Cristo; Fausto se ri do manifesto conteúdo cristão do que ouve. O que o choca é outra coisa:

No entanto, eu conheço tão bem esses sons, desde a infância,
que ainda agora eles me chamam de volta à vida. (769-70)

Esses sinos — como as aparentemente arbitrárias mas luminosas visões, sons e sensações que Proust e Freud irão explorar um século mais tarde — repõem Fausto em contato com sua infância, toda uma vida soterrada. As comportas da memória se abrem com fragor em sua mente, ondas de esquecidos sentimentos o atropelam — amor, desejo, ternura, unidade —, e ele se vê engolfado pela intensidade de um mundo infantil que sua vida de adulto o tinha forçado a esquecer. Como um náufrago que se ergue à tona para ser salvo, Fausto inadvertidamente se abriu a toda uma dimensão perdida do seu próprio ser, entrando em contato com fontes de energia capazes de renová-lo. Ao recuperar a lembrança da infância, os sinos da Páscoa o fazem chorar com alegria e enternecimento, ele se surpreende chorando novamente, pela primeira vez desde que deixou de ser criança. Agora a onda transborda, e ele pode emergir da caverna do seu quarto para a ensolarada primavera; em contato com as mais profundas matrizes de seus sentimentos, ele está pronto para iniciar nova vida no mundo exterior.7

Esse instante do renascimento de Fausto, composto em 1799 ou 1800 e publicado em 1808, é um dos pontos altos do Romantismo europeu. (O *Fausto* de Goethe contém vários desses pontos, e exploraremos alguns deles.) É fácil perceber como essa cena prefigura algumas das grandes realizações da arte e do pensamento modernista do século XX: a ligação mais óbvia é com Freud, Proust e seus vários seguidores. Mas talvez não esteja claro em que medida a redescoberta da infância, empreendida por Fausto, está relacionada com outro de nossos temas básicos, e também o tema da segunda parte do *Fausto*: a modernização. De fato, muitos escritores dos séculos XIX e XX veriam a derradeira metamorfose de Fausto, seu papel como fomentador industrial, em termos de uma radical negação da liberdade emocional que nós o vimos reencontrar aqui. Toda a tradição conservadora, de Burke a D. H. Lawrence, vê o desenvolvimento da indústria como uma radical negação do desenvolvimento emocional.[8] Na visão de Goethe, porém, as rupturas psicológicas da arte e do pensamento romântico — em particular a redescoberta dos sentimentos da infância — podem liberar tremendas energias humanas, capazes de gerar amplas doses de poder e iniciativa a serem desviados para o projeto de reconstrução social. Assim, a importância da cena dos sinos para o desenvolvimento de Fausto — e do *Fausto* — revela a importância do projeto romântico de liberação psíquica no processo histórico da modernização.

Primeiro, Fausto se emociona ao voltar para o mundo. É Domingo de Páscoa, e milhares de pessoas atravessam as portas da cidade para usufruir alguns breves momentos de sol. Fausto acompanha a multidão — multidão que ele tinha evitado em toda a sua vida adulta — e se sente revigorado pela vividez e o colorido da variedade humana. Ele nos oferece uma tocante celebração lírica (903-40) da vida — da vida natural na primavera, da vida sobrenatural na Ressurreição da Páscoa, da vida humana e social (especialmente a vida das oprimidas classes inferiores) na pública festividade do feriado e da sua própria vida emocional nesse retorno à infância. Ele sente agora a ligação entre os seus fechados e esotéricos sofrimentos e esforços e aqueles do humilde trabalhador urbano ao seu lado. Após muito tempo, pessoas individualizadas emergem da multidão: embora não vissem Fausto há anos, eles o reconhecem imediatamente, saúdam-no com afeição e param para conversar e lembrar. Suas lembranças revelam-nos outra insuspeitada dimensão da vida de Fausto. Ficamos sabendo que o Doutor Fausto, filho de um médico, iniciou sua carreira também como médico, praticando medicina e saúde pública entre os pobres do distrito. A princípio, ele se alegra em voltar à antiga vizinhança, gratificado pelos bons sentimentos das pessoas que cresceram com ele. Mas seu coração logo sucumbe; à medida que as memórias retornam, ele se lembra por que abandonou sua velha casa. O trabalho de seu pai, ele o sente agora, era o trabalho de um ignorante amador. Praticar a medicina como uma habilidade manual, na melhor tradição da Idade Média, é tatear aleatoriamente, de olhos vendados, no escuro; embora as pessoas manifestem amor, tanto por ele quanto por seu pai, ele está certo de que ambos mataram muito mais seres humanos do que salvaram, e a culpa que ele havia bloqueado enfim aflora. Foi para superar essa herança fatal, ele o lembra agora, que Fausto desistiu de todo o seu trabalho prático com pacientes, fixando-se em sua solitária investigação intelectual, uma investigação que conduziu, ao mesmo tempo, ao conhecimento e à intensificação do isolamento e quase o levou à morte na noite anterior.

Fausto começa o dia com uma nova esperança, apenas para ver-se lançado em uma nova forma de desespero. Ele sabe que não pode retornar ao resguardado conforto de seu lar na infância — embora saiba também que não pode desviar-se tanto de casa, como o fez ao longo desses anos. Sabe que precisa estabelecer uma conexão entre a solidez e o calor da vida entre pessoas — a vida cotidiana vivida na fonte matricial de uma comunidade concreta — e a revolução cultural e intelectual que eclodiu em sua mente. Essa é a chave do seu famoso lamento: "Duas almas, oh, coexistem em meu peito". Ele não pode continuar vivendo como uma mente desencarnada, audaz e brilhante, solta no vácuo; mas também não pode abdicar da mente e voltar a viver nesse mundo que havia abandonado. Ele precisa participar da vida social de uma maneira que faculte ao seu espírito aventuroso uma contínua expansão e crescimento. Porém, serão necessários "os poderes ocultos" para unir essas polaridades, para fazer tal síntese funcionar.

Para vislumbrar a ambicionada síntese, Fausto precisará abarcar toda uma nova série de paradoxos, cruciais para a estrutura tanto da psique moderna como da moderna economia. O Mefistófeles de Goethe se materializa como o grande mestre desses paradoxos — uma versão moderna e complicada de seu papel cristão tradicional como o pai das mentiras. Em uma ironia goethiana típica, ele aparece para Fausto justamente quando este se sente mais perto de Deus. Fausto retorna uma vez mais a seu quarto solitário para meditar sobre a condição humana. Abre a Bíblia, no início do Evangelho segundo São João: "No princípio era o Verbo". Considerando esse princípio cosmicamente inadequado, procura uma alternativa e finalmente escolhe e escreve um novo princípio: "No princípio era a Ação". Ele se entusiasma com a ideia de um Deus que se define através da ação, através do ato primordial de criar o mundo; ilumina-se de vibração pelo espírito e pelo poder desse Deus, e se declara pronto a reconsagrar sua vida a ações amplamente criadoras. Seu Deus será o Deus do Velho Testamento, do Livro do Gênesis, que se define e demonstra sua divindade criando os céus e a terra.[9]

É nesse exato momento — para desenvolver o sentido da nova revelação de Fausto e para lhe dar o poder de imitar o Deus concebido por ele — que o diabo aparece. Mefistófeles explica que sua função é personificar o lado sombrio, não só da criatividade mas da própria divindade, e com isso esclarece o subtexto do mito judaico-cristão da criação. Pode Fausto ser tão ingênuo a ponto de acreditar que Deus realmente criou o mundo "a partir do nada"? Com efeito, nada provém de nada; é apenas em função "de tudo aquilo que *você* chama pecado, destruição, mal" que pode ocorrer qualquer criação. (A criação do mundo, por Deus, "usurpou o antigo posto e domínio da Mãe Noite".) Assim, diz Mefisto,

> *Eu sou o espírito que tudo nega!*
> *E assim é, pois tudo o que existe*
> *merece perecer miseravelmente.*

Não obstante, ele é ao mesmo tempo "parte do poder que não criaria/ nada a não ser o mal, e no entanto cria o bem" (1335 ss.). Paradoxalmente, assim como a força e a ação criativa de Deus são cosmicamente destrutivas, a concupiscência demoníaca pela destruição vem a ser criativa. Só se trabalhar com esses poderes destrutivos Fausto será capaz de criar alguma coisa no mundo: de fato, só trabalhando com o mal, não desejando "nada além do mal", é que ele pode terminar do lado de Deus, "criando o bem". O caminho para o paraíso é pavimentado de más intenções. Fausto anseia por destravar as fontes de toda criatividade; em vez disso, ele se encontra agora face a face com o poder de destruição. Os paradoxos vão ainda mais fundo: Fausto não será capaz de criar nada a não ser que se prepare para deixar que tudo siga o seu próprio rumo, para aceitar o fato de que tudo quanto foi criado até agora — e, certamente, tudo quanto ele venha a criar no futuro — deve ser destruído, a fim de consolidar o caminho para mais criação. Essa é a dialética que o homem moderno deve apreender para viver e seguir caminhando; e é a dialética que em pouco tempo envolverá e impelirá a moderna economia, o Estado e a sociedade como um todo.[10]

Os receios e escrúpulos de Fausto são intensos. Anos antes, lembremo-nos, ele não apenas abandonara a prática da medicina mas desistira de qualquer atividade prática, porque ele e seu pai tinham inadvertidamente matado pessoas. A mensagem de Mefisto não consiste em acusar ninguém pelas baixas da criação, pois essa é justamente a lei da vida. Aceite a destrutividade como elemento integrante da sua participação na criatividade divina, e você poderá lançar fora toda culpa e agir livremente. Nada de sentir-se inibido pelo freio da dúvida moral: *Deveria* fazê-lo? Na ampla estrada do autodesenvolvimento, a única questão vital é: *Como* fazê-lo? De início, Mefisto mostrará como, a Fausto; mais tarde, à medida que se desenvolva, o herói aprenderá a fazê-lo por si próprio.

Como fazê-lo? Mefisto oferece alguns breves conselhos:

> *Pois bem, você tem mãos e pés,*
> *cabeça e artes inteiramente suas;*
> *se posso encontrar prazer nas coisas,*
> *isso por acaso as torna menos minhas?*
> *Se eu posso comprar seis cavalos,*
> *a força deles não se tornará minha?*
> *Posso correr com eles, e ser um verdadeiro homem,*
> *como se suas dúzias de patas fossem minhas. (1820-8)*

O dinheiro funcionará como um dos mediadores cruciais: como diz Lukács, "o dinheiro como extensão do homem, como poder sobre outros homens e circunstâncias"; "mágica ampliação do raio de ação humana por meio do dinheiro". Fica óbvio, assim, que o capitalismo é uma das forças essenciais no desenvolvimento de Fausto.[11] Porém, há vários temas mefistofélicos, aí, que ultrapassam o campo de ação da economia capitalista. Primeiro, a ideia evocada nos primeiros versos de que a mente e o corpo humanos, com todas as suas capacidades, estão aí para serem *usados*, quer como ferramentas de aplicação imediata, quer como recursos para um desenvolvimento de longo termo. Corpo e alma devem ser explorados com vistas a um máximo retorno — mas não em dinheiro, e sim, em experiência, intensidade, vida vivida, ação, criatividade. Fausto se alegrará em servir-se do dinheiro para atingir esses fins (Mefisto fornecerá o suprimento necessário), todavia a acumulação de dinheiro não é um dos seus objetivos. Ele se tornará uma espécie de capitalista simbólico, mas seu capital, que ele colocará incessantemente em circulação, no encalço de uma expansão ininterrupta, será ele próprio. Isso tornará seus objetivos complexos e ambíguos, de uma maneira desconhecida pela linha de conduta capitalista. Por isso, diz Fausto,

> [...] *de ora em diante*
> *às dores todas escancaro est'alma.*
> *As sensações da espécie humana em peso,*
> *quero-as eu dentro de mim; seus bens, seus males*
> *mais atrozes, mais íntimos, se entranhem*
> *aqui onde à vontade a mente minha*
> *os abrace, os tateie; assim me torno*
> *eu próprio a humanidade; e se ela ao cabo*
> *perdida for, me perderei com ela.* (1768-75)

Temos aqui uma emergente política econômica de autodesenvolvimento que pode transformar a mais humilhante perda humana em fonte de ganho e crescimento psíquico.

A economia de Mefisto é mais primitiva, mais convencional, mais próxima do primarismo da própria economia capitalista. Mas não há nada de intrinsecamente burguês nas experiências que ele pretende levar Fausto a comprar. Os "seis cavalos" mencionados nos versos sugerem que o bem mais valioso, segundo a perspectiva de Mefisto, é a *velocidade*. Em primeiro lugar, a velocidade tem sua utilidade: quem quer que pretenda realizar grandes empreendimentos no mundo precisará mover-se para todos os lados, com rapidez. Além disso, porém, a velocidade gera uma aura nitidamente sexual: quanto mais rápido ele puder "correr com eles", mais "verdadeiro homem" — mais masculino, mais sexual — Fausto será. Essa equação de dinheiro e velocidade, sexo e poder, está longe de ser exclusiva do capitalismo. É igualmente fundamental para a mística coletivista do socialismo do século XX e para as várias mitologias populistas do Terceiro Mundo: os imensos *posters* e grupos escultóricos nas praças públicas, evocando grupos de pessoas em marcha, seus corpos arfando de energia e potência, como se fossem um corpo só, uma onda impetuosa que emerge para desbancar o estéril e combalido Ocidente. Tais aspirações são universalmente modernas, qualquer que seja a ideologia sob a qual a modernização se dá. Universalmente moderna, também, é a pressão fáustica para utilizarmos todas as partes que nos formam e a todos os demais, a fim de nos impelir e aos outros o mais longe que pudermos ir.

E aqui desponta outra questão universalmente moderna: afinal, para onde será que estamos indo? Até determinado ponto, o ponto em que realiza sua negociação, Fausto sente que o fundamental é continuar movendo-se: "Se eu aceito parar (*Wie ich beharre*) serei um escravo" (1692-1712): ele sabe que entregará sua alma ao diabo no primeiro minuto de repouso — ainda que de satisfação. Ele se regozija com a possibilidade de "mergulhar no turbilhão do tempo, na enxurrada dos eventos" e diz que o que importa é o processo, não o resultado: "um homem se afirma pela atividade infatigável" (1755-60). No entanto, alguns momentos depois, ele se preocupa com a espécie de homem que vai acabar provando ser. Deve haver algum tipo de objetivo último para a vida humana; e

> *Ah, que serei eu se não puder*
> *atingir a coroa da humanidade, que se ri*
> *dos nossos anseios, suplicando inutilmente?* (*1802-5*)

Mefistófeles lhe responde de uma maneira tipicamente críptica e equívoca: "Você está no fim — o que você é". Fausto carrega essa ambiguidade porta afora e impregna com ela o mundo em seu redor, à medida que caminha.

SEGUNDA METAMORFOSE: O AMADOR

Ao longo de todo o século XIX, a "Tragédia de Gretchen", no fecho da primeira parte do *Fausto*, foi considerada como o coração da obra; foi imediatamente canonizada e celebrada vezes sem conta como uma das grandes histórias de amor de todos os tempos. Leitores contemporâneos e espectadores, porém, mostram-se algo céticos e impacientes com essa história exatamente por alguns dos motivos pelos quais os antigos a amaram: a heroína de Goethe é simplesmente demasiado boa para ser verdadeira — ou para ser interessante. Sua singela inocência e sua pureza imaculada pertencem mais ao mundo do melodrama sentimental do que à tragédia. Contudo, eu gostaria de propor que Gretchen é uma figura mais dinâmica, mais interessante e mais genuinamente trágica do que estamos habituados a supor. Sua força e profundidade se mostrarão de modo mais nítido se encararmos o *Fausto* de Goethe como uma história, e uma tragédia, do desenvolvimento. Essa passagem conta com três protagonistas: a própria Gretchen, Fausto e o "pequeno mundo" — o mundo fechado da cidadezinha religiosa e devota da qual Gretchen emerge. Esse foi o mundo da infância de Fausto, um mundo ao qual, em sua primeira metamorfose, ele não pôde adaptar-se, mas que, no seu momento de mais fundo desespero, trouxe-o de volta à vida; é o mundo que, em sua derradeira metamorfose, ele destruirá por completo. No momento de sua segunda metamorfose, ele encontrará meios de enfrentar esse mundo, de interagir com ele; ao mesmo tempo, despertará em Gretchen modos de ação e interação que são exclusivamente dela. Seu caso de amor irá dramatizar o trágico impacto — a um tempo explosivo e implosivo — de desejos e sensibilidades modernos em um mundo tradicional.

Antes de sondar a tragédia que subjaz ao final da história, teremos de mencionar a ironia de base que se dissemina por essa mesma história, desde o princípio: no curso de suas negociações com o diabo, Fausto se torna um homem genuinamente melhor. O modo como Goethe faz que isso aconteça merece atenção especial. Como muitos homens e mulheres de meia--idade que vivem uma espécie de renascimento, Fausto sente seus novos poderes como poderes sexuais; a vida erótica é a esfera na qual ele aprende inicialmente a viver e agir. Após algum tempo na companhia de Mefisto, Fausto se torna radiante e excitado. Algumas das mudanças decorrem de elementos artificiais: roupas chiques e charmosas (ele nunca havia ligado para a própria aparência; até então, todo o seu rendimento era convertido em livros e instrumentos) e poções mágicas da Cozinha da Feiticeira, que fazem Fausto parecer e sentir-se trinta anos mais jovem. (Esta última observação tem um especial apelo para aqueles — especialmente os de meia-idade — que viveram na década de 1960.)

Além disso, o papel e o *status* social de Fausto mudam substancialmente: provido de dinheiro fácil e mobilidade, ele está livre agora para abandonar a vida acadêmica (como ele o diz, ele passou anos sonhando fazê-lo) e mover-se no mundo com desenvoltura, como um sonhador e atraente estranho cuja marginalidade faz dele uma figura de mistério e romance. A mais importante das concessões do diabo, porém, é a menos artificial, a mais profunda e mais duradoura: ele encoraja Fausto a "confiar em si mesmo"; assim que Fausto aprende a fazê-lo, passa a esbanjar charme e autossegurança, que, junto com seu anterior brilho e energia, são suficientes para seduzir qualquer mulher. Moralistas vitorianos como Carlyle e G. H. Lewes (o primeiro grande biógrafo de Goethe e amante de George Eliot) torceram o nariz para essa metamorfose e conclamaram seus leitores a resistir a ela, bravamente, em nome da transcendência final. Mas a visão do próprio Goethe sobre a transformação de Fausto é muito mais afirmativa. Fausto não está a ponto de se tornar um Don Juan, como Mefistófeles o incita a ser, agora que tem a aparência, o dinheiro e os recursos necessários. Ele é uma pessoa demasiado séria para brincar com corpos e almas, alheios ou próprios. De fato, ele se torna ainda mais sério do que antes, porque o âmbito de suas preocupações ampliou-se. Após uma vida de autoabsorção cada vez mais estreita, ele de repente se surpreende interessado em outras pessoas, sensível a seus sentimentos e necessidades, pronto não apenas para o sexo mas também para o amor. Se não conseguirmos ver o real e admirável crescimento humano que ele experimenta, seremos incapazes de compreender o seu alto custo humano.

Vimos de início Fausto deslocado do mundo tradicional em que cresceu, mas fisicamente ainda vinculado a ele. Então, através da mediação de Mefisto e seu dinheiro, ele foi capaz de se tornar física e espiritualmente livre. Agora ele está claramente descomprometido com o "pequeno mundo"; pode retornar a ele como um estranho, abrangê-lo como um todo, a partir de sua perspectiva emancipada — e, ironicamente, apaixonar-se por ele. Gretchen — a jovem que se torna o primeiro poema de Fausto, depois sua primeira amante, por fim sua primeira vítima — o atrai antes de mais nada como símbolo de tudo o que de mais belo ele havia abandonado e perdido no mundo. Ele se deixa enfeitiçar por sua inocência infantil, sua simplicidade provinciana, sua humildade cristã.

Em determinada cena, ele vagueia pelo quarto dela, um quarto asseado mas pobre de uma pequena casa de família, preparando-se para deixar-lhe um presente secreto. Acaricia a mobília e celebra o quarto como "um brilho", a casa como "um reino do paraíso", a poltrona onde se senta como "um trono patriarcal".

> *Que sentimento de calma me envolve,*
> *De ordem e de completa satisfação!*
> *Que prodigalidade nessa pobreza,*
> *E nessa prisão, ah, que arrebatamento!* (2691-4)

O idílio voyeurístico de Fausto é quase insuportavelmente incômodo para nós, porque sabemos — por meios que até esse ponto ele desconhece — que sua homenagem ao quarto dela (leia-se: o corpo dela, a vida dela) faz parte de uma manobra, é o primeiro passo de um processo fadado a destruí-lo. E não sem alguma malícia da parte dele: só destruindo o seu domínio é que ele será capaz de ganhar seu amor ou expressar o seu próprio. Por outro lado, ele não seria capaz de subverter o mundo dela se ela fosse tão feliz em casa como ele supõe. Veremos como, na verdade, ela é tão inquieta aí quanto Fausto o era em seu estúdio, embora lhe falte o vocabulário para expressar seu descontentamento, até a aparição de Fausto. Não fosse por essa inquietação interior e ela seria insensível a Fausto; ele não teria nada a lhe oferecer. Seu trágico romance não se desenvolveria se eles não fossem espíritos afins, desde o início.

Gretchen entra, sentindo estranha comoção, e canta para si mesma uma tocante balada de amor e morte. Então descobre o presente — joias providenciadas por Mefisto; coloca-as e se olha no espelho. Enquanto se contempla, percebemos que Gretchen é mais afeita às coisas mundanas do que Fausto espera. Ela sabe tudo a respeito de homens que adulam moças pobres com presentes valiosos: como eles se comportam depois e como a história normalmente termina. Ela sabe, também, como a pobre gente a sua volta cobiça essa espécie de coisas. É um fato doloroso da vida que, a despeito da atmosfera de pio moralismo que sufoca essa cidade oprimida, a amante de um homem rico vale muito mais que um santo faminto. "Pois o ouro acirra os ânimos, Depende do ouro tudo o que pesa sobre nós, os pobres!" (2802-4) Ainda, por causa de toda a sua precaução, sabe-se que algo real e autenticamente valioso está acontecendo a ela. Nunca ninguém lhe deu nada; ela cresceu pobre, tanto de amor como de dinheiro; nunca pensou em si como merecedora de presentes ou das emoções que presentes supostamente implicam. Agora, enquanto se olha no espelho — talvez pela primeira vez na vida — uma revolução acontece em seu íntimo. De súbito ela se torna reflexiva; capta a possibilidade de se tornar diferente, de mudar — a possibilidade de *se desenvolver*. Se alguma vez ela se sentiu à vontade nesse mundo, nunca mais voltará a adaptar-se a ele.

À medida que o caso evolui, Gretchen aprende a ser ao mesmo tempo desejada e amada, ao mesmo tempo ansiosa e amorosa; é forçada a desenvolver muito rápido um novo sentido de si mesma. Ela se queixa de que não é esperta. Fausto diz-lhe que isso não importa, que ele a ama por sua doce brandura, "o maior dos dons da natureza"; mas na verdade Goethe mostra que ela se torna cada vez mais esperta, pois só através da inteligência é possível enfrentar os abalos emocionais que está vivendo. Sua inocência precisa desaparecer — não apenas sua virgindade mas acima de tudo sua ingenuidade —, pois ela necessita construir e manter uma dupla vida, atenta à vigilância da família, vizinhos, padres; atenta às fortes pressões daquele pequeno mundo fechado e provinciano. Ela deve aprender a desafiar sua própria consciência culpada, uma consciência que pode aterrorizá-la muito mais violentamente do que qualquer força externa. À medida que seus novos sentimentos se chocam com seu antigo papel social, ela chega a acreditar que suas necessidades próprias são legítimas e importantes, e a sentir uma nova espécie de autorrespeito. A criança angelical amada por Fausto desaparece diante de seus olhos; o amor faz que ela cresça.

Fausto se assusta ao observar esse crescimento; ele não se dá conta de que é um crescimento precário, pois carece de suporte social e não tem qualquer simpatia ou confirmação a não ser da parte do próprio Fausto. A princípio, o desespero dela se manifesta através da paixão desenfreada, e ele se delicia. Porém, em pouco tempo o ardor se converte em histeria, para além do que ele pode controlar. Ele a ama, mas no contexto de uma vida plena, com passado e futuro, e em meio a um largo mundo que está decidido a explorar; para ela, o amor por ele ignora qualquer contexto e constitui seu único apoio na vida. Forçado a enfrentar o intenso desespero das necessidades dela, Fausto entra em pânico e abandona a cidade.

Seu primeiro movimento o conduz a uma romântica "floresta e caverna", onde ele medita solitário, imerso em embevecimento lírico, em meio à riqueza, à beleza e à prodigalidade da Natureza. A única coisa que perturba a sua serenidade, então, é a presença de Mefistófeles, lembrança dos desejos que comprometem sua paz interior. Mefisto expõe uma severa crítica à adoração da Natureza, tipicamente romântica, de Fausto. Essa Natureza, assexuada, desumanizada, expurgada de conflitos, submetida apenas à calma contemplação, é uma mentira covarde. Os desejos que o conduziram a Gretchen são tão autênticos quanto tudo o que ele encontra nessa idílica paisagem. Se Fausto pretende realmente unir-se à Natureza, seria melhor enfrentar as consequências humanas de sua própria natureza emergente. Enquanto ele faz poesia, a mulher cuja "naturalidade" ele amava e com quem fazia amor está cada vez mais afastada dele. Fausto se atormenta com sentimento de culpa. Na verdade, ele exagera essa culpa, minimizando a vontade própria e a iniciativa de Gretchen em seu caso amoroso.

Goethe se serve disso para mostrar como uma emoção culposa pode ser autoprotetora e ilusória. Se ele é uma pessoa tão inteiramente desprezível, alvo do ódio e da zombaria de todos os deuses, que espécie de benefício poderá trazer a Gretchen? O diabo, de maneira surpreendente, age aí como sua consciência e submerge-o no mundo da responsabilidade humana e do respeito mútuo. Mas ele se safa depressa e empreende outro movimento ainda mais excitante. Fausto passa a sentir que Gretchen, por lhe ter dado tudo o que podia dar, despertou nele um apetite que ela não é capaz de saciar. Ele se dirige, no meio da noite, às montanhas Harz, com Mefisto, para celebrar um *Walpurgisnacht*, um orgiástico Sabá de Feiticeiras. Ali desfruta mulheres incomparavelmente mais experientes e despojadas; drogas ainda mais inebriantes; estranhas e maravilhosas conversações que valem por verdadeiras viagens. A cena, delícia de coreógrafos e cenógrafos inventivos, desde o início do século XIX, é uma das peças de resistência de Goethe; com isso, o leitor ou o espectador, como o próprio Fausto, *se diverte*. É só no fim da noite que ele tem uma iluminação agourenta, pergunta pela moça que havia abandonado e vem a saber do pior.

Enquanto Fausto esteve longe, expandindo-se para além do alcance de Gretchen, o "pequeno mundo" de que ele a havia arrancado — aquele mundo de "ordem e completa satisfação" que achara tão doce — desabou sobre ela. Assim que a notícia correu, seus antigos amigos e vizinhos caíram sobre Gretchen com bárbara crueldade e fúria vingativa. Ouvimos Valentino, seu irmão, inexpressivo soldado, dizer como a pusera num pedestal, vangloriando-se de sua virtude; agora, no entanto, qualquer moleque pode rir-se dele, de modo que ele a odeia do fundo do coração. À medida que ouvimos — e Goethe sublinha suas diatribes para termos certeza de que entendemos — , damo-nos conta de que ele nunca havia reparado nela então, como não repara agora. Antes ela era um símbolo do paraíso, agora um símbolo do inferno; todavia, sempre um suporte para seu *status* e vaidade, nunca uma pessoa em seu direito pleno — portanto, Goethe tocando o mecanismo íntimo da família no "pequeno mundo". Valentino ataca Fausto na rua, este o fere mortalmente (com a ajuda de Mefisto) e foge para salvar a vida. Em seu último suspiro, Valentino ofende a irmã com obscenidades, acusa-a por sua morte e incita o povo da cidade a linchá-la. Em seguida, morre sua mãe, e outra vez ela é acusada. (A culpa é de Mefisto, mas nem Gretchen nem seus perseguidores se dão conta.) Depois ela tem um filho — filho de Fausto — e novos gritos de vingança se ouvem. As pessoas da cidade, felizes de encontrarem um bode expiatório para suas próprias culpas e luxúria, clamam por sua morte. Na ausência de Fausto, ela se vê inteiramente desprotegida — num mundo ainda feudal onde não apenas o *status* mas a sobrevivência dependem da proteção dos mais poderosos. (Fausto, é claro, gozou sempre da melhor proteção possível.)

Gretchen leva seu lamento à igreja, na esperança de aí encontrar conforto. Fausto, é bom lembrar, fizera o mesmo: os sinos da igreja o livraram da morte. Mas nessa oportunidade Fausto pôde relacionar-se com o cristianismo, assim como se relacionou com as coisas e pessoas em volta, incluindo a própria Gretchen: pôde ficar com o que precisava para seu próprio desenvolvimento e abandonou o resto. Gretchen é demasiado correta e honesta para fazer uma seleção semelhante. Por isso, a mensagem cristã, que ela interpreta como símbolo de vida e alegria, se opõe de modo violento às suas intenções: "O dia da ira, esse dia dissolverá o mundo em fogo", é o que ela ouve. Tormento e aflição são tudo quanto seu mundo pode oferecer-lhe: os sinos que salvaram a vida de seu amante agora dobram pela sua condenação. Ela sente que tudo se fecha em seu redor: o órgão a ameaça, o coro lhe dissolve o coração, os pilares de pedra a aprisionam, o teto abobadado desaba sobre ela. Ela grita e cai no solo em delírio e horror. Esta cena terrível (3776-834), expressionista em sua escura e desolada intensidade, constitui uma crítica particularmente mordaz ao mundo gótico como um todo — um mundo que os filósofos conservadores iriam idealizar de modo exagerado, sobretudo na Alemanha do século seguinte. Talvez, em algum momento, a visão gótica do mundo tenha oferecido à humanidade um ideal de vida e ação, de luta heroica na direção do paraíso; agora, porém, como Goethe a apresenta no final do século XVIII, tudo o que ela tem a oferecer é o peso da morte subjugando as pessoas, destruindo seus corpos, estrangulando suas almas.

Os acontecimentos se precipitam; o filho de Gretchen morre, ela é lançada no cárcere, julgada como assassina e condenada à morte. Em uma derradeira cena de forte comoção, Fausto vai à sua cela no meio da noite. De início, ela não o reconhece. Toma-o pelo carrasco e, num gesto insano mas terrivelmente apropriado, oferece-lhe o próprio corpo para o sacrifício derradeiro. Ele lhe jura seu amor e tenta convencê-la a fugir com ele. Tudo pode ser arranjado: ela necessita apenas caminhar até a porta e estará livre. Gretchen se comove, todavia não se moverá. Alega que o abraço de Fausto é frio, que ele em realidade não a ama. E há alguma verdade nisso: embora ele não queira que ela morra, tampouco gostaria de voltar a viver com ela. Impelido na direção de um novo universo de experiências, ele sente as necessidades e medos dela como uma espécie de arrebatamento pernicioso. Mas a intenção de Gretchen não é culpá-lo: mesmo que ele a quisesse, mesmo que ela se dispusesse a escapar, "De que adianta voar? Eles mentem ao dizer que me esperam" (4545). Eles mentem dentro dela. Ainda quando ela tenta divisar a liberdade, a imagem da própria mãe se ergue, sentada em um rochedo (a Igreja? o Abismo?), balançando a cabeça, barrando o caminho. Gretchen permanece onde está e morre.

Fausto adoece de culpa e remorso. Num campo desolado, num dia sombrio, ele enfrenta Mefisto e clama contra seu destino. Que espécie de mundo é esse onde as coisas acontecem dessa forma? Nesse ponto, toda a poesia fenece: Goethe enquadra essa cena em prosa seca e descarnada. A primeira resposta do diabo é ríspida e cruel: "Por que você aceita parceria (*Gemeinschaft*) conosco se não pode levá-la adiante? Você quer voar mas fica logo aturdido". O crescimento humano tem custos humanos; qualquer um que o deseje tem de pagar o preço, e o preço é altíssimo. Em seguida ele acrescenta algo que, embora soe rude, parece conter algum conforto: "Ela não é a primeira". Se a devastação e a ruína fazem parte intrínseca do processo humano de desenvolvimento, Fausto pode ser pelo menos em parte absolvido de culpa pessoal. O que ele poderia ter feito? Ainda que tivesse pretendido estabelecer-se com Gretchen, deixando de ser "fáustico" — admitindo-se que o diabo o permitisse, contrariando os termos do acordo — , ele jamais se adaptaria ao mundo dela. Seu único encontro direto com um representante desse mundo, Valentino, resultou em violência mortal. Claramente, não há possibilidade de diálogo entre um homem aberto e um mundo fechado.

Mas a tragédia tem outra dimensão. Mesmo que, de algum modo, Fausto pretendesse e estivesse apto a adaptar-se ao mundo de Gretchen, ela própria não o desejaria e não o conseguiria. Movendo-se de maneira dramática em direção à sua vida, Fausto põe Gretchen em movimento, num curso determinado por ela mesma. Porém, sua trajetória estava fadada a terminar mal, por razões que Fausto devia ter antevisto: razões de sexo e razões de classe. Mesmo em um mundo de enclaves feudais, um homem com muito dinheiro e sem vínculos com a terra e a família, e sem ocupação, tem virtualmente uma ilimitada liberdade de movimento. Uma mulher pobre, atrelada à família, não tem qualquer liberdade de movimento. Está destinada a ver-se à mercê de homens que não têm comiseração por uma mulher que não conhece seu lugar. No seu mundo fechado, loucura e martírio são os únicos caminhos à sua disposição. Fausto, se chegou a aprender alguma coisa do destino de Gretchen, aprende que, se deseja envolver-se com outros em benefício do desenvolvimento próprio, deve assumir parte da responsabilidade pelo desenvolvimento alheio — ou, antes, deve ser responsável pelos seus destinos.

Além disso, para sermos justos com Fausto, devemos reconhecer que Gretchen deseja com intensidade ser condenada. Existe alguma coisa aterradoramente voluntária na maneira como ela morre: ela permite que tudo se volte contra si mesma.

Sua autoaniquilação talvez corresponda à loucura, mas ao mesmo tempo há algo aí de estranhamente heroico. A obstinação com que enfrenta a própria morte mostra-a como algo mais do que vítima indefesa, quer do amante, quer da sociedade: ela se torna um herói trágico, em seu pleno direito. Sua autodestruição é uma forma de autodesenvolvimento, tão autêntico quanto o do próprio Fausto. Tal como ele, ela está tentando ir além das limitadas fronteiras da família, da Igreja e da cidade, um mundo onde a devoção cega e a autocastração são os únicos caminhos da virtude. Porém, enquanto ele procura escapar do mundo medieval pela criação de novos valores, ela toma a sério os velhos valores e tenta realmente viver à altura deles. Embora rejeite as convenções do mundo materno como formas vazias, ela capta e agarra o espírito que subjaz a essas formas: um espírito de dedicação e empenho ativos, que tem a coragem moral de renunciar a tudo, incluindo a própria vida, em nome da fé nas suas crenças mais fundas e queridas. Fausto luta contra o velho mundo, de que ele se libertou, transformando-se em um novo tipo de pessoa, que se afirma e se conhece, que na verdade *se torna* ela própria através de uma autoexpansão interminável, sem descanso. Gretchen colide de modo igualmente radical com esse mundo, assumindo suas mais elevadas qualidades humanas: pura concentração e empenho do ser em nome do amor. Seu caminho com certeza é mais belo, mas o de Fausto, enfim, é mais frutífero: o caminho dele pode ajudar o indivíduo a sobreviver, a lutar contra o velho mundo com mais possibilidades de êxito, à medida que o tempo passa.

Esse velho mundo é que vem a ser o protagonista final da tragédia de Gretchen. Quando Marx, no *Manifesto Comunista*, descreve as autênticas e revolucionárias conquistas da burguesia, a primeira delas é que a burguesia "pôs um fim a todos os condicionalismos feudais, patriarcais e idílicos". A primeira parte do *Fausto* se dá num momento em que, após séculos, esses condicionalismos feudais, patriarcais e sociais estão vindo abaixo. A esmagadora maioria das pessoas vive ainda em "pequenos mundos", como o de Gretchen, e esses mundos, como vimos, são extremamente fortes. No entanto, essas pequenas cidades celulares começam a ruir: primeiro, através do contato com explosivas figuras marginais, de fora — Fausto e Mefisto, acenando com dinheiro, sexo e ideias, são os clássicos "agitadores alienígenas" tão caros à mitologia conservadora —, mas, acima disso, através da implosão, acionada pelo incipiente desenvolvimento interior que seus próprios filhos, como Gretchen, começam a experimentar. A draconiana resposta do meio ao anseio espiritual e sexual de Gretchen constitui, na verdade, a declaração de que os velhos não pretendem adaptar-se ao desejo de mudança de seus filhos. Os sucessores de Gretchen irão direto ao ponto: eles arrancarão e viverão a partir do ponto em que ela parou e morreu. Nos dois séculos entre o tempo de Gretchen e o nosso, centenas de "pequenos mundos" serão esvaziados, transformados em conchas vazias, e seus jovens partirão na direção de grandes cidades, fronteiras mais amplas, novas nações, em busca da liberdade de pensar, amar e crescer. Ironicamente, portanto, a destruição de Gretchen pelo pequeno mundo revelará ser um momento-chave no processo de sua própria destruição. Relutante ou incapaz de se desenvolver junto com seus filhos, a cidade fechada se converterá em cidade fantasma. Os fantasmas de suas vítimas serão abandonados com uma última gargalhada.[12]

O século XX tem sido prolífico na invenção de fantasias idealizadas da vida em cidadezinhas tradicionais. A mais popular e influente dessas fantasias está no livro de Ferdinand Toennies *Gemeinschaft und Gesellschaft* [Comunidade e Sociedade, 1887]. A tragédia de Gretchen, segundo Goethe, nos fornece o que deve ser o retrato mais devastador, em literatura, de uma *Gemeinschaft*. Tal retrato devia gravar para sempre em nossas mentes a crueldade e brutalidade de tantas formas de vida que a modernização varreu da face da Terra. Enquanto nos lembrarmos do destino de Gretchen, seremos imunes ao nostálgico fascínio dos mundos perdidos.

TERCEIRA METAMORFOSE: O FOMENTADOR

Muitas interpretações e adaptações do *Fausto* de Goethe se detêm no final da primeira parte. Após a condenação e a redenção de Gretchen, o interesse humano tende a fenecer. A segunda parte, escrita entre 1825 e 1831, encerra um brilhante jogo intelectual, porém sua vida se vê sufocada sob um portentoso peso alegórico. Ao longo de mais de 5 mil versos, pouca coisa acontece. Somente nos atos IV e V é que as energias dramáticas e humanas revivem: aqui a história de Fausto chega a seu clímax e a seu final — Fausto assume o que chamei de sua terceira e última metamorfose. Na primeira fase, como vimos, ele vivia só e sonhava. Na segunda, ele entreteceu sua vida na de outra pessoa e aprendeu a amar. Agora, em sua última encarnação, ele conecta seus rumos pessoais com as forças econômicas, políticas e sociais que dirigem o mundo; aprende a construir e a destruir. Expande o horizonte de seu ser, da vida privada para a pública, da intimidade para o ativismo, da comunhão para a organização. Lança todos os seus poderes contra a natureza e a sociedade; luta para mudar não só a sua vida, mas a vida de todos. Assim encontra meios de agir de maneira efetiva contra o mundo feudal e patriarcal: para construir um ambiente social radicalmente novo, destinado a esvaziar de vez o velho mundo ou a destruí-lo.

A última metamorfose de Fausto se inicia em um momento de profundo impasse. Ele e Mefistófeles se encontram sozinhos no alto pico de uma montanha, olhando o vazio que se perde nas nuvens do espaço, sem destino. Eles haviam empreendido exaustivas viagens através da história e da mitologia, haviam explorado inúmeras possibilidades de experiência e se viam agora na estaca zero, pois sentiam bem menos vigor do que quando tudo começou. Mefisto está ainda mais deprimido que Fausto, pois parece que abriu mão de todas as tentações; ensaia algumas sugestões digressivas, mas Fausto apenas boceja. Aos poucos, porém, Fausto começa a se agitar. Contempla o mar e evoca liricamente sua encapelada majestade, sua primitiva e implacável energia, tão impenetrável aos esforços humanos.

Até aí, temos o típico tema da melancolia romântica, e Mefisto quase o percebe. Não é nada pessoal, ele diz; os elementos da natureza sempre foram assim. Nisso, de repente, Fausto se ergue enraivecido: por que os homens têm que deixar as coisas continuarem sendo como sempre têm sido? Não é já o momento de o homem afirmar-se contra a arrogante tirania da natureza, de enfrentar as forças naturais em nome do "livre espírito que protege todos os direitos" (10 202-5)? Fausto começa a usar uma linguagem política pós-1789 num contexto que até então ninguém havia encarado como político. E prossegue: é um absurdo que, despendendo toda essa energia, o mar apenas se mova, para a frente e para trás, interminavelmente — "sem nada realizar!". Isso talvez soe natural para Mefisto e, sem dúvida, para muitos dos leitores de Goethe, mas não para o próprio Fausto:

> *Isso me leva à beira da angústia desesperada!*
> *Tanta energia propositalmente desatrelada!*
> *Isso desafia meu espírito para além de tudo o que já vi;*
> *Aqui, sim, eu lutaria, para a tudo isso subjugar* (10 218-21)

A batalha de Fausto contra os elementos semelha ser tão grandiosa quanto a do rei Lear, ou, mais a propósito, a do rei Midas agitando as ondas. Mas a empresa fáustica será menos quixotesca e mais frutífera, porque vai dirigir-se à própria energia da natureza e canalizá-la para a obtenção de combustível para novos projetos e propósitos humanos, coletivos, que nenhum rei antigo chegou sequer a sonhar.

À medida que a nova visão de Fausto se desdobra, vemo-la retornar à vida. Agora, porém, suas visões assumem uma forma radicalmente nova: nada de sonhos e fantasias, nem sequer de teorias, mas programas concretos, planos operacionais para transformar a terra e o oceano. "E isso é possível! [...] Rápidos em minha mente, planos e mais planos se desenvolvem." (10 222 ss.) De súbito a paisagem à sua volta se metamorfoseia em puro espaço. Ele esboça grandes projetos de recuperação para atrelar o mar a propósitos humanos:

portos e canais feitos pela mão do homem, onde se movem embarcações repletas de homens e mercadorias; represas para irrigação em larga escala; verdes campos e florestas, pastagens e jardins, uma vasta e intensa agricultura; energia hidráulica para animar e sustentar as indústrias emergentes; pujantes instalações, novas cidades e vilas por construir — e tudo isso para ser criado a partir de uma terra desolada e improdutiva, onde seres humanos jamais sonharam viver. Enquanto desdobra seus planos, Fausto percebe que o demônio está atordoado e exausto. Ao menos uma vez ele não tem nada a dizer. Tempos atrás, Mefisto mencionara a visão de um cavaleiro veloz como paradigma do homem que se move pelos caminhos do mundo. Agora, contudo, seu protegido o ultrapassou: Fausto pretende mover o próprio mundo.

De repente nos encontramos diante de um ponto nodal na história do moderno autoconhecimento. Assistimos ao nascimento de uma nova divisão social do trabalho, uma nova vocação, uma nova relação entre ideias e vida prática. Dois movimentos históricos radicalmente diferentes convergem aí e começam a fluir juntos. Um grande ideal do espírito e da cultura se transforma em emergente realidade material e social. A romântica procura de autodesenvolvimento, que levou Fausto tão longe, desenvolve-se a si própria, agora, através de uma nova forma de atividade, através do esforço titânico do desenvolvimento econômico. Fausto está se transformando em uma nova espécie de homem, para adaptar-se a uma nova situação. Em seu novo trabalho, irá experimentar algumas das mais criativas e algumas das mais destrutivas potencialidades da vida moderna; ele será o consumado destruidor e criador, a sombria e profundamente ambígua figura que nossa época virá a chamar "o fomentador".

Goethe sabe que a questão do desenvolvimento é necessariamente uma questão política. Os projetos de Fausto vão exigir não apenas um imenso capital, mas o controle sobre vastas extensões territoriais e um grande número de pessoas. Onde ele pode conseguir esse poder? A solução está no ato IV. Goethe parece pouco à vontade nesse interlúdio político:

seus personagens aí se tornam surpreendentemente pálidos e flácidos, e sua linguagem perde muito da força e da intensidade habituais. Ele não se identifica com nenhuma das opções políticas existentes e deseja passar depressa por essa parte. As alternativas, tal como estão definidas no ato IV, são: de um lado, um fragmentário império multinacional que vem da Idade Média, dirigido por um imperador que é simpático, mas venal e inteiramente inepto; de outro lado, desafiando-o, uma gangue de pseudorrevolucionários, atraídos apenas pelo poder e a pilhagem, e respaldados pela Igreja, que Goethe vê como a força mais voraz e mais cínica de todas. (A ideia da Igreja como vanguarda revolucionária sempre pareceu forçada a muitos leitores, porém os eventos recentes do Irã sugerem que Goethe sabia o que estava dizendo.)

Não devemos invectivar contra esse simulacro de revolução moderna esboçado por Goethe. Sua função básica é fornecer a Fausto e Mefisto um fácil instrumento racional para a barganha política que eles promovem: eles emprestam suas mentes e sua magia ao imperador, para ajudá-lo a tornar seu próprio poder novamente sólido e eficiente. Este, em troca, lhes dará ilimitados direitos de desenvolver toda a região costeira, incluindo carta branca para explorar quaisquer trabalhadores de que necessitem e livrar-se de quaisquer nativos que encontrem no caminho. "Goethe não podia percorrer o rumo da revolução democrática", escreve Lukács. A barganha política de Fausto mostra a visão goethiana de "um outro caminho" para o progresso: "O irrestrito e grandioso desenvolvimento de forças produtivas tornará supérfluas as revoluções políticas".[13] Assim Fausto e Mefisto ajudam o imperador a prevalecer. Fausto ganha a sua concessão e, com grande estardalhaço, começa o trabalho do desenvolvimento.

Fausto se entrega apaixonadamente à tarefa. O ritmo é frenético — e brutal. Uma velha senhora, que reencontraremos mais adiante, posta-se ao lado do canteiro de obras e conta a história:

Eles iriam esbravejar em vão todos os dias,
Cavar e esburacar, pazada por pazada;
Onde as tochas enxameavam à noite,
Havia uma represa quando acordávamos.
Sacrifícios humanos sangravam,
Gritos de horror iriam fender a noite,
E onde as chamas se estreitam na direção do mar
Um canal iria saudar a luz. (11 123-30)

A velha senhora sente que há algo miraculoso e mágico nisso tudo, e alguns comentadores creem que Mefistófeles deva estar trabalhando por trás da cena, para que tamanha realização ocorra em tão pouco tempo. Na verdade, porém, Goethe atribui a Mefisto o papel mais secundário nesse projeto. As únicas "forças subterrâneas" em atividade aqui são as forças da moderna organização industrial. É de observar, também, que o Fausto de Goethe, ao contrário de muitos de seus sucessores, especialmente no século XX, não realiza nenhuma fascinante descoberta científica ou tecnológica: seus homens parecem usar as mesmas pás e enxadas que vinham sendo usadas há séculos. A chave do seu êxito é uma organização do trabalho visionária, intensa e sistemática. Ele exorta seus capatazes e inspetores, guiados por Mefisto, a "usar todos os meios disponíveis/ Para engajar multidões e multidões de trabalhadores./ Incitem-nos com recompensas, ou sejam severos,/ Paguem-nos bem, seduzam ou reprimam!" (11 551-4). O ponto crucial é não desperdiçar nada nem ninguém, passar por cima de todas as fronteiras: não só a fronteira entre a terra e o mar, não apenas os limites morais tradicionais na exploração do trabalho, mas também o dualismo humano primário do dia e da noite. Todas as barreiras humanas e naturais caem diante da corrida pela produção e a construção.

Fausto festeja seu novo poder sobre as pessoas: trata-se, especificamente, para usar uma expressão de Marx, do poder sobre a força de trabalho.

Levantem-se da cama, meus servos! Todos os homens!
Deixem olhos felizes contemplar meu plano audacioso.
Apanhem suas ferramentas, agitem suas pás e cavadeiras!
O que foi planejado tem de ser imediatamente cumprido.

Ele encontrou, afinal, um objetivo que preenche o seu espírito:

O que cheguei a pensar, me apresso a cumprir;
A palavra do mestre, sozinha, contém real necessidade!...
Para concluir o maior de todos os trabalhos,
Uma só mente por milhares de mãos — e basta! (11 501-10)

Mas, se ele pressiona seus trabalhadores, pressiona igualmente a si mesmo. Se os sinos da igreja o chamaram de volta à vida, tempos atrás, é o som das enxadas que o vivifica, agora. Aos poucos, à medida que o trabalho avança, vemos Fausto radiante de verdadeiro orgulho. Ele enfim atingiu a síntese de pensamento e ação, usou sua mente para transformar o mundo. Ajudou a humanidade a assumir seus direitos sobre os elementos anárquicos, "devolvendo a terra a si própria,/ Estabelecendo fronteiras para as ondas,/ Colocando um anel em redor do oceano" (11 541-3). E é uma vitória coletiva que a humanidade poderá desfrutar, quando Fausto se for. De pé sobre uma colina artificial criada pelo trabalho humano, ele contempla todo esse novo mundo que ele trouxe à vida, e tudo parece bem. Ele sabe que fez pessoas sofrerem ("Sacrifícios humanos sangravam,/ Gritos de horror iriam fender a noite..."). Mas está convencido de que são as pessoas comuns, a massa de trabalhadores e sofredores, que obterão o máximo benefício dessa obra gigantesca. Ele substituiu uma economia exaurida e estéril por outra nova e dinâmica, que "abrirá espaço para muitos milhões/ Viverem, não com segurança, mas com liberdade para agir (*tätig-frei*)". É um espaço físico e natural, que, no entanto, foi criado através da organização e da ação sociais.

Verdes são as campinas, férteis; e em alegria
Homens e rebanhos convivem nessa nova terra,
Assentados ao longo das abas da colina
Erguida pela audaz, operosa vontade das massas.
Um verdadeiro paraíso terra adentro,
Deixem agora as represas se moldarem pelas ondas bravias,
E enquanto elas se agitam, para correr com força plena,
A vontade de todos preenche os vazios e corrige o curso.
Essa é a mais alta sabedoria que eu possuo,
A melhor que a humanidade jamais conheceu;
Liberdade e vida são obtidas somente por aqueles
Que aprendem a conquistá-las de novo a cada dia.
Cercado por esse perigo, cada um se esforça,
Criança, adulto, idoso — todos têm uma vida ativa.
No meio dessa multidão eu gostaria de estar,
Caminhar no chão livre ao lado de pessoas livres! (11 563-80)

Caminhando na terra, ao lado dos pioneiros do seu novo empreendimento, Fausto se sente mais à vontade do que já se sentira junto do povo simpático mas estreito de sua cidade natal. Estes, agora, são homens novos, tão modernos quanto o próprio Fausto. Emigrantes e refugiados de uma centena de vilas e vilarejos góticos — egressos da primeira parte do *Fausto* —, eles aí chegaram à procura de ação, aventura, um ambiente no qual eles podem, como Fausto, sentir-se *tätig-frei*, livres para agir, livremente ativos. Eles chegaram juntos para formar um novo tipo de comunidade: uma comunidade que não se concentra na repressão da livre individualidade para manter um sistema social fechado, mas sim na livre ação construtiva, comunitária, para proteger as fontes coletivas que permitem a cada indivíduo ser *tätig-frei*.

Esses homens novos se sentem em casa na sua comunidade e orgulhosos dela: estão ansiosos para erguer sua vontade e espírito comunitários contra a energia do próprio mar, certos de que vencerão. Entre tais homens — homens que ele ajudou a se tornarem o que são — Fausto pode realizar um desejo que alimentou desde que deixara a casa paterna: pertencer a uma autêntica comunidade, trabalhar com e para pessoas, usar sua mente-em--ação em nome da vontade e do bem-estar comuns. Assim, o processo de desenvolvimento econômico e social gera novos modos de autodesenvolvimento, situação ideal para homens e mulheres que podem crescer nesse emergente mundo novo. Finalmente, também, o processo fornece um lar para o próprio fomentador.

Assim, Goethe encara a modernização do mundo material como uma sublime realização espiritual; Fausto, em sua atividade como "O Fomentador" que põe o mundo em seu passo certo, é um herói moderno arquetípico. Todavia, o fomentador, como Goethe o concebe, é não apenas heroico, mas trágico. Para compreender a tragédia do fomentador, é preciso julgar sua visão de mundo, não só pelo que ela revela — pelos imensos novos horizontes que abre para a espécie humana —, mas também pelo que ela esconde: pelas realidades humanas que se recusa a ver, pelas potencialidades que não é capaz de enfrentar. Fausto vislumbra, e luta para criar, um mundo onde crescimento pessoal e progresso social possam ser atingidos com um mínimo de sacrifícios humanos. Ironicamente, sua tragédia decorre exatamente de seu desejo de eliminar a tragédia da vida.

À medida que Fausto supervisiona seu trabalho, toda a região em seu redor se renova e toda uma nova sociedade é criada à sua imagem. Apenas uma pequena porção de terra da costa permanece como era antes. Esta é ocupada por Filemo e Báucia, um velho e simpático casal que aí está há tempo sem conta. Eles têm um pequeno chalé sobre as dunas, uma capela com um pequeno sino, um jardim repleto de tílias e oferecem ajuda e hospitalidade a marinheiros náufragos e sonhadores. Com o passar dos anos, tornaram-se bem-amados como a única fonte de vida e alegria nessa terra desolada. Goethe toma de empréstimo seus nomes e situação das *Metamorfoses* de Ovídio, em que eles são os únicos a dar hospitalidade a Júpiter e Mercúrio, disfarçados, e em recompensa somente eles são salvos quando os deuses inundam e destroem a terra inteira. Goethe lhes confere mais individualidade do que eles têm em Ovídio, e atribui-lhes virtudes nitidamente cristãs: generosidade inocente, humildade, resignação. E investe neles, também, um *pathos* nitidamente moderno. Eles representam a primeira encarnação literária de uma categoria de pessoas de larga repercussão na história moderna: pessoas que estão no caminho — no caminho da história, do progresso, do desenvolvimento; pessoas que são classificadas, e descartadas, como obsoletas.

Fausto se torna obcecado com o velho casal e sua pequena porção de terra: "Esse casal de velhos devia ter-se afastado,/ Eu quero tílias sob meu controle,/ Pois essas poucas árvores que me são negadas/ Comprometem minha propriedade como um todo./ [...] Por isso nossa alma se debruça sobre a cerca,/ Para sentir em meio à plenitude o que nos falta" (11 239-52). Eles precisam ser afastados para dar lugar àquilo que Fausto passa a ver como a culminação do seu trabalho: uma torre de observação, do alto da qual ele e os seus possam "contemplar a distância até o infinito", soberanos sobre o novo mundo que construíram. Ele oferece a Filemo e Báucia uma importância em dinheiro ou sua transferência para outra propriedade. Mas, na sua idade, que fariam eles com dinheiro? E, depois de viver toda a sua vida aí, próximos do fim da vida aí, como poderiam começar nova vida em outra parte? Eles se recusam a mudar. "Resistência e teimosia assim/ Frustram o êxito mais glorioso,/ Até um ponto em que, lamentavelmente, o homem começa a se cansar de ser justo." (11 269-72).

Nessa altura, Fausto comete de maneira consciente seu primeiro ato mau. Convoca Mefisto e seus "homens fortes" e ordena-lhes que tirem o casal de velhos do caminho. Ele não deseja vê-lo, nem quer saber dos detalhes da coisa. Só o que lhe interessa é o resultado final: quer que o terreno esteja livre na manhã seguinte, para que o novo projeto seja iniciado. Isso é um estilo de maldade caracteristicamente moderno: indireto, impessoal, mediado por complexas organizações e funções institucionais. Mefisto e sua unidade especial retornam "na calada da noite" com a boa notícia de que tudo estava resolvido. Fausto, de repente preocupado, pergunta para onde foi removido o velho casal — e vem a saber que a casa foi incendiada e eles foram mortos. Fausto se sente pasmo e ultrajado, tal como se sentira diante de Gretchen. Protesta dizendo que não ordenara violência; chama Mefisto de monstro e manda-o embora. O príncipe das trevas se vai, elegantemente, como cavalheiro que é; porém ri antes de sair. Fausto vinha fingindo, não só para outros mas para si mesmo, que podia criar um novo mundo com mãos limpas; ele ainda não está preparado para aceitar a responsabilidade sobre a morte e o sofrimento humano que abrem o caminho. Primeiro, firmou contrato com o trabalho sujo do desenvolvimento; agora lava as mãos e condena o executante da tarefa, tão logo esta é cumprida. É como se o processo de desenvolvimento, ainda quando transforma a terra vazia num deslumbrante espaço físico e social, recriasse a terra vazia no coração do próprio fomentador. É assim que funciona a tragédia do desenvolvimento.

Contudo, existe ainda um elemento de mistério no ato mau de Fausto. Por que, enfim, ele o faz? Será que realmente precisa daquelas terras, daquelas árvores? Por que sua torre de observação é tão importante? Por que os dois velhos são tão ameaçadores? Mefisto não vê mistério algum nisso: "Aqui, também, ocorre o que sempre ocorreu:/ Você ouviu falar das vinhas de Nabot" (11286-7). A intenção de Mefisto, invocando o pecado do rei Acab, em Reis 1:21, é mostrar que não há nada de novo na estratégia de apropriação empregada por Fausto: o narcisístico desejo de poder, mais desenfreado nos mais poderosos, é uma história antiga como o mundo. Ele sem dúvida está certo; Fausto é cada vez mais impelido pela arrogância do poder. Todavia, resta ainda outro motivo para o assassinato, que não decorre apenas da personalidade de Fausto, mas de um movimento coletivo, impessoal, que parece ser endêmico à modernização: o movimento no sentido de criar um ambiente homogêneo, um espaço totalmente modernizado, no qual as marcas e a aparência do velho mundo tenham desaparecido sem deixar vestígio.

Apontar para essa difusa necessidade moderna, porém, é apenas ampliar o mistério. Sentimo-nos inclinados a empatizar com o ódio que Fausto nutre pelo viciado mundo gótico, fechado e repressivo, em que tudo começou — o mundo que destruiu

Gretchen, e ela não foi a primeira. Mas nessa altura, quando se torna obcecado com Filemo e Báucia, ele aplica no mundo gótico um golpe mortal: Fausto criou um novo sistema social, vibrante e dinâmico, um sistema orientado na direção da livre atividade, da alta produtividade, das trocas em larga escala e do comércio cosmopolita, da abundância para todos; cultivou uma categoria de trabalhadores livres e empreendedores que amam seu novo mundo, que arriscarão suas vidas por ele, que estão prontos para erguer sua força e seu espírito comunitários contra qualquer ameaça. Fica claro, portanto, que inexiste qualquer efetivo perigo de reação. Sendo assim, por que Fausto se sente ameaçado pelo mais ínfimo vestígio do velho mundo? Goethe revela, com extraordinária penetração, os medos mais profundos do fomentador. O casal de velhos, como Gretchen, personifica o que de melhor o velho mundo pode oferecer. São demasiado velhos, demasiado teimosos, talvez demasiado estúpidos para se adaptar e mudar; no entanto, são pessoas belíssimas, o sal da terra em que vivem. É sua beleza e nobreza que deixam Fausto tão incomodado. "Meu reino é infinito diante dos olhos; pelas costas eu ouço a zombaria." Ele sente que é aterrorizador olhar para trás, encarar o velho mundo. "Se eu tivesse me detido lá, pelo calor, suas sombras me encheriam de medo." Se ele parasse, algo muito escuro nessas sombras o aprisionaria. "O pequeno sino toca e eu me enfureço!" (11 235-55)

Os sinos da igreja, é claro, representam o som da culpa e do infortúnio, e todas as forças psíquicas e sociais que destruíram a jovem que ele amava: quem poderia condená-lo por tentar silenciar esse som para sempre? Além disso, os sinos da igreja foram também o som que o chamou de volta à vida, quando estava a ponto de morrer. Há mais de si mesmo nesses sinos e naquele mundo do que ele gostaria de pensar. O mágico poder dos sinos na manhã de Páscoa representa o poder que pôs Fausto em contato com sua própria infância. Sem esse vínculo vital com o passado — fonte primária de energia espontânea e prazer de viver — ele jamais chegaria a desenvolver a força interior capaz de transformar o presente e o futuro. Mas, agora que ele firmou sua plena identidade como desejo de mudança e como poder de satisfazer esse desejo, aquele vínculo com o passado o aterroriza.

Aquele sino, o doce perfume daquelas tílias,
Me envolvem como uma igreja ou uma tumba.

Para o fomentador, deixar de mover-se, permanecer nas sombras, ser envolvido pelos velhos — é o mesmo que morrer. Não obstante, para esse tipo de homem, trabalhar sob as explosivas pressões do desenvolvimento, torturado pela culpa aí implícita — a promessa de paz do sino deve soar como bem-aventurança. Exatamente porque acha os sinos tão doces, as árvores tão encantadoras, tudo tão escuro e profundo, é que Fausto é levado a se desfazer de tudo isso.

Comentadores do *Fausto* raramente se dão conta da ressonância humana e dramática desse episódio. De fato, ele é capital para a perspectiva histórica de Goethe. A destruição de Filemo e Báucia, por Fausto, vem a ser o clímax irônico da vida deste último. Ao matar o casal de velhos, ele pronuncia sua própria sentença de morte. Tendo eliminado todos os vestígios deles e do seu velho mundo, não lhe resta mais nada a fazer. Agora ele está pronto para dizer as palavras que selam de realização a sua vida e, por isso, o conduzem à morte: *Verweile doch, du bist so schoen!* [Para, instante que passa, és tão formoso!] Por que Fausto deve morrer agora? As razões oferecidas por Goethe se referem não somente à estrutura da segunda parte do *Fausto*, mas a toda a estrutura da história moderna. Ironicamente, assim que esse fomentador conseguiu destruir o mundo pré-moderno, destruiu também qualquer razão para continuar no mundo. Em uma sociedade por inteiro moderna, a tragédia da modernização — incluindo seu trágico herói — chega naturalmente a um fim. Tão logo se livra de todos os obstáculos no caminho, o fomentador vê a si próprio no meio do caminho e deve ser afastado. As palavras de Fausto são mais verdadeiras do que ele supunha: os sinos de Filemo e Báucia tangem por ele, antes de mais nada. Goethe nos mostra como a categoria de pessoas obsoletas, tão importante para a modernidade, acaba por tragar aqueles que lhe dão vida e poder.

Fausto quase se apercebe de sua própria tragédia — apenas quase. Enquanto, à meia-noite, observa do balcão as ruínas que na manhã seguinte darão lugar à construção, a cena súbita e dissonantemente se altera: do concreto realismo do canteiro de obras, Goethe nos transporta para a ambiência simbolista do mundo interior de Fausto. De repente, quatro mulheres espectrais, de cinza, levitam na sua direção e proclamam seus próprios nomes: elas são a Necessidade, a Pobreza, a Culpa e a Ansiedade. Todas elas são forças que o programa de desenvolvimento de Fausto havia banido do mundo exterior, mas se insinuaram de volta como espectros dentro dele. Fausto está perturbado, no entanto se mantém inflexível e expele os três primeiros espectros. Todavia, o quarto, o mais vago e profundo deles, a Ansiedade, continua a persegui-lo. Ele diz: "Ainda não consegui abrir inteiramente o meu caminho em direção à liberdade". Quer dizer com isso que ainda é presa de feitiçaria, magia, fantasmas da noite. Ironicamente, porém, a ameaça à liberdade de Fausto decorre não da presença dessas forças sombrias, mas da ausência que ele logo tenta impor a elas. O problema é que não pode olhar de frente essas forças e conviver com elas. Ele se empenhou em criar um mundo isento de pobreza, necessidade e culpa; nem sequer se sente culpado por Filemo e Báucia — embora o episódio o entristeça. Contudo, não é capaz de banir a ansiedade da própria mente. Isso pode eventualmente tornar-se fonte de força interior, caso ele venha a enfrentar o fato. Porém, ele não é capaz de aceitar o que for que ponha sombras em seu trabalho e vida luminosos. Fausto expulsa a ansiedade de sua mente, como havia expulsado o demônio algum tempo atrás. Mas, antes de partir, ela sopra seu bafo sobre ele — e cega-o com esse bafo. Enquanto o toca, ela lhe diz que esteve cego todo esse tempo; todas as suas ações e visões cresceram fora da escuridão interior. A ansiedade que ele jamais admitiria lançou-o em profundidade muito além do seu entendimento. Ele destruiu o casal de velhos e seu pequeno mundo — o mundo de sua própria infância — para que o âmbito de sua visão e atividades pudesse ser infinito; ao fim, a infinita "Mãe Noite", cujo poder ele se recusa a enfrentar, é tudo quanto ele vê.

A súbita cegueira de Fausto, em sua última cena na terra, confere-lhe uma grandiosidade mítica e arcaica: ele aparece como um parceiro de Édipo e Lear. Mas trata-se de um herói nitidamente moderno, cujo ferimento, a cegueira, apenas o impele e aos seus operários a concluir a tarefa rapidamente:

A noite profunda agora parece cair ainda mais profundamente,
Mas ali dentro de mim resplandece uma luz brilhante;
O que cheguei a pensar me apresso a cumprir;
A palavra do mestre, sozinha, contém real necessidade! (11 499 ss.)

E assim tudo prossegue. É nesse ponto, em meio ao ruído da construção, que ele se declara plenamente vivo; logo, pronto para morrer. Mesmo no escuro, sua visão e energia continuam pulsando; ele continua a lutar, desenvolvendo a si mesmo e ao mundo em redor, a caminho do fim irremediável.

EPÍLOGO: UMA ERA FÁUSTICA E PSEUDOFÁUSTICA

Que tragédia é essa afinal? Qual o seu verdadeiro lugar na longa história dos tempos modernos? Se tentarmos situar o tipo particular de ambiente moderno criado por Fausto, ficaremos perplexos, ao menos de início. A analogia mais imediata parece ser com o extraordinário impulso de expansão industrial vivido pela Inglaterra a partir de 1760. Lukács faz essa conexão e afirma que o último ato do *Fausto* é a tragédia do "desenvolvimento capitalista" em sua primeira fase industrial.[14] O problema é que, se prestarmos atenção ao texto, veremos que os motivos e objetivos de Fausto são claramente não capitalistas. O Mefisto goethiano, com seu oportunismo, sua exaltação do egoísmo e infinita falta de escrúpulos, ajusta-se com perfeição a certo tipo de empresário capitalista; mas o Fausto goethiano está muito longe disso. Mefisto com frequência assinala as oportunidades de fazer dinheiro, nos esquemas de desenvolvimento de Fausto; todavia Fausto, por si, é indiferente a isso. Quando ele diz que pretende "oferecer espaço vital a milhões/ Não à prova de perigo, mas livre para gerir sua própria raça", está claro que o empreendimento não é montado em seu próprio e imediato benefício, mas, antes, visando ao futuro da humanidade, a longo prazo, em benefício da alegria e liberdade de todos, que virão a usufruir disso só muito tempo depois que ele se for. Se tentarmos reduzir o projeto de Fausto a uma primária linha de ação capitalista, eliminaremos o que aí existe de mais nobre e original, mais ainda, o que o torna genuinamente trágico. Na visão de Goethe, o mais fundo horror do desenvolvimento fáustico decorre de seus objetivos mais elevados e de suas conquistas mais autênticas.

Se desejarmos situar os desígnios e visões de Fausto no tempo da velhice de Goethe, deveremos voltar a atenção não para a realidade econômica e social, mas para seus sonhos radicais e utópicos; e, mais ainda, não para o capitalismo desse tempo, mas para o seu socialismo. No fim da década de 1820, quando as últimas páginas do *Fausto* estavam sendo compostas, uma das leituras favoritas de Goethe era o jornal parisiense *Le Globe*, um dos órgãos de divulgação do movimento saint-simoniano em cujas páginas foi cunhada a palavra *socialismo*, pouco antes da morte de Goethe em 1832.[15] As *Conversações com Eckermann* contêm uma série de referências plenas de admiração pelos jovens escritores de *Le Globe*, entre os quais havia muitos cientistas e engenheiros, que parecem ter apreciado Goethe tanto quanto ele os apreciava. Uma das características de *Le Globe*, assim como de todos os escritos saint-simonianos, era o fluxo interminável de propostas de projetos desenvolvimentistas em larga escala e a longo prazo. Tais projetos estavam muito aquém dos recursos financeiros e imaginativos dos capitalistas do início do século XIX, os quais — sobretudo na Inglaterra, cujo capitalismo era o mais dinâmico de todos — se orientavam primordialmente na direção do empresário individual, da rápida conquista de mercados, da busca de lucros imediatos. Tampouco esses capitalistas estavam interessados nos benefícios sociais que, segundo Saint-Simon, o desenvolvimento global traria: empregos estáveis e renda decente para "as classes mais numerosas e mais pobres", abundância e bem-estar para todos, novos tipos de comunidade que conciliariam o organicismo medieval com a energia e a racionalidade modernas.

Não surpreende que os projetos saint-simonianos fossem descartados em sua quase totalidade como "utópicos". Mas foi exatamente esse utopismo que atraiu a imaginação do velho Goethe. Ei-lo em 1827 entusiasmado com o projeto de um canal do Panamá e deslumbrado com a perspectiva de um glorioso futuro de progresso para a América. "Eu ficaria chocado se os Estados Unidos deixassem escapar de suas mãos essa magnífica oportunidade. É possível antever que essa jovem nação, com seu decidido amor pelo Oeste, terá ocupado, em trinta ou quarenta anos, a larga extensão de terra além das Montanhas Rochosas."

Vendo ainda mais longe, Goethe acredita "que ao longo da costa do Pacífico, onde a natureza formou os mais amplos e seguros portos, importantes cidades comerciais serão erguidas, pouco a pouco, para o incremento de um grande intercâmbio entre a China e as Índias Orientais e os Estados Unidos". Com a emergência de uma esfera de atividade transpacífica, "comunicações mais rápidas entre as costas leste e oeste da América do Norte [...] serão não apenas desejáveis, mas indispensáveis". Um canal entre os oceanos, no Panamá ou mais ao norte, desempenhará um papel fundamental nesse desenvolvimento. "Tudo isso está reservado para o futuro e para um espírito empreendedor." Goethe está certo de que "inúmeros benefícios resultarão para toda a raça humana". Ele sonha: "Quem me dera viver para vê-lo! Mas eu não o verei!". (Ele estava com 78 anos, a cinco da morte.) Goethe vislumbra então dois outros projetos de desenvolvimento, também acalentados pelos saint-simonianos: um canal entre o Danúbio e o Reno, e outro cortando o istmo de Suez. "Quem me dera viver para ver essas grandes obras! Valeria a pena durar mais cinquenta anos para isso!"[16] Vemos Goethe aí transformando os projetos e programas saint-simonianos em visão poética, a visão que será concretizada e dramatizada no último ato do *Fausto*.

Goethe sintetiza essas ideias e deposita suas esperanças naquilo que chamarei de "modelo fáustico" de desenvolvimento. Tal modelo confere prioridade absoluta aos gigantescos projetos de energia e transporte em escala internacional. Seu objetivo é menos os lucros imediatos que o desenvolvimento a longo prazo das forças produtivas, as quais em última instância, ele acredita, gerarão os melhores resultados para todos. Em vez de deixar empresários e trabalhadores se desperdiçarem em migalhas e atividades competitivas, o modelo propõe a integração de todos. Com isso criará uma nova síntese histórica entre poder público e poder privado, simbolizada na união de Mefistófeles, o pirata e predador privado, que executa a maior parte do trabalho sujo, e Fausto, o administrador público, que concebe e dirige o trabalho como um todo. Isso abrirá espaço, na história mundial, para o papel excitante e ambíguo do intelectual moderno — Saint-Simon chamou-o "O Organizador"; eu preferi "O Fomentador" — capaz de reunir recursos materiais, técnicos e espirituais, transformando-os em novas estruturas de vida social. Finalmente, o modelo fáustico criará um novo tipo de autoridade, derivado da capacidade do líder em satisfazer a persistente necessidade de desenvolvimento aventureiro, aberto ao infinito, sempre renovado, do homem moderno.

Muitos dos jovens saint-simonianos de *Le Globe* chegaram a se distinguir, em especial no reinado de Napoleão III, como brilhantes inovadores na esfera das finanças e na indústria. Organizaram o sistema ferroviário francês; estabeleceram o Crédit Mobilier, um banco de investimento internacional para financiar a emergente indústria mundial de energia; e realizaram um dos mais caros sonhos de Goethe, o canal de Suez. Mas seu estilo e escala visionários foram no geral ofuscados num período em que o desenvolvimento foi predominantemente privado e fragmentário, os governos permaneceram nos bastidores (quase sempre mascarando suas atividades econômicas), e a iniciativa pública, o planejamento de longo prazo e o sistemático desenvolvimento regional foram desdenhados como vestígios da iníqua era mercantilista. É só no século XX que o modelo fáustico assume a sua forma plena, emergindo de modo mais intenso no mundo capitalista, na proliferação de "autarquias públicas" e superagências concebidas para organizar imensos projetos de construção, sobretudo em transportes e energia: canais e ferrovias, pontes e rodovias, represas e sistemas de irrigação, usinas hidrelétricas, reatores nucleares, novas cidades e a exploração do espaço interplanetário.

Na segunda metade do século XX, em particular depois da Segunda Grande Guerra, essas autarquias foram responsáveis por "um equilíbrio entre poder público e privado", que se tornou uma força decisiva no êxito e crescimento capitalistas.[17] Fomentadores fáusticos tão diferentes entre si como David Lilienthal, Robert Moses, Hyman Rickover, Robert McNamara e Jean Monnet utilizaram esse equilíbrio para tornar o capitalismo contemporâneo muito mais imaginativo e flexível do que o capitalismo de um século atrás. Mas o desenvolvimento fáustico foi igualmente uma força poderosa nas economias e Estados socialistas que emergiram a partir de 1917. Thomas Mann, escrevendo em 1932, durante o Primeiro Plano Quinquenal soviético, estava certo ao colocar Goethe no ponto nodal, dizendo que "a atitude burguesa — para quem tenha uma visão suficientemente larga e deseja compreender as coisas não dogmaticamente — passa por cima do comunismo".[18] Hoje, podemos encontrar visionários e autoridades no poder em todas as partes do mundo, tanto nos mais avançados Estados capitalistas e países socialdemocratas, quanto em dezenas de nações que, qualquer que seja a ideologia nelas reinante, veem a si mesmas como "subdesenvolvidas" e encaram o desenvolvimento rápido, heroico, como prioridade absoluta. O peculiar ambiente que constitui o cenário do último ato do *Fausto* — o imenso canteiro de obras, ampliando-se em todas as direções, em constante mudança e forçando os próprios figurantes a mudar também — tornou-se o cenário da história mundial em nosso tempo. Fausto, O Fomentador, ainda apenas um marginal no mundo de Goethe, sentir-se-ia completamente em casa no nosso mundo.

Goethe apresenta um modelo de ação social em torno do qual gravitam sociedades avançadas e atrasadas, ideologias capitalistas e socialistas. Mas Goethe insiste em que se trata de uma terrível e trágica convergência, selada com o sangue das vítimas, articulada com seus ossos, que têm a mesma cor e a mesma forma em qualquer parte. O processo de desenvolvimento que os espíritos criativos do século XIX conceberam como uma grande aventura humana tornou-se, em nossa era, uma necessidade de vida ou morte para todas as nações e todos os sistemas sociais do mundo. Em consequência disso, autoridades fomentadoras, em toda parte, acumularam em suas próprias mãos poderes imensos, fora de controle e muito frequentemente letais.

Nos assim chamados países subdesenvolvidos, planos sistemáticos para um rápido desenvolvimento significam em geral a sistemática repressão das massas. Isso tem assumido, quase sempre, duas formas, distintas embora não raro mescladas. A primeira forma significou espremer até a última gota a força de trabalho das massas — "os sacrifícios humanos sangram,/ Gritos de desespero cortarão a noite ao meio", como se diz no *Fausto* — para alimentar as forças de produção e ao mesmo tempo reduzir de maneira drástica o consumo de massa, para gerar o excedente necessário aos reinvestimentos econômicos. A segunda forma envolve atos aparentemente gratuitos de destruição — a eliminação de Filemo e Báucia, seus sinos e suas árvores, por Fausto — destinados não a gerar qualquer utilidade material, mas a assinalar o significado simbólico de que a nova sociedade deve destruir todas as pontes, a fim de que não haja uma volta atrás.

A primeira geração soviética, em especial durante a era stalinista, fornece bons exemplos desses dois tipos de horror. O primeiro projeto-*show* desenvolvimentista de Stalin, o canal do mar Branco (1931-3), sacrificou centenas de milhares de trabalhadores, número mais do que suficiente para superar qualquer projeto capitalista contemporâneo. E Filemo e Báucia podiam perfeitamente servir de modelo para os milhões de camponeses assassinados entre 1932 e 1934 porque se postavam no caminho do plano estatal de coletivização da terra que eles haviam ganho durante a Revolução, havia pouco mais de uma década.

Mas o que torna esses projetos muito mais pseudofáusticos que propriamente fáusticos e bem menos tragédia que teatro do absurdo e da crueldade é o fato doloroso — com frequência esquecido no Ocidente — de que eles *simplesmente não funcionam*. O tratado Nixon–Brejnev do trigo, de 1972, devia bastar para nos lembrar que a tentativa stalinista de coletivização da terra não só matou milhões de camponeses como conduziu a agricultura russa a uma formidável derrocada de que ela nunca foi capaz de se recuperar. Quanto ao canal, Stalin empenhou-se em criar um *símbolo* tão visível de desenvolvimento que distorceu e amputou o projeto a ponto de retardar a *realidade* desse mesmo desenvolvimento. Por isso, operários e engenheiros jamais tiveram o tempo, o dinheiro e o equipamento necessários para construir um canal fundo e seguro o suficiente para o tráfego das modernas embarcações do século xx; em consequência, o canal nunca chegou a desempenhar um papel relevante no comércio e na indústria soviéticos. Tudo o que o canal pôde acolher, aparentemente, foram barcaças turísticas, que nos anos 1930 singravam suas águas, repletas de escritores soviéticos e estrangeiros forçados a proclamar as glórias da obra. O canal foi um triunfo de publicidade; todavia, se metade do empenho despendido na campanha de relações públicas tivesse sido empregado no trabalho propriamente dito, teria havido muito menos vítimas e muito mais desenvolvimento real — e o projeto teria sido uma genuína tragédia, não uma farsa brutal em que pessoas de verdade foram mortas por pseudoeventos.[19]

Deve-se notar que, no período pré-stalinista dos anos 1920, ainda era possível falar nos custos humanos do progresso de uma maneira honesta e especulativa. As histórias de Isaac Babel, por exemplo, estão cheias de perdas trágicas. Em "Froim Grach" (rejeitada pela censura), um velho patife de estirpe falstaffiana é sumariamente morto, sem qualquer razão aparente, pela Tcheka. Quando o narrador, ele próprio membro da polícia política, protesta indignado, o carrasco replica: "Diga-me você, como um tchekista, como um revolucionário: para que serviria um homem desses na sociedade do futuro?". Ao narrador compungido não ocorre nenhum contra-argumento, porém ele resolve lançar no papel sua visão das vidas fúteis mas saudáveis que a Revolução tinha destruído. Essa história, embora ambientada no passado recente (a Guerra Civil), é uma terrível e muito apropriada profecia do futuro, incluindo o futuro do próprio Babel.[20]

O que torna o caso soviético especialmente deprimente é que suas proezas pseudofáusticas exerceram enorme influência no Terceiro Mundo. Muitos grupos incrustados nas classes dominantes contemporâneas, de militares direitistas a comissários esquerdistas, têm mostrado fatal atração (mais fatal para os seus subordinados do que para eles mesmos, é evidente) por projetos e campanhas grandiosos que encarnam todo o gigantismo e a crueldade de Fausto, mas sem uma leve amostra da sua habilidade científica e técnica, sem o seu gênio organizacional e sua sensibilidade política para as reais necessidades e desejos do povo. Milhões de pessoas têm sido vitimadas por desastrosas políticas de desenvolvimento, concebidas em compasso megalomaníaco, executadas de maneira primária e insensível, que ao fim desenvolveram pouco mais do que a fortuna e o poder dos seus mandantes. Os pseudo-Faustos do Terceiro Mundo, em apenas uma geração, se tornaram hábeis manipuladores de imagens e símbolos do progresso — campanhas publicitárias pelo autodesenvolvimento se tornaram uma grande indústria mundial, espalhando-se de Teerã a Pequim —, contudo se mostraram notoriamente incapazes de gerar progresso real para compensar a devastação e a miséria reais que trouxeram. De tempos em tempos, um povo tenta destronar seus pseudofomentadores — como aquele pseudofáustico em escala mundial, o xá do Irã. Então, por um breve momento — nunca por mais de um breve momento — as pessoas talvez possam tomar o desenvolvimento em suas próprias mãos. Se forem astutas e afortunadas, poderão criar e encenar suas próprias tragédias do desenvolvimento, representando simultaneamente os papéis de Fausto e Gretchen/ Filemo e Báucia. Se não tiverem muita sorte, seu breve momento de ação revolucionária levará tão somente a novo sofrimento, que por sua vez não leva a parte alguma.

Nos países mais industrialmente avançados do mundo, o desenvolvimento seguiu de maneira mais autêntica as formas fáusticas. Aí os trágicos dilemas definidos por Goethe conservaram todo o seu emergente poder. Tornou-se claro — e Goethe podia tê-lo antecipado — que sob as pressões econômicas do mundo moderno o processo de desenvolvimento precisa ele próprio caminhar no sentido de um perpétuo desenvolvimento. Onde quer que o processo ocorra, todas as pessoas, coisas, instituições e ambientes que foram inovadores e de vanguarda em um dado momento histórico se tornarão a retaguarda e a obsolescência no momento seguinte. Mesmo nas partes mais altamente desenvolvidas do mundo, todos os indivíduos, grupos e comunidades enfrentam uma terrível e constante pressão no sentido de se reconstruírem, interminavelmente; se pararem para descansar, para ser o que são, serão descartados. O ponto climático no contrato entre Fausto e o diabo — se parar por um só momento e disser: *"Verweile doch, du bist so schoen"*, será destruído — é vivido hoje, até suas consequências mais amargas, por milhares de indivíduos, todos os dias.

Na última geração, apesar do declínio econômico dos anos 1970, o processo de desenvolvimento espalhou-se, quase sempre em ritmo frenético, pelos mais remotos, isolados e atrasados setores das sociedades mais avançadas. Transformou inúmeros pastos e campos de milho em usinas químicas, quartéis-generais de corporações, *shopping centers* suburbanos. Quantas laranjeiras foram preservadas no Orange County,* na Califórnia? Transformou milhares de bairros urbanos em entroncamentos

---

* Literalmente, "Condado da Laranja". (N. T.)

de autoestradas e estacionamentos, ou em centros de comércio mundial e Peachtree Plazas,* ou em vastidões abandonadas, esturricadas — onde ironicamente a grama volta a crescer em meio ao entulho, enquanto pequenos bandos de bravos pioneiros fixam novas fronteiras —, ou, na história bem-sucedida dos padrões urbanos dos anos 1970, em armações escovadas e brilhantes, com imitação de nódoas antigas: paródias das velhas selvas. Dos abandonados milharais da Nova Inglaterra às arruinadas minas dos montes Apalaches, ao South Bronx e ao Love Canal, o desenvolvimento insaciável deixou uma espetacular devastação em sua esteira. As escavadeiras que fizeram Fausto sentir-se vivo e produziram o último som que ele ouviu, enquanto morria, transformaram-se em gigantescos removedores de terra, hoje coroados com dinamite. Até mesmo os Faustos de ontem talvez se sintam os Filemos e Báucias de hoje, enterrados sob os escombros onde viveram suas vidas, assim como as jovens e entusiasmadas Gretchens de hoje são esmagadas pela engrenagem ou cegadas pela luz.

Nas últimas duas décadas, o mito do Fausto serviu como uma espécie de prisma, nos países industrialmente mais avançados, para uma série de visões sobre o nosso tempo e nossas vidas. *Vida contra a morte* (1959), de Norman O. Brown, ofereceu uma penetrante crítica do ideal fáustico de desenvolvimento: "A inquietação fáustica do homem na história mostra que o ser humano não se satisfaz com a simples satisfação de seus desejos conscientes". A esperança de Brown era de que o pensamento psicanalítico, radicalmente interpretado, pudesse "oferecer um caminho para fora do pesadelo do 'progresso' interminável e do interminável descontentamento fáustico, um caminho para fora da neurose humana, um caminho para fora da história". Brown vê o Fausto de início como símbolo de ação histórica e angústia: "o homem fáustico é o homem que faz a história". Mas, se a

* Literalmente, "Praças ou Mercados de Pessegueiro", nome de famoso centro de compras. (N. T.)

repressão sexual e psíquica pudesse de algum modo ser rompida — esta a esperança de Brown — , "o homem estaria pronto para viver em vez de fazer história". Então, "a irrequieta carreira do homem fáustico chegaria a um fim, pois ele poderia encontrar a satisfação e dizer: '*Verweile doch, du bist so schoen*'".[21] Tal como Marx, depois do *Dezoito Brumário de Luís Bonaparte*, e o Stephen Dedalus de James Joyce, Brown vivenciou a história como um pesadelo, do qual ele almejou despertar; porém, seu pesadelo, ao contrário dos outros, não corresponde a nenhuma situação histórica específica, e sim à historicidade como tal. Não obstante, iniciativas intelectuais como a de Brown ajudaram muitos de seus contemporâneos a desenvolver uma perspectiva crítica sobre seu período histórico, a confortavelmente ansiosa Era Eisenhower. Embora Brown afirmasse detestar a história, referir-se a Fausto foi um gesto histórico de grande audácia — na verdade, um ato fáustico em seu pleno direito. Como tal, não só prefigurou como nutriu as radicais iniciativas da década seguinte.

Fausto seguiu desempenhando importantes papéis simbólicos nos anos 1960. Pode-se dizer que uma visão fáustica animou alguns dos movimentos radicais primários e algumas *journées* da década. Essa visão foi fortemente dramatizada, por exemplo, na marcha coletiva sobre o Pentágono, em 1967. Essa demonstração, imortalizada no livro *Exércitos da noite*, de Norman Mailer, retratou um exorcismo simbólico, empreendido em nome de uma vasta e sincrética mescla de deuses familiares e estrangeiros, com a intenção de expelir os demônios estruturais do Pentágono. (Liberado do peso, proclamaram os exorcistas, o edifício levitaria e deslizaria ou voaria para longe.) Para os participantes desse notável evento, o Pentágono aparecia como a apoteose de uma construção fáustica enviesada, que ergueu os mais virulentos engenhos de destruição do mundo. Nossa demonstração e nosso movimento pela paz, como um todo, apareceram como uma acusação às visões e desígnios fáusticos da América. Por outro lado, essa demonstração constituiu, por si, uma espetacular construção, uma das poucas oportunidades que a esquerda norte-americana teve de expressar suas próprias aspirações e aptidões fáusticas. As estranhas ambivalências do evento se fizeram sentir à medida que chegávamos mais e mais perto do edifício — a sensação era de que se podia ir chegando perto eternamente, sem jamais chegar lá: era um perfeito ambiente kafkiano — e algumas das pequenas silhuetas dentro dele, emolduradas pelas janelas longínquas (janelas são ultrafáusticas, afirmou Spengler), apontavam, acenavam e até mesmo moviam seus braços para nos tocar, como se reconhecessem em nós espíritos afins, para nos tentar ou nos desejar boas-vindas. Após algum tempo, os cassetetes dos soldados e o gás lacrimogêneo esclareceram a distância entre nós; mas o esclarecimento representou um alívio, quando veio, e houve alguns momentos difíceis antes que isso acontecesse. Mailer provavelmente tinha em mente esse dia quando escreveu, no finalzinho da década: "Vivemos uma era fáustica, destinada a enfrentar Deus ou o Diabo antes que tudo isso se cumpra, e o inevitável minério da autenticidade é nossa única chave para abrir a porta".[22]

Fausto ocupou um lugar igualmente importante na visão muito diferente dos anos 1960, a qual chamarei de "pastoral". Seu papel na pastoral dos anos 1960 foi, literalmente, ser colocado no pasto. Seus desejos, habilidades e iniciativas tinham capacitado a humanidade para realizar grandes descobertas científicas e a produzir uma arte magnífica, a transformar o ambiente natural e humano e a criar a economia da abundância que sociedades industrialmente avançadas havia pouco tinham começado a desfrutar. Agora, porém, em virtude de seu próprio sucesso, o "Homem Fáustico" tinha se tornado historicamente obsoleto. Esse argumento foi desenvolvido pelo biologista molecular Gunther Stent, em um livro intitulado *O advento da Idade de Ouro: uma visão do fim do progresso*. Stent usou as perspectivas da sua própria ciência, em especial a recente descoberta dos DNA, para alegar que as conquistas da cultura moderna deixaram essa cultura saturada e exaurida, sem ter para onde ir. O moderno desenvolvimento econômico e a evolução global da sociedade atingiram, por processo similar, o fim da estrada. A História trouxe-nos até um ponto em que "o bem-estar econômico é dado como certo", não havendo mais nada significativo que fazer:

E aqui podemos perceber uma contradição interna do progresso. O progresso depende da ação do Homem Fáustico, cuja motivação básica é a vontade de poder. Mas, tendo o progresso chegado a prover um ambiente de suficiente segurança econômica para Todos os Homens, o *ethos* social daí resultante trabalha contra a transmissão do desejo de poder às novas gerações e, portanto, faz abortar o desenvolvimento do Homem Fáustico.

Por meio de um processo de seleção natural, o Homem Fáustico estava sendo gradualmente descartado do ambiente que ele mesmo criara.

A geração mais jovem, que cresceu nesse novo mundo, não sentia, é evidente, qualquer desejo de ação ou conquista, poder ou mudança; só se preocupava em dizer *Verweile doch, du bist so schoen* e em continuar a dizer a mesma coisa, até o fim de seus dias. Essas crianças do futuro podem, ainda hoje, ser vistas balançando-se, cantando, dançando, fazendo amor e flutuando sob o sol da Califórnia. A visão pictórica da Idade de Ouro, por Lucas Cranach, que Stent reproduziu como frontispício, "não é nada mais que a visão profética de um muito *hippie* Estar-na-Sua, no Golden Gate Park" (em San Francisco).

A iminente consumação da história seria "um período de êxtase geral"; arte, pensamento e ciência podem continuar existindo, mas com pouca função além de servir para passar o tempo e desfrutar a vida. "O Homem Fáustico da Idade de Ferro veria com desgosto a possibilidade de os seus influentes sucessores poderem devotar sua abundância de tempo disponível aos prazeres sensuais. [...] Mas o Homem Fáustico faria melhor se enfrentasse o fato de que *esta* Idade de Ouro é precisamente o fruto de todos os seus frenéticos esforços, e não adianta agora desejar que as coisas tomassem outro rumo." Stent termina com uma nota pesarosa, quase elegíaca: "Um milênio de dedicação às artes e às ciências finalmente transformará a tragicomédia da vida em um *happening*".[23] Porém, a nostalgia de um estilo fáustico de vida é certamente sinal de obsolescência. Stent viu o futuro, e ele aconteceu.[24]

É difícil reler essas pastorais dos anos 1960 sem alguma tristeza nostálgica, não tanto pelos *hippies* de ontem como pela crença virtualmente unânime — partilhada por aqueles honrados cidadãos que no geral desprezavam os *hippies* — de que uma vida de estável abundância, lazer e bem-estar tinha chegado aqui para ficar. De fato, existem aí muitos pontos de continuidade entre os anos 1960 e 70; todavia, a euforia econômica daqueles anos — John Brooks, em recente apanhado sobre a Wall Street dos anos 1960, chamou-os "anos *go-go*" — parece pertencer agora a um beatificado mundo estranho. Passado um tempo notavelmente curto, a alegre esperança foi banida por inteiro. A crescente crise de energia dos anos 1970, com todas as suas dimensões ecológicas e tecnológicas, econômicas e políticas, gerou ondas de descontentamento, amargura e perplexidade, chegando algumas vezes ao pânico e ao desespero histérico; mas inspirou uma saudável e severa autoanálise cultural, que, no entanto, muitas vezes degenerou em autorrepúdio e autoflagelação mórbidos.

Hoje, para muita gente, todo o multissecular projeto de modernização aparece como um equívoco desastroso, um ato de arrogância e maldade cósmicas. E a figura de Fausto surge agora em novo papel simbólico, como o demônio que arrancou a espécie humana de sua unidade primordial com a natureza e impeliu-nos ao longo da estrada da catástrofe. "Há um sentido de desespero no ar", escreveu em 1973 um antropólogo cultural de nome Bernard James, "o sentido de que o homem foi condenado pela ciência e a tecnologia a uma nova era de precariedade". Nessa era, "o período final de decadência do nosso mundo ocidental, o diagnóstico é claro. Vivemos em um planeta superpovoado e pilhado, e temos de interromper a pilhagem ou perecer". O livro de James tinha um título apocalíptico bem ao gosto dos anos 1970: *A morte do progresso*. Segundo ele, a força letal, que devia ser extirpada antes que extirpasse toda a humanidade, era "a moderna cultura do progresso", e seu herói cultural número um era Fausto. James não parecia pronto a denunciar e renunciar a todas as modernas descobertas científicas e inovações tecnológicas (demonstrou especial carinho pelos computadores). Mas afirmou que "a necessidade de conhecer, como é entendida hoje, pode ser um esporte cultural mortífero", que deveria ser radicalmente restringido, se não abolido de uma vez por todas. Depois de pintar persuasivos quadros de possíveis desastres nucleares e monstruosas formas de guerra biológica e engenharia genética, James insistiu em que esses horrores fluem muito naturalmente da "concupiscência de proveta que leva a cometer o pecado de Fausto".[25] Assim, o vilão fáustico, caro aos quadrinhos do Capitão América e aos editoriais do *New Yorker* do fim dos anos 1970, mostra novamente as garras. É notável que a pastoral dos anos 1960 e o apocalipse dos 1970 se juntem ao afirmar que, para a humanidade sobreviver — para viver a boa vida (1960) ou qualquer vida (1970) —, o "Homem Fáustico" deve desaparecer.

Ao longo dos anos 1970, à medida que se intensificou o debate em torno da conveniência e dos limites do crescimento econômico e das melhores formas de produzir e conservar energia, ecologistas e defensores do anticrescimento pintaram Fausto como o típico "Homem-Progresso", que faria o mundo em pedaços, em nome da expansão insaciável, sem perguntar ou sem se preocupar com o que o crescimento ilimitado faria à natureza ou ao homem. Desnecessário dizer que isso é uma absurda distorção da história de Fausto, reduzindo a tragédia a melodrama. (No entanto, assemelha-se ao teatrinho de marionetes fáusticos, visto por Goethe na infância.) O que me parece mais importante é o vácuo intelectual que emerge quando Fausto é deslocado do seu cenário original. Os vários defensores da energia extraída do sol, do vento ou da água, das pequenas fontes de energia, descentralizadas, das "tecnologias intermediárias", da "equilibrada economia estatal", são todos virtualmente inimigos do planejamento em larga escala, da pesquisa científica, da inovação tecnológica, da organização complexa.[26] Contudo, para que muitos de seus planos e visões sejam de fato adotados por um número significativo de pessoas, seria preciso ocorrer a mais radical redistribuição de poder econômico e político. E, ainda, isso — que obrigaria à dissolução da General Motors, da Exxon, da Con Edison e seus filiados e à redistribuição de todos os seus recursos pelas pessoas — representaria apenas o prelúdio de uma ampla e desconcertantemente complexa reorganização de toda a rede que compõe a vida diária hodierna. O fato é que não há nada de bizarro nos argumentos em torno do anticrescimento e das fontes alternativas de energia, em si, que, na verdade, estão repletos de ideias engenhosas e imaginativas. O bizarro é que, dada a magnitude das tarefas históricas antecedentes, eles deviam exortar-nos, nas palavras de E. F. Schumacher, a "pensar pequeno". A paradoxal realidade que escapa à maioria desses escritores é que na sociedade moderna só o mais extravagante e sistemático "pensar grande" é capaz de abrir caminho ao "pensar pequeno".[27] Portanto, os defensores da contenção energética, do crescimento limitado e da descentralização deveriam, em vez de abominá-lo, adotar Fausto como sua palavra de ordem.

O único grupo contemporâneo que não só utilizou o mito fáustico, mas apreendeu sua trágica profundidade é a coletividade dos cientistas nucleares. Os pioneiros da energia nuclear, que experimentaram um cegante clarão de luz em Alamogordo ("Meu Deus!... Os garotões cabeludos perderam o controle!"), nunca aprenderam a exorcizar aquele ameaçador Espírito da Terra que brotou da criatividade de suas mentes. Os "cientistas conscientes" do período pós-guerra estabeleceram um peculiar estilo fáustico de ciência e tecnologia, guiados pela culpa e a preocupação, pela contradição e a angústia. Isso se opunha radicalmente ao estilo panglossiano de ciência predominante nos círculos militares, industriais e políticos de comando, então como agora, segundo o qual eventuais acidentes serão secundários e irrelevantes, pois caminha bem tudo o que termina bem. Num tempo em que todos os governos mentiam de forma sistemática a seus cidadãos sobre os perigos das armas nucleares e da guerra nuclear, os experimentados veteranos do Projeto Manhattan (Leo Szilard foi o mais heroico deles), acima de todos, expuseram com lucidez a verdade e começaram a lutar pelo controle civil da energia atômica, pelas restrições aos testes nucleares e pelo controle internacional do armamento.[28] Seu projeto ajudou a manter viva certa consciência fáustica e a contestar a proclamação mefistofélica de que o homem só poderia realizar grandes empreendimentos obliterando qualquer sentimento de culpa e preocupação. Mostraram como tais emoções podem conduzir a ações extremamente criativas no que diz respeito à sobrevivência da humanidade.

Nos anos recentes, os debates em torno do poder nuclear geraram novas metamorfoses de Fausto. Em 1971, Alvin Weinberg, um brilhante físico e administrador e por muitos anos diretor do Laboratório de Oak Ridge, invocou Fausto no clímax de um discutidíssimo depoimento sobre "Instituições Sociais e Energia Nuclear":

> Nós, envolvidos em ciência nuclear, estabelecemos uma transação fáustica com a sociedade. De um lado, oferecemos — no combustível nuclear catalítico — uma inexaurível fonte de energia. [...] Mas o preço que exigimos da sociedade por essa mágica fonte de energia é uma vigilância e uma longevidade das instituições sociais a que não estamos nem um pouco habituados.

A fim de preservar essa "infinita fonte de energia barata e limpa", homens, sociedades e nações do futuro deverão manter "eterna vigilância" sobre graves perigos não só tecnológicos — estes seriam, de fato, os menos graves —, mas sociais e políticos.

Este livro não é o lugar ideal para contestar os méritos e deméritos da desconcertante e profundamente emblemática transação nuclear mencionada por Weinberg. Mas é o lugar para assinalar o que ele faz em relação a Fausto. O ponto decisivo aqui é que os cientistas ("Nós, envolvidos em ciência nuclear") não desempenham mais o papel de Fausto. Em vez disso, assumem o papel do personagem que propõe a negociação — ou seja, Mefistófeles, "o espírito que nega tudo". Uma estranha e ricamente ambígua autoimagem, não destinada a ganhar prêmios de relações públicas, porém cheia de encanto em sua (talvez inconsciente) candura. Todavia, é o corolário dessa encenação que importa mais: o protagonista fáustico proposto por Weinberg, que deve decidir se aceita ou rejeita o negócio, é "a sociedade" — ou seja, todos nós. A ideia subjacente é que o impulso fáustico na direção do desenvolvimento anima, hoje, a todos os homens e mulheres modernos. Em consequência, "a sociedade precisa fazer sua opção, e é uma opção que nós, envolvidos em ciência nuclear, não temos o direito de impor".[29] Isso significa que, enquanto as negociações fáusticas se realizam — ou não se realizam — , nós temos não apenas o direito mas a obrigação de nos envolvermos na transação.[30] Não podemos transferir a responsabilidade pelo desenvolvimento a nenhum clube de *experts* — exatamente porque, em matéria de desenvolvimento, todos somos *experts*. Se os quadros científicos e tecnológicos acumularam vastos poderes na sociedade moderna, isso se deve ao fato de que suas visões e valores apenas ecoaram, amplificaram e concretizaram os nossos próprios valores e visões. Eles apenas criaram meios para realizar objetivos endossados pelo público moderno: total desenvolvimento do indivíduo e da sociedade, incessante transformação do mundo interior e exterior. Como membros da sociedade moderna, somos todos responsáveis pelas direções nas quais nos desenvolvemos, por nossas metas e realizações, pelo alto custo humano aí implicado. Nossa sociedade jamais poderá controlar seus vulcânicos "poderes ocultos" enquanto pretendermos que apenas os cientistas perderam o controle. Um dos fatos básicos da vida moderna é que todos nós, hoje, somos "garotões cabeludos".

Homens e mulheres modernos, em busca de autoconhecimento, podem perfeitamente encontrar um ponto de partida em Goethe, que nos deu com o *Fausto* nossa primeira tragédia do desenvolvimento. É uma tragédia que ninguém deseja enfrentar — sejam países avançados ou atrasados, de ideologia capitalista ou socialista —, mas que todos continuam a protagonizar. As perspectivas e visões de Goethe nos ajudam a ver como a mais completa e profunda crítica à modernidade pode partir exatamente daqueles que de modo mais entusiasmado adotam o espírito de aventura na modernidade. Todavia, se *Fausto* é uma crítica, é também um desafio — ao nosso mundo, ainda mais do que ao mundo de Goethe — no sentido de imaginarmos e criarmos novas formas de modernidade, em que o homem não existirá em função do desenvolvimento mas este, sim, em função do homem. O interminável canteiro de obras de Fausto é o chão vibrante porém inseguro sobre o qual devemos balizar e construir nossas vidas.

II. TUDO QUE É SÓLIDO DESMANCHA NO AR: MARX, MODERNISMO E MODERNIZAÇÃO

> *Ao nascimento da mecanização e da indústria moderna [...] seguiu-se um violento abalo, como uma avalanche, em intensidade e extensão. Todos os limites da moral e da natureza, de idade e sexo, de dia e noite, foram rompidos. O capital celebrou suas orgias.*
>
> *O capital*, volume I

> *Eu sou o espírito que nega tudo.*
> Mefistófeles, no *Fausto*

> *Autodestruição inovadora!*
> Anúncio da Mobil Oil, 1978

> *Nos arquivos de pesquisa da Shearson Hayden Stone, Inc., uma carta comercial registra esta citação de Heráclito: "Tudo é mudança, nada permanece estável".*
> "O presidente da Shearson constrói um novo gigante de Wall Street"
> — *New York Times*, 1979

> *[...] aquela aparente desordem que é, na verdade, o mais alto grau de ordem burguesa.*
> Dostoievski em Londres, 1862

VIMOS COMO O *FAUSTO* de Goethe, universalmente reconhecido como expressão primária do moderno espírito inquiridor, atinge sua realização — mas também sua trágica derrocada — na transformação da moderna vida material. Veremos em seguida como a verdadeira força e originalidade do "materialismo histórico" de Marx está na luz que lança sobre a moderna vida espiritual. Ambos partilham uma perspectiva muito mais aceita então do que hoje: a crença de que a "vida moderna" implica um todo coerente. Esse senso de totalidade subjaz ao julgamento que Puchkin faz do *Fausto*: "uma *Ilíada* da vida moderna". Isso pressupõe uma unidade de vida e experiência, que envolve a política e a psicologia, a indústria e a espiritualidade, as classes dominantes e as classes operárias, na modernidade. Este capítulo é uma tentativa de captar e reconstruir a visão da vida moderna como um todo, segundo Marx.

Cabe notar que esse senso de totalidade vai contra a granulação do pensamento contemporâneo. O pensamento atual sobre a modernidade se divide em dois compartimentos distintos, hermeticamente lacrados um em relação ao outro: "modernização" em economia e política, "modernismo" em arte, cultura e sensibilidade. Se tentarmos situar Marx em relação a esse dualismo, veremos, e isso não surpreende, que ele comparece em larga escala na literatura sobre modernização. Mesmo pensadores que afirmam rejeitá-lo no geral o admitem como fonte primária e ponto de referência obrigatório para seu próprio pensamento.[1] De outro lado, Marx não é reconhecido, em nenhuma instância, pela literatura sobre modernismo. A cultura e a consciência modernistas quase sempre remontam à sua geração, a geração de 1840 — a Baudelaire, Flaubert, Wagner, Kierkegaard, Dostoievski —, porém o próprio Marx não merece sequer um ramo na árvore genealógica. Quando chega a ser mencionado nessa companhia, é apenas uma folha, ou às vezes o remanescente de uma era mais primitiva e inocente — o Iluminismo, digamos — cujas claras perspectivas e sólidos valores o modernismo, em princípio, destruiu. Alguns escritores (como Vladimir Nabokov) acusam o marxismo de ser um peso morto que sufoca o espírito modernista; já outros (como Georg Lukács, em sua fase comunista) encaram o ponto de vista de Marx como muito mais razoável, mais sadio e mais "real" que o dos modernistas; mas todos concordam em que estes e aquele são mundos à parte.[2]

110

No entanto, quanto mais perto chegamos do que Marx de fato disse, menos sentido faz esse dualismo. Tomemos uma imagem como esta: "Tudo que é sólido desmancha no ar". A ambição cósmica e a grandeza visionária da imagem, sua força altamente concentrada e dramática, seus subtons vagamente apocalípticos, a ambiguidade de seu ponto de vista — o calor que destrói é também energia superabundante, um transbordamento de vida —, todas essas qualidades são em princípio traços característicos da imaginação modernista. Representam com exatidão a espécie de coisas que estamos preparados para encontrar em Rimbaud ou Nietzsche, Rilke ou Yeats — "As coisas se desintegram, o centro nada retém". De fato, essa imagem vem de Marx; não de qualquer esotérico manuscrito juvenil, por muito tempo inédito, mas direto do *Manifesto Comunista*. Essa imagem coroa a descrição que Marx faz da "moderna sociedade burguesa". As afinidades entre Marx e os modernistas tornam-se ainda mais claras quando observamos a passagem inteira de onde a imagem foi extraída: "Tudo que é sólido desmancha no ar, tudo que é sagrado é profanado, e os homens são finalmente forçados a enfrentar com sentidos mais sóbrios suas reais condições de vida e sua relação com outros homens".[3] A segunda cláusula, de acordo com a qual se destrói tudo o que é sagrado, é mais complexa e interessante do que a convencional assertiva materialista do século XIX segundo a qual Deus não existe. Marx se move na dimensão do tempo, tentando evocar o próprio curso de um drama e um trauma históricos. Ele diz que a aura de santidade subitamente se ausenta e que não podemos compreender a nós mesmos no presente sem nos confrontarmos com essa ausência. A cláusula final — "e os homens são finalmente forçados a enfrentar [...]" — não apenas descreve a confrontação com uma realidade perturbadora, mas vivifica-a, forçando-a sobre o leitor — e, de fato, sobre o escritor também, já que "homens", *die Menschen*, como diz Marx, estão todos aí juntos, ao mesmo tempo agentes e pacientes do processo diluidor que desmancha no ar tudo que é sólido.

Se acompanharmos essa modernista visão "esfumaçante",

111

veremos que ela ressurge ao longo de toda a obra de Marx. Aqui e ali ela salta como contraparte de visões marxistas mais "sólidas", tão conhecidas. Mas é especialmente vívida e estimulante no *Manifesto Comunista*, abrindo nova perspectiva que permite compreendê-lo como o arquétipo de um século inteiro de manifestos e movimentos modernistas que se sucederiam. O *Manifesto* expressa algumas das mais profundas percepções da cultura modernista e, ao mesmo tempo, dramatiza algumas de suas mais profundas contradições internas.

Neste ponto, caberia perguntar: não existem já interpretações de Marx em número mais do que suficiente? Será que realmente precisamos de um Marx modernista, outro espírito afim de Eliot e Kafka, de Schoenberg e Gertrude Stein e Artaud? Eu penso que sim, não apenas porque Marx aí está, mas porque tem algo distinto e importante a dizer. Com efeito, Marx pode dizer-nos do modernismo tanto quanto este nos diz do próprio Marx. O pensamento modernista, tão brilhante e iluminador do lado escuro de todos e de tudo, vem a ter os seus próprios e reprimidos cantos escuros, sobre os quais Marx pode fazer incidir nova luz. Ele pode esclarecer especificamente a relação entre a cultura modernista e a economia e a sociedade burguesas — o mundo da "modernização" — das quais aquela surgiu. Veremos que modernismo e burguesia têm em comum mais coisas do que modernistas e burgueses gostariam de admitir. Veremos que marxismo, modernismo e burguesia estão empenhados numa estranha dança dialética e, se acompanharmos seus movimentos, apreenderemos aspectos importantes do mundo moderno que todos partilhamos.

1. A VISÃO DILUIDORA E SUA DIALÉTICA

O ponto básico que fez a fama do *Manifesto* é o desenvolvimento da moderna burguesia e do proletariado e a luta entre ambos. Mas é possível encontrar um enredo sob esse enredo, uma luta dentro da consciência do autor a respeito do que realmente está acontecendo e a respeito do que a luta maior significa. Pretendo descrever esse conflito como a tensão entre a visão "sólida" e a visão "diluidora" de Marx sobre a vida moderna.

A primeira seção do *Manifesto*, "Burgueses e Proletários", apresenta uma visão geral do que hoje é chamado o processo de modernização e descreve o cenário daquilo que Marx acredita que venha a ser o seu clímax revolucionário. Aqui Marx toca no sólido âmago institucional da modernidade. Antes de tudo, temos aí a emergência de um mercado mundial. À medida que se expande, absorve e destrói todos os mercados locais e regionais que toca. Produção e consumo — e necessidades humanas — tornam-se cada vez mais internacionais e cosmopolitas. O âmbito dos desejos e reivindicações humanas se amplia muito além da capacidade das indústrias locais, que então entram em colapso. A escala de comunicações se torna mundial, o que faz emergir uma *mass media* tecnologicamente sofisticada. O capital se concentra cada vez mais nas mãos de poucos. Camponeses e artesãos independentes não podem competir com a produção de massa capitalista e são forçados a abandonar suas terras e fechar seus estabelecimentos. A produção se centraliza de maneira progressiva e se racionaliza em fábricas altamente automatizadas. (No campo acontece o mesmo: fazendas se transformam em "fábricas agrícolas" e os camponeses que não abandonam o campo se transformam em proletários campesinos.) Um vasto número de migrantes pobres são despejados nas cidades, que crescem como num passe de mágica — catastroficamente — do dia para a noite. Para que essas grandes mudanças ocorram com relativa uniformidade, alguma centralização legal, fiscal e administrativa precisa acontecer; e acontece onde quer que chegue o capitalismo. Estados nacionais despontam e acumulam grande poder, embora esse poder seja solapado de forma contínua pelos interesses internacionais do capital. Enquanto isso, trabalhadores da indústria despertam aos poucos para uma espécie de consciência de classe e começam a agir contra a aguda miséria e a opressão crônica em que vivem. Enquanto lemos isso, sentimo-nos pisando terreno familiar; tais processos continuam a ocorrer à nossa volta, e um século de marxismo ajudou-nos a fixar uma linguagem segundo a qual isso faz sentido.

Continuando a ler, porém, se o fizermos com plena atenção, algo estranho começará a acontecer. A prosa de Marx subitamente se torna luminosa, incandescente; imagens brilhantes se sucedem e se desdobram em outras; somos arrastados num ímpeto fogoso, numa intensidade ofegante. Marx não está apenas descrevendo, mas evocando e dramatizando o andamento desesperado e o ritmo frenético que o capitalismo impõe a todas as facetas da vida moderna. Com isso, nos leva a sentir que participamos da ação, lançados na corrente, arrastados, fora de controle, ao mesmo tempo confundidos e ameaçados pela impetuosa precipitação. Após algumas páginas disso, sentimo-nos excitados mas perplexos; sentimos que as sólidas formações sociais à nossa volta se diluíram. No momento em que os proletários fazem enfim sua aparição, o cenário mundial em que eles supostamente desempenhariam seus papéis se desintegrou e se metamorfoseou em algo irreconhecível, surreal, uma construção móvel que se agita e muda de forma sob os pés dos atores. É como se o inato dinamismo da visão diluidora corresse com ele e o carregasse — assim como aos trabalhadores e a nós próprios — para muito além dos limites a princípio pretendidos, a ponto de seu *script* revolucionário precisar ser inteiramente refeito.

Os paradoxos no interior do *Manifesto* se mostram praticamente desde o início: especificamente, a partir do momento em que Marx começa a descrever a burguesia. "A burguesia", afirma ele, "desempenhou um papel altamente revolucionário na história." O que é surpreendente nas páginas seguintes é que Marx parece empenhado não em enterrar a burguesia, mas em exaltá-la. Ele compõe uma apaixonada, entusiasmada e quase lírica celebração dos trabalhos, ideias e realizações da burguesia. Com efeito, nessas páginas ele exalta a burguesia com um vigor e uma profundidade que os próprios burgueses não seriam capazes de expressar.

O que fizeram os burgueses para merecer a exaltação de Marx? Antes de tudo, eles foram "os primeiros a mostrar do que a atividade humana é capaz". Marx não quer dizer que eles tenham sido os primeiros a celebrar a ideia da *vita activa*, uma postura ativista diante do mundo. Isso tem sido um tema central na cultura do Ocidente desde a Renascença; adquiriu novas profundidades e ressonâncias no próprio século de Marx, na era do Romantismo e da Revolução, de Napoleão, Byron e o *Fausto* de Goethe. O próprio Marx desenvolverá o tema em novas direções,[4] e este continuará evoluindo até o tempo presente. No *Manifesto*, a ideia de Marx é que a burguesia efetivamente realizou aquilo que poetas, artistas e intelectuais modernos apenas sonharam, em termos de modernidade. Por isso, a burguesia "realizou maravilhas que ultrapassam em muito as pirâmides do Egito, os aquedutos romanos, as catedrais góticas"; "organizou expedições que fazem esquecer todas as migrações e as cruzadas anteriores". Sua vocação para a atividade se expressa em primeiro lugar nos grandes projetos de construção física — moinhos e fábricas, pontes e canais, ferrovias, todos os trabalhos públicos que constituem a realização final de Fausto — que são as pirâmides e as catedrais da Idade Moderna. Em seguida, há os enormes movimentos de pessoas — para cidades, para fronteiras, para novas terras —, que a burguesia algumas vezes inspirou, algumas vezes forçou com brutalidade, algumas vezes subsidiou e sempre explorou em seu proveito. Marx, num parágrafo comovente e evocativo, transmite o ritmo e o drama do ativismo burguês:

A burguesia, em seu reinado de apenas um século, gerou um poder de produção mais massivo e colossal do que todas as gerações anteriores reunidas. Submissão das forças da natureza ao homem, maquinário, aplicação da química à agricultura e à indústria, navegação a vapor, ferrovias, telegrafia elétrica, esvaziamento de continentes inteiros para o cultivo, canalização de rios, populações inteiras expulsas de seu *habitat* — que século, antes, pôde sequer sonhar que esse poder produtivo dormia no seio do trabalho social? (pp. 473-5)

Marx não é o primeiro, nem o último, a celebrar os triunfos da moderna tecnologia burguesa e sua organização social. Mas sua louvação é peculiar, tanto no que enfatiza como no que omite. Embora se apresente como um materialista, Marx não está primordialmente interessado nas coisas criadas pela burguesia. O que lhe interessa são os processos, os poderes, as expressões de vida humana e energia: homens no trabalho, movendo-se, cultivando, comunicando-se, organizando e reorganizando a natureza e a si mesmos — os novos e interminavelmente renovados meios de atividade que a burguesia traz à luz. Marx não se detém demasiado em invenções e inovações particulares, por si mesmas (na tradição que vai de Saint-Simon a McLuhan); o que o atrai são os processos ativos e generativos através dos quais uma coisa conduz a outra, sonhos se metamorfoseiam em projetos, fantasias em balanço, as ideias mais exóticas e extravagantes se transformam continuamente em realidades ("populações inteiras expulsas de seu *habitat*"), ativando e nutrindo novas formas de vida e ação.

A ironia do ativismo burguês, como o vê Marx, está em que a burguesia é obrigada a se fechar para as suas mais ricas possibilidades, que só chegam a ser vislumbradas por aqueles que rompem com o seu poder. Apesar de todos os maravilhosos meios de atividade desencadeados pela burguesia, a única atividade que de fato conta, para seus membros, é fazer dinheiro, acumular capital, armazenar excedentes; todos os seus empreendimentos são apenas meios para atingir esse fim, não têm em si senão um interesse transitório e intermediário. Os poderes e processos ativos, que tanto significam para Marx, não passam de meros incidentes e subprodutos para os seus agentes. Não obstante, os burgueses se estabeleceram como a primeira classe dominante cuja autoridade se baseia não no que seus ancestrais foram, mas no que eles próprios efetivamente fazem. Eles produziram novas imagens e paradigmas, vívidos, da vida boa como a vida de ação. Provaram que é possível, através da ação organizada e concertada, realmente mudar o mundo.

Ora, para constrangimento dos burgueses, eles não podem

olhar de frente as estradas que abriram: as grandes e amplas perspectivas podem converter-se em abismos. Eles só podem continuar a desempenhar seu papel revolucionário se seguirem negando suas implicações últimas e sua profundidade. Mas pensadores radicais, e trabalhadores, estão livres para vislumbrar aonde conduzem as estradas e seguir por elas. Se a vida boa é a vida de ação, por que o escopo das atividades humanas deve ser limitado àquelas que dão lucro? E por que deveria o homem moderno, que viu do que é capaz a atividade humana, aceitar passivamente a estrutura da sociedade, tal como se lhe oferece? Já que a ação organizada e concertada pode mudar o mundo de tantas maneiras, por que não organizar, trabalhar e lutar juntos para mudá-lo ainda mais? A "atividade revolucionária, atividade prático-crítica" que destrona o domínio burguês será a expressão de energias ativas e ativistas que a própria burguesia deixou em liberdade. Marx começa por exaltar a burguesia, não por enterrá-la; mas aquilo mesmo que, nela, é motivo de exaltação a levará, no fim, a ser enterrada.

A segunda grande realização burguesa foi liberar a capacidade e o esforço humanos para o desenvolvimento: para a mudança permanente, para a perpétua sublevação e renovação de todos os modos de vida pessoal e social. Esse esforço, Marx o mostra, está embutido no trabalho e nas necessidades diárias da economia burguesa. Quem quer que esteja ao alcance dessa economia se vê sob a pressão de uma incansável competição, seja do outro lado da rua, seja em qualquer parte do mundo. Sob pressão, todos os burgueses, do mais humilde ao mais poderoso, são forçados a inovar, simplesmente para manter seu negócio e a si mesmos à tona; quem quer que deixe de mudar, de maneira ativa, tornar-se-á vítima passiva das mudanças draconianamente impostas por aqueles que dominam o mercado. Isso significa que a burguesia, tomada como um todo, "não pode subsistir sem constantemente revolucionar os meios de produção". Mas as forças que moldam e conduzem a moderna economia não podem ser compartimentalizadas e separadas da totalidade da vida. A intensa e incansável pressão no sentido de revolucionar a produção tende a extrapolar, impondo transformações também naquilo que Marx chama de "condições de produção" (ou "relações produtivas"), "e, com elas, em todas as condições e relações sociais".[5]

Nesse ponto, impelido pelo desesperado dinamismo que está tentando apreender, Marx dá um grande salto imaginativo:

> O constante revolucionar da produção, a ininterrupta perturbação de todas as relações sociais, a interminável incerteza e agitação distinguem a época burguesa de todas as épocas anteriores. Todas as relações fixas, imobilizadas, com sua aura de ideias e opiniões veneráveis, são descartadas; todas as novas relações, recém-formadas, se tornam obsoletas antes que se ossifiquem. Tudo que é sólido desmancha no ar, tudo que é sagrado é profanado, e os homens são finalmente forçados a enfrentar com sentidos mais sóbrios suas reais condições de vida e sua relação com outros homens. (p. 338)

Em relação a isso tudo, como ficamos nós, os membros da "moderna sociedade burguesa"? Ficamos numa situação estranha e paradoxal. Nossas vidas são controladas por uma classe dominante de interesses bem definidos não só na mudança, mas na crise e no caos. "Ininterrupta perturbação, interminável incerteza e agitação", em vez de subverter essa sociedade, resultam de fato no seu fortalecimento. Catástrofes são transformadas em lucrativas oportunidades para o redesenvolvimento e a renovação; a desintegração trabalha como força mobilizadora e, portanto, integradora. O único espectro que realmente amedronta a moderna classe dominante e que realmente põe em perigo o mundo criado por ela à sua imagem é aquilo por que as elites tradicionais (e, por extensão, as massas tradicionais) suspiravam: uma estabilidade sólida e prolongada. Neste mundo, estabilidade significa tão somente entropia, morte lenta, uma vez que nosso sentido de progresso e crescimento é o único meio de que dispomos para saber, com certeza, que estamos vivos. Dizer que nossa sociedade está caindo aos pedaços é apenas dizer que ela está viva e em forma.

Que espécie de pessoas produz essa revolução permanente? Para que as pessoas sobrevivam na sociedade moderna, qualquer que seja a sua classe, suas personalidades necessitam assumir a fluidez e a forma aberta dessa sociedade. Homens e mulheres modernos precisam aprender a aspirar à mudança: não apenas estar aptos a mudanças em sua vida pessoal e social, mas ir efetivamente em busca das mudanças, procurá-las de maneira ativa, levando-as adiante. Precisam aprender a não lamentar com muita nostalgia as "relações fixas, imobilizadas" de um passado real ou de fantasia, mas a se deliciar na mobilidade, a se empenhar na renovação, a olhar sempre na direção de futuros desenvolvimentos em suas condições de vida e em suas relações com outros seres humanos.

Marx absorve esse ideal desenvolvimentista da cultura humanística alemã de sua juventude, do pensamento de Goethe e Schiller e seus sucessores românticos. Esse tema, e seus desdobramentos, ainda muito ativo em nossos dias — Erik Erikson é seu mais famoso expoente vivo —, talvez seja a mais profunda e duradoura contribuição germânica à cultura mundial. Marx é perfeitamente cônscio de seus vínculos com esses escritores, a quem ele cita e faz alusões, com frequência, bem como à sua tradição intelectual. Porém, ele compreendeu aquilo que escapou à maioria de seus predecessores — a grande exceção é o velho Goethe, autor da segunda parte do *Fausto*: que o ideal humanístico do autodesenvolvimento se dá a partir da emergente realidade do desenvolvimento econômico burguês. Por isso, por causa de todas as suas invectivas contra a economia burguesa, Marx adota com entusiasmo a estrutura de personalidade produzida por essa economia. O problema do capitalismo é que, aqui como em qualquer parte, ele destrói as possibilidades humanas por ele criadas. Estimula, ou melhor, força o autodesenvolvimento de todos, mas as pessoas só podem desenvolver-se de maneira restrita e distorcida. As disponibilidades, impulsos e talentos que o mercado pode aproveitar são pressionados (quase sempre prematuramente) na direção do desenvolvimento e sugados até a exaustão: tudo o mais, em nós, tudo o mais que não é atraente para o mercado é reprimido de maneira drástica, ou se deteriora por falta de uso, ou nunca tem uma chance real de se manifestar.[6]

A solução irônica e feliz dessa contradição ocorrerá, diz Marx, quando "o desenvolvimento da moderna indústria se separar do próprio solo, logo abaixo dos seus pés, em que a burguesia produz e se apropria de produtos". A vida e a energia interiores do desenvolvimento burguês acabarão por alijar do processo a classe que pioneiramente os trouxe à vida. Podemos ver esse movimento dialético tanto na esfera do desenvolvimento pessoal como na do econômico: em um sistema no qual todas as relações são voláteis, como podem as formas capitalistas de vida — propriedade privada, trabalho assalariado, valor de troca, a insaciável busca de lucro — subsistir isoladas? Quando os desejos e a sensibilidade das pessoas, de todas as classes, se tornam abertos a tudo e insaciáveis, sintonizados com a permanente sublevação em todas as esferas da vida, haverá alguma coisa que consiga mantê-los fixos e imobilizados em seus papéis burgueses? Quanto mais furiosamente a sociedade burguesa exortar seus membros a crescer ou perecer, mais esses vão ser impelidos a fazê-la crescer de modo desmesurado, mais furiosamente se voltarão contra ela como uma draga impetuosa, mais implacavelmente lutarão contra ela, em nome de uma nova vida que ela própria os forçou a buscar. Aí então o capitalismo entrará em combustão pelo calor das suas próprias incandescentes energias. Após a Revolução, "no curso do desenvolvimento", depois que o bem-estar for redistribuído, depois que os privilégios de classe forem eliminados, depois que a educação for livre e universal, e os trabalhadores puderem controlar os meios pelos quais o trabalho será organizado, então — assim profetiza Marx no clímax do *Manifesto* —, finalmente,

> em lugar da velha sociedade burguesa, com suas classes e seu antagonismo de classes, teremos uma associação em que o livre desenvolvimento de cada um será a condição para o livre desenvolvimento de todos. (p. 353)

Então a experiência do autodesenvolvimento, livre das pressões e distorções do mercado, poderá prosseguir livre e espontaneamente; em vez do pesadelo em que foi transformado pela sociedade burguesa, poderá tornar-se fonte de alegria e beleza para todos.

Gostaria de recuar para um pouco antes do *Manifesto Comunista*, por um breve momento, a fim de mostrar como é crucial para Marx o ideal desenvolvimentista, dos primeiros ao último dos seus escritos. Seu ensaio de juventude sobre o "Trabalho alienado", escrito em 1844, exalta — como a verdadeira alternativa humana ao trabalho alienado — outro tipo de trabalho que habilitará o homem a "desenvolver livremente suas energias físicas e mentais".[7] Em *A ideologia alemã* (1845-6), o objetivo do comunismo é "o desenvolvimento de toda a capacidade dos indivíduos enquanto tais". Porque "somente em comunidade com os demais cada indivíduo consegue os meios para cultivar seus próprios dons em todas as direções; só em comunidade, portanto, é possível a liberdade pessoal".[8] No primeiro volume de *O capital*, no capítulo sobre "Maquinário e indústria moderna", é essencial para o comunismo transcender a divisão de trabalho capitalista:

> [...] o indivíduo parcialmente desenvolvido, meramente portador de uma função social especializada, deve ser substituído pelo indivíduo plenamente desenvolvido, adaptável a várias atividades, pronto para aceitar qualquer mudança de produção, o indivíduo para quem as diferentes funções sociais que desempenha são apenas formas variadas de livre manifestação dos seus próprios poderes, naturais e adquiridos.[9]

Essa visão do comunismo é inquestionavelmente moderna, antes de mais nada em seu individualismo, porém mais ainda em seu ideal de desenvolvimento como forma de vida boa. Aqui Marx está mais próximo de alguns de seus inimigos burgueses e liberais que dos expoentes tradicionais do comunismo, que, desde Platão e os Padres da Igreja, valorizaram o autossacrifício, desencorajaram ou condenaram a individualidade e sonharam com um projeto tal em que só a luta e o esforço comuns atingiriam o almejado fim. Uma vez mais, encontramos em Marx mais receptividade para o estado atual da sociedade burguesa do que nos próprios membros e defensores da burguesia. Ele vê na dinâmica do desenvolvimento capitalista — quer no desenvolvimento de cada indivíduo, quer no da sociedade como um todo — uma nova imagem da vida boa: não uma vida de perfeição definitiva, não a incorporação das proscritas essências estáticas, mas um processo de crescimento contínuo, incansável, aberto, ilimitado. Ele espera, portanto, cicatrizar as feridas da modernidade através de uma modernidade ainda mais plena e profunda.[10]

2. AUTODESTRUIÇÃO INOVADORA

Podemos, assim, compreender por que Marx se mostra tão excitado e entusiasmado com a burguesia e o mundo por ela criado. Devemos agora enfrentar algo ainda mais desconcertante: comparado ao *Manifesto Comunista*, todo o corpo da apologética capitalista, de Adam Ferguson a Milton Friedman, é notavelmente pálido e sem vida. Os celebrantes do capitalismo falam-nos surpreendentemente pouco de seus infinitos horizontes, de sua audácia e energia revolucionárias, sua criatividade dinâmica, seu espírito de aventura, sua capacidade não apenas de dar mais conforto aos homens, mas de torná-los mais vivos. A burguesia e seus ideólogos jamais se notabilizaram por humildade ou modéstia; no entanto, parecem estranhamente empenhados em esconder muito de sua própria luz sob um punhado de argumentos irrelevantes. A razão, suponho, é que existe um lado escuro dessa luz que eles não são capazes de suprimir. Eles têm uma vaga consciência desse fato, todavia se sentem profundamente constrangidos e amedrontados por isso, a ponto de preferirem ignorar ou negar sua própria força e criatividade a olhar de frente suas virtudes e conviver com elas.

O que é que os membros da burguesia têm medo de reconhecer em si próprios? Não seu impulso em explorar pessoas, tratando-as simplesmente como meios ou (em termos mais econômicos do que morais) mercadorias. A burguesia, como Marx o sabe, não perde o sono por isso. Antes de mais nada, os burgueses agem dessa forma uns com os outros, e até consigo mesmos: por que não haveriam de agir assim com qualquer um? A verdadeira fonte do problema é que a burguesia proclama ser o "Partido da Ordem" na política e na cultura modernas. O imenso volume de dinheiro e energia investido em construir e o autoassumido caráter monumental de muito dessa construção — de fato, em todo o século de Marx, cada mesa e cadeira num interior burguês se assemelhava a um monumento — testemunham a sinceridade e seriedade dessa proclamação. Não obstante, a verdade é que, como Marx o vê, tudo o que a sociedade burguesa constrói é construído para ser posto abaixo. "Tudo que é sólido" — das roupas sobre nossos corpos aos teares e fábricas que as tecem, aos homens e mulheres que operam as máquinas, às casas e aos bairros onde vivem os trabalhadores, às firmas e corporações que os exploram, às vilas e cidades, regiões inteiras e até mesmo as nações que as envolvem — tudo isso é feito para ser desfeito amanhã, despedaçado ou esfarrapado, pulverizado ou dissolvido, a fim de que possa ser reciclado ou substituído na semana seguinte e todo o processo possa seguir adiante, sempre adiante, talvez para sempre, sob formas cada vez mais lucrativas.

O *pathos* de todos os monumentos burgueses é que sua força e solidez material na verdade não contam para nada e carecem de qualquer peso em si;[11] é que eles se desmantelam como frágeis caniços, sacrificados pelas próprias forças do capitalismo que celebram. Ainda as mais belas e impressionantes construções burguesas e suas obras públicas são descartáveis, capitalizadas para rápida depreciação e planejadas para se tornarem obsoletas; assim, estão mais próximas, em sua função social, de tendas e acampamentos que das "pirâmides egípcias, dos aquedutos romanos, das catedrais góticas".[12]

Se atentarmos para as sóbrias cenas criadas pelos membros da nossa burguesia, veremos o modo como eles realmente trabalham e atuam, veremos como esses sólidos cidadãos fariam o mundo em frangalhos, se isso pagasse bem. Assim como assustam a todos com fantasias a respeito da voracidade e desejo de vingança do proletariado, eles próprios, através de seus inesgotáveis empreendimentos, deslocam massas humanas, bens materiais e dinheiro para cima e para baixo pela Terra, e corroem e explodem os fundamentos da vida de todos em seu caminho. Seu segredo — que eles tentam esconder de si mesmos — é que, sob suas fachadas, constituem a classe dominante mais violentamente destruidora de toda a história. Todos os anárquicos, desmedidos e explosivos impulsos que a geração seguinte batizará com o nome *niilismo* — impulsos que Nietzsche e seus seguidores irão imputar a traumas cósmicos como a Morte de Deus —, Marx localiza na atividade cotidiana, aparentemente banal, da economia de mercado. Marx desmascara os burgueses modernos como consumados niilistas, em escala muito mais vasta do que os modernos intelectuais podem conceber.[13] Mas esses burgueses alienaram-se de sua própria criatividade, pois não suportam olhar de frente o abismo moral, social e psíquico gerado por essa mesma criatividade.

Algumas das mais vívidas e tocantes imagens de Marx nos forçam ao confronto com esse abismo. Assim, "a moderna sociedade burguesa, uma sociedade que liberou tão formidáveis meios de produção e troca, é como a feiticeira incapaz de controlar os poderes ocultos desencadeados por seu feitiço" (p. 478). Essa imagem evoca os espíritos daquele sombrio passado medieval que nossa moderna burguesia em princípio teria enterrado. Seus membros se apresentam como homens objetivos e materiais, não como mágicos; como herdeiros do Iluminismo, e não das trevas. Quando acusa os burgueses de feiticeiros — lembre-se também seu empreendimento que "expulsou populações inteiras de seu *habitat*", para não mencionar "o espectro do comunismo" —, Marx está na verdade apontando para as profundidades negadas por eles. A imagética de Marx, aqui como sempre, projeta uma aura de maravilhoso sobre o mundo moderno: seus poderes vitais são fascinantes e arrebatadores, além de tudo o que a burguesia possa ter imaginado e muito menos calculado ou planejado. Mas as imagens de Marx expressam também aquilo que sempre deve acompanhar todo genuíno sentido de maravilhoso: o sentido de terror. Pois esse mundo miraculoso e mágico é ainda demoníaco e aterrorizador, a girar desenfreado e fora de controle, a ameaçar e a destruir, cegamente, à medida que se move. Os membros da burguesia reprimem tanto a maravilha quanto o terror daquilo que fizeram: os possessos não desejam saber quão profundamente estão possuídos. Conhecem apenas alguns momentos de ruína pessoal e geral — apenas, ou seja, quando já é tarde demais.

O feiticeiro burguês de Marx descende do Fausto de Goethe, é claro, mas também de outra figura literária que eletrizou a imaginação de seus contemporâneos: o Frankenstein de Mary Shelley. Essas figuras míticas, que se esforçam por expandir os poderes humanos através da ciência e da racionalidade, desencadeiam poderes demoníacos que irrompem de maneira irracional, para além do controle humano, com resultados horripilantes. Na segunda parte do *Fausto* de Goethe, o consumado poder oculto, que finalmente torna o feiticeiro obsoleto, é todo o moderno sistema social. A burguesia de Marx se move dentro dessa trágica órbita. Ele situa o oculto em um amplo contexto mundial e mostra como, através de 1 milhão de fábricas e usinas, bancos e escritórios, os poderes sombrios operam em plena luz do dia e as forças sociais são impelidas em direções ameaçadoras pelos insaciáveis imperativos de mercado, que nem o mais poderoso burguês seria capaz de controlar. A visão de Marx traz o abismo para perto de casa.

Assim, na primeira parte do *Manifesto*, Marx equaciona as polaridades que irão moldar e animar a cultura do modernismo do século seguinte: o tema dos desejos e impulsos insaciáveis, da revolução permanente, do desenvolvimento infinito, da perpétua criação e renovação em todas as esferas da vida; e sua antítese radical, o tema do niilismo, da destruição insaciável, do estilhaçamento e trituração da vida, do coração das trevas, do horror. Marx mostra como essas possibilidades humanas se fundem na vida de todo homem moderno, através dos movimentos e pressões da economia burguesa. No curso do tempo, os modernistas produzirão uma variada mostra de visões cósmicas e apocalípticas, visões da mais radiante alegria e do mais árido desespero. Muitos dos mais criativos artistas modernistas serão possuídos pelas duas tendências, simultaneamente, oscilando interminavelmente entre um polo e outro; seu dinamismo interior irá reproduzir e expressar os ritmos intrínsecos por meio dos quais o moderno capitalismo se move e subsiste. Marx nos faz mergulhar nas profundidades desse processo vital, de modo que nos sentimos carregados de uma energia anímica que amplifica todo o nosso ser e somos ao mesmo tempo sequestrados por choques e convulsões que ameaçam aniquilar-nos a qualquer momento. Então, pelo poder da linguagem e do pensamento, ele tenta induzir-nos a acreditar na sua visão, a deixar-nos levar de roldão com ele na direção do clímax, que se encontra logo adiante.

Os aprendizes de feiticeiro, membros do proletariado revolucionário, estão dispostos a arrebatar o controle das modernas forças de produção das mãos da burguesia fáustico-frankensteiniana. Quando isso se der, eles transformarão essas forças sociais voláteis, explosivas, em fontes de beleza e alegria para todos e conduzirão a história trágica da modernidade a um final feliz. Quer esse final chegue realmente a acontecer, quer não, o *Manifesto* é notável por seu poder imaginativo, sua captação e expressão das possibilidades luminosas e ameaçadoras que impregnam a vida moderna. Ao lado de tudo o mais que é, o *Manifesto* é a primeira grande obra de arte modernista.

Porém, mesmo ao celebrar o *Manifesto* como um arquétipo do modernismo, é preciso lembrar que modelos arquetípicos servem para tipificar não apenas verdades e forças, mas também lutas e tensões interiores. Assim, tanto no *Manifesto* como em seus ilustres sucessores, veremos que, contra as intenções do seu criador e provavelmente sem que ele se desse conta disso, a visão da revolução e da resolução gera sua própria crítica imanente, e novas contradições se insinuam no véu tecido por essa mesma visão. Mesmo quando nos deixamos embalar pelo fluxo dialético de Marx, sentimo-nos sendo carregados por inexploradas correntes de incerteza e desconforto. Somos capturados numa série de tensões radicais entre as intenções e as intuições de Marx, entre o que ele diz e o que ele vê.

Tomemos, por exemplo, a teoria das crises, segundo Marx: "crises que, por seu periódico retorno, põem em questão a existência de toda a sociedade burguesa, cada vez mais radicalmente" (p. 478). Nessas crises recorrentes, "grande parte não só dos produtos existentes, mas das forças produtivas anteriormente criadas, é sistematicamente destruída". Marx parece acreditar que essas crises irão minar aos poucos o capitalismo e talvez destruí-lo. Contudo, suas próprias visão e análise da sociedade burguesa mostram com que perícia essa sociedade enfrenta crises e catástrofes: "de um lado, pela destruição premeditada de grande quantidade de forças produtivas; de outro, pela conquista de novos mercados e a exploração mais aperfeiçoada dos antigos". Crises podem aniquilar pessoas e companhias que são, por definição do mercado, relativamente fracas e ineficientes; podem abrir espaço para novos investimentos e redesenvolvimentos; podem forçar a burguesia a inovar, expandir e combinar seus instrumentos de maneira mais engenhosa que antes: crises podem, portanto, atuar como inesperadas fontes de força e resistência do capitalismo. Talvez seja verdade, como diz Marx, que essas formas de adaptação apenas "pavimentam o caminho para crises ainda maiores e mais destrutivas". Mas, dada a capacidade burguesa de tirar proveito da destruição e do caos, não há qualquer razão aparente para que essas crises não possam prosseguir numa espiral interminável, destruindo pessoas, famílias, corporações, cidades, porém deixando intactas as estruturas e o poder da vida social burguesa.

Em seguida, temos de considerar a visão da comunidade revolucionária em Marx. Seus fundamentos serão fornecidos, ironicamente, pela própria burguesia. "O progresso da indústria, cujo involuntário promotor é a burguesia, substitui o isolamento do trabalhador pela sua união em entidades associativas." (p. 483) As imensas unidades de produção, inerentes à indústria moderna, acabam por reunir grande número de trabalhadores, forçando-os a depender uns dos outros e a cooperar em suas tarefas — a moderna divisão de trabalho exige uma intrincada cooperação, a cada momento da vasta escala —, e isso os ensinará a pensar e a agir coletivamente. Os vínculos comunitários dos trabalhadores, gerados de forma inadvertida pela produção capitalista, se desenvolverão em instituições políticas militantes, sindicatos que farão oposição e por fim porão abaixo a moldura privada, atomística das relações sociais do capitalismo. Assim acredita Marx.

Mas, caso seja verdadeira essa visão abrangente da modernidade, por que razão as formas comunitárias produzidas pela indústria capitalista seriam mais sólidas que qualquer outro produto capitalista? Não seria o caso de essas coletividades se revelarem, como tudo o mais, apenas temporárias, provisórias, condenadas à obsolescência? Marx, em 1856, se referirá aos operários da indústria como "homens-fruto de uma moda passageira […], nada mais que uma invenção dos tempos modernos, como o próprio maquinário". Se isso é correto, sua solidariedade, embora impressiva em um dado momento, poderá mostrar-se tão transitória quanto as máquinas que eles operam ou os produtos que daí resultam. Os trabalhadores podem dar-se mútuo apoio, hoje, na assembleia ou na linha de piquete, para se verem dispersados amanhã, em meio a outras coletividades, sob outras condições, outros processos e produtos, outras necessidades e interesses. Uma vez mais, as formas abstratas do capitalismo parecem subsistir — capital, trabalho assalariado, mercadorias, exploração, valor excedente — enquanto seus conteúdos humanos se virem arremessados num fluxo perpétuo. Como poderão eventuais vínculos humanos remanescentes crescer e frutificar num solo assim precário e movente?

Ainda que os trabalhadores de fato construam um bem-sucedido *movimento* comunista e ainda que esse movimento gere uma bem-sucedida revolução, de que maneira, em meio às vagas impetuosas da vida moderna, poderão eles erguer uma sólida *sociedade* comunista? O que poderá impedir que as forças sociais que derretem o capitalismo derretam igualmente o comunismo? Se todas as novas relações sociais se tornam obsoletas antes que se ossifiquem, o que poderá manter vivos o apoio mútuo, a solidariedade e a fraternidade? Um governo comunista deverá tentar conter a inundação impondo restrições radicais não apenas a qualquer atividade e empresa econômica (todos os governos socialistas fizeram isso, como todos os Estados capitalistas), mas às manifestações pessoais, culturais e políticas. Contudo, na medida em que fosse bem-sucedida, essa estratégia não estaria traindo o objetivo marxista de livre desenvolvimento para cada um e para todos? Marx vislumbrou o comunismo como o coroamento da modernidade; porém, como pode o comunismo inserir-se no mundo moderno sem suprimir aquelas energias verdadeiramente modernas que ele promete liberar? Por outro lado, se o comunismo der livre curso a essas energias, seu fluxo espontâneo não levará de roldão a nova formação social?[14]

Portanto, a simples e atenta leitura do *Manifesto*, que leve a sério a sua visão da modernidade, nos conduz a sérias dúvidas sobre as respostas de Marx. Podemos perceber que o coroamento entrevisto por Marx, logo aí, à porta, talvez esteja ainda muito distante no tempo, se é que chegará de fato a ocorrer; e percebemos também que, ainda que ocorra, talvez constitua apenas um episódio breve e transitório, destinado a desaparecer rapidamente, tornado obsoleto antes que se ossifique, levado de roldão pela mesma vaga de perpétua mudança e progresso que o trouxe ao nosso alcance, em um momento fugaz, deixando-nos a flutuar interminavelmente, desamparadamente. Podemos perceber ainda como o comunismo, para se manter coeso, precisará sufocar as forças ativas, dinâmicas e desenvolvimentistas que lhe deram vida, precisará matar muitas das esperanças pelas quais valeu a pena lutar, precisará reproduzir as iniquidades e contradições da sociedade burguesa, sob novo nome. Então, ironicamente, veremos a dialética da modernidade, segundo Marx, reencenando o destino da sociedade que ela mesma descreve, gerando energias e ideias que desmancharão no seu próprio ar.

3. NUDEZ: O HOMEM DESACOMODADO

Agora que vimos em ação a visão "diluidora" de Marx, gostaria de me servir dela para explicar algumas das imagens mais poderosas da vida moderna, constantes do *Manifesto*. Na passagem abaixo, Marx tenta mostrar como o capitalismo transformou as relações das pessoas entre si e consigo mesmas. Na sintaxe de Marx, a "burguesia" é sujeito — por força de suas atividades econômicas responsáveis pelas grandes mudanças — e os homens e mulheres modernos, de todas as classes, são objetos, já que todos se veem transformados:

> A burguesia rompeu com todos os laços feudais que subordinavam os homens aos seus "superiores naturais", e não deixou entre homem e homem nenhum outro laço senão seus interesses nus, senão o empedernido salário. Transformou o êxtase paradisíaco do fanatismo piedoso, do entusiasmo cavalheiresco e do sentimentalismo filisteu na água congelada do cálculo egoísta. [...] A burguesia despiu o halo de todas as ocupações até então honoráveis, encaradas com reverente respeito. [...] A burguesia extirpou da família seu véu sentimental e transformou a relação familiar em simples relação monetária. [...] Em lugar da exploração mascarada sob ilusões religiosas e políticas, ela colocou uma exploração aberta, desavergonhada, direta e nua. (pp. 475-6)

A oposição aqui feita por Marx é basicamente entre o que é aberto ou nu e o que é escondido, velado, vestido. Essa polaridade, multissecular tanto no pensamento oriental como no ocidental, simboliza em qualquer parte a distinção entre um mundo "real" e um mundo ilusório. Na maior parte do pensamento especulativo antigo e medieval, todo o universo da experiência sensual aparece como ilusório — o "Véu de Maya" dos hindus — e o verdadeiro universo é concebido como acessível somente através da transcendência dos corpos, do espaço e do tempo. Em algumas tradições, a realidade é acessível através da medita-

130

ção religiosa ou filosófica; em outras, só estará à nossa disposição numa existência futura, pós-morte — "por ora, entrevemos obscuramente através de um espelho, mas então veremos face a face", segundo são Paulo.

A moderna transformação, iniciada na época da Renascença e da Reforma, coloca ambos esses universos na Terra, no espaço e no tempo, preenchidos com seres humanos. Agora o falso universo é visto como o passado histórico, um mundo que perdemos (ou estamos a ponto de perder), enquanto o universo verdadeiro consiste no mundo físico e social que existe para nós, aqui e agora (ou está a ponto de existir). Nesse momento emerge um novo simbolismo. Roupas passam a ser emblema do velho e ilusório estilo de vida; a nudez vem a representar a recém-descoberta e efetiva verdade, e o ato de tirar as roupas se torna um ato de libertação espiritual, de chegada à realidade. A moderna poesia erótica manipula esse tema, como o sabem gerações de modernos amorosos, com alegre ironia; a moderna tragédia penetra suas profundidades aterradoras e alarmantes. Marx pensa e trabalha na tradição trágica. Para ele, as roupas são laceradas, os véus são rasgados, o processo da nudez é violento e brutal, e apesar disso o trágico movimento da história moderna em princípio conduz a um final feliz.

A dialética da nudez que culminará em Marx é definida logo no início da era moderna, no *Rei Lear* de Shakespeare. Para Lear, a verdade nua é aquilo que o homem é forçado a enfrentar quando perdeu tudo o que os outros homens podem tirar-lhe, exceto a própria vida. Vemos sua família voraz, impelida apenas pela vaidade cega, rasgar seu véu sentimental. Despido não só de poder político mas de qualquer vestígio de dignidade humana, ele é arremessado porta afora, no meio da noite, sob uma tempestade torrencial e aterradora. A isso, afinal, diz ele, é conduzida uma vida humana: o pobre e solitário abandonado no frio, enquanto os brutos e sórdidos desfrutam o calor que o poder pode proporcionar. Tal conhecimento parece ser demasiado para nós: "A natureza humana não pode suportar/ A aflição nem o medo". Porém, Lear não se verga às rajadas da tormenta, nem foge delas;

em vez disso, expõe-se à inteira fúria da tempestade, olha-a de frente e se afirma contra ela, ao passo que é arremessado e vergastado. Enquanto vaga na companhia do bobo (ato III, cena 4), eles encontram Edgar, desprezado como um mendigo louco, completamente nu, aparentemente ainda mais desventurado do que ele. "Será o homem nada mais que isso?" — pergunta Lear. "Tu és a própria coisa: o homem desacomodado..." Então, no clímax da peça, ele rasga seu manto real — "Fora, fora, seus trastes imprestáveis" — e se junta ao "pobre Kent" em autêntica nudez. Esse gesto, que Lear acredita tê-lo lançado no patamar mais baixo da existência — "um pobre, descalço e desgraçado animal" — vem a ser, ironicamente, o primeiro passo na direção da humanidade plena, porque, pela primeira vez, ele reconhece a conexão entre ele mesmo e outro ser humano. Esse reconhecimento habilita-o a crescer em sensibilidade e vida interior e a mover-se para além dos limites autoimpostos de sua amargura e miséria. Enquanto ele se detém e estremece, assalta-lhe o pensamento de que todo o seu reino está repleto de pessoas cujas vidas inteiras são consumidas por um sofrimento devastador, interminável, que ele começa a experimentar exatamente agora. Quando estava no poder, jamais o notara; todavia, agora estreita a visão para o captar:

> *Pobres miseráveis desnudos, onde quer que estejam,*
> *Que aguardam o golpe dessa impiedosa tormenta,*
> *Como suas cabeças desabrigadas, seus ventres vazios,*
> *Seus rotos e imundos farrapos poderão protegê-los*
> *De intempéries como estas? Oh, dei muito pouca*
> *Atenção a isso! Toma este remédio, oh pompa inútil:*
> *E tu, que possas sentir o que os miseráveis sentem,*
> *Para que o supérfluo de tua dor se espalhe entre eles*
> *E mostre bem clara a justiça dos céus.* (III, 4, 28-36)

Só agora Lear chega a ser o que almeja: "rei dos pés à cabeça". A tragédia está em que a catástrofe que o redime humanamente, politicamente o destrói: a experiência que o qualifica de maneira genuína para ser rei torna impossível tal realização. Seu triunfo consiste em transformá-lo em algo que ele jamais havia sonhado ser, um ser humano. Aqui uma esperançosa dialética ilumina a trágica intempérie e a desgraça. Sozinho no vento, no frio e na chuva, Lear desenvolve a visão e a coragem para romper com sua solidão, para tocar seus semelhantes no encalço de calor mútuo. Shakespeare nos diz que a ameaçadora e nua realidade do "homem desacomodado" é o ponto a partir do qual uma reacomodação pode ser conseguida, a única base sobre a qual uma verdadeira comunidade pode ser construída.

No século XVIII, as metáforas da nudez como verdade e do despir-se como autodescoberta ganham nova ressonância política. Nas *Lettres persanes*, de Montesquieu, o véu que as mulheres persas são obrigadas a usar simboliza toda a repressão que a sociedade tradicional inflige às pessoas. Por contraste, a ausência de véus nas ruas de Paris simboliza um novo tipo de sociedade "onde reina a liberdade" e onde, consequentemente, "tudo se manifesta, tudo é visível, tudo é audível. O coração se expõe tão abertamente como o rosto".[15] Rousseau, no *Discours sur les arts et les sciences*, denuncia "o uniforme e ilusório véu de polidez" que cobre sua geração e diz que "o verdadeiro homem é um atleta que ama exercitar-se inteiramente nu; despreza todos esses vis ornamentos que tolhem a livre utilização de suas forças".[16] Com isso, o homem nu será não apenas um homem mais livre e mais feliz, mas um homem melhor. Os movimentos revolucionários liberais que levam o século XVIII a seu clímax concretizam essa fé: quando os homens se despirem dos privilégios e dos papéis sociais herdados, então poderão desfrutar de ilimitada liberdade no uso de suas forças, que eles empregarão em benefício de toda a humanidade. Deparamos aqui com uma surpreendente ausência de preocupação com o que o ser humano desnudado fará ou será. A complexidade dialética e a completude que encontramos em Shakespeare se dissiparam e estreitas polarizações tomaram seu lugar. O pensamento contrarrevolucionário desse período mostra a mesma estreiteza e achatamento de perspectiva. Eis o que Burke afirma da Revolução Francesa:

Mas agora tudo deve mudar. Todas as agradáveis ilusões que tornaram ameno o poder, e liberal a obediência, que harmonizaram os diferentes matizes da vida [...] estão a ponto de ser dissolvidas por esse novo império conquistador da luz e da razão. Todo o decente cortinado da vida está para ser rudemente feito em farrapos. Todas as soberbas ideias que o coração acalenta e o entendimento ratifica, como necessárias para compensar as falhas de nossa fraca e estremecida natureza e para erguê-la em dignidade sob a nossa própria autoestima, estão a ponto de ser desmanteladas como ridícula, absurda e antiquada velharia.[17]

Os *philosophes* imaginaram uma nudez idílica, capaz de abrir novas perspectivas de beleza e felicidade para todos; para Burke, trata-se de um deplorável desastre antiidílico, uma queda no abismo do qual nada e ninguém voltará a erguer-se. Burke não admite que os homens modernos possam aprender alguma coisa, como Lear aprende, de sua comum vulnerabilidade sob a intempérie. Sua única esperança repousa em mentiras: a capacidade de construir míticos cortinados, espessos o suficiente para encobrir o aterrador conhecimento do que eles realmente são.

Para Marx, que se situa após as revoluções e reações burguesas e que olha adiante na direção de novos eventos, os símbolos da nudez e do desvelamento recuperam a profundidade dialética que conheceram em Shakespeare, dois séculos antes. As revoluções burguesas, arrancando fora os véus "da ilusão religiosa e política", haviam deixado a exploração e o poder desnudos, a crueldade e a miséria expostas como feridas abertas, mas ao mesmo tempo tinham descoberto e exposto novas opções e esperanças. Ao contrário da gente comum de todas as épocas, que havia sido interminavelmente traída e explorada por sua devoção aos "superiores naturais", os homens modernos, lavados na "água gelada do cálculo egoísta", estão livres da deferência aos senhores que os destroem, mais animados do que entorpecidos pelo frio. Como agora eles sabem pensar por e para si mesmos, exigirão contas do que seus chefes e dirigentes fazem por eles — e fazem a eles — e estarão prontos a resistir e a se rebelar toda vez que não estiverem recebendo nada valioso em troca.

A esperança de Marx é que, tão logo sejam "forçados a enfrentar [...] suas verdadeiras condições de vida e suas relações com outros companheiros", os homens desacomodados das classes operárias se unirão para combater o frio que enregela a todos. Essa união gerará a energia coletiva capaz de alimentar uma nova vida comunitária. Um dos objetivos primordiais do *Manifesto* é apontar o caminho para escapar do frio, para nutrir e manter unida a aspiração de todos pelo calor comum. Como só podem superar a aflição e o medo pelo contato com os mais íntimos recursos individuais, os trabalhadores lutarão pelo reconhecimento coletivo da beleza e o valor do indivíduo. O comunismo, quando chegar, será uma espécie de manto transparente, que ao mesmo tempo manterá aquecidos os que o vestem e deixará à mostra sua beleza desnuda, de modo que eles possam reconhecer-se e aos demais em seu pleno esplendor.

Nesse ponto, como acontece com frequência em Marx, a visão é deslumbrante, mas a luz bruxuleia se olhamos mais de perto. Não é difícil imaginar outras alternativas para a dialética da nudez, finais menos belos que o de Marx porém não menos plausíveis. Os homens modernos talvez prefiram o solitário *pathos* e a grandiosidade do rousseauniano indivíduo liberado, ou o conforto coletivo e bem-vestido da máscara política de Burke, à tentativa marxista de fundir o melhor de ambos. Com efeito, a espécie de individualismo que despreza e teme contatos com outras pessoas como ameaças à integridade interior e a espécie de coletivismo que busca submergir o eu num papel social podem ser mais atraentes que a síntese marxista, pois são intelectual e emocionalmente mais acessíveis.

Resta ainda outro problema, capaz de fazer que a dialética marxista não se ponha sequer em marcha. Marx acredita que os choques, sublevações e catástrofes da vida na sociedade burguesa habilitam os modernos — agindo através deles, como ocorre com Lear — a descobrir o que eles "realmente são". Mas, se a sociedade burguesa é volátil, como Marx pensa que é, como poderão as pessoas se fixar em qualquer espécie de individualidade "real"? Em meio a todas as possibilidades e necessidades que bombardeiam o indivíduo e todos os desencontrados movimentos que o impelem, como poderá alguém definir de forma cabal quem é essencial e quem é acidental? A natureza do novo homem moderno, desnudo, talvez se mostre tão vaga e misteriosa quanto a do velho homem, o homem vestido, talvez ainda mais vaga, pois não haverá mais ilusões quanto a uma verdadeira identidade sob as máscaras. Assim, juntamente com a comunidade e a sociedade, a própria individualidade pode estar desmanchando no ar moderno.

4. A METAMORFOSE DOS VALORES

O problema do niilismo emerge mais uma vez na última linha do texto de Marx: "A burguesia transmudou toda a honra e dignidade pessoais em valor de troca; e em lugar de todas as liberdades pelas quais os homens têm lutado colocou uma liberdade sem princípios — a livre troca". O primeiro ponto aqui é o imenso poder do mercado na vida interior do homem moderno: este examina a lista de preços à procura de respostas a questões não apenas econômicas mas metafísicas — questões sobre o que é mais valioso, o que é mais honorável e até o que é real. Quando afirma que todos os demais valores foram "transmudados" em valor de troca, Marx aponta para o fato de que a sociedade burguesa não eliminou as velhas estruturas de valor, mas absorveu-as, mudadas. As velhas formas de honra e dignidade não morrem; são, antes, incorporadas ao mercado, ganham etiquetas de preço, ganham nova vida, enfim, como mercadorias. Com isso, qualquer espécie de conduta humana se torna permissível no instante em que se mostre economicamente viável, tornando-se "valiosa"; tudo o que pagar bem terá livre curso. Eis aí a essência do niilismo moderno. Dostoievski, Nietzsche e seus sucessores do século XX atribuirão isso à ciência, ao racionalismo, à morte de Deus. Marx diria que sua base é muito mais concreta e mundana: ela se ergue sobre as banais ocupações cotidianas da ordem econômica burguesa — uma ordem que relaciona nosso valor humano ao nosso preço de mercado, nem mais, nem menos, e que força a nossa expansão empurrando nosso preço para cima, até onde pudermos ir.

Marx se mostra chocado com a destrutiva banalidade que o niilismo burguês imprime à vida, porém acredita que essa brutalidade possui uma tendência recôndita a se autotranscender. A fonte dessa tendência é o paradoxal princípio "sem princípios" da livre troca. Marx admite que a burguesia realmente crê nesse princípio — ou seja, num incessante, irrestrito fluxo de mercadorias em circulação, uma contínua metamorfose dos valores de mercado. Se, como ele acredita, os membros da burguesia de fato desejam um mercado livre, sua opção será forçar a livre entrada de novos produtos no mercado. Isto implica, em contrapartida, que toda sociedade burguesa desenvolvida de maneira plena seja uma sociedade genuinamente aberta, não apenas em termos econômicos mas também políticos e culturais, de modo que as pessoas possam sair livremente às compras e à procura dos melhores negócios em termos de ideias, associações, leis e compromissos sociais, tanto quanto em termos de coisas. O princípio sem princípios da livre troca forçará a burguesia a garantir até mesmo aos comunistas o direito básico de que todo homem de negócios desfruta, o direito de oferecer, promover e vender seus produtos ao maior número de consumidores que conseguirem atrair.

Com isso, graças ao que Marx chama de "livre competição no campo do conhecimento" (p. 489), até os produtos e ideias mais subversivos — como o próprio *Manifesto* — devem ser autorizados a oferecer-se, na suposição de que pode haver compradores para eles. Para Marx, assim que as ideias de revolução e comunismo se tornarem acessíveis às massas, haverá compradores, e o comunismo, "como um movimento autoconsciente, independente, da maioria" (p. 482), assumirá sua forma própria. Por isso, aceita conviver com o niilismo burguês, a longo prazo, pois vê como ativo e dinâmico aquilo que Nietzsche chama de niilismo de força.[18] Impelida por suas próprias energias e movimentos niilistas, a burguesia abrirá as comportas políticas e culturais através das quais fluirá a revolução vingadora.

Essa dialética oferece algumas dificuldades. A primeira diz respeito à adesão da burguesia ao princípio sem princípios da livre troca, seja em economia, em política ou em cultura. De fato, na história burguesa esse princípio tem sido mais honrado na violação do que na observância. Os membros da burguesia, sobretudo os mais poderosos, em geral se esforçam por restringir, manipular e controlar seus mercados. Realmente, muito de sua energia criativa, ao longo dos séculos, tem sido canalizada para arranjos nesse sentido — monopólios por concessão, companhias acionistas, trustes, cartéis e conglomerados, tarifas protecionistas, subsídios estatais abertos ou disfarçados — tudo isso acompanhado de hinos em louvor do livre mercado. Mais ainda, mesmo entre aqueles poucos que de fato acreditam na livre troca, uma porcentagem ínfima estende o princípio da livre competição às ideias assim como às coisas.[19] Wilhelm von Humboldt, J. S. Mill, Justices Holmes, Brandeis, Douglas, Black e outros têm sido vozes apagadas, minúsculas, na sociedade burguesa, quando muito sitiadas e marginais. Um padrão mais típico da burguesia é clamar por liberdade, quando na oposição, e reprimi-la, uma vez no poder. Aqui Marx pode correr o perigo — um surpreendente perigo para ele — de ser arrastado pelo que dizem os ideólogos burgueses e de perder o contato com o que os homens de dinheiro e poder realmente fazem. Isto é um problema sério, pois, uma vez que não ligam a mínima para a liberdade, os membros da burguesia trabalharão no sentido de manter fechadas a novas ideias as sociedades sob seu controle, tornando ainda mais difícil o caminho para o comunismo. Marx diria que sua necessidade de progresso e inovação os forçaria a abrir suas sociedades até mesmo a ideias que os atemorizam. No entanto, sua engenhosidade pode impedir isso, através de uma inovação verdadeiramente insidiosa: um consenso em termos de mediocridade imposta de maneira generalizada, destinada a proteger cada indivíduo burguês dos riscos da competição e à sociedade burguesa, como um todo, dos riscos de mudança.[20]

Outro problema com a dialética marxista do livre mercado é que ela acarreta um estranho conluio entre a sociedade burguesa e seus oponentes mais radicais. Essa sociedade é levada, graças a seu princípio sem princípios de livre troca, a se abrir a movimentos de mudança radical. Os inimigos do capitalismo desfrutam de uma grande margem de liberdade em seu trabalho — para ler, escrever, falar, organizar-se, fazer propaganda, promover greves, eleger. Mas essa liberdade de movimento transforma suas atividades em uma empresa e eles se veem representando o papel paradoxal de mercadores e promotores da revolução, que necessariamente se torna uma mercadoria como outra qualquer. Marx não parece preocupado com as ambiguidades desse papel social — talvez por estar certo de que ele se tornará obsoleto antes que se ossifique, talvez porque a empresa revolucionária venha a ser desativada logo após seu rápido sucesso. Um século depois, podemos ver como o negócio de promover revoluções está sujeito aos mesmos abusos e tentações, às mesmas fraudes manipuladoras e ilusões embromadoras de uma campanha promocional qualquer.

Por fim, nossas dúvidas e ceticismo quanto às promessas dos agentes promotores devem conduzir-nos a questionar uma das promessas fundamentais de Marx: a promessa de que o comunismo, ao preservar e, na verdade, ao aprofundar as liberdades trazidas pelo capitalismo, nos libertará dos horrores do niilismo burguês. Se a sociedade burguesa é realmente o turbilhão que Marx pensa que é, como pode ele esperar que todas as suas correntes fluam numa única direção, de harmonia e integração pacífica? Ainda que um comunismo triunfante possa um dia jorrar das comportas abertas pela livre troca, quem sabe que ameaçadores impulsos jorrarão ao mesmo tempo, despertados pelo comunismo ou latentes no seu bojo? É fácil imaginar como uma sociedade empenhada no livre desenvolvimento de cada um e de todos pode muito bem desenvolver suas próprias e peculiares formas de niilismo. De fato, um niilismo comunista pode vir a ser bem mais explosivo e desintegrador que seu antecedente burguês — embora também mais ousado e original —,

139

pois, enquanto o capitalismo reduz as infinitas possibilidades da vida moderna a limites preestabelecidos, o comunismo de Marx pode lançar o ego liberado na direção de imensos espaços humanos desconhecidos, sem qualquer limite.[21]

5. A PERDA DO HALO

Todas as ambiguidades do pensamento de Marx estão cristalizadas em uma de suas imagens mais candentes, a última que iremos explorar aqui: "A burguesia despiu de seu halo todas as atividades até então honradas e vistas com reverente respeito. Transformou o médico, o advogado, o pregador, o poeta, o homem de ciência (*Mann der Wissenschaft*[22]) em trabalhadores assalariados" (p. 476). O halo, para Marx, é o símbolo primordial da experiência religiosa, a experiência de algo sagrado. Para Marx, como para seu contemporâneo Kierkegaard, a experiência, mais que a crença, o dogma e a teologia, compõe o substrato da vida religiosa. O halo divide a vida em sagrada e profana: cria uma aura de respeito e radiância sagradas em torno da figura que o ostenta; a figura santificada é expelida da condição humana matricial, inexoravelmente afastada das necessidades e pressões que impelem homens e mulheres à sua volta.

Marx acredita que o capitalismo tende a destruir essa modalidade de experiência, em todos: "tudo o que é sagrado é profanado"; ninguém é intocável, a vida se torna inteiramente dessantificada. De vários modos, Marx sabe que isso é assustador: homens e mulheres modernos podem muito bem ser levados ao nada, carentes de qualquer sentimento de respeito que os detenha; livres de medos e temores, estão livres para atropelar qualquer um em seu caminho, se os interesses imediatos assim o determinarem. Contudo, Marx também divisa as virtudes de uma vida despida de halos: esta desperta a condição da igualdade espiritual. Com isso, a moderna burguesia pode deter amplos poderes materiais sobre os trabalhadores e quem quer que seja, mas jamais recuperará a ascendência espiritual que as antigas classes dominantes tinham como tácita. Pela primeira vez na história, todos confrontam a si mesmos e aos demais em um mesmo e único plano.

É necessário lembrar que Marx escreve num momento histórico em que, sobretudo na Inglaterra e na França (o *Manifesto*, na verdade, tem mais a ver com esses países que com a Alemanha do tempo de Marx), a decepção com o capitalismo é generalizada e intensa e está praticamente pronta a deflagrar formas revolucionárias. Nos vinte anos seguintes, aproximadamente, a burguesia se mostrará notavelmente inventiva ao criar os seus próprios halos. Marx tentará minimizá-los no primeiro volume de *O capital*, em sua análise do "Fetichismo das mercadorias" — uma mística que disfarça as relações intersubjetivas entre os homens, em uma sociedade de mercado, como puramente físicas, "objetivas", relações inalteráveis entre coisas.[23] No instante culminante de 1848, essa pseudorreligiosidade burguesa não tinha ainda se estabelecido. Os rótulos de Marx, aqui, para ele e para nós, parecem fortemente familiares: aqueles profissionais e intelectuais — "o médico, o advogado, o pregador, o poeta, o homem de ciência" — que julgam poder viver em um plano mais elevado que o das criaturas comuns, que julgam poder transcender o capitalismo na vida e no trabalho.

Por que Marx se refere, em primeiro lugar, ao halo que circunda as cabeças dos modernos profissionais e intelectuais? Para trazer à luz um dos paradoxos de seu papel histórico: não obstante se orgulhem da natureza emancipada de seus espíritos, através dos séculos, eles vêm a ser os únicos modernos a de fato acreditar que atendem ao chamado de suas vocações e que seu trabalho é sagrado. É óbvio para qualquer leitor de Marx que ele partilha essa mesma fé, em seu compromisso com o trabalho intelectual. No entanto, ele sugere aí que, de algum modo, trata-se de uma fé negativa, uma autoilusão. Essa passagem é especialmente interessante porque, à medida que vemos Marx se identificando com a força e o discernimento crítico da burguesia, tentando despir os halos das cabeças dos modernos intelectuais, percebemos que, de um modo ou de outro, é a sua própria cabeça que ele pretende ver despida.

O fato básico da vida para esses intelectuais, como Marx os vê, é que eles são "trabalhadores assalariados" da burguesia, membros da "moderna classe trabalhadora, o proletariado". Eles talvez neguem essa identidade — afinal, quem deseja pertencer ao proletariado? —, mas são lançados à classe trabalhadora pelas condições historicamente definidas sob as quais são forçados a trabalhar. Quando descreve os intelectuais como assalariados, Marx está tentando fazer-nos ver a cultura moderna como parte da moderna indústria. Arte, ciências físicas, teoria social (como a do próprio Marx), tudo isso são modos de produção; a burguesia controla os meios de produção na cultura, como em tudo o mais, e quem quer que pretenda criar deve operar em sua órbita de poder.

Os modernos profissionais, intelectuais e artistas, na medida em que são membros do proletariado,

> sobrevivem somente enquanto encontram trabalho, e [...] só encontram trabalho enquanto este colabora para incrementar o capital. Tais trabalhadores, que precisam vender-se peça por peça, constituem uma mercadoria como qualquer outro artigo de comércio e estão consequentemente sujeitos a todas as vicissitudes da competição e todas as flutuações de mercado. (p. 479)

Assim, eles só escreverão livros, pintarão quadros, descobrirão leis físicas ou históricas, salvarão vidas, se alguém munido de capital estiver disposto a remunerá-los. Mas as pressões da sociedade burguesa são tão fortes que ninguém os remunerará sem o correspondente retorno — isto é, sem que o seu trabalho não colabore, de algum modo, para "incrementar o capital". Eles precisam "vender-se peça por peça" a um empregador desejoso de lhes explorar os cérebros com vistas à obtenção de lucro. Eles precisam esquematizar-se e apresentar-se sob uma luz favoravelmente lucrativa; precisam competir (não raro de forma brutal e sem escrúpulos) pelo privilégio de serem comprados, apenas para poder prosseguir em seu trabalho. Assim que o trabalho é executado, eles se veem, tal como qualquer outro trabalhador, separados do produto do seu esforço. Seus bens e serviços são postos à venda, e são "as vicissitudes da competição e as flutuações de mercado", mais do que qualquer intrínseca verdade, beleza ou valor — ou, no caso, qualquer falta de verdade, beleza ou valor—, que determinarão seu destino. Marx não espera que grandes ideias e obras abortem por falta de mercado: a moderna burguesia é notavelmente habilidosa em extrair lucro de qualquer pensamento. O que ocorrerá, em vez disso, é que os processos e produtos criativos serão usados e transformados de modo a pasmar e horrorizar seus criadores. Porém, os criadores serão incapazes de opor resistência, pois necessitarão vender sua força de trabalho para continuar vivendo.

Os intelectuais ocupam uma posição peculiar na classe trabalhadora, uma posição que gera privilégios especiais, mas também ironias especiais. Eles são beneficiários da demanda burguesa de inovação permanente, que expande enormemente o mercado para seus produtos e habilidades, muitas vezes estimula sua audácia e imaginação criativas e — se eles forem astutos e bem-sucedidos o suficiente na exploração da necessidade de novas ideias — permite que eles se safem da pobreza crônica em que vive a maior parte dos trabalhadores. Por outro lado, já que eles se envolvem pessoalmente em seu trabalho — ao contrário da maioria dos trabalhadores assalariados, que são alienados e indiferentes —, as flutuações de mercado os atingem de modo mais profundo. "Vendendo-se peça por peça", eles vendem não apenas sua energia física mas suas mentes, sua sensibilidade, seus sentimentos mais profundos, seus poderes visionários e imaginativos, virtualmente todo o seu ser. O *Fausto* de Goethe nos fornece o arquétipo do intelectual moderno forçado a "vender-se" para tornar o mundo diferente do que é. Fausto também incorpora um complexo de necessidades inerentes aos intelectuais: eles são movidos não apenas pela necessidade de viver, partilhada com todos os homens, mas pelo desejo de se comunicar, de se engajar em um diálogo com seus companheiros humanos. Todavia, o mercado de mercadorias culturais provê a única *media* através da qual um diálogo em escala pública pode ocorrer: nenhuma ideia chega a atingir ou modificar os modernos, a não ser que possa ser colocada no mercado e posta à venda. Assim, eles se tornam dependentes do mercado não só em termos de sobrevivência material mas também em termos de sustento espiritual — um sustento para cuja provisão eles sabem que não podem contar com o mercado.

É fácil ver como os modernos intelectuais, aprisionados nessas ambiguidades, imaginam formas radicais de sair da armadilha: no seu caso, as ideias revolucionárias brotarão de modo direto e intenso de suas necessidades pessoais. Contudo, as condições sociais que inspiram seu radicalismo servem também para frustrá-lo. Sabemos que até mesmo as ideias mais subversivas precisam manifestar-se através dos meios disponíveis no mercado. Na medida em que atraiam e insuflem pessoas, essas ideias se expandirão e enriquecerão o mercado, colaborando, pois, para "incrementar o capital". Assim, se admitirmos que a visão de Marx é adequada e precisa, teremos todas as razões para acreditar que a sociedade burguesa gerará um mercado para ideias radicais. Esse sistema requer constante perturbação, distúrbio, agitação; precisa ser permanentemente empurrado e pressionado para manter a própria elasticidade e capacidade de recuperação, para assenhorear-se de novas energias e assimilá-las, para locomover-se na direção de novas alturas de atividade e crescimento. Isto quer dizer, porém, que todos os homens e movimentos que se proclamem inimigos do capitalismo talvez sejam exatamente a espécie de estimulantes de que o capitalismo necessita. A sociedade burguesa, através de seu insaciável impulso de destruição e desenvolvimento e de sua necessidade de satisfazer às insaciáveis necessidades por ela criadas, produz inevitavelmente ideias e movimentos radicais que almejam destruí-la. Mas sua própria necessidade de desenvolvimento habilita-a a negar suas negações internas: ela se nutre e se revigora daquilo que se lhe opõe, torna-se mais forte em meio a pressões e crises do que em tempos de paz, transforma inimizade em intimidade e detratores em aliados involuntários.

Nesse clima, então, intelectuais radicais encontram obstáculos radicais: suas ideias e movimentos correm o risco de desmanchar no mesmo ar moderno em que se decompõe a ordem burguesa que eles tentam sobrepujar. Nesse clima, circundar alguém com um halo é tentar destruir o perigo apenas negando-o. Os intelectuais do tempo de Marx foram particularmente sensíveis a essa espécie de má-fé. Enquanto Marx descobria o socialismo na Paris de 1840, Gautier e Flaubert desenvolviam sua mística da "arte pela arte", ao passo que o círculo em torno de Comte construía sua própria mística paralela da "ciência pura". Ambos esses grupos — às vezes em conflito entre si, às vezes interligados — se autossagraram como movimentos de vanguarda. Todos foram agudos e mordazes em sua crítica ao capitalismo, mas, ao mesmo tempo, absurdamente complacentes em relação à crença de que seriam capazes de transcendê-lo, de que poderiam viver e trabalhar livremente, para além de suas normas e exigências.[24]

A intenção de Marx, ao arrancar os halos de suas cabeças, é mostrar que ninguém na sociedade burguesa pode ser tão puro, tão seguro ou tão livre. As teias e ambiguidades do mercado são de tal ordem que a todos capturam e emaranham. Os intelectuais precisam reconhecer a intensidade de sua dependência — também espiritual, não só econômica — em relação à sociedade burguesa que desprezam. Nunca será possível sobrepujar essas contradições se não as enfrentarmos direta e abertamente. Eis o que quer dizer despir os halos.[25]

Essa imagem, como todas as grandes imagens na história da literatura e do pensamento, possui ressonâncias que seu criador jamais poderia ter antevisto. Em primeiro lugar, a acusação que Marx faz às vanguardas artísticas e científicas do século XIX pode ser da mesma forma endereçada às "vanguardas" leninistas do século XX, que manifestam o propósito idêntico — também infundado — de transcender o mundo vulgar da necessidade, do interesse, do cálculo egoísta e da exploração brutal. Em segundo lugar, porém, ela levanta questões a respeito da própria imagem romântica que Marx tinha da classe trabalhadora. Se ser um trabalhador assalariado é a antítese de ter um halo, como pode Marx falar do proletariado como uma classe de novos homens, especialmente preparados para transcender as contradições da vida moderna? Na verdade, podemos levar esse questionamento ainda mais adiante. Seguindo a visão que Marx desdobra da modernidade e levando em conta todas as suas ironias e ambiguidades endêmicas, como poderemos esperar que *alguém* seja capaz de transcender a tudo isso?

Uma vez mais defrontamos o problema já antes localizado: a tensão entre as intuições críticas de Marx e suas esperanças radicais. Minha ênfase, neste ensaio, se volta para as subcorrentes céticas e críticas do pensamento de Marx. Alguns leitores talvez se inclinem a acatar apenas a crítica e a autocrítica, descartando as esperanças como utópicas e ingênuas. Fazer isso, porém, seria negligenciar o que Marx viu como o ponto essencial do pensamento crítico. A crítica, como ele a compreendeu, é parte de um incessante processo dialético. Foi concebida para ser dinâmica, para mover e inspirar a pessoa criticada a ultrapassar tanto as críticas como a si própria, para impelir ambos os polos na direção de uma nova síntese. Portanto, desmascarar falsas proclamações de transcendência é exigir e lutar por verdadeira transcendência. Desistir da transcendência seria vestir um halo em torno da própria estagnação e resignação e trair não apenas a Marx mas a nós mesmos. Temos de lutar pelo equilíbrio precário, dinâmico, que Antonio Gramsci, um dos maiores pensadores e líderes comunistas do nosso século, descreveu como "pessimismo do intelecto, otimismo da vontade".[26]

CONCLUSÃO: A CULTURA E AS CONTRADIÇÕES DO CAPITALISMO

Venho tentando definir neste ensaio um espaço para o qual o pensamento de Marx e a tradição modernista confluam. Antes de tudo, ambos constituem tentativas de evocar e apreender uma experiência peculiarmente moderna. Ambos confrontam o âmbito da modernidade com emoções díspares, temor respeitoso e exaltação impregnados de um senso de horror. Ambos veem a vida moderna como crivada de impulsos e potencialidades contraditórias e ambos endossam uma visão de extremada ou ultramodernidade — "os novos homens recém-criados [...], uma invenção dos tempos modernos, como o próprio maquinário", segundo Marx; "*Il faut être absolument moderne*", segundo Rimbaud — como o caminho capaz de resolver essas contradições.

Seguindo esse espírito de convergência, tentei ler Marx como um escritor modernista, para fazer aflorar a vitalidade e a riqueza de sua linguagem, a profundidade e complexidade de suas imagens — roupas e nudez, véus, halos, calor, frio — e para mostrar, aí, como é brilhante o desenvolvimento dos temas pelos quais o modernismo viria a se definir: a glória da energia e o dinamismo modernos, a inclemência da desintegração e o niilismo modernos, a estranha intimidade entre eles; a sensação de estar aprisionado numa vertigem em que todos os fatos e valores sofrem sucessivamente um processo de emaranhamento, explosão, decomposição, recombinação; uma fundamental incerteza sobre o que é básico, o que é válido, até mesmo o que é real; a combustão das esperanças mais radicais, em meio à sua radical negação.

Ao mesmo tempo, procurei ler o modernismo segundo uma perspectiva marxista, para sugerir como suas energias, intuições e ansiedades mais características brotam dos movimentos e pressões da moderna vida econômica: de sua incansável e insaciável demanda de crescimento e progresso; sua expansão dos desejos humanos para além das fronteiras locais, nacionais e morais; sua pressão sobre as pessoas no sentido de explorarem não só aos outros seres humanos mas a si mesmas; a volubilidade e a interminável metamorfose de todos os seus valores no vórtice do mercado mundial; a impiedosa destruição de tudo e todos os que a moderna economia não pode utilizar — quer em relação ao mundo pré-moderno, quer em relação a si mesma e ao próprio mundo moderno — e sua capacidade de explorar a crise e o caos como trampolim para ainda mais desenvolvimento, de alimentar-se da sua própria autodestruição.

Não pretendo ser o primeiro a reunir marxismo e modernismo. De fato, ambos têm andado juntos por sua própria conta, em vários momentos dos últimos cem anos, mais dramaticamente nos instantes de crise histórica e esperança revolucionária. Podemos ver sua fusão em Baudelaire, Wagner, Courbet, tanto como em Marx, em 1848; nos expressionistas, futuristas, dadaístas e construtivistas de 1914-25; no fermento e agitação da Europa do leste depois da morte de Stalin; nas atitudes radicais dos anos 1960, de Praga a Paris e nos Estados Unidos. Mas as revoluções foram sufocadas ou traídas, a fusão radical cedeu lugar à fissão; tanto o marxismo quanto o modernismo se estratificaram em ortodoxias e seguiram seus próprios caminhos, separados e mutuamente desconfiados.[27] Os assim chamados marxistas ortodoxos na melhor das hipóteses ignoram o modernismo, mais frequentemente trataram de reprimi-lo, talvez receosos de que (na frase de Nietzsche), se insistissem em olhar para o abismo, o abismo acabaria olhando para eles.[28] Os modernistas ortodoxos, por sua vez, não despenderam qualquer esforço espiritual no sentido de reformular, para si mesmos, o halo de uma incondicional arte "pura", livre da sociedade e da história. Este ensaio busca descortinar um caminho para os marxistas ortodoxos, mostrando-lhes como o abismo que temem e evitam se abre para o próprio marxismo. A força do marxismo sempre se apoiou no enfrentamento das ameaçadoras realidades sociais, sempre se empenhou em manipulá-las e superá-las; abandonar essas fontes primordiais de energia reduz o marxismo a pouco mais que um nome. Quanto aos modernistas ortodoxos, que evitam o pensamento marxista com receio de que este possa despi-los do seu halo, esses precisam entender que poderiam receber em troca algo ainda melhor: uma aprimorada capacidade de imaginar e expressar as infinitamente ricas, complexas e irônicas relações entre eles mesmos e a "moderna sociedade burguesa", que eles tentam negar ou desafiar. Uma fusão de Marx com o modernismo poderia derreter o demasiado sólido corpo do marxismo — ou pelo menos aquecê-lo e descongelá-lo —; ao mesmo tempo, daria à arte e ao pensamento modernistas uma nova solidez e investiria suas criações de insuspeita ressonância e profundidade. Mostraria que o modernismo é o realismo dos nossos tempos.

Neste capítulo conclusivo, pretendo que as ideias até aqui expostas se defrontem com alguns dos debates contemporâneos a propósito de Marx, modernismo e modernização. Começarei por considerar as acusações conservadoras que, no fim dos anos 1960, atingiram o modernismo e resultaram no clima reacionário da última década. Segundo Daniel Bell, o mais sério desses polemistas, "o modernismo tem sido um sedutor", que induz homens e mulheres contemporâneos (e até crianças) a desertar de suas posições e deveres morais, políticos e econômicos. O capitalismo, de acordo com pensadores como Bell, é totalmente inocente nesse caso: é uma espécie de Charles Bovary, nada emocionante mas decente e zeloso, que trabalha duro para satisfazer os desejos insaciáveis de sua tresloucada esposa e para pagar dívidas insuportáveis. Esse retrato da inocência capitalista tem um refinado charme pastoral; contudo, nenhum capitalista ousaria tomá-lo a sério, caso pretendesse sobreviver, mesmo que só por uma semana, no mundo real erigido pelo capitalismo. (Por outro lado, os capitalistas decerto desfrutam dessa imagem, como um feliz achado de relações públicas, porém riem o tempo todo, em *off*.) Ainda assim, é de admirar a engenhosidade com que Bell se aproveita de uma das mais persistentes ortodoxias modernistas — a autonomia da cultura, a superioridade do artista em relação a todas as normas e necessidades que oprimem os mortais comuns em seu redor — para voltá-la contra o próprio modernismo.[29]

Mas o que uns e outros mascaram aqui, tanto modernistas como antimodernistas, é o fato de que esses movimentos espirituais e culturais, pelo seu explosivo poder, são apenas bolhas na superfície de um imenso caldeirão social e econômico, que vem esquentando e fervendo há mais de cem anos. Foi o moderno capitalismo, e não a arte e a cultura modernas, que ateou fogo e manteve a fervura — a despeito de toda a relutância com que o capitalismo enfrenta o calor. Ironicamente, o niilismo drogado de William Burroughs, a *bête-noire* favorita das polêmicas antimodernistas, é uma pálida reprodução do cartel ancestral cujos lucros financiaram sua carreira de vanguarda: a Burroughs Adding Machine Company, agora Burroughs International, sóbrios niilistas de primeira linha.

Além desses ataques polêmicos, o modernismo sempre omitiu objeções de espécies muito diversas. No *Manifesto*, Marx toma de Goethe a ideia de uma emergente "literatura mundial" para mostrar como a moderna sociedade burguesa estava trazendo à luz uma cultura mundial:

> Em lugar das velhas carências, satisfeitas pela produção interna, enfrentamos agora novas carências que exigem, para sua satisfação, produtos de terras e climas distantes. Em lugar da velha autossuficiência local e nacional, deparamos, em todas as direções, com a interdependência universal. Tanto na produção material como na espiritual (*geistige*). As criações espirituais de nações individualizadas se tornam propriedade comum. O bitolamento e a unilateralidade das nações se tornam cada vez mais impossíveis, e das várias literaturas nacionais e locais brota uma literatura mundial. (pp. 476-7)

O cenário descrito por Marx serve perfeitamente de programa para o modernismo internacional que floresceu de seu tempo até o nosso: uma cultura que é antibitolada e multilateral, que expressa o escopo universal dos desejos modernos e que, a despeito da mediação da economia burguesa, é "propriedade comum" de toda a humanidade. Mas e se essa cultura não for exatamente universal, como Marx pensou que seria? E se ela afinal se revelar um empreendimento exclusiva e provincianamente ocidental? Essa possibilidade foi proposta pela primeira vez, na metade do século XIX, pelos populistas russos. Seu argumento era que a explosiva atmosfera de modernização no Ocidente — a falência das comunidades e o isolamento psíquico do indivíduo, o empobrecimento das massas e a polarização de classes, uma criatividade cultural desencadeada pelo desespero moral e a anarquia espiritual — talvez fosse mais uma peculiaridade cultural que uma necessidade imperiosa destinada de maneira inexorável à humanidade como um todo. Por que outras nações e civilizações não poderiam buscar sínteses mais harmoniosas entre os meios de vida tradicionais e as potencialidades e necessidades modernas? Numa palavra — esta crença foi expressa às vezes como dogma, às vezes como esperança desesperada —, seria apenas no Ocidente que "tudo que é sólido desmancha no ar".

O século xx assistiu a uma variedade de tentativas de realizar os sonhos populistas do século xix à medida que regimes revolucionários chegaram ao poder em todo o mundo subdesenvolvido. Todos esses regimes tentaram, de diferentes maneiras, atingir aquilo que os russos do século xix chamaram de salto do feudalismo para o socialismo: em outras palavras, atingir através de um esforço heroico as realizações da comunidade moderna, sem se deixar contaminar pelas profundidades da fragmentação e desunião modernas. Este não é o lugar para discorrer sobre as diversas modalidades de modernização disponíveis no mundo contemporâneo. Mas é relevante assinalar que, a despeito das enormes diferenças entre os sistemas políticos, hoje, muitos deles parecem partilhar um forte desejo de banir de seus respectivos mapas a cultura moderna. Sua esperança é que, se for possível proteger o povo dessa cultura, este poderá ser mobilizado numa sólida frente a perseguir objetivos nacionais comuns, em vez de se dispersar numa multidão de direções no encalço de voláteis e incontroláveis objetivos individuais.

Agora, seria estúpido negar que a modernização pode percorrer vários e diferentes caminhos. (Na verdade, toda a questão em torno da teoria da modernização consiste em mapear esses caminhos.) Não há razão para que toda cidade moderna se pareça com Nova York ou Los Angeles ou Tóquio. No entanto, precisamos analisar de forma mais atenta os objetivos e interesses daqueles que pretendem proteger seu povo contra o modernismo, em benefício desse mesmo povo. Se essa cultura fosse de fato exclusivamente ocidental, e por isso irrelevante para o Terceiro Mundo, como alegam muitos dos seus governantes, haveria necessidade de esses governantes despenderem tanta energia na tentativa de reprimi-la? O que eles projetam nos de fora e proíbem como "decadência ocidental" é na verdade a energia, os desejos e o espírito crítico do seu próprio povo. Quando porta-vozes e propagandistas governamentais proclamam que seus países estão livres da influência alienígena, o que de fato está em causa é que eles conseguiram, até aí, impor um freio político e espiritual ao seu povo. Quando o freio é retirado, ou expelido, uma das primeiras coisas que vem à tona é o espírito modernista: o retorno do reprimido.

É o espírito ao mesmo tempo lírico e irônico, corrosivo e empenhado, fantástico e realista que faz da literatura latino-americana a mais excitante do mundo, hoje — embora seja esse mesmo espírito que force seus escritores a produzir na Europa ou nos Estados Unidos, no exílio, longe de seus censores e sua polícia política. É esse espírito que se manifesta no muro dos *posters* dissidentes, em Pequim e Shangai, proclamando os direitos da livre individualidade num país onde — assim fomos há pouco informados pelos mandarins maoístas chineses e seus camaradas ocidentais — nem sequer existe uma palavra para designar a ideia de individualidade. É a cultura do modernismo que inspira a endiabrada música rock eletrônica do "povo plástico" de Praga, música executada nas milhares de salas clandestinas em cassetes contrabandeados enquanto os músicos mofam nas prisões. É a cultura modernista que mantém vivos o pensamento crítico e a livre imaginação em grande parte do mundo não ocidental, hoje.

Os governantes não gostam disso, mas é de supor que, a longo prazo, não poderão fazer nada a respeito. Na medida em que são obrigados a flutuar ou nadar nas águas do mercado mundial, obrigados a um esforço desesperado para acumular capital, obrigados a desenvolver-se ou desintegrar-se — ou antes, como geralmente acontece, desenvolver-se *e* desintegrar-se —, na medida em que, como diz Octavio Paz, estão "condenados à modernidade", serão forçados a produzir ou a permitir que se produza uma cultura que mostrará o que eles estão fazendo e o que eles são. Assim, capturado o Terceiro Mundo na dinâmica da modernização, o modernismo, longe de se exaurir, estará apenas começando a chegar às suas dimensões plenas.[30]

No fecho deste capítulo, gostaria de tecer breves comentários sobre duas acusações feitas a Marx, por Herbert Marcuse e Hannah Arendt, que lançam luzes sobre as linhas centrais deste livro. Marcuse e Arendt formularam suas críticas na América, nos anos 1950, mas parecem tê-las concebido nos anos 1920, durante a vigência do romântico existencialismo alemão. De certo modo, seus argumentos reavivam o debate entre Marx e os jovens hegelianos, que se deu por volta de 1840: não obstante, as perspectivas que descortinam são relevantes hoje, como sempre. A premissa básica é que Marx celebra acriticamente o valor do trabalho e da produção e negligencia outras atividades humanas e modos de ser que têm pelo menos a mesma importância.[31] Marx é aí recriminado, em outras palavras, por uma falha de imaginação moral.

A crítica mais penetrante de Marcuse a Marx ocorre em *Eros e civilização*, em que a presença de Marx é evidente, a cada página, mas curiosamente ele nunca chega a ser mencionado de forma explícita. Contudo, em passagens como a seguinte, na qual o herói cultural favorito de Marx, Prometeu, é atacado, torna-se óbvio o que é dito nas entrelinhas:

> Prometeu é o herói cultural do trabalho penoso, da produtividade, do progresso, em meio à repressão [...]; o astuto e (sofrido) rebelde contra os deuses, que cria a cultura ao preço da dor perpétua. Ele simboliza a produtividade, o incessante esforço de dominar a vida. [...] Prometeu é o herói arquetípico do princípio da *performance*.

Marcuse prossegue designando figuras mitológicas alternativas, que julga mais merecedoras de idealização: Orfeu, Narciso, Dionísio — além de Baudelaire e Rilke, que Marcuse considera como seus modernos devotos.

[Eles] apontam para uma realidade muito diferente. [...] A sua é a imagem da alegria e da satisfação, a voz que não ordena mas canta, o compromisso que representa a paz e põe fim ao esforço da conquista: o libertar-se do tempo, para unir o homem a deus e à natureza [...], a redenção do prazer, a suspensão do tempo, a absorção da morte: silêncio, sono, noite, paraíso — o princípio do Nirvana, não enquanto morte mas enquanto vida.[32]

Aquilo que a visão marxista-prometeica omite são as alegrias da quietude e da passividade, o langor sensual, o enlevo místico, a sensação de unidade com a natureza, preferível ao bem-sucedido domínio sobre esta.

Algo aí procede — sem dúvida, "*luxe, calme et volupté*" estão muito longe de ocupar o centro da imaginação de Marx —, porém menos do que pode parecer à primeira vista. Se Marx foi fetichista a respeito de alguma coisa, não o foi a respeito do trabalho e da produção, mas antes do ideal muito mais complexo e abrangente do *desenvolvimento* — "o livre desenvolvimento das energias físicas e espirituais" (manuscritos de 1844); "desenvolvimento da capacidade total dos próprios indivíduos" (*A ideologia alemã*); "o livre desenvolvimento de cada um será a condição para o livre desenvolvimento de todos" (*Manifesto*); "a universalidade das carências, poderes, prazeres e forças produtivas individuais" (*Grundrisse*); "o indivíduo plenamente desenvolvido" (*Capital*). As experiências e qualidades humanas valorizadas por Marcuse decerto poderiam ser incluídas nessa agenda, embora nada garanta que fossem encabeçar a lista. Marx pretende abranger Prometeu *e* Orfeu; ele julga válido lutar pelo comunismo, pois pela primeira vez na história os homens se habilitariam a realizar um e outro. E poderia acrescentar que é somente sobre o pano de fundo do trabalho prometeico que o esforço órfico adquire valor moral ou psíquico: "*luxe, calme et volupté*", por si sós, como Baudelaire o sabia muito bem, apenas entediam.

Por fim, ocupa lugar de destaque no pensamento de Marcuse, tal como sempre proclamou a Escola de Frankfurt, o ideal de harmonia entre homem e natureza. Porém, aqui é igualmente importante salientar que, qualquer que seja o conteúdo concreto desse equilíbrio e harmonia — o que, já de si, é uma questão complexa o suficiente —, chegar a ele demandaria uma imensa atividade e esforço prometeicos. Mais ainda, mesmo que fosse possível chegar a isso, seria preciso mantê-lo, e, dado o dinamismo da economia moderna, a humanidade teria de trabalhar de maneira incessante — como Sísifo, mas se esforçando incansavelmente para desenvolver novas medidas e novos meios — a fim de impedir que esse precário equilíbrio fosse tragado e desmanchasse no ar obstruído.

Hannah Arendt, em *A condição humana*, se dá conta de algo que em geral escapa aos críticos liberais de Marx: o verdadeiro problema de seu pensamento não é um autoritarismo draconiano mas seu extremo oposto, a falta de uma base para autoridade de qualquer espécie. "Marx previu corretamente, embora com injustificável júbilo, o 'definhamento' do setor público sob as condições do desembaraçado desenvolvimento das 'forças produtivas da sociedade'." Os membros dessa sociedade comunista ver-se--iam ironicamente "aprisionados pela satisfação de necessidades que ninguém pode partilhar e que ninguém pode comunicar plenamente". Arendt compreende a extensão do individualismo que subjaz ao comunismo de Marx e compreende também os rumos niilistas que esse individualismo poderá tomar. Em uma sociedade comunista, onde o livre desenvolvimento de cada um é condição para o livre desenvolvimento de todos, o que poderá manter reunidos esses indivíduos livremente desenvolvidos? Eles talvez partilhem a busca comum de um infinito bem-estar experimental; todavia, isso não seria "o verdadeiro domínio público, mas apenas atividades privadas, soltas no espaço aberto". Uma sociedade como essa poderia perfeitamente vir a experimentar uma sensação coletiva de futilidade: "a futilidade de uma vida que não se fixa nem se afirma em qualquer objetivo permanente, a qual perdure para além do esforço despendido".[33]

Essa crítica a Marx levanta um autêntico e urgente problema humano. Entretanto, Arendt não obtém resultados melhores que os de Marx na sua tentativa de resolvê-lo. Aqui, como em muitos de seus livros, tece uma esplêndida retórica em torno de vida e ação públicas, mas não deixa claro em que consistem essa vida e essa ação — salvo a ideia de que vida política *não* inclui as atividades cotidianas das pessoas, seu trabalho e suas relações de produção. (Essas são atribuídas aos "cuidados domésticos", um âmbito subpolítico, que Arendt considera como desprovido da capacidade de criar valores humanos.) Ela nunca esclarece o que homens e mulheres modernos podem partilhar, além de retórica sublime. Arendt tem razão em afirmar que Marx jamais desenvolveu uma teoria da comunidade política e que isso é um problema sério. Porém, a questão é que, dado o impulso niilista do moderno desenvolvimento pessoal e social, não está nada claro que fronteiras políticas o homem moderno pode criar. Assim, a dificuldade com o pensamento de Marx vem a ser a dificuldade que percorre toda a estrutura da própria vida moderna.

Venho tentando demonstrar que as mais severas críticas à vida moderna têm a imperiosa necessidade de recorrer ao modernismo, para nos mostrar em que ponto estamos e a partir de que ponto podemos começar a mudar nossas circunstâncias e a nós mesmos. Em busca de um ponto de partida, retornei a um dos primeiros e grandes modernistas, Karl Marx. Voltei a ele não tanto por suas respostas, mas por suas perguntas. O que de mais valioso ele nos tem a oferecer, hoje, não é um caminho que permita sair das contradições da vida moderna, e sim um caminho mais seguro e mais profundo que nos coloque exatamente no cerne dessas contradições. Ele sabia que o caminho para além das contradições teria de ser procurado através da modernidade, não fora dela. Ele sabia que precisamos começar do ponto onde estamos: psiquicamente nus, despidos de qualquer halo religioso, estético ou moral, e de véus sentimentais, devolvidos à nossa vontade e energia individuais, forçados a explorar aos demais e a nós mesmos para sobreviver; e mesmo assim, a despeito de tudo, reunidos pelas mesmas forças que nos separam, vagamente cônscios de tudo o que poderemos realizar juntos, prontos a nos distendermos na direção de novas possibilidades humanas, a desenvolver identidades e fronteiras comuns que podem ajudar-nos a manter-nos juntos, enquanto o selvagem ar moderno explode em calor e frio através de todos nós.

III. BAUDELAIRE:
O MODERNISMO NAS RUAS

Mas agora imagine uma cidade como Paris [...], imagine esta metrópole mundial [...] onde deparamos com a história em cada esquina.
Goethe a Eckermann, 3 de maio de 1827

Não é apenas no uso de imagens da vida comum, não apenas nas imagens da vida sórdida de uma grande metrópole, mas na elevação dessas imagens a uma alta intensidade — *apresentando-a como ela é, e não obstante fazendo que ela represente alguma coisa além de si mesma — que Baudelaire criou uma forma de alívio e expressão para outros homens.*
T. S. Eliot, "Baudelaire", 1930

Nas ÚLTIMAS TRÊS DÉCADAS, uma imensa quantidade de energia foi despendida em todo o mundo na exploração e deslindamento dos sentidos da modernidade. Muito dessa energia se fragmentou em caminhos pervertidos e autoderrotados. Nossa visão da vida moderna tende a se bifurcar em dois níveis, o material e o espiritual: algumas pessoas se dedicam ao "modernismo", encarado como uma espécie de puro espírito, que se desenvolve em função de imperativos artísticos e intelectuais autônomos; outras se situam na órbita da "modernização", um complexo de estruturas e processos materiais — políticos, econômicos, sociais — que, em princípio, uma vez encetados, se desenvolvem por conta própria, com pouca ou nenhuma interferência dos espíritos e da alma humana. Esse dualismo, generalizado na cultura contemporânea, dificulta nossa apreensão de um dos fatos mais marcantes da vida moderna: a fusão de suas forças materiais e espirituais, a interdependência entre o indivíduo e o ambiente moderno. Mas a primeira grande leva de escritores e pensadores que se dedicaram à modernidade — Goethe, Hegel e Marx, Stendhal e Baudelaire, Carlyle e Dickens, Herzen e Dostoievski — tinham uma percepção instintiva dessa interdependência; isso conferiu a suas visões uma riqueza e profundidade que lamentavelmente faltam aos pensadores contemporâneos que se interessam pela modernidade.

Este capítulo é montado em torno de Baudelaire, que fez mais do que ninguém, no século XIX, para dotar seus contemporâneos de uma consciência de si mesmos enquanto modernos. Modernidade, vida moderna, arte moderna — esses termos ocorrem frequentemente na obra de Baudelaire; e dois de seus grandes ensaios, o breve "Heroísmo da vida moderna" e o mais extenso "O pintor da vida moderna" (1859-60, publicado em 1863), determinaram a ordem do dia para um século inteiro de arte e pensamento. Em 1865, quando Baudelaire experimentava a pobreza, a doença e a obscuridade, o jovem Paul Verlaine tentou reavivar o interesse em torno dele, encarecendo sua modernidade como fonte básica de sua grandeza: "A originalidade de Baudelaire está em pintar, com vigor e novidade, o homem moderno [...] como resultante dos refinamentos de uma civilização excessiva, o homem moderno com seus sentidos aguçados e vibrantes, seu espírito dolorosamente sutil, seu cérebro saturado de tabaco, seu sangue a queimar pelo álcool. [...] Baudelaire pinta esse indivíduo sensitivo como um tipo, um *herói*".[1] O poeta Theodore de Banville desenvolveu esse tema dois anos mais tarde, em um tocante tributo diante do túmulo de Baudelaire:

> Ele aceitou o homem moderno em sua plenitude, com suas fraquezas, suas aspirações e seu desespero. Foi, assim, capaz de conferir beleza a visões que não possuíam beleza em si, não por fazê-las romanticamente pitorescas, mas por trazer à luz a porção de alma humana ali escondida; ele pôde revelar, assim, o coração triste e muitas vezes trágico da cidade moderna. É por isso que assombrou, e continuará a assombrar, a mente do homem moderno, comovendo-o, enquanto outros artistas o deixam frio.[2]

A reputação de Baudelaire, ao longo dos cem anos após sua morte, desenvolveu-se segundo as linhas sugeridas por Banville: quanto mais seriamente a cultura ocidental se preocupa com o advento da modernidade, tanto mais apreciamos a originalidade e a coragem de Baudelaire, como profeta e pioneiro. Se tivéssemos de apontar um primeiro modernista, Baudelaire seria sem dúvida o escolhido.

Contudo, uma das qualidades mais evidentes dos muitos escritos de Baudelaire sobre vida e arte moderna consiste em assinalar que o sentido da modernidade é surpreendentemente vago, difícil de determinar. Tomemos, por exemplo, uma de suas assertivas mais famosas, de "O pintor da vida moderna": "Por 'modernidade' eu entendo o efêmero, o contingente, a metade da arte cuja outra metade é eterna e imutável". O pintor (ou romancista ou filósofo) da vida moderna é aquele que concentra sua visão e energia na "sua moda, sua moral, suas emoções", no "instante que passa e (em) todas as sugestões de eternidade que ele contém". Esse conceito de modernidade é concebido para romper com as antiquadas fixações clássicas que dominam a cultura francesa. "Nós, os artistas, somos acometidos de uma tendência geral a vestir todos os nossos assuntos com uma roupagem do passado." A fé estéril de que vestimentas e gestos arcaicos produzirão verdades eternas deixa a arte francesa imobilizada em "um abismo de beleza abstrata e indeterminada" e priva-a de "originalidade", que só pode advir do "selo que o Tempo imprime em todas as gerações".[3] Percebe-se o que move Baudelaire nesse passo; mas esse critério puramente formal de modernidade — qualquer que seja a peculiaridade de um dado período — de fato o leva para longe do ponto onde ele pretende chegar. Segundo esse critério, como diz Baudelaire, "todo mestre antigo tem sua própria modernidade", desde que capte a aparência e o sentimento de sua própria era. Porém, isso esvazia a ideia de modernidade de todo o seu peso específico, seu concreto conteúdo histórico. Isso faz de todos e quaisquer tempos "tempos modernos"; dispersar a modernidade através da história, ironicamente, nos

160

leva a perder de vista as qualidades específicas de nossa própria história moderna.[4]

O primeiro imperativo categórico do modernismo de Baudelaire é orientar-nos na direção das forças primárias da vida moderna; mas Baudelaire não deixa claro em que consistem essas forças, nem o que viria a ser nossa postura diante delas. Contudo, se percorrermos sua obra, veremos que ela contém várias visões distintas da modernidade. Essas visões muitas vezes parecem opor-se violentamente umas às outras, e Baudelaire nem sempre parece estar ciente das tensões entre elas. Mais do que isso, ele sempre as apresenta com verve e brilho e quase sempre as elabora com grande originalidade e profundidade. Mais ainda: todas as modernas visões de Baudelaire e todas as suas contraditórias atitudes críticas em relação à modernidade adquiriram vida própria e perduraram por longo tempo após sua morte, até o nosso próprio tempo.

Este ensaio começará com as interpretações mais simples e acríticas da modernidade aventadas por Baudelaire: suas celebrações líricas da vida moderna, que criaram formas peculiarmente modernas de pastoral; suas veementes denúncias contra a modernidade, que geraram as modernas formas antipastorais. As visões pastorais de Baudelaire sobre a modernidade seriam elaboradas em nosso século sob o nome de "modernolatria"; suas antipastorais se transformariam naquilo que o século XX chama de "desespero cultural".[5] Seguiremos adiante, na maior parte do ensaio, a partir dessas visões limitadas, no encalço de uma visão baudelairiana muito mais profunda e mais interessante — embora provavelmente menos conhecida e de repercussão mais escassa —, uma perspectiva dificilmente redutível a uma fórmula definitiva, estética ou política, que luta, corajosa, com suas próprias contradições interiores e que pode iluminar não só a modernidade de Baudelaire mas a nossa própria modernidade.

1. MODERNISMO PASTORAL E ANTIPASTORAL

Iniciemos com as modernas pastorais de Baudelaire. A primeira versão ocorre no prefácio ao *Salão de 1846*, sua resenha crítica das mostras de arte nova, nesse ano. O prefácio se intitula "Aos burgueses".[6] Leitores contemporâneos, acostumados a pensar em Baudelaire como inimigo jurado dos burgueses e tudo o que lhes diga respeito, ficam chocados.[7] Baudelaire não apenas celebra aí os burgueses, como adula-os, por sua inteligência, força de vontade e criatividade na indústria, no comércio e nas finanças. Não é inteiramente claro que pessoas essa classe abrange: "Vocês são a maioria — em número e inteligência; portanto vocês são o poder — o que quer dizer justiça". Se a burguesia constitui a maioria, o que aconteceu à classe operária? Desligou-se do campesinato? Todavia, é preciso lembrar que estamos diante de um mundo pastoral. Nesse mundo, quando os burgueses se empenham em grandes empresas — "vocês se arregimentaram, formaram companhias, levantaram empréstimos" —, isso não acontece, como muitos podem pensar, para ganhar rios de dinheiro, mas por um propósito mais elevado: "para concretizar a ideia de futuro em todas as suas formas — políticas, industriais, artísticas". O motivo burguês fundamental, aqui, é o desejo de progresso humano infinito não só na economia, mas universalmente nas esferas da política e da cultura. Baudelaire assinala o que ele sente como a criatividade inata e a universalidade de visão dos burgueses: uma vez que eles são impelidos pelo desejo de progresso na indústria e na política, estaria aquém de sua dignidade parar e aceitar a estagnação em arte.

Baudelaire assinala ainda, como o fará Mill uma geração depois (e o próprio Marx, no *Manifesto Comunista*), a crença burguesa na livre troca, sugerindo que esse ideal seja estendido à esfera da cultura: assim como os monopólios de cartel são um obstáculo à vida e energia econômica, "os aristocratas do pensamento, os monopolistas das coisas do espírito" sufocarão a vida espiritual e privarão a burguesia das ricas fontes da arte e do pensamento modernos. A fé que Baudelaire deposita na burguesia põe de lado as sombrias potencialidades de seus movimentos políticos e econômicos — eis por que eu a chamo de visão pastoral. Contudo, a ingenuidade do prefácio "Aos burgueses" decorre de uma elevada abertura e generosidade de espírito. Isso não sobreviverá — não poderia sobreviver — a junho de 1848, ou dezembro de 1851; mas, num espírito amargo como o de Baudelaire, foi belo enquanto durou. De qualquer modo, essa visão pastoral proclama a natural afinidade entre modernização material e modernização espiritual; sustenta que os grupos mais dinâmicos e inovadores na vida econômica e política serão os mais abertos à criatividade intelectual e artística — "para concretizar a ideia de futuro em todas as suas formas"; essa visão encara as mudanças econômicas e culturais como progresso humano sem obstáculos.[8]

O ensaio de Baudelaire "O pintor da vida moderna" (1859--60) apresenta uma espécie muito diferente de pastoral: aqui a vida moderna surge como um grande *show* de moda, um sistema de aparições deslumbrantes, brilhantes fachadas, espetaculares triunfos de decoração e estilo. Os heróis de toda essa pompa são o pintor e ilustrador Constantin Guys e a figura arquetípica do Dândi segundo Baudelaire. No mundo pintado por Guys, o espectador "se maravilha com a [...] esfuziante harmonia da vida nas grandes cidades, uma harmonia providencialmente preservada em meio ao tumulto da liberdade humana". Leitores familiarizados com Baudelaire se espantarão de ouvi-lo falar como o dr. Pangloss; perguntamo-nos qual é a piada, até concluir que lamentavelmente não há piada nenhuma. "A espécie de assunto preferido pelo nosso artista [...] é a pompa da vida (*la pompe de la vie*) tal como existe para ser contemplada nas capitais do mundo civilizado; a pompa da vida militar, da vida elegante, da vida galante (*la vie militaire, la vie élégante, la vie galante*)." Se voltarmos aos luzidios esboços do *beautiful people* e seu mundo, realizados por Guys, veremos apenas uma variedade de fantasias aparatosas ocupadas por manequins sem vida e de rostos vazios. Mas não é culpa de Guys que sua arte se assemelhe tanto

163

aos anúncios de Bonwit ou Bloomingdale. O que é triste é que Baudelaire tenha escrito algumas páginas perfeitamente sintonizadas com isso:

> Ele (o pintor da vida moderna) se delicia com finas carruagens e orgulhosos corcéis, a esplendorosa sagacidade dos cavalariços, a destreza dos pedestres, o sinuoso andar das mulheres, a beleza das crianças, felizes de estarem vivas e bem-vestidas — numa palavra, ele se delicia com a vida universal. Se o estilo do talhe de uma roupa teve uma mudança sutil, se ondas e caracóis foram suplantados por topetes, se os laços se alargaram e os coques desceram um quase nada em direção à base do pescoço, se as cinturas se elevaram e as saias se tornaram mais cheias, não tenha dúvida de que o olho aquilino de Guys o detectará.[9]

Caso isso seja, como quer Baudelaire, a "vida universal", o que será a morte universal? Aqueles que amam Baudelaire lamentarão que, já que ele estava produzindo material de propaganda, ele não tivesse sido pago por isso. (Ele teria feito bom uso do dinheiro, embora certamente se recusasse a fazer isso por dinheiro.) Entretanto, essa espécie de pastoral desempenha um importante papel não só na carreira de Baudelaire, mas nos cem anos de cultura moderna entre o seu e o nosso tempo. Existe um importante *corpus* de escritos modernos, com frequência produzidos por escritores sérios, que se assemelha demasiado a material de propaganda. Esses escritos veem toda a aventura espiritual da modernidade encarnada na última moda, na última máquina, ou — e isso já é mais sinistro — no último modelo de regimento militar.

> Um regimento passa, a caminho, ao que parece, dos confins da Terra, lançando no ar dos bulevares seus toques de trombeta como alada e comovedora esperança; e num instante Monsieur G. terá visto, examinado e analisado a sustentação e os aspectos externos dessa companhia. Equipagens

luzidias, música, olhares audaciosos, determinados, bigodes pesados e solenes — ele absorve tudo isso, em desordem, e em poucos momentos o "poema" daí resultante poderá ser composto. Veja como sua alma se aviva com a alma desse regimento, marchando como um só animal, imagem orgulhosa de alegria e obediência.[10]

Esses são os soldados que mataram 25 mil parisienses em junho de 1848 e abriram caminho para Napoleão III em dezembro de 1851. Em ambas as ocasiões, Baudelaire foi às ruas para lutar contra esses homens (e facilmente poderia ter sido morto por eles) cuja "alegria e obediência" animalesca tanto o atraem agora.[11] A passagem acima devia alertar-nos para um fato da vida moderna que estudantes de arte e poesia costumam esquecer com facilidade: a tremenda importância de um desfile militar — importância psicológica e política — e seu poder de cativar mesmo os espíritos mais livres. Paradas militares, de Baudelaire ao nosso tempo, desempenham um papel decisivo na visão pastoral da modernidade: equipagens reluzentes, colorido vistoso, formações fluentes, movimentos rápidos e graciosos, a modernidade sem lágrimas.

Talvez o fato mais estranho sobre a visão pastoral de Baudelaire — uma visão que tipifica seu pervertido senso de ironia, mas também sua peculiar integridade — é que ela exclui o próprio Baudelaire. Todas as dissonâncias sociais e espirituais da vida parisiense foram banidas dessas ruas. O interior turbulento de Baudelaire, sua angústia e anseios — toda a sua *performance* criativa ao representar aquilo que Banville chamou de "o homem moderno em sua plenitude, com suas fraquezas, suas aspirações e seu desespero" — estão completamente fora deste mundo. Isso nos permite ver que, quando Baudelaire escolhe Constantin Guys, e não Courbet ou Daumier ou Manet (que ele conhecia e amava), como o arquetípico "pintor da vida moderna", trata-se não só de uma quebra de gosto, mas de uma profunda rejeição e rebaixamento de si mesmo. Seu encontro com Guys, patético, envolve algo verdadeiro e fundamental a respeito da modernidade: seu poder de gerar formas de "*show* de aparências", modelos

165

brilhantes, espetáculos glamorosos, tão deslumbrantes que chegam até a cegar os indivíduos mais perspicazes para a premência de sua própria e sombria vida interior.

As mais vívidas imagens antipastorais da modernidade, criadas por Baudelaire, pertencem ao fim dos anos 1850, o mesmo período de "O pintor da vida moderna": se existe contradição entre as duas visões, Baudelaire não tem, de modo algum, consciência disso. O tema antipastoral emerge pela primeira vez no ensaio de 1855, "Sobre a moderna ideia de progresso aplicada às belas-artes".[12] Aqui Baudelaire se serve de uma familiar retórica reacionária para lançar desdém não só sobre a moderna ideia de progresso, mas sobre o pensamento e a vida modernos como um todo:

> Existe ainda outro erro muito atraente, que eu anseio por evitar, como ao próprio demônio. Refiro-me à ideia de "progresso". Esse obscuro sinaleiro, invenção da filosofância hodierna, promulgada sem a garantia da Natureza ou de Deus — esse farol moderno lança uma esteira de caos em todos os objetos do conhecimento; a liberdade se dispersa e some, o castigo (*châtiment*) desaparece. Quem quer que pretenda ver a história com clareza deve antes de mais nada desfazer-se dessa luz traiçoeira. Essa ideia grotesca, que floresceu no solo da fatuidade moderna, desobrigou cada homem dos seus deveres, desobrigou a alma de sua responsabilidade, desatrelou a vontade de todas as cauções impostas a ela pelo amor à beleza. [...] Tal obsessão é sintoma de uma já bem visível decadência.

Beleza, aqui, aparece como algo estático, imutável, inteiramente externo ao indivíduo, a exigir rígida obediência e a impor castigos sobre seus recalcitrantes súditos modernos, extinguindo todas as formas de Iluminismo, funcionando como uma espécie de polícia espiritual a serviço de uma Igreja e um Estado contrarrevolucionários.

Baudelaire recorre a esse expediente reacionário porque está preocupado com a crescente "confusão entre ordem material e ordem espiritual", disseminada pela epopeia do progresso. Assim,

> tome-se qualquer bom francês, que lê o *seu* jornal, no *seu* café, pergunte-se a ele o que entende por progresso, e ele responderá que é o vapor, a eletricidade e a luz do gás, milagres desconhecidos dos romanos, testemunho incontestável de nossa superioridade sobre os antigos. Tal é o grau de escuridão que se instalou nesse cérebro infeliz!

Baudelaire tem toda a razão em lutar contra a confusão entre progresso material e progresso espiritual — uma confusão que persiste em nosso século e se torna especialmente exuberante em períodos de *boom* econômico. Mas ele se mostra tão estúpido quanto aquele espantalho no café quando salta para o polo oposto e define a arte de modo que esta pareça não ter qualquer conexão com o mundo material:

> O pobre homem tornou-se tão americanizado pelas filosofias zoocráticas e industriais que perdeu toda a noção da diferença entre os fenômenos do mundo físico e os do mundo moral, entre o natural e o sobrenatural.

Esse dualismo tem alguma semelhança com a dissociação kantiana entre âmbito numênico e o fenomênico, porém vai muito mais longe do que Kant, para quem as experiências e atividades numênicas — arte, religião, ética — ainda operam no mundo material do tempo e do espaço. Não fica nada claro onde, ou sobre o quê, esse artista baudelairiano deverá operar. Baudelaire vai além: ele não apenas desvincula seu artista do mundo material do vapor, da eletricidade e do gás, mas também de toda a história da arte, passada e futura. Com isso, diz ele, é errado até mesmo pensar em predecessores do artista, ou em virtuais influências que tenha sofrido. "Todo florescimento [em arte] é espontâneo, individual. [...] O artista nasce apenas de si mesmo. [...] A única segurança que ele estabelece é para si mesmo. Ele morre sem deixar filhos, tendo sido seu próprio rei, seu próprio sacerdote, seu próprio Deus."[13] Baudelaire mergulha em uma transcendência que deixa Kant muito para trás: esse artista se torna um *Ding-an-sich* [objeto-em-si] ambulante. Assim, na mercurial e paradoxal sensibilidade de Baudelaire, a imagem antipastoral do mundo moderno gera uma visão notavelmente pastoral do artista moderno, que, intocado, flutua, livre, acima disso tudo.

O dualismo pela primeira vez esboçado aqui — visão antipastoral do mundo moderno, visão pastoral do artista moderno e sua arte — se amplia e aprofunda no seu famoso ensaio de 1859, "O público moderno e a fotografia".[14] Baudelaire começa por se queixar de que "o gosto exclusivo do Verdadeiro (nobre aptidão, quando aplicada a seus fins próprios) oprime o gosto do Belo". Esta é a retórica do equilíbrio, que resiste às ênfases exclusivas: a verdade é essencial, desde que não asfixie o desejo de beleza. Todavia, o senso de equilíbrio não dura muito: "Onde não se devia ver nada além de Beleza (no sentido de uma bela pintura), o público procura apenas a Verdade". Como a fotografia é capaz de reproduzir a realidade com mais precisão do que nunca — para mostrar a "Verdade" —, esse novo meio é "o inimigo mortal da arte", e, na medida em que o desenvolvimento da fotografia é produto do progresso tecnológico, "Poesia e progresso são como dois homens ambiciosos que se odeiam. Quando seus caminhos se cruzam, um deles deve dar passagem ao outro".

Mas por que inimigo mortal? Por que a presença da realidade, ou "verdade", em uma obra de arte deveria minar ou destruir sua beleza? A resposta imediata, na qual Baudelaire acredita com tanta veemência (ao menos nessa altura) que nem sequer ousa expressá-la com clareza, é que a realidade moderna é intrinsecamente repugnante, vazia não só de beleza mas de qualquer potencial de beleza. Um desrespeito categórico, quase histérico, pelos homens modernos e suas vidas anima declarações como estas: "A multidão idólatra exige um ideal que lhe seja apropriado e compatível com o valor de sua natureza". A partir do momento em que a fotografia se desenvolveu, "nossa sociedade esquálida, narcisista, correu para admirar sua imagem vulgar em uma lâmina de metal". A consistente discussão crítica sobre a representação da realidade, levada a efeito por Baudelaire, se vê comprometida por um desprezo acrítico pelas reais pessoas modernas em seu redor. Isso o conduz novamente a uma concepção pastoral da arte: "é inútil e tedioso representar o que existe, porque nada do que existe me satisfaz. [...] Àquilo que é positivamente trivial, prefiro os monstros da minha fantasia". Ainda piores que os fotógrafos, diz Baudelaire, são os modernos pintores influenciados pela fotografia: cada vez mais, o pintor moderno "é dado a pintar não o que ele sonha, mas o que vê". O que dá a isso um teor pastoral, e acrítico, é o dualismo radical, é a profunda inconsciência de que pode haver relações ricas e complexas, plenas de influências mútuas e fusões, entre o que um artista (ou quem quer que seja) sonha e vê.

A atitude polêmica de Baudelaire contra a fotografia exerceu extrema influência no sentido de definir uma forma peculiar de modernismo estético, que impregna nosso século — por exemplo, em Pound, Wyndham Lewis e seus vários seguidores —, em função do qual os homens modernos são incansavelmente desprezados, enquanto os artistas modernos e suas obras são exaltados com exagero, sem a menor suspeita de que esses artistas sejam mais humanos e estejam mais profundamente implicados em *la vie moderne* do que poderiam pensar. Outros artistas do século XX, como Kandinsky e Mondrian, criaram obras maravilhosas a partir do sonho de uma arte desmaterializada, descondicionada, "pura". (O manifesto de 1912, de Kandinsky, "Sobre o espiritual em arte", está repleto de ecos baudelairianos.) Mas um artista que se mantém totalmente alheio a essa visão, afinal, é o próprio Baudelaire. Pois seu gênio poético e sua realização, mais que em qualquer outro poeta, antes e depois dele, são argamassados com a específica realidade material: a vida cotidiana — e a vida noturna — das ruas, dos cafés, das adegas e mansardas de Paris. Até mesmo suas visões transcendentais se enraízam em um tempo e um espaço concretos. Algo que distingue radicalmente Baudelaire de seus precursores românticos e de seus sucessores simbolistas e contemporâneos reside no fato de que o que ele sonha se inspira no que ele vê.

Baudelaire deve ter sabido disso, ao menos inconscientemente; sempre que está prestes a isolar a arte moderna da vida moderna, ele salta fora e se desvia do curso para reuni-las novamente. Assim, ele interrompe no meio o ensaio de 1855, sobre o "Progresso", para contar uma história que, segundo ele, "contém uma excelente lição crítica":

> É uma história a respeito de Balzac (quem não ouviria com respeito qualquer anedota, por trivial que fosse, envolvendo esse grande gênio?), que se surpreendeu um dia diante de um belo quadro — uma tristonha cena de inverno, uma terrível nevasca, cabanas salpicadas de gelo e camponeses de aspecto vulgar; e, depois de observar a casinha de cuja chaminé se erguia um modesto fio de fumaça, ele gritou "Como isso é belo!" e prosseguiu "Mas o que fazem eles nessa cabana? Quais são seus pensamentos? Suas aflições? Tiveram uma boa colheita? *Sem dúvida eles têm contas a pagar*". (O grifo é do próprio Baudelaire.)

A lição, para Baudelaire, que iremos desdobrar nas partes subsequentes deste ensaio, é que a vida moderna possui uma beleza peculiar e autêntica, a qual, no entanto, é inseparável de sua miséria e ansiedade intrínsecas, é inseparável das contas que o homem moderno tem de pagar. Algumas páginas depois, em meio a uma crítica implacável aos modernos idiotas que se julgam capazes de progresso espiritual, ele de repente se torna sério e salta abruptamente da certeza de que a moderna ideia de progresso é ilusória para uma intensa ansiedade quanto à hipótese de esse progresso ser verdadeiro. Nas linhas que seguem, encontra-se uma breve e brilhante meditação sobre o verdadeiro terror criado pelo progresso:

Deixo de lado a questão de saber se, pelo contínuo refinamento da humanidade, proporcionalmente aos prazeres que se lhe oferecem, o progresso indefinido não vem a ser a mais cruel e engenhosa tortura; se, procedendo como o faz pela sua autonegação, o progresso não viria a ser uma forma de suicídio permanentemente renovada e se, enclausurado no círculo de fogo da lógica divina, o progresso não seria como o escorpião que se fere com sua própria cauda — progresso, esse eterno desiderato que é o seu próprio desespero![15]

Aqui Baudelaire se mostra intensamente pessoal, não obstante perto do universal. Luta contra paradoxos em que se empenham e se angustiam todos os homens modernos, que envolvem sua política, suas atividades econômicas, seus mais íntimos desejos e qualquer espécie de arte que venham a criar. Essa meditação tem uma tensão e uma excitação cinéticas que recobrem a condição moderna aí descrita; o leitor que chega ao final da última sentença sente que de fato chegou a algum lugar. Dessa matéria são constituídos os melhores escritos de Baudelaire sobre a vida moderna — bem menos conhecidos que suas pastorais. Estamos prontos agora para mais uma dose disso.

2. O HEROÍSMO DA VIDA MODERNA

No final de sua resenha do Salão de 1845, Baudelaire se queixa de que os novos pintores estão desatentos ao presente: "não obstante, o heroísmo da vida moderna nos rodeia e nos pressiona". E prossegue:

Não faltam assuntos, nem cores, para fazer epopeias. O pintor que procuramos será aquele capaz de extrair da vida de hoje sua qualidade épica, fazendo-nos sentir como somos grandiosos e poéticos em nossas gravatas e em nossas botas de couro legítimo. No próximo ano, esperemos que os ver-

171

dadeiros pesquisadores nos contemplem com a extraordinária delícia de celebrar o advento do *novo*![16]

O pensamento não está desenvolvido de maneira adequada, contudo dois aspectos merecem ser salientados. Primeiro, a ironia baudelairiana a respeito das "gravatas": muitos poderão pensar que a justaposição de heroísmo e gravatas é uma piada; e é, mas a piada consiste precisamente em mostrar que os homens modernos são heroicos, não obstante a ausência da parafernália heroica tradicional; com efeito, eles são ainda mais heroicos, sem a parafernália para inflar seus corpos e almas.[17] Segundo, a tendência moderna de fazer sempre tudo novo: a vida moderna do ano que vem parecerá e será diferente da deste ano; todavia, ambas farão parte da mesma era moderna. O fato de que você não pode pisar duas vezes na mesma modernidade tornará a vida moderna especialmente indefinível, difícil de apreender.

Baudelaire vai ainda mais fundo no heroísmo moderno, um ano mais tarde, no breve ensaio assim intitulado.[18] Aqui ele se faz mais concreto: "O espetáculo da vida elegante (*la vie élégante*) e as milhares de experiências fluidas — criminosos e mulheres reclusas — que se amontoam nos subterrâneos de uma grande cidade; a *Gazette des Tribunaux* e o *Moniteur* provam que tudo o que precisamos é abrir os olhos para reconhecer nosso heroísmo". O mundo da moda aí está, como estará no ensaio sobre Constantin Guys; apenas aparece aqui sob uma forma nitidamente não pastoral, vinculada ao submundo, com seus sombrios desejos e compromissos, seus crimes e castigos; ganha assim uma profundidade humana muito mais arrebatadora que os pálidos esboços de "O pintor da vida moderna". O ponto crucial do heroísmo moderno, como Baudelaire o vê aqui, é que ele emerge em *conflito*, em situações de conflito que permeiam a vida cotidiana no mundo moderno. Baudelaire dá exemplos da vida burguesa, bem como das altas esferas da moda e das formas mais baixas de vida: o político heroico, o ministro de governo vergastando, na Assembleia, os seus opositores com um discurso inflamado e contundente, clamando contra sua política e contra si mesmo; o heroico homem de negócios, como o perfumista de Balzac, Birotteau, lutando contra o espectro da falência, esforçando-se por reabilitar não apenas seu crédito mas sua vida, toda a sua identidade pessoal; respeitáveis patifes, como Rastignac, capazes de tudo — das mais desprezíveis às mais nobres ações — ao longo de seu caminho em direção ao alto; Vautrin, que frequenta as alturas do poder bem como as baixezas do submundo e exibe desenvolta intimidade com os dois ambientes. "Tudo isso deixa transparecer uma nova e especial beleza, que não é nem a de Aquiles nem a de Agamenon." De fato, diz Baudelaire — com uma retórica destinada a ultrajar a sensibilidade neoclássica de muitos de seus leitores franceses —, "os heróis da Ilíada são como pigmeus; comparados a vocês, Vautrin, Rastignac, Birotteau [...] e a você, Honoré de Balzac, você, o mais heroico, o mais extraordinário, o mais romântico e o mais poético de todos os heróis produzidos por sua imaginação". No geral, a vida parisiense contemporânea "é rica em assuntos poéticos e maravilhosos. O maravilhoso nos envolve e nos embebe como uma atmosfera, mas não o vemos".

Há vários pontos importantes a observar aqui. Primeiro, o largo espectro da simpatia e generosidade de Baudelaire, muito diferente da imagem convencional de uma vanguarda *snob* que não tem senão desprezo pelas pessoas comuns e suas ocupações. Devemos observar, nesse contexto, que Balzac, o único artista na galeria baudelairiana de heróis modernos, não é daqueles que tratam de se manter distantes das pessoas comuns, mas, antes, mergulha mais fundo na sua vida do que qualquer artista já o havia feito antes e retorna com uma visão do anônimo heroísmo dessa vida. Por fim, é crucial observar o uso da fluidez ("existências fluidas") e da qualidade atmosférica ("o maravilhoso nos envolve e nos embebe como uma atmosfera"), como símbolos das características específicas da vida moderna. Fluidez e qualidade atmosférica se tornarão atributos fundamentais na pintura, na arquitetura e no *design*, na música e na literatura modernistas, autoconscientes, que emergirão no fim do século XIX. Tais atributos serão encontrados, também, nos mais profundos moralistas e pensadores sociais da geração de Baudelaire, e posteriores — Marx, Kierkegaard, Dostoievski, Nietzsche — para os quais o fato básico da vida moderna é o fato de que, como se lê no *Manifesto Comunista*, "tudo o que é sólido desmancha no ar".

O ensaio "O pintor da vida moderna" é minado pelo namoro pastoral de Baudelaire com a insipidez da *vie élégante*. No entanto, ele oferece algumas imagens brilhantes e arrebatadoras, muito longe da pastoral, sobre o que a arte moderna deve buscar e apreender na vida moderna. Antes de tudo, diz ele, o artista moderno devia "sentar praça no coração da multidão, em meio ao fluxo e refluxo do movimento, em meio ao fugidio e ao infinito", em meio à multidão da grande metrópole. "Sua paixão e sua profissão de fé são tornar-se unha e carne com a multidão — *épouser la foule*" [casar-se com a multidão]. Baudelaire põe ênfase especial nessa imagem estranha e obsessiva. Esse "amante da vida universal" deve "adentrar a multidão como se esta fosse um imenso reservatório de energia elétrica. [...] Ou devíamos então compará-lo a um caleidoscópio dotado de consciência". Ele deve "expressar ao mesmo tempo a atitude e os gestos dos seres vivos, sejam solenes ou grotescos, e sua luminosa *explosão* no espaço".[19] Energia elétrica, caleidoscópio, explosão: a arte moderna deve recriar, para si, as prodigiosas transformações de matéria e energia que a ciência e a tecnologia modernas — física, óptica, química, engenharia — haviam promovido.

A coisa não está em que o artista deva utilizar essas inovações — embora no ensaio sobre "Fotografia" Baudelaire aprove isso, desde que as novas técnicas se mantenham em seu lugar subalterno. O verdadeiro objetivo do artista moderno consistiria em rearticular tais processos, inoculando sua própria alma e sensibilidade através dessas transformações, para trazer à luz, em sua obra, essas forças explosivas. Mas como? Não creio que Baudelaire, ou qualquer outro no século xix, tenha tido uma ideia clara de como fazer isso. Essas imagens só começarão a se concretizar no início do século xx — na pintura cubista, na colagem e na montagem, no cinema, no fluxo de consciência do romance moderno, no verso livre de Eliot, Pound e Apollinaire, no futurismo, no vorticismo, no construtivismo, no dadaísmo, nos poemas que aceleram como automóveis, nas pinturas que explodem como bombas. No entanto, Baudelaire apreende algo que seus sucessores modernistas do século xx tendem a esquecer. Isso está sugerido na ênfase extraordinária que ele dá ao verbo *épouser*, como símbolo fundamental da relação entre o artista e as pessoas à sua volta. Quer a palavra seja tomada em seu sentido direto de *casar-se*, quer no sentido figurado de *envolver-se sensualmente*, trata-se de uma das mais banais experiências humanas, e uma das mais universais: trata-se, como diz a canção famosa, daquilo que faz o mundo girar. Um dos problemas fundamentais do modernismo do século xx é que nossa arte tende a perder contato com a vida cotidiana das pessoas. Isto, é claro, não é universalmente verdadeiro — o *Ulisses* de Joyce talvez seja a mais nobre exceção —, mas é verdadeiro o suficiente para ser notado por todos quantos se preocupam com a vida moderna e a arte moderna. Para Baudelaire, porém, uma arte que não se disponha a *épouser* as vidas de homens e mulheres na multidão não merecerá ser chamada propriamente de arte moderna.

O mais rico e profundo pensamento de Baudelaire sobre a modernidade começa a se manifestar logo depois de "O pintor da vida moderna", no início dos anos de 1860, e prossegue até o momento em que, pouco antes da morte, em 1867, ele se torna demasiado enfermo para escrever. Esse trabalho constitui uma série de poemas em prosa que ele planejou publicar sob o título *Spleen de Paris*. Ele não viveu para concluir a série ou para publicá-la como um todo, mas completou cinquenta desses poemas, mais um prefácio e um epílogo, que vieram à luz em 1868, logo após sua morte.

Walter Benjamin, em sua série de brilhantes ensaios sobre Baudelaire e Paris, foi o primeiro a se dar conta da grande profundidade e riqueza desses poemas em prosa.[20] Toda a minha reflexão se inscreve no caminho aberto por Benjamin, embora eu tenha encontrado elementos e componentes diferentes daqueles apontados por ele. Os escritos parisienses de Benjamin constituem uma *performance* notavelmente dramática, surpreendentemente similar ao *Ninotchka* de Greta Garbo. Seu coração e sua sensibilidade o encaminharam de maneira irresistível para as luzes brilhantes da cidade, as belas mulheres, a moda, o luxo, seu jogo de superfícies deslumbrantes e cenas grandiosas; enquanto isso, sua consciência marxista esforçou--se por mantê-lo a distância dessas tentações, mostrou-lhe que todo esse mundo luminoso é decadente, oco, viciado, espiritualmente vazio, opressivo em relação ao proletariado, condenado pela história. Ele faz repetidos comentários ideológicos para não ceder à tentação parisiense — e para evitar que seus leitores caiam em tentação —, todavia não resiste a lançar um último olhar ao bulevar ou às arcadas; ele quer ser salvo, porém não há pressa. Essas contradições internas, acionadas página após página, dão à obra de Benjamin uma luminosa energia e um charme irresistível. Ernst Lubitsch, diretor e cenógrafo de *Ninotchka*, tem o mesmo *background* judaico, burguês e berlinense de Benjamin e também simpatizou com a esquerda; Benjamin decerto teria apreciado o charme e o drama do filme, mas sem dúvida teria conferido a ele um final mais feliz que o seu próprio. Meu trabalho nesse sentido é menos tocante como drama, mas talvez mais coerente como história. Onde Benjamin oscila entre a total imersão do Eu moderno (o de Baudelaire, o seu próprio) na cidade moderna e o total alheamento em relação a ela, tento recapturar as correntes mais constantes do fluxo metabólico e dialético.

Nas duas seções que seguem, pretendo ler, em detalhes e em profundidade, dois dos últimos poemas em prosa de Baudelaire: "Os olhos dos pobres" (1864) e "A perda do halo" (1865).[21] Veremos de imediato, através desses poemas, por que Baudelaire é universalmente aclamado como um dos grandes escritores urbanos. Em *Spleen de Paris*, a cidade desempenha um papel decisivo em seu drama espiritual. Com isso, Baudelaire faz por se integrar na grande tradição de escritores parisienses, que remonta a Villon, passa por Montesquieu e Diderot, Restif de la Bretonne

176

e Sebastien Mercier e chega ao século XIX, com Balzac, Victor Hugo e Eugène Sue. Porém, ao mesmo tempo Baudelaire representa um rompimento radical com essa tradição. Seus melhores escritos parisienses pertencem exatamente ao período em que, sob a autoridade de Napoleão III e a direção de Haussmann, a cidade estava sendo remodelada e reconstruída de forma sistemática. Enquanto trabalhava em Paris, a tarefa de modernização da cidade seguia seu curso, lado a lado com ele, sobre sua cabeça e sob seus pés. Ele pôde ver-se não só como um espectador, mas como participante e protagonista dessa tarefa em curso; seus escritos parisienses expressam o drama e o trauma aí implicados. Baudelaire nos mostra algo que nenhum escritor pôde ver com tanta clareza: como a modernização da cidade simultaneamente inspira e força a modernização da alma dos seus cidadãos.

É importante assinalar a forma pela qual os poemas em prosa de *Spleen de Paris* fizeram sua primeira aparição: os folhetins que Baudelaire compôs para a imprensa parisiense de grande circulação, diária ou semanal. O folhetim equivalia aproximadamente a um *Op-Ed** dos jornais de hoje. Normalmente aparecia na primeira página ou na página central do jornal, logo abaixo ou ao lado do editorial, a fim de que fosse uma das primeiras coisas lidas. Em geral era escrito por alguém de fora, em um tom evocativo e reflexivo, para contrastar com a combatividade do editorial — embora o seu teor pudesse ser escolhido para reforçar (quase sempre de modo subliminar) os argumentos polêmicos do editor. No tempo de Baudelaire, o folhetim era um gênero urbano popular ao extremo, oferecido em centenas de jornais europeus e norte-americanos. Muitos dos grandes escritores do século XIX usaram essa forma para se apresentar a um público de massa: Balzac, Gogol e Poe, na geração anterior à de Baudelaire; Marx e Engels, Dickens, Whitman e Dostoievski, na sua geração. É fundamental lembrar que os poemas constantes em *Spleen*

---

* *Op-Ed*: Optical Editorial, matéria que ganha destaque pela posição que ocupa na página. (N. T.)

de Paris não se apresentam como versos, uma forma de arte estabelecida, mas como prosa, no formato das notícias.[22]

No prefácio a *Spleen de Paris*, Baudelaire proclama que *la vie moderne* exige uma nova linguagem: "uma prosa poética, musical mas sem ritmo e sem rima, suficientemente flexível e suficientemente rude para adaptar-se aos impulsos líricos da alma, às modulações do sonho, aos saltos e sobressaltos da consciência". Sublinha que "esse ideal obsessivo nasceu, acima de tudo, da observação das cidades enormes e do cruzamento de suas inúmeras conexões". O que Baudelaire procura comunicar através dessa linguagem, antes de mais nada, é aquilo que chamarei de cenas modernas primordiais: experiências que brotam da concreta vida cotidiana da Paris de Bonaparte e de Haussmann, mas estão impregnadas de uma ressonância e uma profundidade míticas que as impelem para além de seu tempo e lugar, transformando-as em arquétipos da vida moderna.

3. A FAMÍLIA DE OLHOS

Nossa primeira cena primordial emerge em "Os olhos dos pobres" (*Spleen de Paris*, nº 26). Esse poema assume a forma da queixa do apaixonado: o narrador explica à mulher que ama por que ele se sente distante e amargo em relação a ela. Lembra-lhe a experiência que ambos há pouco partilharam. Era a tarde de um longo e adorável dia que eles passaram juntos. Sentaram-se no terraço "em frente a um novo café, na esquina de um novo bulevar". O bulevar estava "ainda atulhado de detritos", mas o café "já exibia orgulhoso seus infinitos esplendores". O mais alto desses esplendores era um facho de luz nova: "O café estava deslumbrante. Até o gás queimava com o ardor de uma iniciação; com toda a sua energia, iluminava a cegante brancura das paredes, a extensão dos espelhos, as cornijas e as molduras douradas". Menos deslumbrante era o interior decorado, iluminado pela luz do gás: uma ridícula profusão de Hebes e Ganimedes, sabujos e falcões; "ninfas e deusas arranjando pilhas de frutas, gamos e guloseimas sobre suas cabeças", uma mistura de "toda a história e toda a mitologia, incitando à gula". Em outras circunstâncias o narrador recuaria diante dessa grosseria comercializada; apaixonado, porém, sorri com afeição e desfruta do seu apelo vulgar — nossa era chamaria a isso Acomodação.

Enquanto se mantêm sentados e felizes, olhos nos olhos, os amantes são surpreendidos pelos olhares de outras pessoas. Uma família de pobres, vestida com andrajos — um pai de barba grisalha, um filho jovem e um bebê —, para exatamente em frente a eles e observa, embevecida, o brilhante mundo novo, lá dentro. "As três faces eram extraordinariamente sérias, e aqueles seis olhos contemplavam fixamente o novo café com a mesma admiração, que diferia apenas em função da idade." Nenhuma palavra é proferida, todavia o narrador tenta ler os olhos deles. Os olhos do pai parecem dizer: "Como isso é belo! Parece que todo o ouro do mundo foi se aninhar nessas paredes". Os olhos do filho parecem dizer: "Como isso é belo! Mas é um lugar que só pode ser frequentado por pessoas que não são como nós". Os olhos do bebê "estavam demasiado fascinados para expressar qualquer coisa além de alegria, estupidez e intensidade". A fascinação dos pobres não tem qualquer conotação hostil; sua visão do abismo entre os dois mundos é sofrida, não militante; não ressentida mas resignada. A despeito disso, ou por causa disso, o narrador começa a sentir-se incomodado, "um pouco envergonhado de nossos copos e garrafas, grandes demais para a nossa sede". Surpreende-se "tocado por essa família de olhos" e sente alguma afinidade por eles. Porém, no momento seguinte, quando "eu voltei a olhar para os seus olhos, minha querida, para ler neles *meus* pensamentos" (o grifo é de Baudelaire), ela diz: "Essas pessoas de olhos esbugalhados são insuportáveis! Você não poderia pedir ao gerente que os afastasse daqui?".

Eis por que, diz ele, hoje ele a odeia. E acrescenta que o incidente o deixou triste e enraivecido: agora vê "como é difícil para as pessoas se compreenderem umas às outras, como o pensamento é incomunicável" — assim termina o poema — "mesmo entre pessoas apaixonadas".

O que torna esse encontro particularmente moderno? O que o distingue de uma vasta quantidade de outras cenas parisienses, que também falam de amor e luta de classes? A diferença está no espaço urbano onde acontece nossa cena: "No fim da tarde você quis sentar-se em frente ao novo café, na esquina do novo bulevar, ainda atulhado de detritos, mas já mostrando seus infinitos esplendores". A diferença, em uma palavra, é o *boulevard*: o novo bulevar parisiense foi a mais espetacular inovação urbana do século XIX, decisivo ponto de partida para a modernização da cidade tradicional.

No fim dos anos de 1850 e ao longo de toda a década seguinte, enquanto Baudelaire trabalhava em *Spleen de Paris*, Georges Eugene Haussmann, prefeito de Paris e circunvizinhanças, investido no cargo por um mandato imperial de Napoleão III, estava implantando uma vasta rede de bulevares no coração da velha cidade medieval.[23] Napoleão e Haussmann conceberam as novas vias e artérias como um sistema circulatório urbano. Tais imagens, lugar-comum hoje, eram altamente revolucionárias para a vida urbana do século XIX. Os novos bulevares permitiram ao tráfico fluir pelo centro da cidade e mover-se em linha reta, de um extremo a outro — um empreendimento quixotesco e virtualmente inimaginável, até então. Além disso, eles eliminariam as habitações miseráveis e abririam "espaços livres" em meio a camadas de escuridão e apertado congestionamento. Estimulariam uma tremenda expansão de negócios locais, em todos os níveis, e ajudariam a custear imensas demolições municipais, indenizações e novas construções. Pacificariam as massas, empregando dezenas de milhares de trabalhadores — o que às vezes chegou a um quarto da mão de obra disponível na cidade — em obras públicas de longo prazo, as quais por sua vez gerariam milhares de novos empregos no setor privado. Por fim, criariam longos e largos corredores através dos quais as tropas de artilharia poderiam mover-se eficazmente contra futuras barricadas e insurreições populares.

Os bulevares representam apenas uma parte do amplo sistema de planejamento urbano, que incluía mercados centrais, pontes, esgotos, fornecimento de água, a Ópera e outros monumentos culturais, uma grande rede de parques. "Diga-se, em tributo ao eterno crédito do barão Haussmann" — assim se expressou Robert Moses, seu mais ilustre e notório sucessor, em 1942 —, "que ele resolveu de uma vez por todas, de maneira firme e segura, o problema da modernização urbana em larga escala." O empreendimento pôs abaixo centenas de edifícios, deslocou milhares e milhares de pessoas, destruiu bairros inteiros que aí tinham existido por séculos. Mas franqueou toda a cidade, pela primeira vez em sua história, à totalidade de seus habitantes. Agora, após séculos de vida claustral, em células isoladas, Paris se tornava um espaço físico e humano unificado.[24]

Os bulevares de Napoleão e Haussmann criaram novas bases — econômicas, sociais, estéticas — para reunir um enorme contingente de pessoas. No nível da rua, elas se enfileiravam em frente a pequenos negócios e lojas de todos os tipos e, em cada esquina, restaurantes com terraços e cafés nas calçadas. Esses cafés, como aquele onde os amantes baudelairianos e a família em farrapos se defrontaram, passaram logo a ser vistos, em todo o mundo, como símbolos de *la vie parisienne*. As calçadas de Haussmann, como os próprios bulevares, eram extravagantemente amplas, juncadas de bancos e luxuriosamente arborizadas.[25] Ilhas para pedestres foram instaladas para tornar mais fácil a travessia, separar o tráfico local do tráfico de longa distância e abrir vias alternativas para as caminhadas. Grandes e majestosas perspectivas foram desenhadas, com monumentos erigidos no extremo dos bulevares, de modo que cada passeio conduzisse a um clímax dramático. Todas essas características ajudaram a transformar Paris em um espetáculo particularmente sedutor, uma festa para os olhos e para os sentidos. Cinco gerações de pintores, escritores e fotógrafos modernos (e, um pouco mais tarde, de cineastas), começando com os impressionistas em 1860, nutrir-se-iam da vida e da energia que escoavam ao longo dos bulevares. Por volta de 1880, os padrões de Haussmann foram universalmente aclamados como o verdadeiro modelo do urbanismo moderno. Como tal, logo passou a ser reproduzido em cidades de crescimento emergente, em todas as partes do mundo, de Santiago a Saigon.

O que os bulevares fizeram às pessoas que para aí acorreram, a fim de ocupá-los? Baudelaire nos mostra alguns dos seus efeitos mais notáveis. Para os amantes, como aqueles de "Os olhos dos pobres", os bulevares criaram uma nova cena primordial: um espaço privado, em público, onde eles podiam dedicar-se à própria intimidade, sem estar fisicamente sós. Movendo-se ao longo do bulevar, capturados no seu imenso e interminável fluxo, podiam sentir seu amor mais intenso do que nunca, como ponto de referência de um mundo em transformação. Poderiam exibir seu amor diante do interminável desfile de estrangeiros do bulevar — de fato, em uma geração Paris se tornaria mundialmente famosa por essa espécie de exibicionismo amoroso —, haurindo deles diferentes formas de alegria. Podiam tecer véus de fantasia a propósito da multidão de passantes: quem eram essas pessoas, de onde vinham e para onde iam, o que queriam, o que amavam? Quanto mais observavam os outros e quanto mais se deixavam observar — quanto mais participavam da "família de olhos" sempre em expansão —, mais rica se tornava sua visão de si mesmos.

Nesse ambiente, a realidade facilmente se tornava mágica e sonhadora. As luzes ofuscantes da rua e do café apenas intensificavam a alegria: nas gerações seguintes, o advento da eletricidade e do néon só faria aumentar tal intensidade. Até as mais extremas vulgaridades, como aquelas ninfas do café, com as cabeças ornadas de frutas e guloseimas, tornavam-se adoráveis em seu romântico esplendor. Quem quer que já tenha estado apaixonado em uma grande cidade conhece bem a sensação, celebrada em centenas de canções sentimentais. De fato, essa alegria privada brota diretamente da modernização do espaço público urbano. Baudelaire nos mostra um novo mundo, privado e público, no instante exato em que este surge. Desse momento em diante, o bulevar será tão importante como a alcova na consecução do amor moderno.

Contudo, cenas primordiais, para Baudelaire, como mais tarde para Freud, não podem ser idílicas. Elas devem conter material idílico, mas no clímax da cena uma realidade reprimida se interpõe, uma revelação ou descoberta tem lugar: "um novo bulevar, ainda atulhado de detritos [...] exibia seus infinitos esplendores". Ao lado do brilho, os detritos: as ruínas de uma dúzia de velhos bairros — os mais escuros, mais densos, mais deteriorados e mais assustadores bairros da cidade, lar de dezenas de milhares de parisienses — se amontoavam no chão. Para onde iria toda essa gente? Os responsáveis pela demolição e reconstrução não se preocupavam especialmente com isso. Estavam abrindo novas e amplas vias de desenvolvimento nas partes norte e leste da cidade; nesse meio-tempo, os pobres fariam, de algum modo, como sempre haviam feito. A família em farrapos, do poema baudelairiano, sai de trás dos detritos, para e se coloca no centro da cena. O problema não é que eles sejam famintos ou pedintes. O problema é que eles simplesmente não irão embora. Eles também querem um lugar sob a luz.

Esta cena primordial revela algumas das mais profundas ironias e contradições na vida da cidade moderna. O empreendimento que torna toda essa humanidade urbana uma grande "família de olhos", em expansão, também põe à mostra as crianças enjeitadas dessa família. As transformações físicas e sociais que haviam tirado os pobres do alcance da visão agora os trazem de volta diretamente à vista de cada um. Pondo abaixo as velhas e miseráveis habitações medievais, Haussmann, de maneira involuntária, rompeu a crosta do mundo até então hermeticamente selado da tradicional pobreza urbana. Os bulevares, abrindo formidáveis buracos nos bairros pobres, permitiram aos pobres caminhar através desses mesmos buracos, afastando-se de suas vizinhas arruinadas, para descobrir, pela primeira vez em suas vidas, como era o resto da cidade e como era a outra espécie de vida que ali existia. E, à medida que veem, eles também são vistos: visão e epifania fluem nos dois sentidos. No meio dos grandes espaços, sob a luz ofuscante, não há como desviar os olhos. O brilho ilumina os detritos e ilumina as vidas sombrias das pessoas a expensas das quais as luzes brilhantes

183

resplandecem.[26] Balzac comparou esses velhos bairros às florestas mais escuras da África; para Eugène Sue, eles epitomavam "Os mistérios de Paris". Os bulevares de Haussmann transformaram o exótico no imediato; a miséria que foi um dia mistério é agora um fato.

A manifestação das divisões de classe na cidade moderna implica divisões interiores no indivíduo moderno. Como poderiam os amantes olhar os pobres em farrapos, de súbito surgidos entre eles? Nesse ponto, o amor moderno perde sua inocência. A presença dos pobres lança uma sombra inexorável sobre a cidade iluminada. O estabelecimento daquele amor magicamente inspirado desencadeia agora uma mágica contrária e impele os amantes para fora do seu enclausuramento romântico, na direção de relacionamentos mais amplos e menos idílicos. Sob essa nova luz, sua felicidade pessoal aparece como privilégio de classe. O bulevar os força a reagir politicamente. A resposta do homem vibra na direção da esquerda liberal: ele se sente culpado em meio à felicidade, irmanado àqueles que a podem ver, porém não podem desfrutar dela; sentimentalmente, ele deseja torná-los parte da família. As afinidades da mulher — ao menos nesse instante — estão com a direita, o Partido da Ordem: nós temos algo que eles querem; logo, o melhor é "apelar para o gerente", chamar alguém que tenha o poder de nos tornar livres deles. Por isso, a distância entre os amantes não é apenas uma falha de comunicação, mas uma radical oposição ideológica e política. Caso se erigissem barricadas no bulevar — como de fato ocorreu em 1871, sete anos depois da aparição do poema, quatro após a morte de Baudelaire —, os amantes poderiam muito bem estar em lados opostos.

Um par amoroso dividido pela política é razão suficiente de desgosto. Todavia há outras razões: talvez, quando ele olhou fundo nos olhos dela, tenha de fato, conforme esperava, "lido *meus* pensamentos ali". Talvez, a despeito de afirmar nobremente sua irmandade com a universal família de olhos, ele partilhe com ela o desprezível desejo de negar relações com os pobres, de pô-los fora do alcance da visão e do espírito. Talvez ele odeie essa

184

mulher porque os olhos dela lhe revelaram uma parte de si mesmo que ele se recusa a enfrentar. Talvez a maior divisão não se dê entre o narrador e sua amante, mas dentro do próprio homem. Se assim é, isso nos mostra como as contradições que animam a cidade moderna ressoam na vida interior do homem na rua.

Baudelaire sabe que as reações do homem e da mulher, sentimentalismo liberal e rudeza reacionária, são igualmente fúteis. De um lado, não há como assimilar os pobres no conforto de qualquer família; de outro, não há nenhum tipo de repressão que possa livrar-se deles por muito tempo — eles sempre voltarão. Só a mais radical reconstrução da sociedade moderna poderia começar a cicatrizar as feridas — feridas pessoais e sociais — que os bulevares trouxeram à luz. Assim mesmo, a solução radical muito frequentemente vem a ser dissolução: pôr abaixo os bulevares, apagar as luzes brilhantes, expelir e recolocar as pessoas, eliminar as fontes de beleza e alegria que a cidade moderna trouxe à existência. Devemos esperar, como Baudelaire às vezes esperou, por um futuro em que a alegria e a beleza, como as luzes da cidade, venham a ser partilhadas por todos. Mas nossa esperança tende a ser diluída pela tristeza autoirônica que permeia o ar da cidade de Baudelaire.

4. O LODAÇAL DE MACADAME

Nossa próxima cena moderna arquetípica se encontra no poema em prosa "A perda do halo" (*Spleen de Paris*, nº 46), escrito em 1865, mas rejeitado pela imprensa e só publicado após a morte de Baudelaire. Como "Os olhos dos pobres", este poema é ambientado no bulevar; trata da confrontação que o ambiente impõe ao sujeito, e termina, como o título sugere, com a perda da inocência. Aqui, porém, o encontro não se dá entre duas pessoas, ou entre pessoas de diferentes classes sociais, mas, antes, entre um indivíduo isolado e as forças sociais, abstratas, embora concretamente ameaçadoras. Aqui, o ambiente, as imagens e o tom emocional são enigmáticos e alusivos; o poeta parece interessado em promover o desequilíbrio dos leitores, e ele próprio talvez esteja desequilibrado.

"A perda do halo" se desenvolve na forma de diálogo entre um poeta e um "homem comum", diálogo que se trava em *un mauvais lieu*, um lugar sinistro ou de má reputação, talvez um bordel, para embaraço de ambos. O homem comum, que sempre alimentara uma ideia elevada do artista, sente-se frustrado ao encontrar um deles em tal lugar:

> O quê! você aqui, meu amigo? você em um lugar como esse? você, degustador de ambrosia e de quintessências! Estou escandalizado!

O poeta então prossegue, explicando-se:

> Meu amigo, você sabe como me aterrorizam os cavalos e os veículos? Bem, agora mesmo eu cruzava o bulevar, com muita pressa, chapinhando na lama, em meio ao caos, com a morte galopando na minha direção, de todos os lados, quando fiz um movimento brusco e o halo despencou de minha cabeça indo cair no lodaçal de macadame. Eu estava muito assustado para recolhê-lo. Pensei que seria menos desagradável perder minha insígnia do que ter meus ossos quebrados. Além disso, murmurei para mim mesmo, toda nuvem tem um forro de prata. Agora, eu posso andar por aí incógnito, cometer baixezas, dedicar-me a qualquer espécie de atividade crapulosa, como um simples mortal. Assim, aqui estou, tal como você me vê, tal como você mesmo!

O surpreso interlocutor insiste, um tanto preocupado:

> Mas você não vai colocar um anúncio pelo halo? ou notificar a polícia?

Não: o poeta soa triunfante naquilo que reconhecemos como uma nova autodefinição:

Que Deus me perdoe! Eu gosto disto aqui. Você é o único que me reconheceu. Além disso, a dignidade me aborrece. Mais ainda, é divertido imaginar algum mau poeta apanhando-o e colocando-o desavergonhadamente na própria cabeça. Que prazer poder fazer alguém feliz! especialmente alguém de quem você pode rir. Pense em X, ou em Z! Você não percebe como isso vai ser divertido?

É um poema estranho, e podemos sentir-nos como o interlocutor surpreso, que sabe que alguma coisa está acontecendo, mas não sabe exatamente o que seja.

Um dos primeiros mistérios aqui é o próprio halo. Antes de mais nada, que faz ele sobre a cabeça de um poeta moderno? Sua função é satirizar e criticar uma das crenças mais apaixonadas do próprio Baudelaire: a crença na santidade da arte. De fato, podemos detectar uma devoção quase religiosa à arte, ao longo de sua poesia e sua prosa. Assim, no texto de 1855, já citado: "O artista nasce apenas de si mesmo. [...] A única segurança que ele estabelece é para si mesmo. [...] Ele morre sem deixar filhos, tendo sido seu próprio rei, seu próprio sacerdote, seu próprio Deus",[23] "A perda do halo" trata da queda do próprio Deus de Baudelaire. Porém, é preciso lembrar que esse Deus é cultuado não só por artistas mas igualmente por "homens comuns", crentes de que a arte e os artistas existem em um plano muito acima deles. "A perda do halo" se dá em um ponto para o qual convergem o mundo da arte e o mundo comum. E não se trata de um ponto apenas espiritual, mas físico, um determinado ponto na paisagem da cidade moderna. É o ponto em que a história da modernização e a história do modernismo se fundem em um só.

Walter Benjamin parece ter sido o primeiro a sugerir as profundas afinidades entre Baudelaire e Marx. Embora Benjamin não faça explicitamente essa conexão, leitores familiarizados com Marx notarão a surpreendente similaridade entre a imagem central de Baudelaire, nesse poema, e uma das imagens fundamentais do *Manifesto Comunista*: "A burguesia despiu de seu halo toda atividade humana até aqui honrada e encarada com reverente respeito. Transformou o médico, o advogado, o padre, o poeta, o homem de ciência em seus trabalhadores assalariados".[28] Para ambos, Marx e Baudelaire, uma das mais cruciais experiências endêmicas da vida moderna, e um dos temas centrais da arte e do pensamento modernos, é a *dessacralização*. A teoria de Marx localiza essa experiência em um contexto histórico mundial; a poesia de Baudelaire mostra o que ela é por dentro. Porém, ambos têm reações emocionais muito diferentes. No *Manifesto*, o drama da dessacralização é terrível e trágico: Marx olha para trás e sua visão abrange figuras heroicas como Édipo em Colona, rei Lear na intempérie, lutando contra os elementos, nu e escarnecido, mas não subjugado, extraindo da própria desolação uma nova forma de dignidade. "Os olhos dos pobres" contém seu próprio drama da dessacralização, todavia lá a escala é íntima e não monumental, as emoções são melancólicas e românticas, não trágicas e heroicas. Mesmo assim, "Os olhos dos pobres" e o *Manifesto* pertencem ao mesmo mundo espiritual. "A perda do halo" nos põe diante de um espírito muito diferente: aqui o drama é essencialmente cômico, o modo de expressão é irônico, e a ironia cômica é tão bem-sucedida que mascara a seriedade do desmascaramento que está sendo levado a efeito, no caso. A passagem em que o halo do herói baudelairiano cai de sua cabeça e rola na lama — em vez de ser violentamente rasgado em *grand geste*, como o foi para Marx (e Burke, Blake, Shakespeare) — evoca o *vaudeville*, a palhaçada, as *gags* metafísicas de Charles Chaplin e Buster Keaton. A passagem aponta para um século em que os heróis serão caracterizados como anti-heróis e cujos momentos de verdade mais solene serão não apenas descritos mas efetivamente experimentados como *shows* circenses, o pastelão rotineiro de teatros de revista e congêneres. O cenário desempenha, na comédia negra de Baudelaire, o mesmo papel decisivo que desempenhará, mais tarde, nas *performances* de Chaplin e Keaton.

"A perda do halo" é ambientado no mesmo bulevar moderno de "Os olhos dos pobres". Mas, embora estejam separados fisicamente por apenas algumas páginas, os poemas brotam de mundos espiritualmente diferentes. O oceano que os separa corresponde ao passo que vai da calçada à sarjeta. Na calçada, pessoas de todas as classes se reconhecem comparando-se umas às outras segundo o modo como se sentam ou caminham. Na sarjeta, pessoas são forçadas a se esquecer do que são enquanto lutam pela sobrevivência. A nova força que os bulevares trazem à existência, a força que arranca o halo do herói, conduzindo-o a um novo estado mental, é o *tráfego* moderno.

Quando Haussmann deu início aos trabalhos nos bulevares, ninguém entendeu por que ele os queria tão espaçosos: de trinta a cem metros de largura. Só depois que o trabalho estava concluído é que as pessoas começaram a ver que essas estradas, imensamente amplas, meticulosamente retas, estendendo-se por quilômetros, seriam vias expressas ideais para o tráfego pesado. O macadame, superfície com que foram pavimentados os bulevares, era notavelmente macio e fornecia perfeita tração para as patas dos cavalos. Pela primeira vez, corredores e condutores podiam, no coração da cidade, lançar seus animais em plena velocidade. O aperfeiçoamento das condições carroçáveis não só aumentou a velocidade do tráfego previamente existente, mas — como as rodovias do século XX farão em escala ainda maior — colaboraram para gerar um volume de novo tráfego mais intenso que o anterior, para além do que Haussmann e seus engenheiros tinham previsto. Entre 1850 e 1870, enquanto a população central da cidade (excluindo as novas áreas suburbanas) cresceu perto de 25%, de cerca de 1,3 milhão a 1,65 milhão, o tráfego no interior da cidade talvez tenha triplicado, ou quadruplicado. Esse crescimento denuncia uma contradição na própria base do urbanismo de Napoleão e Haussmann. Como David Pinkney mostra, em seu excelente estudo *Napoleon III and the rebuilding of Paris* [Napoleão III e a reconstrução de Paris], os bulevares arteriais "foram desde o início sobrecarregados com uma dupla função: dar vazão aos fluxos mais intensos de tráfego através da cidade e servir de principais ruas de comércio e negócios; à medida que o volume de tráfego crescia, as duas funções se mostraram incompatíveis". A situação era especialmente desafiadora e ameaçadora para a vasta maioria dos parisienses que caminhavam. Os pavimentos de macadame, fonte de particular orgulho para o imperador — que jamais andou a pé —, eram poeirentos nos meses secos do verão e ficavam enlameados com a chuva e a neve. Haussmann, que discordou de Napoleão quanto ao macadame (um dos raros pontos de atrito entre eles) e que administrativamente sabotou os planos imperiais de revestir toda a cidade com ele, dizia que esse tipo de superfície exigia dos parisienses "ou ter uma carruagem ou caminhar sobre pernas de pau".[29] Com isso, a vida dos bulevares, mais radiante e excitante que toda a vida urbana do passado, era também mais arriscada e ameaçadora para as multidões de homens e mulheres que andavam a pé.

É esse, pois, o palco da cena moderna primordial de Baudelaire: "eu cruzava o bulevar, com muita pressa, chapinhando na lama, em meio ao caos, com a morte galopando na minha direção, de todos os lados". O homem moderno arquetípico, como o vemos aqui, é o pedestre lançado no turbilhão do tráfego da cidade moderna, um homem sozinho, lutando contra um aglomerado de massa e energia pesadas, velozes e mortíferas. O borbulhante tráfego da rua e do bulevar não conhece fronteiras espaciais ou temporais, espalha-se na direção de qualquer espaço urbano, impõe seu ritmo ao tempo de todas as pessoas, transforma todo o ambiente moderno em "caos". O caos aqui não se refere apenas aos passantes — cavaleiros ou condutores, cada qual procurando abrir o caminho mais eficiente para si mesmo — mas à sua interação, à totalidade de seus movimentos em um espaço comum. Isso faz do bulevar um perfeito símbolo das contradições interiores do capitalismo: racionalidade em cada unidade capitalista individualizada, que conduz à irracionalidade anárquica do sistema social que mantém agregadas todas essas unidades.[30]

O homem na rua moderna, lançado nesse turbilhão, se vê remetido aos seus próprios recursos — frequentemente recursos que ignorava possuir — e forçado a explorá-los de maneira desesperada, a fim de sobreviver. Para atravessar o caos, ele precisa estar em sintonia, precisa adaptar-se aos movimentos do caos, precisa aprender não apenas a pôr-se a salvo dele, mas a estar sempre um passo adiante. Precisa desenvolver sua habilidade em matéria de sobressaltos e movimentos bruscos, em viradas e guinadas súbitas, abruptas e irregulares — e não apenas com as pernas e o corpo, mas também com a mente e a sensibilidade.

Baudelaire mostra como a vida na cidade moderna força cada um a realizar esses novos movimentos; mas mostra também como, assim procedendo, a cidade moderna desencadeia novas formas de liberdade. Um homem que saiba mover-se dentro, ao redor e através do tráfego pode ir a qualquer parte, ao longo de qualquer dos infinitos corredores urbanos onde o próprio tráfego se move livremente. Essa mobilidade abre um enorme leque de experiências e atividades para as massas urbanas.

Moralistas e pessoas cultas condenarão essa popular perseguição urbana como baixa, vulgar, sórdida, vazia de valor social ou espiritual. Mas, quando deixa seu halo cair e continua andando, o poeta de Baudelaire realiza uma grande descoberta. Descobre, para seu espanto, que a aura de pureza e santidade artística é apenas incidental e não essencial à arte e que a poesia pode florescer perfeitamente, talvez melhor ainda, no outro lado do bulevar, naqueles lugares baixos, "apoéticos", como *o mauvais lieu* onde esse mesmo poema nasceu. Um dos paradoxos da modernidade, como Baudelaire a vê aqui, é que seus poetas se tornarão mais profunda e autenticamente poéticos quanto mais se tornarem homens comuns. Lançando-se no caos da vida cotidiana do mundo moderno — uma vida de que o novo tráfego é o símbolo primordial —, o poeta pode apropriar-se dessa vida para a arte. O "mau poeta", nesse mundo, é aquele que espera conservar intacta sua pureza, mantendo-se longe das ruas, a salvo dos riscos do tráfego. Baudelaire deseja obras de arte que brotem do meio do tráfego, de sua energia anárquica, do incessante perigo e terror de estar aí, do precário orgulho e satisfação do homem que chegou a sobreviver a tudo isso. Assim, "A perda do halo" vem a ser uma declaração de ganho, a redestinação dos poderes do poeta a uma nova espécie de arte. Seus movimentos bruscos, aquelas súbitas curvas e guinadas, cruciais para a sobrevivência cotidiana nas ruas da cidade, vêm a ser igualmente fontes de poder criativo. No século seguinte, esses movimentos virão a ser gestos paradigmáticos da arte e do pensamento modernistas.[31]

As ironias proliferam nessa cena moderna primordial, disfarçadas sob as nuanças da linguagem de Baudelaire. Considere-se uma frase como *la fange de macadam*, "o lodaçal de macadame". *La fange*, em francês, é não só a palavra literal para lodo, lama, mas também a palavra figurada para insídia, baixeza, torpeza, corrupção, degradação, tudo quanto seja abominável e repugnante. Na dicção oratória e poética clássica, trata-se de uma forma "elevada" de descrever algo "baixo". Como tal, envolve toda uma hierarquia cósmica, uma estrutura de normas e valores não apenas estéticos mas metafísicos, éticos, políticos. *La fange* pode representar o nascedouro de um universo moral cujo ápice é simbolizado pelo "halo". A ironia está em que, caindo na *fange*, o halo do poeta não está perdido por inteiro, pois, desde que a imagem mantenha alguma força e sentido — que é nitidamente o caso, no poema de Baudelaire —, o velho cosmos hierárquico estará de alguma forma presente no mundo moderno. Todavia presente de modo precário. O sentido do macadame é radicalmente destrutivo, quer em relação ao *lodaçal*, quer em relação ao *halo*: ele pavimenta por igual o elevado e o baixo.

Podemos ir ainda mais fundo no macadame: cabe notar, de início, que a palavra não é francesa. De fato, a palavra deriva de John McAdam, de Glasgow, o inventor setecentista da moderna superfície de pavimentação. Talvez seja a primeira palavra dessa língua que os franceses do século XX satiricamente chamarão de *Franglais*: pavimenta o caminho que leva a *le parking*, *le shopping*, *le weekend*, *le drugstore*, *le mobile-home*, e muito mais. Essa linguagem é assim vital e atraente porque é a linguagem internacional da modernização. Seus neologismos são poderosos veículos de novas formas de vida e movimento. Tais palavras podem parecer dissonantes e excêntricas, contudo é tão fútil resistir a elas quanto resistir à própria iminência da modernização. É verdade que muitas nações e classes dominantes se sentem — e com razão — ameaçadas pela invasão de novas palavras, e objetos, de outras plagas.[32] (Existe uma esplêndida e paranoica palavra soviética que expressa esse medo: *ínfiltrazya*.) Porém, é preciso observar que aquilo que as nações em geral têm feito, dos tempos de Baudelaire até hoje, é, após uma breve onda, ou demonstração, de resistência, não apenas aceitar o novo objeto, mas criar uma palavra própria para designá-lo, na esperança de eclipsar a memória embaraçosa do subdesenvolvimento. (Após recusar-se nos anos 1960 a admitir *le parking meter* na língua francesa, a Academia Francesa cunhou e rapidamente canonizou *le parcmetre*, na década seguinte.)

Baudelaire sabia como escrever no mais puro e elegante francês clássico. Aqui, porém, em "A perda do halo", ele se projeta em uma nova e emergente linguagem, para criar arte a partir das dissonâncias e incongruências que permeiam — e paradoxalmente unem — todo o mundo moderno. "Em lugar da velha reclusão e autossuficiência nacionais", diz o *Manifesto*, a moderna sociedade burguesa nos traz "um intercâmbio em todas as direções, a universal interdependência das nações. Não apenas na produção material, mas também na intelectual. As criações das nações se tornarão" — repare-se nessa imagem, paradoxal no mundo burguês — "propriedade comum". Marx prossegue: "A unilateralidade e o bitolamento nacionais se tornarão cada vez mais impossíveis, e das numerosas literaturas locais e nacionais brotará uma literatura mundial". O lodaçal de macadame virá a ser um dos fundamentos a partir dos quais brotará a nova literatura mundial do século xx.[33]

Mas ainda há outras ironias nessa cena primordial. O halo que cai no lodaçal de macadame se vê ameaçado porém não destruído; ao contrário, é carregado e incorporado ao fluxo geral do tráfego. Um dos mais eficazes expedientes da economia de trocas, explica Marx, é a interminável metamorfose de seus valores de mercado. Nessa economia, tudo o que tiver preço sobreviverá, e nenhuma possibilidade humana poderá ser ris-

193

cada, em definitivo, dos assentamentos; a cultura se torna um enorme entreposto comercial onde tudo é mantido em estoque, na esperança de que algum dia, em algum lugar, encontre comprador. Assim, o halo que o poeta moderno deixa cair (ou atira fora) como obsoleto talvez se metamorfoseie, em virtude de sua própria obsolescência, em um ícone, objeto de veneração nostálgica da parte daqueles que, como os "maus poetas" X e Z, estejam tentando fugir da modernidade. Todavia o artista — ou o pensador, ou o político — antimoderno encontra-se nas mesmas ruas, no mesmo lodaçal, como o artista moderno. Esse ambiente moderno serve como linha de ação ao mesmo tempo física e espiritual — fonte primária de matéria e energia — para ambos.

A diferença entre o modernista e o antimodernista, naquilo que importa aqui, é que o modernista se sente em casa nesse cenário, ao passo que o antimodernista percorre as ruas à procura de um caminho para fora delas. No que diz respeito ao tráfego, porém, não há nenhuma diferença entre eles: ambos são obstáculos e casualidades para os cavalos e veículos cujos caminhos eles cruzam e cujo livre movimento impedem. Então, não importa quão acirradamente o antimodernista possa apegar-se à sua aura de pureza espiritual, ele também tenderá a perdê-la, mais provavelmente cedo do que tarde, pelas mesmas razões que levaram o modernista a perdê-la: ele será forçado a se desfazer do equilíbrio, das mesuras e do decoro e a aprender a graça dos movimentos bruscos para sobreviver. Mais uma vez, não importa quão opostos o modernista e o antimodernista julguem ser: no lodaçal de macadame e segundo o ponto de vista do tráfego interminável, eles são um só.

Ironias geram mais ironias. O poeta de Baudelaire se arremessa de encontro ao "caos" do tráfego e se esforça não apenas por sobreviver, mas por manter a própria dignidade em meio ao esforço. Contudo, seu modo de ação se assemelha à do autoderrotado, pois adiciona outra variável imprevisível a uma totalidade já instável. Os cavalos e seus montadores, os veículos e seus condutores estão tentando ao mesmo tempo regular sua própria marcha e evitar o choque com os demais. Se, em meio a isso tudo, eles forem ainda forçados a esquivar-se dos pedestres que, a qualquer momento, podem arremessar-se na rua, seus movimentos se tornarão ainda mais incertos e, com isso, mais perigosos que antes. Logo, tentando opor-se ao caos, o indivíduo só faz agravar esse mesmo caos.

Mas essa mesma formulação sugere um caminho que talvez conduza para além da ironia baudelairiana e para fora do próprio caos. O que aconteceria se as multidões de homens e mulheres, aterrorizados pelo tráfego moderno, aprendessem a enfrentá-lo *unidas*? Isso acontecerá exatamente seis anos após "A perda do halo" (e três anos após a morte de Baudelaire), nos dias da Comuna em Paris, em 1871, e novamente em Petersburgo, em 1905 e em 1917, em Berlim, em 1918, em Barcelona, em 1936, em Budapeste, em 1956, outra vez em Paris, em 1968, e em dezenas de cidades no mundo todo, do tempo de Baudelaire até hoje: o bulevar será transformado de maneira abrupta em cenário de uma nova cena moderna primordial. Esta não será a espécie de cena que Napoleão e Haussmann gostariam de ver, não obstante será uma das cenas que a sua forma de urbanismo ajudou a criar.

À medida que relemos velhas histórias, memórias e novelas, ou contemplamos velhas fotos ou noticiários de cinema, ou encaminhamos nossas próprias fugitivas memórias a 1968, vemos classes e massas inteiras movendo-se na direção das ruas, unidas. Será possível discernir duas fases em suas atividades. Primeiro, as pessoas param e viram de roda para o ar os veículos em seu caminho, deixando os cavalos em liberdade: aqui eles se vingam do tráfego, decompondo-o em seus inertes elementos originais. Em seguida, incorporam os destroços resultantes erguendo as barricadas: estão recombinando os elementos isolados, inanimados, em novas e vitais formas artísticas e políticas. Durante um momento luminoso, as multidões de solitários, que fazem da cidade moderna o que ela é, se reúnem, em uma nova forma de encontro, e se tornam *povo*. "As ruas pertencem ao povo": assumem controle da matéria elementar da cidade e a tornam sua. Por um breve momento, o caótico modernismo de bruscos movimentos solitários cede lugar a um ordenado modernismo de movimento de massa. O "heroísmo da vida moderna", que Baudelaire almejou ver, nascera de sua cena primordial na rua. Baudelaire não espera que esta, ou qualquer outra, nova vida perdure. Mas ela renascerá e continuará a renascer das contradições internas da rua. Essa possibilidade é um relance vital de esperança para o espírito do homem no lodaçal de macadame, no caos, batendo em retirada.

5. O SÉCULO XX: O HALO E A RODOVIA

Por vários motivos, o modernismo das cenas modernas primordiais de Baudelaire é notavelmente fresco e contemporâneo. Por outro lado, sua rua e seu espírito parecem confrangedoramente arcaicos. Não porque nosso tempo tenha resolvido os conflitos que conferem vida e energia a *Spleen de Paris* — conflitos ideológicos e de classe, conflitos emocionais entre pessoas íntimas, conflitos entre o indivíduo e as forças sociais, conflitos espirituais dentro do indivíduo —, mas, antes, porque nosso tempo encontrou novos meios de mascarar e mistificar conflitos. Uma das grandes diferenças entre os séculos XIX e XX é que o XX criou toda uma rede de novos halos para substituir aqueles de que o século de Baudelaire e Marx se desfez.

Em nenhuma parte esse desenvolvimento é mais claro do que no âmbito do espaço urbano. Se tivermos em mente os mais recentes complexos espaciais urbanos que pudermos imaginar — todos aqueles que foram implementados, digamos, desde o fim da Segunda Grande Guerra, incluindo os novos bairros urbanos e as novas cidades —, será difícil admitir que os encontros primordiais de Baudelaire possam ocorrer aí. Isso não acontece por acaso: de fato, ao longo de quase todo o século, espaços urbanos têm sido sistematicamente planejados e organizados para assegurar-nos de que confrontos e colisões serão evitados. O signo distintivo do urbanismo oitocentista foi o bulevar, uma maneira de reunir explosivas forças materiais e humanas; o traço marcante do urbanismo do século XX tem sido a rodovia, uma forma de manter separadas essas mesmas forças. Deparamo-nos aqui com uma estranha dialética, em que um tipo de modernismo ao mesmo tempo encontra energia e se exaure a si mesmo, tentando aniquilar o outro, tudo em nome do modernismo.

O que faz a arquitetura modernista do século XX especialmente intrigante para nós é o preciso ponto baudelairiano de que ela parte — um ponto que ela logo se empenha em apagar. Quero referir-me a Le Corbusier, talvez o maior arquiteto do século XX, com certeza o mais influente, tal como o conhecemos em *L'urbanisme* (traduzido em inglês com o sugestivo título de *The city of tomorrow*, "A cidade de amanhã"), seu grande manifesto modernista de 1924. O prefácio evoca uma experiência concreta a partir da qual, assim ele o diz, sua visão se desenvolveu.[34] Não é o caso de o tomarmos ao pé da letra, mas, antes, de compreender sua narrativa como uma parábola modernista, formalmente similar à de Baudelaire. A história começa em um bulevar — especificamente o Champs Elysées —, num fim de tarde do verão de 1924. Ele havia saído para uma caminhada ao pôr do sol, apenas para se ver expulso da rua pelo tráfego. Isso acontece meio século após Baudelaire, e o automóvel tinha feito sua aparição nos bulevares, com força total: "foi como se o mundo tivesse subitamente enlouquecido". A cada momento, assim sentiu Le Corbusier, "a fúria do tráfego crescia. A cada dia sua agitação aumentava". (Aqui a moldura temporal e a intensidade dramática são um tanto rompidas.) Le Corbusier sentia-se diretamente ameaçado e vulnerável: "Deixar nossa casa significava que, uma vez cruzada a soleira da porta, nós estávamos em perigo e podíamos ser mortos pelos carros que passavam". Chocado e desorientado, ele compara a rua (e a cidade) de então com a de sua juventude, antes da Grande Guerra: "Recuo vinte anos, à minha juventude como estudante: *a estrada então nos pertencia*; cantávamos nela, discutíamos nela, enquanto os cavalos e veículos passavam suavemente". (O grifo é meu.) Isso expressa um lamento triste e amargo tão velho quanto a própria cultura, e um dos temas eternos da poesia: *Où sont les neiges d'antan?* [Onde estão as neves de outrora?]. Porém, sua percepção das texturas do espaço urbano e do tempo histórico torna sua nostálgica visão fresca e nova. *"A estrada então nos pertencia."* A relação dos jovens estudantes com a rua representava a sua relação com o mundo: o mundo era — ou parecia ser — aberto a eles, era deles para que aí se movessem à vontade, em um ritmo que podia acolher tanto as discussões quanto a música; homens, animais e veículos coexistiam pacificamente em uma espécie de Éden urbano; as enormes perspectivas de Haussmann dispersaram tudo isso, na direção do Arco do Triunfo. Agora o idílio terminou, as ruas pertencem ao tráfego, e a visão precisa desaparecer, pois assim é a vida.

Como pode o espírito sobreviver a esse tipo de mudança? Baudelaire mostrou um caminho: transformar os *mouvements brusques* e os *soubresauts* da vida na cidade moderna nos gestos paradigmáticos de uma nova arte capaz de reunir os homens modernos. No extremo limite da imaginação de Baudelaire, divisamos outro modernismo potencial: o protesto revolucionário que transforma a multidão de solitários urbanos em povo e reivindica a rua da cidade para a vida humana. Le Corbusier apresentará uma terceira estratégia que conduzirá a outro e extremamente poderoso tipo de modernismo. Depois de abrir caminho através do tráfego, mal tendo sobrevivido, ele dá um salto súbito e ousado: identifica-se por inteiro com as forças que o estavam pressionando:

Naquele 1º de outubro de 1924, eu assistia ao titânico renascimento de um novo fenômeno [...], o tráfego. Carros, carros, rápidos, rápidos! Uns disparam, repletos de entusiasmo e alegria [...], a alegria do poder. O simples e ingênuo prazer de se encontrar em meio ao poder, à força. Outros participam disso. Outros fazem parte dessa sociedade, que está apenas despertando. Outros confiam nessa sociedade: encontrarão a magnífica expressão do seu poder. Outros acreditam nisso.

Esse salto de fé orwelliano é tão rápido e desconcertante (como o tráfego) que Le Corbusier mal se dá conta de o haver executado. Num momento, ele é o nosso conhecido homem baudelairiano na rua, esquivando-se e lutando contra o tráfego; no momento seguinte, seu ponto de vista sofreu uma guinada tão radical que ele agora vive, se move e fala de *dentro* do tráfego. Num momento ele fala de si mesmo, de sua própria vida e experiência — "Recuo vinte anos [...]: a estrada então nos pertencia"; no momento seguinte a voz pessoal desaparece, dissolvida na vaga do processo histórico mundial; o novo sujeito é o impessoal *on*, "uns", insuflado de vida pelo novo poder mundial. Agora, em vez de sentir-se ameaçado, ele se sente imerso, crente, participante. Em vez dos *mouvements brusques* e *soubresauts*, que Baudelaire viu como a essência da vida moderna cotidiana, o homem moderno de Le Corbusier fará um movimento gigantesco, que tornará desnecessários os movimentos seguintes, um grande salto que será o último. O homem na rua se incorporará ao novo poder tornando-se o homem no carro.

A perspectiva do novo homem no carro gerará os paradigmas do planejamento e *design* urbanos do século xx. O novo homem, diz Le Corbusier, precisa de "outro tipo de rua", que será "uma máquina para o tráfego", ou, para variar a metáfora básica, "uma fábrica para produzir tráfego". Uma rua verdadeiramente moderna precisa ser "bem equipada como uma fábrica".[35] Nessa rua, como na fábrica moderna, o modelo mais bem equipado é o mais altamente automatizado: nada de pessoas, exceto as que operam as máquinas; nada de pedestres desprotegidos e desmotorizados para retardar o fluxo. "Cafés e pontos de recreação deixarão de ser os fungos que sugam a pavimentação de Paris."[36] Na cidade do futuro, o macadame pertencerá somente ao tráfego.

A partir do relance mágico de Le Corbusier nos Champs Elysées, nasce a visão de um novo mundo: um mundo inteiramente integrado de torres altíssimas, circundadas de vastas extensões de grama e espaço aberto — a torre no parque —, ligado por super-rodovias aéreas, servido por garagens e *shopping centers* subterrâneos. Essa visão tem um argumento político muito claro, expresso nas palavras finais de *Towards a new architecture*: "Arquitetura ou Revolução. A Revolução pode ser evitada".

As implicações políticas não foram inteiramente apreendidas no momento — e não se sabe se Le Corbusier estava de todo atento a elas —, mas nós agora temos condições de compreendê--las. *Tese*, tese defendida pela população urbana, a partir de 1789, ao longo de todo o século XIX e nos grandes levantes revolucionários do final da Primeira Guerra: as ruas pertencem ao povo. *Antítese*, e eis a grande contribuição de Le Corbusier: nada de ruas, nada de Povo. Nas ruas da cidade pós-haussmanniana, as contradições sociais e psíquicas fundamentais da vida moderna continuam atuantes, em permanente ameaça de erupção. Contudo, se essas ruas puderem simplesmente ser riscadas do mapa — Le Corbusier o disse, bastante claro, em 1929: "Precisamos matar a rua!"[37] —, talvez essas contradições nunca venham a nos molestar. Assim, a arquitetura e o planejamento modernistas criaram uma versão modernizada da pastoral: um mundo espacialmente e socialmente segmentado — pessoas aqui, tráfego ali; trabalho aqui, moradias acolá; ricos aqui, pobres lá adiante; no meio, barreiras de grama e concreto, para que os halos possam começar a crescer outra vez sobre as cabeças das pessoas.[38]

Essa espécie de modernismo deixou marcas profundas nas nossas vidas. O desenvolvimento das cidades nos últimos quarenta anos, tanto nos países capitalistas como nos socialistas, combateu de forma sistemática, e em muitos casos conseguiu eliminar, o "caos" da vida urbana do século XIX. Nos novos ambientes urbanos — de Lefrak City a Century City, do Peachtree Plaza, de Atlanta, ao Renaissance Center, de Detroit — a velha rua moderna, com sua volátil mistura de pessoas e tráfego, negócios e residências, ricos e pobres, foi eliminada, cedendo lugar a compartimentos separados, com entradas e saídas estritamente monitorizadas e controladas, atividade de carga e descarga por trás da cena, de modo que estacionamentos e garagens subterrâneas representam a única mediação possível.

Todos esses espaços e todas as pessoas que os ocupam são bem mais organizados e protegidos do que qualquer espaço ou pessoa na cidade de Baudelaire. Uma nova onda de moderniza-ção, apoiada em uma ideologia de modernismo em desenvolvi-mento, neutralizou as forças anárquicas e explosivas que a moder-nização urbana, outrora, havia reunido. Nova York é hoje uma das poucas cidades americanas em que ainda poderiam ocorrer as cenas primordiais de Baudelaire. E essas velhas cidades, ou seg-mentos de cidades, guardam pressões incomensuravelmente mais ameaçadoras do que aquelas divisadas por Baudelaire. São cidades econômica e politicamente condenadas como obsoletas, assedia-das por uma deterioração crônica, minadas pelo desinvestimento, vazias de oportunidade de crescimento, constantemente perden-do terreno para áreas consideradas mais "modernas". A trágica ironia do urbanismo modernista é que seu triunfo ajudou a des-truir a verdadeira vida urbana que ele um dia almejou libertar.[39]

Em curiosa correspondência com esse achatamento da pai-sagem urbana, o século XX produziu também um desolador acha-tamento do pensamento social. O pensamento sério sobre a vida moderna polarizou-se em duas antíteses estéreis, que podem ser chamadas, como sugeri antes, "modernolatria" e "desespero cultural". Para os modernólatras, de Marinetti, Maiakovski e Le Corbusier a Buckminster Fuller, o último Marshall McLuhan e Herman Kahn, todas as dissonâncias sociais e pessoais da vida moderna podem ser resolvidas por meios tecnológicos e admi-nistrativos; os meios estão todos à mão, e tudo o que é necessário são líderes dispostos a usá-los. Para os visionários do desespero cultural, de T. E. Hulme, Ezra Pound, Eliot e Ortega, a Ellul, Foucault, Arendt e Marcuse, toda a vida moderna parece oca, estéril, rasa, "unidimensional", vazia de possibilidades humanas: tudo o que se assemelhe a liberdade ou beleza é na verdade um engodo, destinado a produzir escravização e horror ainda mais profundos. É preciso notar, antes de mais nada, que ambas as formas de pensamento passam ao largo das divisões políticas em esquerda e direita; segundo, que muita gente aderiu alter-nadamente a um e outro desses polos, em diferentes momentos de suas vidas, e que alguns tentaram até mesmo aderir a ambos, simultaneamente. Podemos encontrar ambas as polaridades em

Baudelaire, que, de fato (conforme sugeri antes), pode reivindicar ter sido o inventor de ambas. Mas podemos igualmente ver em Baudelaire algo que falta à maioria dos seus sucessores: a vontade de combater até a exaustão as complexidades e contradições da vida moderna, a fim de encontrar e criar a si mesmo em meio à angústia e à beleza do caos.

É irônico que, tanto na teoria como na prática, a mistificação da vida moderna, bem como a destruição de algumas das suas mais atraentes possibilidades, tenha sido levada a termo em nome do próprio modernismo em progresso. No entanto, a despeito de tudo, o velho caos manteve — ou talvez renovou — sua influência sobre muitos de nós. O urbanismo das duas últimas décadas conceptualizou e consolidou essa influência. Jane Jacobs escreveu um livro profético sobre esse novo urbanismo: *The death and life of great American cities* [*Morte e vida de grandes cidades*], publicado em 1961. O primeiro, brilhante, argumento de Jacobs é que os espaços urbanos criados pelo modernismo eram fisicamente limpos e ordenados, mas social e espiritualmente mortos; o segundo, que foram tão só os vestígios da congestão, do barulho e da dissonância geral do século XIX que mantiveram viva a vida urbana contemporânea; o terceiro, que o velho "caos" urbano na verdade constituía uma ordem humana maravilhosamente rica e complexa, de que os modernistas não se deram conta apenas porque seus paradigmas de ordem eram mecânicos, redutivos e frívolos; por fim, que tudo o que passa por modernismo, em 1960, pode logo se tornar evanescente e obsoleto.[40] Nas duas últimas décadas, essa perspectiva granjeou larga aceitação e entusiasmo, levando milhares de americanos a lutar de maneira apaixonada para salvar seus bairros e cidades da investida furiosa da modernização motorizada. Qualquer movimento para interromper a construção de uma rodovia é uma tentativa de fazer que o velho caos volte à vida. A despeito de esporádicos êxitos locais, ninguém tem demonstrado possuir poder suficiente para enfrentar o vasto poder acumulado do halo e da rodovia. Entretanto, têm surgido pessoas em número suficiente, dotadas de bastante paixão e dedicação, para criar uma forte contracorrente, capaz de dar à vida da cidade uma nova tensão, excitada e comovida, enquanto esta durar. E existem indícios de que ela pode durar bem mais do que qualquer um — mesmo os que a amam intensamente — chegou a imaginar. Em meio ao receio e às ansiedades da atual crise energética, a pastoral motorizada parece estar se desfazendo. À medida que isso acontece, o caos das nossas modernas cidades do século XIX parece a cada dia mais ordenado e mais atualizado. Assim, o modernismo de Baudelaire, tal como o descrevi aqui, talvez se revele ainda mais relevante em nosso tempo do que o foi então; os homens e mulheres urbanos de hoje talvez sejam aqueles com quem, em sua própria imagem, ele esteve desde sempre *épouse*.

Tudo isso sugere que o modernismo contém suas próprias contradições e tensões dialéticas interiores; que determinadas formas de pensamento e visão modernistas podem solidificar-se em ortodoxias dogmáticas e tornar-se arcaicas; que outras formas de modernismo podem ficar submersas por gerações, sem chegar a ser suplantadas; e que as mais fundas feridas sociais e psíquicas da modernidade podem ser indefinidamente tampadas, sem chegar a cicatrizar de fato. A aspiração contemporânea por uma cidade que seja abertamente turbulenta mas intensamente viva corresponde à aspiração de voltar a expor feridas antigas mas especificamente modernas. É a aspiração de conviver abertamente com o caráter dividido e irreconciliável de nossas vidas e extrair energia do âmago mesmo de nossos esforços, aonde quer que isso nos conduza, no final. Se pudemos aprender, com um dos modernismos, a construir halos em torno de nossos espaços e em torno de nós mesmos, podemos aprender com o outro modernismo — um dos mais velhos, porém, como acabamos de ver, também um dos mais novos — a perder nossos halos e encontrar-nos, outra vez.

IV. PETERSBURGO: O MODERNISMO DO SUBDESENVOLVIMENTO

[...] *o crepúsculo fugaz do verão setentrional, onde o sol desliza como uma carruagem de fogo sobre as florestas sombrias que coroam o horizonte, e seus raios, refletidos pelas vidraças dos palácios, dão ao espectador a impressão de imensa conflagração.*
Joseph de Maistre, *Noites de S. Petersburgo*

Temos pouco senso de dignidade pessoal, de egoísmo necessário. [...] *Serão muitos os russos que descobriram em que consiste a sua real atividade?* [...] *É então que aquilo que se conhece como devaneio emerge em indivíduos ávidos de atividade. E o cavalheiro sabe o que é um sonhador de Petersburgo?*

Ele caminha pelas ruas de cabeça baixa, prestando pouca atenção ao que o cerca [...] *mas se ele chega a notar algo, mesmo a coisa mais corriqueira, o fato mais insignificante assume em sua mente uma coloração fantástica. Na verdade, sua mente parece estar afinada para perceber elementos fantásticos em tudo.*

[...] *Esses cavalheiros não servem absolutamente para o serviço público, embora alguns tenham emprego.*
Dostoievski, em *Notícias de Petersburgo*, 1847

Para uma história do eclipse moderno: os nômades do Estado (funcionários públicos etc.) sem lar.
Nietzsche, *A vontade de potência*

Estive em Paris e Londres [...] não se costuma mencionar, quando se compilam referências, que nossa capital pertence à terra dos espíritos. Karl Baedeker não diz uma só palavra. Um homem que vem das províncias e disso não foi informado leva em consideração apenas o aparato administrativo visível; não tem passaporte para o oculto.

Andrei Bieli, *Petersburgo*, 1913-6

Sempre me pareceu que alguma coisa muito esplêndida e muito solene estava para acontecer em Petersburgo.

Ossip Mandelstam, *O ruído do tempo*, 1925

É terrível pensar que nossa vida é um conto sem trama ou herói, feita de vidro e desolação, do murmúrio febril de digressões constantes, do delírio da febre de Petersburgo.

Mandelstam, *O selo egípcio*, 1928

EXPLORAMOS ATÉ AQUI alguns dos modos como os autores do século XIX abordaram o processo de modernização em desenvolvimento e o usaram como fonte de energia e material criativo. Marx, Baudelaire e muitos outros empenharam-se em apreender este processo histórico universal e transmiti-lo à humanidade: em transformar as caóticas energias da mudança social e econômica em novas formas de significado e beleza, de liberdade e solidariedade; em ajudar seus semelhantes e a si próprios a se tornarem sujeitos e objetos da modernização. Vimos como — da fusão entre empatia e ironia, entrega romântica e perspectiva crítica — surgiram a arte e o pensamento modernos. Esta foi, pelo menos, a forma como isso ocorreu nas grandes cidades do Ocidente — Londres, Paris, Berlim, Viena, Nova York —, onde, ao longo de todo o século XIX, levantes de modernização estavam acontecendo.

Contudo, o que aconteceu nas áreas fora do Ocidente, onde, apesar das pressões crescentes do mercado mundial em expansão e do desenvolvimento simultâneo de uma cultura mundial moderna — a "propriedade comum" da humanidade moderna, como disse Marx no *Manifesto Comunista* —, a modernização *não* estava ocorrendo? É óbvio que nelas os significados da modernidade teriam de ser mais complexos, paradoxais e indefinidos. Essa foi a situação da Rússia por quase todo o século XIX. Um dos fatos cruciais da história moderna da Rússia é que a economia do império se estagnava, em certos aspectos até mesmo regredia, no exato momento em que as economias das nações ocidentais davam um salto espetacular à frente. Portanto, até o dramático surto industrial da década de 1890, os russos do século XIX experimentaram a modernização principalmente como algo que *não* estava ocorrendo, ou como algo que estava ocorrendo à distância, em regiões que, embora visitassem, experimentavam mais como fantásticos antimundos que realidades sociais; ou ainda, quando ocorresse no país, como algo que acontecia das formas mais irregulares, vacilantes, flagrantemente destinadas ao fracasso ou estranhamente distorcidas. A angústia do atraso e do subdesenvolvimento desempenhou um papel central na política e na cultura russa, da década de 1820 ao período soviético. Neste período de cerca de cem anos, a Rússia lutou contra todas as questões a serem enfrentadas posteriormente pelos povos africanos, asiáticos e latino-americanos. Podemos, pois, interpretar a Rússia do século XIX como um arquétipo do emergente Terceiro Mundo do século XX.[1]

Um dos traços mais notáveis da era do subdesenvolvimento russo é que produziu, no espaço de apenas duas gerações, uma das maiores literaturas do mundo. Além disso, produziu alguns dos mitos e símbolos mais poderosos e duradouros da modernidade: o Homem Comum, o Homem Supérfluo, o Subterrâneo, a Vanguarda, o Palácio de Cristal e, finalmente, os Conselhos de Trabalhadores ou Sovietes. Ao longo de todo o século XIX, a mais clara expressão de modernidade no solo da Rússia foi a capital imperial de São Petersburgo. Quero aqui examinar as formas pelas quais esta cidade, este ambiente, Petersburgo, inspirou uma série de brilhantes investigações sobre a vida moderna. Trabalharei cronológica e historicamente, partindo da época em que Petersburgo desenvolveu uma forma distinta de literatura para a época em que desenvolveu uma forma distinta de revolução.

Devo confessar, logo no início, alguns dos caminhos relevantes e significativos que este ensaio não percorre. Primeiro, ele não discute a zona rural russa, embora a grande maioria dos russos lá vivesse e embora essa região tenha passado por transformações peculiares no século XIX. Segundo, não discute, exceto de passagem, o simbolismo rico e interminável que se desenvolveu ao redor da polaridade entre Petersburgo e Moscou: Petersburgo representando todas as forças estrangeiras e cosmopolitas que fluíram na vida russa, Moscou significando todo o acúmulo de tradições nativas e insulares do *Narod* russo; Petersburgo como o Iluminismo e Moscou como o anti-Iluminismo; Moscou como pureza de sangue e solo, Petersburgo como poluição e miscigenação; Moscou como o sagrado, Petersburgo como o secular (ou talvez o ateu); Petersburgo como a cabeça da Rússia, Moscou como o seu coração. Esse dualismo, um dos eixos centrais da moderna história e cultura russa, já foi discutido em grandes detalhes e com profundidade.[2] Em vez de reexaminar as contradições entre Petersburgo e Moscou, ou entre Petersburgo e o campo, escolhi explorar as contradições internas que permeavam a vida da própria Petersburgo. Retratarei Petersburgo de duas maneiras: como a mais clara realização do modo russo de modernização e, simultaneamente, como a "cidade irreal" arquetípica do mundo moderno.[3]

1. A CIDADE REAL E IRREAL

"A GEOMETRIA SURGIU": A CIDADE NOS PÂNTANOS

A construção de São Petersburgo é provavelmente o exemplo mais dramático, na história mundial, de modernização draconiana concebida e imposta.[4] Pedro I a iniciou em 1703, nos pântanos onde o rio Neva ["Lama"] despeja as águas do lago Ladoga no golfo da Finlândia, rumo ao mar Báltico. Ele a concebeu como uma combinação de base naval — trabalhara como aprendiz nos estaleiros holandeses, e sua primeira empresa como czar fora estabelecer a Rússia como potência naval — e centro de comércio. A cidade deveria ser, como disse um visitante italiano, "uma janela para a Europa": em termos físicos — pois a Europa era agora tão acessível como jamais o fora —, mas, igualmente importante, em linguagem simbólica. Acima de tudo, Pedro insistiu no estabelecimento da capital da Rússia aí nessa nova cidade, com uma janela aberta para a Europa, e descartou Moscou, com todos os seus séculos de tradição e aura religiosa. Ele estava dizendo, na verdade, que a história da Rússia deveria ter um novo princípio, numa ardósia limpa. As inscrições nessa ardósia deveriam ser exclusivamente europeias: assim, a construção de Petersburgo foi planejada, projetada e organizada inteiramente por arquitetos e engenheiros estrangeiros, trazidos da Inglaterra, França, Holanda e Itália.

Tal qual Amsterdã e Veneza, a cidade foi disposta como um sistema de canais e ilhas, o centro cívico à margem da água. Seu desenho era geométrico e retilíneo, padrão de planejamento urbano ocidental desde a Renascença porém sem precedentes na Rússia, cujas cidades eram aglomerações, sem qualquer planejamento, de ruas medievais, tortas e sinuosas. O revisor oficial dos livros escreveu um poema que expressa a perplexidade típica perante a nova ordem:

> *a geometria surgiu,*
> *a agrimensura tudo abarca.*
> *Para além da medida, nada existe.*

Por outro lado, particularidades importantes da nova cidade eram distintamente russas. Nenhum governante no Ocidente tinha poder para construir em escala tão vasta. No espaço de uma década havia já 35 mil construções em meio aos pântanos;

em duas décadas, 100 mil pessoas, e Petersburgo tornou-se, praticamente do dia para a noite, uma das maiores metrópoles da Europa.[5] A mudança de Luís XIV de Paris para Versalhes constituiu uma espécie de precedente; entretanto, Luís buscava controlar a velha capital de um ponto fora dela, e não reduzi-la à insignificância política.

Outras particularidades eram igualmente inconcebíveis no Ocidente. Pedro ordenou que todos os pedreiros do império se mudassem para o local da nova construção e proibiu que se construísse com pedras em qualquer outro lugar; obrigou uma grande parte da nobreza não só a se mudar para a nova capital, mas a construir palácios nela, sob pena de perder o título. Finalmente, numa sociedade servil, onde a maior parte do povo era propriedade ou da nobreza ou do Estado, Pedro tinha poder absoluto sobre uma força de trabalho praticamente infinita. Ele forçou esses cativos a trabalhar sem parar, limpando terreno, drenando pântanos, dragando o rio, construindo canais e represas, fazendo aterros, cravando estacas no solo poroso e construindo a cidade a uma velocidade temerária. Os sacrifícios humanos foram imensos: em três anos, a cidade devorou um exército de cerca de 150 mil trabalhadores — mortos ou arruinados fisicamente —, e o Estado, sem cessar, buscou outros no interior. Em sua determinação e poder de destruir seus súditos em massa em benefício da construção, Pedro assemelhou-se mais aos déspotas orientais dos tempos antigos — os faraós e suas pirâmides, por exemplo — do que aos monarcas absolutos do Ocidente. Os horrendos custos humanos de Petersburgo, os ossos dos mortos misturados a seus monumentos mais grandiosos logo se tornaram temas centrais no folclore e mitologia da cidade, mesmo para aqueles que mais a amaram.

No decorrer do século XVIII, Petersburgo tornou-se, rapidamente, lar e símbolo de uma nova cultura secular oficial. Pedro e seus sucessores trouxeram e incentivaram matemáticos e engenheiros, juristas e teóricos políticos, fabricantes e economistas políticos, uma Academia de Ciências e um sistema de educação técnica sustentado pelo Estado. Leibniz e Christian

Wolff, Voltaire e Diderot, Bentham e Herder, todos desfrutaram do patronato imperial; foram traduzidos e consultados, subsidiados e frequentemente convidados a visitar São Petersburgo por uma série de imperadores e imperatrizes, culminando com Catarina, a Grande, que visavam com isso construir fachadas racionais e utilitaristas para seus governos. Ao mesmo tempo, sobretudo nos impérios de Ana, Elizabete e Catarina, a nova capital foi prodigamente decorada e embelezada, usando-se arquitetura e formas ocidentais — simetria e perspectiva clássicas, grandiosidade barroca, jocosidade e extravagância rococó — para transformar toda a cidade num teatro político e a vida cotidiana num espetáculo. Dois marcos cruciais foram o palácio de Inverno, de Bartolomeo Rastrelli (1754-62), a primeira residência imperial permanente na nova capital, e a enorme estátua equestre de Pedro, o Grande, o *Cavaleiro de Bronze*, de Etienne Falconet, instalada em 1782 na praça do Senado, de frente para o Neva, num dos pontos centrais da cidade. Exigiam-se fachadas de padrão ocidental para todas as construções (os estilos tradicionais russos, com paredes de madeira e abóbadas em forma de cebola, eram explicitamente proibidos) e determinavam-se proporções de 2:1 e 4:1 para largura das ruas e altura de edifícios, de modo a dar ao panorama urbano uma aparência de amplitude horizontal infinita. Por outro lado, não havia qualquer regulamento para o uso do espaço por detrás das fachadas dos edifícios, de forma que, principalmente quando a cidade cresceu, os exteriores majestosos escondiam favelas supuradas — "capas de civilização", eis como Piotr Chadaaev definiu a Rússia, civilizada apenas no exterior.

Esse uso político da cultura não constituía novidade: príncipes, reis e imperadores, do Piemonte à Polônia, estavam recrutando a arte e a ciência como instrumentos de apoio e legitimação de seus regimes (prática que é o objeto da crítica sarcástica de Rousseau em seu *Discurso sobre as artes e as ciências*, de 1750). A singularidade de São Petersburgo residia, primeiro, no gigantismo de suas proporções; segundo, na disparidade radical, em níveis ideológico e ambiental, entre a capital e o resto do país, uma disparidade que gerou resistência violenta e polarização duradoura; por fim, a extrema instabilidade e volatilidade de uma cultura que brotava das necessidades e temores de governantes despóticos. Durante todo o século XVIII, o padrão em Petersburgo consistiu em os inovadores serem patrocinados e incentivados pela coroa apenas para, subitamente, caírem em desgraça e serem aprisionados — como Ivan Pososhkov, primeiro economista político da Rússia, e Dmitri Golitsin, seu primeiro teórico político secular — para apodrecerem na fortaleza Pedro-Paulo, a bastilha de Petersburgo, cuja torre dominava o horizonte da cidade (e ainda hoje domina); em pensadores serem trazidos do Ocidente, festejados e adulados apenas para, em curto prazo, serem deportados; em jovens serem enviados para estudar na Sorbonne, em Glasgow ou na Alemanha, para, abruptamente, serem chamados de volta e proibidos de continuar a estudar; em imensos projetos intelectuais serem iniciados com grande alarde para em seguida serem bruscamente interrompidos — como a tradução e edição russa da *Enciclopédia* de Diderot, em andamento à época do levante camponês de Pugachev, suspensa na letra *k* e nunca mais retomada.

Apavorados ante as ondas revolucionárias que varreram a Europa após 1789, Catarina, a Grande, e seus sucessores retrocederam. Exceto no breve período de alianças entre Alexandre I e Napoleão, aliança que incentivou iniciativas liberais e constitucionais no interior da burocracia imperial, o papel político da Rússia, durante todo o século XIX, foi o de ser a vanguarda da contrarrevolução europeia. Mas esse papel encerrava paradoxos. Primeiro, implicou atrair os pensadores reacionários mais dinâmicos e capazes — De Maistre e todo um espectro de românticos alemães —, porém isso apenas enredou a Rússia, ainda mais profundamente, naqueles impulsos e energias ocidentais que o governo tentou estender. Segundo, o *levée-en-masse* contra Napoleão em 1812, embora tivesse gerado ondas de histeria, xenofobia, obscurantismo e perseguição, varreu ironicamente, devido ao próprio sucesso, toda uma geração de russos — vale dizer, uma geração de nobres e oficiais jovens — às ruas de Paris e infundiu nos veteranos que retornavam (os protagonistas de *Guerra e paz*, de Tolstoi) o entusiasmo pela reforma, a mesma reforma cujo esmagamento tinha provocado sua ida ao Ocidente. De Maistre, como ilustram suas palavras citadas na introdução deste capítulo, percebeu algo desse paradoxo: por um lado, ele achava, ou queria achar, que a serena magnificência dos palácios no centro da cidade prometia abrigo da tempestade; por outro, temia que aquilo tudo de que fugira poderia estar perseguindo-o lá, refletido e ampliado pelo vasto cenário da cidade. Tentar escapar da revolução estando aí poderia acabar sendo tão inútil quanto escapar do sol.

A primeira centelha se acendeu a 14 de dezembro de 1825, logo após a morte de Alexandre I, quando centenas de membros reformistas das guardas imperiais — os "dezembristas" — se reuniram em volta da estátua de Pedro, na praça do Senado, e fizeram uma grande e confusa manifestação a favor do grão-duque Constantino e da reforma constitucional. A manifestação, que se pretendia ser a primeira fase de um golpe de Estado liberal, esgotou-se rapidamente. Os manifestantes nunca foram capazes de estabelecer um programa unificado — para alguns, a questão crucial era uma constituição e o império da lei; para outros, o federalismo na forma de governo autônomo para a Polônia, Lituânia e Ucrânia; para outros ainda, a emancipação dos servos — e eles nada haviam feito para atrair o apoio de outros círculos que não o militar e aristocrático a que pertenciam. Sua humilhação e martírio — julgamentos públicos, execuções, prisões em massa e exílio na Sibéria, toda uma geração dizimada — desenrolaram-se pelos trinta anos de estupidez e brutalidade organizada do reinado do novo czar, Nicolau I. Herzen e Ogarev, então adolescentes, fizeram um "juramento anibálico" de vingar os heróis caídos e mantiveram sua chama acesa por todo o século XIX.

Os historiadores e críticos do século XX têm uma visão mais cética, enfatizando os objetivos incipientes e confusos dos dezembristas, seu compromisso com a autocracia e a reforma a partir de cima, o mundo aristocrático e hermeticamente fechado partilhado com o próprio governo que atacavam. Porém, se considerarmos 14 de dezembro sob a perspectiva de Petersburgo e da modernização, teremos uma nova base para a antiga reverência. Se virmos a cidade como uma expressão de modernização imposta, 14 de dezembro representa a primeira tentativa de reivindicar, no centro espacial e político da cidade, um modo alternativo de modernização a partir da base. Até então, toda definição e iniciativa em São Petersburgo emanara do governo; agora, subitamente, o povo — ao menos um segmento do povo — estava tomando para si a iniciativa, definindo, à sua maneira, o espaço público e a vida política de São Petersburgo. Até então o governo havia estabelecido as razões para as pessoas de São Petersburgo estarem aí; havia, na verdade, forçado muitos a se mudar. Em 14 de dezembro, pela primeira vez, os petersburguenses reivindicaram o direito de aí estarem por razões próprias. Rousseau, em uma de suas frases mais expressivas, escreveu que casas fazem um burgo, e cidadãos uma cidade.[6] Catorze de dezembro de 1825 marcou a tentativa dos habitantes de algumas das casas mais ilustres de São Petersburgo de se fazer cidadãos e de tornar seu burgo uma cidade.

A tentativa, é claro, falhou, como estava fadado a acontecer, e passar-se-iam décadas antes que se repetisse. Enquanto isso, os petersburguenses produziram, no meio do século seguinte, uma tradição literária distinta e brilhante, obsessivamente centrada na sua cidade como símbolo de uma modernidade bizarra e desvirtuada e que lutava para se apoderar imaginativamente dessa cidade em nome da espécie peculiar de homens e mulheres modernos que produziu.

"O CAVALEIRO DE BRONZE" DE PUCHKIN: O FUNCIONÁRIO E O CZAR

Essa tradição se inicia com o poema de Alexander Puchkin, "O Cavaleiro de Bronze", escrito em 1833. Puchkin foi amigo íntimo de muitos líderes dezembristas; ele mesmo só não foi aprisionado porque Nicolau gostava de tê-lo por perto, sob constante vigilância e pressão. Em 1832, deu início a uma sequência de seu "romance em verso", *Evgeni Oneguin*, na qual o herói aristocrático participaria de uma insurreição em dezembro. Seu novo canto foi escrito num código conhecido apenas por ele, mas, mesmo assim, Puchkin julgou arriscado e queimou o manuscrito. Começou então a trabalhar em "O Cavaleiro de Bronze". Esse poema é escrito na mesma estrutura estrófica de *Oneguin*, porém é mais curto e mais intenso, e o herói tem o mesmo primeiro nome. É menos explícito politicamente, mas, provavelmente, muito mais explosivo que o manuscrito que Puchkin destruiu. Foi proibido pelos censores de Nicolau, é claro, e só apareceu após a morte de Puchkin. Lamentavelmente, é desconhecido em inglês, todavia é considerado por espíritos tão diversos como o príncipe Dmitri Mirski, Vladimir Nabokov e Edmund Wilson o maior poema russo. Só isso justificaria a longa discussão prestes a seguir. Contudo, "O Cavaleiro de Bronze" é, como grande parte da literatura russa, um ato político e artístico. Ele aponta o caminho não só para as grandes obras de Gogol, Dostoievski, Bieli, Eisenstein, Zamiatin e Mandelstam, como também para as criações coletivas revolucionárias de 1905 e 1917 e para as iniciativas desesperadas de dissidentes soviéticos em nossa época.

"O Cavaleiro de Bronze" tem como subtítulo "Um conto de Petersburgo". Seu cenário é a grande enchente de 1824, uma das três enchentes terríveis da história de Petersburgo (elas ocorreram quase precisamente em intervalos de cem anos, e todas em momentos cruciais da história: a primeira em 1725, logo após a morte de Pedro; a mais recente em 1924, logo após a morte de Lenin). Puchkin escreve uma nota de abertura para o poema: "O incidente descrito neste conto é baseado em fato verídico. Os detalhes são extraídos de revistas contemporâneas. Os curiosos poderão examiná-los no material compilado por V. I. Berkh". A insistência de Puchkin quanto à fatualidade concreta de seu material e a alusão aos jornais da época ligam seu poema às tradições do romance realista do século XIX.[7] O fato de eu me referir à tradução em prosa de Edmund Wilson, a mais expressiva que pude encontrar, tornará essa ligação mais clara.[8]

Ao mesmo tempo, "O Cavaleiro de Bronze" revelará, tal como a grande tradição que inaugura, a qualidade surreal da vida real de Petersburgo.

"Ao lado das desoladas ondas, permanecia *Ele* e, invadido por poderosos pensamentos, contemplava o horizonte." Assim começa "O Cavaleiro de Bronze": é uma espécie de Gênesis de Petersburgo, surgindo na mente do Deus-criador da cidade: "*Ele* pensou: aqui, para nossa grandeza, a natureza ordenou que deveríamos romper uma janela para a Europa, cravar os pés solidamente ao lado do mar". Puchkin usa a imagem familiar da janela para a Europa, só que a vê como algo que se rompe, através de um ato de violência, violência que se voltará contra a cidade à medida que o poema avança. Há ironia nos "pés" (de Pedro) solidamente cravados "ao lado do mar": a base de Petersburgo mostrará ser muito mais precária do que seu criador pôde imaginar.

"Cem anos se passaram, e aquela jovem cidade, beleza e prodígio das terras setentrionais [...] elevou-se em toda sua grandeza e orgulho." Puchkin evoca essa grandeza em imagens ufanísticas: "Hoje, aglomerações de torres e castelos, fortes e simétricas, ladeiam as docas atarefadas; de todos os cantos do mundo fluem navios para esse rico porto; o Neva [literalmente "lama"] se revestiu de pedras; pontes cruzaram suas águas e bosques verde-escuros cobrem suas ilhas; e agora, frente à nova capital, o brilho da velha Moscou se esvai, tal qual diante da nova czarina, o da viúva de púrpura".

Ele afirma sua presença nesse momento: "Amo-te, obra-prima de Pedro — amo tuas formas, graciosas e austeras. A corrente poderosa do Neva, suas margens vestidas de granito, a renda de grades de ferro, o crepúsculo límpido e o brilho sem lua das noites, tão cheias de pensamentos, quando, em meu quarto solitário e sem iluminação, escrevo e leio, e as ruas adormecidas e desertas se fazem visíveis, e o ponteiro do edifício do Almirantado surge de repente, e um brilho se segue ao outro de forma que a sombra da noite jamais escurece o céu dourado". Puchkin faz aqui alusão às famosas "noites brancas" de verão, para engrandecer a aura de Petersburgo como "cidade de luz".

Esse momento do poema se abre a várias dimensões. Primeiro, a própria Petersburgo é um produto do pensamento — ela é, como dirá o Homem do Subterrâneo de Dostoievski, "a cidade mais abstrata e premeditada do Mundo" — e, é claro, do Iluminismo. Contudo, as imagens do quarto solitário e sem iluminação e das "noites cheias de pensamento" sugerem algo mais sobre a atividade intelectual e espiritual de Petersburgo nos anos futuros: grande parte de sua luz será gerada em quartos solitários e mal iluminados, longe do brilho oficial do palácio de Inverno e do governo, fora do âmbito de seu servilismo (um ponto crucial, outras vezes uma questão de vida ou morte), mas também às vezes isolada de seus centros de vida pública e comunitária.

Puchkin prossegue evocando a beleza dos trenós no inverno, a frescura dos rostos das jovens nos bailes e festas, a pompa dos grandes desfiles militares (Nicolau I amava paradas e criou imensas praças urbanas para elas), as comemorações de vitórias, a força de vida do rio Neva, irrompendo em meio ao gelo na primavera. Há encanto lírico nisso tudo, mas também uma certa rigidez; o poema tem o tom solene das delegações estatais e do verso oficial. Os leitores do século XX provavelmente desconfiarão dessa retórica e com todo o direito, tendo-se em vista o contexto do poema. Entretanto, num certo sentido, Puchkin — como todos aqueles que seguem a tradição de Petersburgo, inclusive Eisenstein em *Outubro* — é sincero. De fato, é apenas no contexto dessa celebração lírica que todo o horror de Petersburgo se torna claro.

A introdução de Puchkin ao poema conclui com uma invocação solene: "Resplandeça, cidade de Pedro, e mantenha-se firme, como a Rússia, pois os próprios elementos conquistados fizeram as pazes consigo; que as ondas finlandesas esqueçam seu antigo ódio e servidão e não mais perturbem, com sua raiva impotente, o sono eterno de Pedro". Aquilo que, de início, soa como um clichê cívico, mostrará ser uma horrível ironia: a narrativa que se segue deixará claro que os elementos não fizeram as pazes com Petersburgo — na verdade, não foram nem dominados realmente —, que são de todo poderosos e que o espírito de Pedro permanece acordado, vigilante e vingativo.

"*Houve* uma época terrível — da qual falarei agora." Assim começa a história. Puchkin enfatiza o pretérito, como se a dizer que o horror havia passado, mas a história que se segue mostrará que isso é falso. "Na Petrogrado coberta de nuvens, novembro respirava o frio de outono. Qual doente inquieto no leito, o Neva se lançava para fora, fustigando o belo cais com ondas altas. Era tarde da noite, e escuro. A chuva batia furiosa contra as janelas, e o vento uivava dolorosamente." Neste momento, em meio à chuva e ao vento, divisamos Evgeni, o herói de Puchkin. Ele é o primeiro herói da literatura russa, e um dos primeiros da literatura mundial, a pertencer à grande massa urbana anônima. "Nosso herói ocupa um quarto pequeno, e trabalha em algum lugar", um funcionário público de baixo escalão. Puchkin sugere a possibilidade de sua família haver tido posição social no passado, mas a memória e mesmo a imaginação se perderam. "E então, de volta para casa, ele sacudiu o sobretudo, tirou a roupa e foi para a cama, mas não pôde dormir por muito tempo, perturbado que estava por pensamentos diversos. Que pensamentos? Que ele era pobre, que tinha de trabalhar por uma independência decente" — ironia, porque veremos quão indecentemente dependente ele é forçado a ser —, "que Deus poderia ter-lhe concedido mais inteligência e dinheiro, que ele teria de esperar dois anos pela promoção, que o rio estava cheio por demais, que o tempo não havia melhorado, que as pontes poderiam ser destruídas, e sua Parasha certamente sentiria sua falta. [...] Nesse momento, ele se encheu de ternura; sua fantasia, tal qual a de um poeta, elevou-se às alturas."

Evgeni está apaixonado por uma garota ainda mais pobre que ele e que mora numa das ilhas mais expostas e longínquas na extremidade da cidade. Enquanto sonha com ela, vemos a modéstia e a simplicidade de seus desejos: "Casar-se? Bem, por que não? Construirei eu mesmo um cantinho para nós e ofereceI tranquilidade a Parasha. Uma cama, duas cadeiras, um caldeirão de sopa de repolhos, e eu o chefe da casa. Que mais poderia querer?... Nos fins de semana, levarei Parasha para passear no campo; serei humilde e dissimulado, eles me darão um cargo confortável; Parasha cuidará da casa, criará os filhos. [...] E assim viveremos e envelheceremos de mãos dadas, e nossos netos nos enterrarão". Seus sonhos são quase pateticamente limitados; contudo, mesmo pequenos, eles colidem trágica e radicalmente com a realidade que está prestes a desabar sobre a cidade.

"Por toda a noite, o Neva lutou por alcançar o mar, mas a fúria finalmente o venceu." Os ventos do Báltico, atravessando o golfo da Finlândia, fizeram o Neva retroceder e se atirar sobre a cidade. O rio "desabou com ódio e tumulto, inundou as ilhas, fez-se cada vez mais feroz, elevou-se e rugiu como uma máquina exalando vapor e, frenético, desabou finalmente sobre a cidade". A linguagem de Puchkin explode em imagens de cataclismo e trevas; Milton é o único poeta inglês capaz de escrever nesse tom. "Nada resistiu a seu ódio — agora as ondas invadiam as ruas. [...]"

"Um cerco! Um ataque! Ondas sobem até as janelas, como bestas selvagens. Barcos, numa massa desordenada, quebram os vidros com as popas. Pontes que o dilúvio rompeu, fragmentos de cabines, vigas, tetos, as mercadorias dos comerciantes precavidos, os pertences arruinados dos pobres, as rodas das carruagens da cidade, os caixões do cemitério, tudo flutua à deriva pela cidade."

"As pessoas veem a ira de Deus e esperam a sua execução. Tudo arruinado — casa e comida! Quando terminará?" Os elementos, que se acreditavam dominados pela vontade imperial de Pedro e cuja conquista Petersburgo deveria representar, tinham se vingado. As imagens de Puchkin expressam aqui uma mudança radical de ponto de vista: a linguagem do povo — religiosa, supersticiosa, afinada às profecias, inflamada pelos temores das trevas e do julgamento final — é mais significativa nesse momento que a linguagem racionalista e secular dos governantes que levaram o povo de Petersburgo a esse estágio.

Onde estão agora esses governantes? "O último czar (Alexandre I) ainda reinava gloriosamente naquele ano terrível." Pode parecer irônico, até cáustico, falar de glória imperial numa hora como essa. Mas, se não percebermos que Puchkin acreditava ser real a glória do czar, não sentiremos a força plena da crença de Puchkin quanto à futilidade e ao vazio dessa glória. "Desolado e confuso, ele [Alexandre] dirigiu-se à sacada e disse: 'Não é dado aos czares conter os elementos, pois eles pertencem a Deus'." Uma verdade óbvia. Contudo, o que torna essa verdade óbvia ultrajante aqui é o fato de que a própria existência de Petersburgo é uma afirmação de que czares *podem* controlar os elementos. "Com olhos tristes e pesarosos, ele contemplava o horrível resultado. As praças públicas eram lagos, e as ruas, rios. O palácio parecia uma ilha sombria." Aqui, numa imagem fácil de se perder, de tão rápida que flui, vemos cristalizada a vida política de São Petersburgo nos próximos noventa anos, até a Revolução de 1917; o palácio imperial é uma ilha separada da cidade a se revolver violentamente em redor.

Nesse momento do poema reencontramos Evgeni, na praça de Pedro, à margem do rio — a praça do Senado, local do Cavaleiro de Bronze de Falconet. Ele está empoleirado bem alto num leão ornamental "sem chapéu, os braços cruzados, rígido e mortalmente pálido". Por que está ali? "Não temia por sua pessoa, pobre infeliz. Nem se apercebeu quando os vagalhões, vorazes, lamberam-lhe os pés; nem viu quando o vento, uivando, arrebatou-lhe o chapéu; tampouco sentiu o rosto fustigado pela chuva. Seus olhos se fixavam arregalados, desesperados, num ponto longínquo do horizonte. Lá as ondas subiam e devastavam; *lá* a tempestade se enfurecia, *lá* as coisas rompidas eram arremessadas. [...] E *lá* — Deus! Deus! — ao alcance dos vagalhões, bem na beira do golfo — a cerca sem pintura, o chorão, a casa pequena e frágil — e elas, a viúva e a filha, *lá* — sua amada Parasha, toda sua esperança. [...] Era sonho aquilo que via? Ou então nossa vida é nada; vazia como um sonho, o destino zombando do homem?"

Puchkin toma agora distância do tormento de Evgeni e aponta para sua posição irônica no cenário urbano: ele se transformou numa estátua de Petersburgo. "Como que enfeitiçado, enraizado no mármore, ele não pode descer! Ao seu redor, água e nada mais." Não exatamente. Bem na frente de Evgeni, "de costas para ele, braço estendido, imóvel em seu cavalo, eleva-se, acima do Neva hostil, o ídolo". A figura divina, que deu origem à cidade e ao poema, agora revela ser a antítese radical de um deus — "o ídolo". Contudo, esse ídolo criou uma cidade de homens à sua própria imagem; transformou-os, como a Evgeni, em estátuas de desespero.

No dia seguinte, embora "as águas ainda se movessem maldosamente, regozijando-se, ferozes, na plenitude do triunfo", o rio recua o suficiente para as pessoas saírem às ruas, o suficiente para Evgeni deixar seu pouso em frente ao Cavaleiro de Bronze. Enquanto os petersburguenses tentam recolher os fragmentos destroçados e dispersos de suas vidas, Evgeni, ainda enlouquecido pelo medo, contrata um barco para levá-lo à casa de Parasha, na boca do golfo. Ele navega em meio a escombros e corpos retorcidos; chega ao local, porém lá nada mais existe — a casa, o chorão, as pessoas —, tudo foi arrastado pelas águas.

"E, cheio de negros pressentimentos, ele procura, fala alto consigo mesmo — então subitamente, batendo na testa, irrompe em gargalhadas." Evgeni enlouqueceu. O rugir do vento e das águas ressoa incessantemente em seus ouvidos. "Possuído por pensamentos terríveis a ponto de não conseguir expressá-los, vagou de um lugar para outro. Algum sonho o consumia. Passou-se uma semana, depois um mês — ele não mais voltou para casa depois daquele dia." O mundo, conta Puchkin, logo o esqueceu. "Ele perambulava o dia todo, de noite dormia nas docas. Suas roupas estavam em farrapos." As crianças atiravam-lhe pedras, os cocheiros o chicoteavam e ele nem notava, sempre imerso nalgum terror íntimo. "E assim ele arrastava sua vida miserável, nem homem nem besta, nem isso nem aquilo, um espírito ainda preso a um corpo já morto."

Esse poderia ser o final de muitas histórias comoventes — de um poema de Wordsworth, digamos, ou de um conto de Hoffmann. Mas Puchkin não deixará Evgeni partir ainda. Uma noite, vagando, sem perceber onde estava, "ele parou de repente e, lívido, fitou os arredores". Descobrira o caminho de volta para a praça do Senado: "e logo à sua frente, braço estendido, montado

220

no cavalo, o ídolo emergia na escuridão". De repente, seus pensamentos se fizeram terrivelmente claros. Ele conhecia o lugar, "e aquele que, eternamente imóvel, mantinha alta a cabeça de bronze em meio às trevas da noite — aquele cuja vontade funesta fizera a cidade nascer sobre o mar. [...] Quão assustador parecia agora, envolto pelo nevoeiro! Que poder de pensamento naquela testa! Que força interior! E que vigor naquele cavalo! Aonde vai assim galopando, cavalo altivo? Onde assentará seu casco? Eia você, ó todo-poderoso, cuja vontade dominou o Destino? Não foi você que, sozinho à beira do precipício, fez a Rússia empinar?".

"O mísero andou em volta do pedestal, lançando olhares selvagens para o senhor de meio mundo." Subitamente, porém, "seu sangue se esquentou, uma chama ardeu-lhe no peito. Ele deixou-se estar, sombrio, diante da estátua arrogante e, cerrando punhos e dentes, possuído por alguma força infernal, sibilou com ódio: 'Muito bem, construtor miraculoso! Ainda acertaremos as contas!'". Esse é um dos grandes momentos radicais da era romântica: o desafio prometeico emergindo da alma do homem oprimido comum.

Puchkin é, contudo, um realista russo e um romântico europeu e sabe que, na Rússia real das décadas de 1820 e 1830, cabe a Zeus a última palavra. "Ainda acertaremos as contas! — e fugiu apressadamente." É apenas um verso, um instante difuso — "o czar, vermelho de cólera, pareceu virar silenciosamente a cabeça. Evgeni, em frenética correria pela praça vazia, ouve atrás de si os estampidos dos cascos do ginete batendo contra o pavimento. O cavaleiro de bronze vem em seu encalço, braço em riste, negro sob a luz pálida da lua. E, por toda a noite, onde quer que Evgeni vá, os cascos de bronze ecoam, perseguindo, ameaçando". Seu primeiro momento de rebelião é também o último. "Dali por diante, se por acaso passava pela praça, sua face se obscurecia, transtornada. Ele pressionava a mão contra o peito, como a conter a palpitação, tirava o gorro ordinário e retirava-se furtivamente." O ídolo o expulsa não só do centro, como também da cidade, devolve-o às ilhas remotas onde sua amada foi carregada pelas águas. E é lá, na primavera seguinte, que seu cadáver frio, trazido à praia pelas ondas, "é enterrado por caridade".

Devotei bastante tempo e espaço a "O Cavaleiro de Bronze" porque ele me parece condensar e cristalizar, brilhantemente, toda a história de vida de Petersburgo: uma visão da grandeza e magnificência da cidade e uma visão da loucura em que se baseia — a ideia louca de que uma natureza volátil pode ser domada e dominada permanentemente pela vontade imperial; a vingança da natureza, reagindo cataclismicamente, reduzindo a grandeza a entulho, destroçando vidas e esperanças; a vulnerabilidade e o terror das pessoas comuns de Petersburgo, em meio ao fogo cruzado de uma batalha de gigantes; a situação especial do funcionário no serviço governamental, o proletário educado — talvez um dos primeiros "nômades do Estado sem lar" de que fala Nietzsche — como o petersburguense; a revelação de que o homem-deus de Petersburgo, que domina do centro toda a cidade, é, na realidade, um ídolo; a audácia do homem comum, que ousa enfrentar o deus-ídolo e exigir o acerto de contas; a inutilidade do primeiro ato de protesto; a potência dos poderes de Petersburgo, que deveria esmagar todos os desafios e desafiantes; o poder estranho e aparentemente mágico do ídolo de se encarnar na mente de seus vassalos, uma força invisível que os persegue silenciosamente à noite, e que, por fim, os deixa fora de si, criando a loucura no substrato para complementar a loucura que domina seus governantes; a visão dos sucessores de Pedro como tristemente impotentes, sendo o seu palácio uma ilha irremediavelmente separada da cidade que fervilha e se agita ao seu redor; a nota de desafio que ecoa, embora timidamente, na praça do Senado, mesmo após o primeiro rebelde ter sido há muito liquidado — "Ainda acertaremos as contas!".

O poema de Puchkin fala dos dezembristas martirizados, cujo breve momento na praça do Senado se daria um ano após o de Evgeni. Mas "O Cavaleiro de Bronze" vai além deles, pois chega às camadas mais profundas da sociedade, à vista das massas empobrecidas, ignoradas pelos dezembristas. Nas gerações seguintes, as pessoas comuns de Petersburgo encontrariam, gradativamente, meios de fazer sentir a sua presença, de transformar em seus os grandes espaços e estruturas da cidade. Todavia, por ora, teriam de se retirar furtivamente ou permanecer escondidos — no subterrâneo, segundo a imagem de Dostoievski na década de 1860 —, e Petersburgo continuaria a encarnar o paradoxo do espaço público sem vida pública.

PETERSBURGO SOB NICOLAU I: PALÁCIO × PROJETO

O reino de Nicolau I (1825-55), que começou com a repressão aos dezembristas e terminou com a humilhação militar em Sebastopol, é um dos mais sombrios da história moderna da Rússia. A contribuição mais duradoura de Nicolau para a história da Rússia foi o desenvolvimento de uma polícia política, controlada por sua Terceira Divisão secreta, que veio a se infiltrar em todas as áreas da vida russa e firmou o país, na imaginação europeia, como o "Estado policial" arquetípico. Contudo, o problema não era apenas ser o governo de Nicolau cruelmente repressivo: ter ele contido os servos (cerca de quatro quintos da população) e destruído todas as esperanças de sua emancipação, reprimindo-os com terrível brutalidade (houve mais de seiscentos levantes camponeses no reinado de Nicolau; uma de suas grandes realizações foi manter quase todos esses levantes, e sua repressão, desconhecidos no país); ter ele condenado centenas de pessoas à morte após julgamentos secretos, onde nem mesmo a fachada legal era mantida (Dostoievski, a vítima mais ilustre, foi perdoado trinta segundos antes da execução); ter ele estabelecido níveis múltiplos de censura, enchendo escolas e universidades de informantes, paralisando todo o sistema educacional e, finalmente, levando todo o pensamento e cultura não oficiais à clandestinidade, à prisão ou ao exílio.

A singularidade de seu governo reside não no fato da repressão ou no seu âmbito — o Estado russo sempre tratou horrivelmente seus súditos —, mas no seu objetivo. Pedro, o Grande, tinha assassinado e aterrorizado para abrir uma janela para a Europa, caminho para o progresso e desenvolvimento da

Rússia; Nicolau e sua polícia estavam reprimindo e brutalizando para fechar essa janela. A diferença entre o czar que era o assunto do poema de Puchkin e o czar que proibiu o poema estava na diferença entre o "construtor miraculoso" e o policial. O "Cavaleiro de Bronze" perseguiu seus compatriotas para fazê-los avançar; o governante atual parecia interessado apenas em contê-los. Na Petersburgo de Nicolau, o cavaleiro de Puchkin era quase tão alienado quanto seu funcionário.

Alexander Herzen, escrevendo no exílio, deu-nos o relato clássico do regime. Eis uma passagem típica:

> Sem se tornar um russo, ele deixou de ser um europeu... Não havia motor em seu sistema... Ele se limitava a perseguir qualquer anseio de liberdade, qualquer ideia de progresso... Durante seu longo reinado, ele afetou, sucessivamente, quase todas as instituições, introduzindo em todos os lugares a paralisia e a morte.[9]

A imagem de Herzen do sistema sem motor, uma imagem tirada da tecnologia e indústria modernas, é extremamente eficaz. Um dos pilares mais firmes da política czarista, de Pedro a Catarina, a Grande, era a tentativa mercantilista de estimular o crescimento econômico e industrial em favor da *raison d'état*: dar ao sistema um motor. Sob Nicolau, essa política foi consciente e definitivamente abandonada (foi revivida, com imenso sucesso, apenas na década de 1890, sob o governo do conde Witte). Nicolau e seus ministros acreditavam que o governo deveria realmente retardar o desenvolvimento econômico, pois o progresso econômico poderia requerer reformas políticas e novas classes — uma burguesia, um proletariado industrial — capazes de assumir para si a iniciativa política. Desde os primeiros anos auspiciosos de Alexandre I, os círculos governamentais haviam percebido que a servidão — por manter a vasta maioria da população agrilhoada à terra e aos senhores, desencorajava os proprietários de terra a modernizar suas fazendas (ou os encorajava, de fato, a não as modernizar) e impedia o crescimento de uma força de trabalho livre e móvel — era a principal força retardadora do crescimento econômico do país. A insistência de Nicolau na santidade da servidão assegurou a contenção do desenvolvimento econômico russo no exato momento em que as economias da Europa ocidental e dos Estados Unidos estavam tomando impulso. Portanto, o atraso relativo do país aumentou consideravelmente no período de Nicolau. Foi necessária uma grande derrota militar para abalar a complacência do governo. Foi só depois do desastre de Sebastopol, um desastre político, militar e também econômico, que a celebração oficial russa de seu atraso chegou ao fim.[10]

Os custos políticos e humanos do subdesenvolvimento eram claros para pensadores tão diversos como o aristocrata moscovita Chadaaev e o plebeu petersburguense Belinski; ambos disseram que aquilo de que a Rússia mais necessitava era um novo Pedro, o Grande, para reabrir a janela para o Ocidente. Porém, Chadaaev foi oficialmente declarado insano e mantido sob prisão doméstica por muitos anos; quanto a Belinski, "nós deveríamos tê-lo deixado apodrecer numa masmorra", declarou, lamentando-se, um dos cabeças da polícia secreta, logo após sua morte, ainda jovem, de tuberculose, no início de 1848. Além disso, a visão de desenvolvimento de Belinski — "países sem classe média estão fadados a serem insignificantes"; "o processo interno de desenvolvimento civil só começará quando [...] a pequena nobreza russa se transformar numa burguesa" — era a visão de uma minoria, inclusive na oposição radical. Mesmo os pensadores radicais, democráticos, socialistas e pró-Ocidente partilhavam dos preconceitos econômicos e sociais do governo: agrarianismo, celebração das tradições comunitárias dos camponeses, aversão à burguesia e à indústria. Quando disse: "Deus salve a Rússia da burguesia!", Herzen estava, inadvertidamente, trabalhando para impedir que o sistema que desprezava obtivesse um motor.[11]

Durante o regime de Nicolau, Petersburgo adquiriu a reputação, jamais perdida, de lugar estranho, sinistro, espectral. Essas qualidades foram, neste período, memoravelmente evocadas por Gogol e Dostoievski. Eis, como exemplo, Dostoievski em 1848, num conto denominado "Um coração fraco":

Lembro-me de uma tarde invernal de janeiro, quando me apressava para casa vindo de Viborg. Era bem jovem então. Quando cheguei ao Neva, parei por um minuto e contemplei a distância turva, gélida e enfumaçada, rubra ante os últimos raios do sol que morria no horizonte. A noite caía sobre a cidade. Um vapor enregelado exalava dos cavalos cansados e pessoas que corriam. O ar tenso vibrava ao menor som, e colunas de fumaça emergiam das chaminés às margens do rio e subiam apressadamente para o céu frio, enrolando-se e desenrolando-se em meio ao caminho, de modo que novas construções pareciam surgir das antigas, uma nova cidade parecia se formar no ar. [...] Por fim, nessa hora crepuscular, a cidade inteira, com todos os seus habitantes, fortes e fracos, com todas as suas casas, os telhados dos pobres e as mansões douradas, parecia se assemelhar a uma visão mágica, fantástica, a um sonho que, por sua vez, se dissiparia imediatamente e subiria como vapor ao céu azul-escuro.[12]

Analisaremos a evolução, por cerca de um século, da identidade de Petersburgo como uma cidade fantasma, uma miragem, cuja grandeza e magnificência estão continuamente a se dissipar no ar sombrio. Quero aqui sugerir que, na atmosfera política e cultural do regime de Nicolau, a efusão de um simbolismo espectral tinha verdadeiramente sentido. Essa cidade, cuja própria existência era um símbolo do dinamismo e da determinação da Rússia em ser moderna, agora se encontrava como a cabeça de um sistema que se orgulhava de ser um sistema sem motor; os sucessores do Cavaleiro de Bronze achavam-se adormecidos nas selas, as rédeas puxadas, porém enrijecidas, cavaleiro e cavalo mantidos pelo equilíbrio estático de um grande peso morto. Na Petersburgo de Nicolau, o espírito perigoso porém dinâmico de Pedro foi reduzido a um espectro, a um fantasma, poderoso o suficiente para assombrar a cidade, mas sem poder para animá-la. Não é, portanto, de admirar que Petersburgo se firmasse como a cidade fantasma moderna arquetípica. Ironicamente, as mesmas incongruências resultantes da política de Nicolau — uma política de atrasos imposta em meio a formas e símbolos de modernização imposta — fizeram de Petersburgo a origem e a inspiração de uma forma de modernismo distintamente estranha, que poderemos chamar de o "modernismo do subdesenvolvimento".

Na era dos Nicolaus, enquanto o Estado dormia, o eixo e o drama da modernidade mudaram-se do magnífico conjunto de edificações estatais, monumentos e enormes praças no centro da cidade ao longo do Neva para o Projeto Nevski. A Nevski era uma das três grandes ruas radiais que partiam da praça do Almirantado e que determinavam a forma da cidade. Sempre fora uma das vias principais de Petersburgo. Contudo, no início do século XIX, sob o reinado de Alexandre, a Nevski foi quase inteiramente reconstruída por vários arquitetos neoclássicos eminentes. Quando emergiu, no final da década de 1820, sua nova forma a colocou em nítido contraste com as artérias rivais (as ruas Voznesenski e a rua Gorokhovaia), e ela foi reconhecida como um ambiente urbano sem paralelos.[13] Era a rua mais longa, mais larga, mais bem iluminada e pavimentada. Partindo da praça do Almirantado, seguia em linha reta rumo ao sudoeste por 2800 metros (então virava e se estreitava, prosseguindo numa coda breve para o mosteiro de Alexandre Nevski; contudo, esse trecho nunca foi realmente considerado como sendo parte da Nevski, e nós não trataremos dele aqui). Ela conduzia, após 1851, ao terminal do expresso Moscou–Petersburgo, um dos principais símbolos de energia e mobilidade modernas da Rússia (e, é claro, um personagem central em *Ana Karenina*, de Tolstoi). O rio Moika, os canais de Fontanka e Catarina a cruzavam, e graciosas pontes por ela se estendiam, oferecendo belas e longas perspectivas da fluente vida da cidade.

Construções esplêndidas margeavam a rua, frequentemente erguidas em praças secundárias ou nos espaços públicos a elas destinados: a catedral neobarroca de Nossa Senhora de Kazan; o rococó palácio Mikhailovski, onde o czar louco Paulo I foi estrangulado pelos guarda-costas para dar lugar ao filho, Alexandre; a neoclássica biblioteca de Alexandre, amada por gerações de intelectuais por demais pobres para terem suas próprias bibliotecas; o Gostini Dvor (ou *Les Grands Boutiques*, conforme diziam os letreiros), uma quadra de lojas no interior de arcadas envidraçadas, entre as ruas Regente e Rivoli, porém, como tantas adaptações russas de protótipos europeus, em muito superando, em tamanho, os originais. De todos os pontos da rua, elevando-se os olhos, podia-se avistar o ponteiro da torre do Almirantado, que dava ao espectador orientação visual e senso de direção na cidade, e inflamava a imaginação quando o sol, movendo-se, iluminava a espiral dourada, transformando o espaço urbano real num mágico cenário de sonhos.

O Projeto Nevski foi, de muitas formas, um espaço urbano caracteristicamente moderno. Em primeiro lugar, a retidão, a largura, o comprimento e a boa pavimentação fizeram dele o meio ideal para a locomoção de pessoas e coisas, uma artéria perfeita para os modos emergentes de tráfego rápido e pesado. Como os bulevares que Haussmann abriu por toda Paris na década de 1860, ele serviu como ponto de convergência de forças humanas e material recentemente acumulado: macadame e asfalto, luz a gás e luz elétrica, a ferrovia, bondes elétricos e automóveis, cinema e demonstração de massa. Mas, porque foi tão bem planejada e projetada, a Nevski entrou em ação uma geração antes de suas correlatas parisienses e funcionou bem mais suavemente, sem devastar vidas ou as vizinhanças antigas.

Em segundo lugar, a Nevski serviu como vitrina das maravilhas da nova economia de consumo que a moderna produção em massa começava por tornar acessíveis: mobília e prataria, tecidos e vestuário, botas e livros, tudo era agradavelmente exibido pela multidão de lojas da rua. E, ao lado das mercadorias estrangeiras — mobília e modas francesas, tecidos e selas ingleses, louça e relógios alemães —, exibiam-se estilos, homens e mulheres estrangeiros, toda a fascinação proibida do mundo exterior. Uma série de litografias da década de 1830 recentemente reeditada mostra que mais da metade dos letreiros das lojas da Nevski eram bilíngues ou exclusivamente em inglês ou francês; pouquíssimos eram escritos apenas em russo. Mesmo numa cidade tão internacional como Petersburgo, a Nevski era uma zona singularmente cosmopolita.[14] Ademais, e isto é especialmente importante num regime repressivo como o de Nicolau, a Nevski foi o único espaço público não dominado pelo Estado. O governo pôde controlar, mas não gerar as ações e interações que aí ocorreram. Daí ter a Nevski emergido como uma espécie de zona livre, onde forças sociais e psicológicas puderam se desenvolver espontaneamente.

Finalmente, a Nevski foi o único lugar em Petersburgo (e talvez em toda a Rússia) onde todas as classes existentes se reuniram, da nobreza, cujos palácios e casas embelezavam a rua no seu ponto inicial perto do Almirantado e do palácio de Inverno, aos artesãos pobres, prostitutas, desamparados e boêmios que se amontoavam nos pulgueiros e tavernas ordinárias próximos à estação de trem na praça Znaniemski, onde a Nevski terminava. A rua os uniu, os arrastou num turbilhão e deixou-os fazer o que pudessem de seus encontros e experiências. Os petersburguenses amavam a Nevski e a mitificaram inesgotavelmente, pois ela lhes abriu, no coração de um país subdesenvolvido, uma vista de todas as promessas deslumbrantes do mundo moderno.

GOGOL: A RUA REAL E SURREAL

Gogol é o primeiro a transformar a mitologia popular do Projeto Nevski em arte, na sua maravilhosa história "O Projeto Nevski", publicada em 1835. Essa história, praticamente desconhecida nos países de língua inglesa,[15] diz respeito principalmente à tragédia romântica de um jovem artista e à farsa de um jovem soldado. Discutiremos suas histórias logo mais. Todavia, a parte mais original e relevante para nossos propósitos é a introdução de Gogol, que enquadra os protagonistas no seu *habitat* natural. A estrutura é dada por um narrador que nos apresenta a rua com a exuberância de um camelô. Nessas poucas páginas, Gogol, aparentemente sem esforço (ou mesmo consciência), inventa um dos principais gêneros da literatura moderna: o romance da rua da cidade, onde ela própria é o herói. O narrador de Gogol se dirige a nós numa velocidade de tirar fôlego:

Não há nada comparável ao Projeto Nevski, pelo menos em Petersburgo, pois naquela cidade ele é tudo. A beleza da capital! — que esplendores essa rua desconhece? Estou certo que nenhum dos funcionários pálidos dessa cidade a trocaria por qualquer bênção terrena. [...] E as senhoras? Oh, para as senhoras o Projeto Nevski é um prazer ainda maior. Mas quem não se delicia com ele?

Ele tenta nos explicar quão diferente essa rua é das outras:

Caso tivesse negócios importantes a tratar, você provavelmente os esqueceria assim que pisasse na rua. Ela é o único lugar onde as pessoas não se mostram porque têm de se mostrar, o único lugar a que elas não se dirigem pela necessidade e pelo interesse comercial que abarcam toda Petersburgo. Parece que o homem que se encontra na Nevski é menos egoísta que aquele que se encontra na Morskaia, Gorkhovaia, Litenaia. Meshchanskaia e outras ruas, onde a ganância e o interesse estão estampados nos transeuntes e naqueles que passam velozmente em carruagens particulares — ou alugadas. A Nevski é o ponto de reunião e a linha de comunicações de São Petersburgo. Nenhum livro de endereços ou departamento de informações lhe dará informes tão corretos como a Nevski. Projeto Nevski onisciente! [...] Quão rápida é a fantasmagoria que aqui se desenvolve no curso de um único dia! Por quantas metamorfoses passa no decorrer de 24 horas!

A finalidade essencial dessa rua, que lhe dá o caráter especial, é a sociabilidade: as pessoas aí vão para ver e ser vistas e para comunicar suas visões uns aos outros, não por qualquer motivo oculto, ganância ou competição, mas como um fim em si mesmo. Sua comunicação e a mensagem da rua como um todo são uma estranha mistura de fantasia e realidade: de um lado, a rua age como um cenário para as fantasias das pessoas, fantasias daquilo que elas querem ser; de outro, a rua oferece o conhecimento verdadeiro — para os capazes de decodificá-la — daquilo que as pessoas verdadeiramente são.

A sociabilidade da Nevski encerra paradoxos vários. De um lado, ela coloca as pessoas face a face, de outro, ela as impele a se cruzar tão rapidamente que é difícil para alguém ver o outro de perto. Por isso, grande parte da visão oferecida pela Nevski é uma visão não tanto de pessoas se apresentando, mas de formas fragmentadas e *flashes* de transeuntes:

> Quão limpas suas calçadas, e quantos pés nelas deixaram suas marcas! A bota suja e desajeitada do soldado aposentado, sob cujo peso o próprio granito parece estalar: o chinelo pequeníssimo, leve como fumaça, da jovem senhora que vira a cabeça para as vitrinas deslumbrantes, qual girassol para o sol: o sabre barulhento do alferes confiante, que risca a sua superfície — tudo fica aí gravado pelo poder da força ou da fragilidade.

Essa passagem, escrita como se o foco narrativo fosse a calçada, sugere que só poderemos apreender as pessoas da Nevski se as dividirmos em suas partes constituintes — nesse caso, os pés —, bem como que poderemos, se soubermos olhar atentamente, apreender cada aspecto como um microcosmo de seu ser total.

Essa visão fragmentada atinge grande extensão e profundidade quando Gogol delineia um dia na vida da rua. "Por quantas metamorfoses passa no decorrer de 24 horas!" O narrador de Gogol começa lentamente, pouco antes da alvorada, no momento em que a própria rua está vagarosa: apenas alguns camponeses aí se encontram, arrastando-se do campo para o trabalho nos vastos planos de construção da cidade, e mendigos, parados às portas das padarias cujos fornos funcionaram por toda a noite. Por volta do nascer do sol, a vida começa a se agitar, com balconistas abrindo lojas, mercadorias sendo descarregadas, e velhas senhoras a caminho da missa. Gradativamente, a rua se enche de escreventes a caminho dos escritórios, logo seguidos pelas carruagens de seus superiores. À medida que o dia progride e a Nevski se dilata com multidões de pessoas e adquire energia e movimento, a prosa de Gogol ganha, também, velocidade e intensidade: sem cessar, ele empilha um grupo sobre o outro — professores, governantas e seus pupilos, atores, músicos e suas esperadas plateias, soldados, fregueses, escreventes e secretários estrangeiros, as gradações infindáveis de funcionários civis russos —, indo de lá para cá, tornando seu o ritmo frenético da rua. Por fim, entre o final da tarde e o começo da noite, quando a Nevski atinge suas horas de pico, inundada por uma multidão de pessoas elegantes ou pretensamente elegantes, a energia e o movimento se fizeram tão intensos que os planos de visão se estilhaçam e a forma humana se despedaça em fragmentos surreais:

> Aqui você encontrará bigodes maravilhosos, impossíveis de serem descritos por pincel ou pena, bigodes a que se dedicou a melhor parte da vida, objetos de longas vigílias noturnas e diurnas, bigodes sobre os quais se derramaram os óleos mais arrebatadores, friccionaram-se as melhores pomadas e que são a inveja dos transeuntes. [...] Aqui você encontrará mil variedades de chapéu, vestidos, lenços, brilhantes e levíssimos, que, por vezes, permanecem como os favoritos de suas donas por dois dias inteiros. [...] Parece que um mar de borboletas se elevou dos talos das flores e se agita como uma nuvem deslumbrante sobre os besouros negros. Aqui você encontrará cinturas como nunca sonhou, tão finas que temerá que um sopro descuidado fira esses produtos magníficos da natureza e da arte. E que mangas de vestidos encontrará na Nevski! Mangas como dois balões, nos quais a dama poderia subitamente flutuar, caso não estivesse apoiada num cavalheiro. Aqui você encontrará sorrisos únicos, produtos da mais refinada arte.

E assim por diante. É difícil saber o que os contemporâneos de Gogol fizeram de passagens como essa: certamente pouco publicaram na imprensa. Entretanto, na perspectiva do século xx, essa composição é estranha: o Projeto Nevski parece trazer Gogol de seu tempo para o nosso, tal qual aquela dama flutuando em suas próprias mangas. *Ulisses*, de Joyce, *Berlin Alexanderplatz*, de Döblin, paisagens urbanas cubo-futuristas, montagens dadaístas e surrealistas, o cinema expressionista alemão, Eisenstein e Dziga Vertov, a *nouvelle vague* parisiense, todos começam aí; Gogol parece estar inventando o século xx.

Gogol agora apresenta, possivelmente pela primeira vez na literatura, outro tema moderno arquetípico: a aura mágica especial da cidade à noite. "Mas assim que o crepúsculo cai sobre as ruas e casas, e o vigia sobe com dificuldade os degraus para acender a luz, a Nevski começa a reviver e a mover novamente, e então tem início aquela hora misteriosa em que as lâmpadas emprestam uma luz magnífica, sedutora, a todas as coisas." Os mais velhos, os casados, aqueles que têm um lar sólido não mais estão na rua; a Nevski agora pertence aos jovens ávidos e, Gogol acrescenta, às classes trabalhadoras, que são, é claro, os últimos a deixar o trabalho. "Nessa hora sente-se uma espécie de intenção, ou melhor, algo que se assemelha à intenção, alguma coisa totalmente involuntária; os passos de todos se apressam e se fazem desiguais. Longas sombras se vislumbram nas paredes e na calçada, e quase alcançam a Ponte da Polícia." Nessa hora a Nevski se torna, simultaneamente, mais real e mais irreal. Mais real porque a rua é agora animada por necessidades reais diretas e intensas: sexo, dinheiro, amor; são essas as correntes involuntárias de intenção no ar; os aspectos fragmentados agora se resolvem em pessoas reais, na medida em que estas procuram avidamente outras para satisfazerem suas necessidades. Por outro lado, a própria profundidade e a intensidade desses desejos distorcem as percepções que as pessoas têm umas das outras, bem como as apresentações de si mesmas. Tanto o eu como os outros são ampliados pela luz mágica, mas sua grandeza é tão evanescente quanto as sombras das paredes.

Até agora, a visão de Gogol foi impetuosa e panorâmica. Agora, contudo, ele se centra nítida e penetrantemente em dois jovens cujas histórias está prestes a narrar: Pishkarev, um artista, e Pirogov, um oficial. Enquanto esses camaradas diferentes passeiam pela Nevski, seus olhos são simultaneamente atraídos por duas jovens que passam. Eles se separam e correm em direções opostas, da Nevski para as escuras ruas laterais, perseguindo as jovens dos respectivos sonhos. Na medida em que os segue, Gogol muda da pirotecnia surreal de sua introdução para uma veia de coerência mais convencional, típica do realismo romântico do século XIX, de Balzac, Dickens e Puchkin, orientada para pessoas reais e suas vidas.

O tenente Pirogov é uma grande criação cômica, um tal monumento de chistes grosseiros e vaidades — sexuais, nacionais, de classe — que seu nome se tornou proverbial na Rússia. Seguindo a jovem que viu na Nevski, Pirogov vai dar num bairro de artesãos alemães; a moça vem a ser a esposa de um trabalhador de metais suábio. Esse é o mundo dos ocidentais que produzem as mercadorias que a Nevski exibe e que a classe de oficiais russos consome feliz. Na verdade, a importância desses estrangeiros para a economia da Rússia e de Petersburgo testemunha a incapacidade e fraqueza interna do país. Mas Pirogov nada sabe disso. Ele trata os estrangeiros como costuma tratar os servos. No início, a indignação do marido, Schiller, ante o flerte com a esposa o surpreende. Afinal, não é ele um oficial russo? Schiller e seu amigo, o sapateiro Hoffmann, não se mostram impressionados: dizem que eles próprios poderiam ter sido oficiais, caso houvessem decidido permanecer em seus países. Então Pirogov lhes faz uma encomenda: de um lado, isto serviria como pretexto para retornar; ao mesmo tempo, ele parece entender a encomenda como uma espécie de suborno, um incentivo para o marido não prestar atenção ao flerte. Pirogov marca um encontro com Frau Schiller; entretanto, quando aparece, é surpreendido por Schiller e Hoffmann, que o aguardam e o atiram para fora. O oficial fica estupefato:

Nada se podia igualar à ira e à indignação de Pirogov. A mera lembrança do insulto o deixava possesso. A Sibéria e o chicote eram as menores punições que Schiller poderia esperar. Correu para casa para mudar de roupa e ir ter ao general, a quem com as cores mais vivas descreveria essa rebelião do trabalhador alemão. Ele queria mandar uma petição para o Chefe do Comando. [...]

Tudo isso teve, porém, um final surpreendente: a caminho de casa, ele entrou numa confeitaria, comeu dois pastéis folheados, olhou através da Abelha do Norte e partiu menos irado. Além disso, a noite um tanto fria o convidava a passear na Nevski.

Humilhado em sua tentativa de conquista, ele é estúpido demais para aprender do erro ou mesmo para tentar compreendê-lo. Em poucos minutos, Pirogov esqueceu todo o caso; passeia feliz pela Nevski, imaginando a próxima conquista. Desaparece no crepúsculo, a caminho de Sebastopol. É um típico representante da classe que governou a Rússia até 1917.

Pishkarev, uma figura bem mais complexa, é talvez o único personagem genuinamente trágico de toda obra de Gogol, e aquele a quem Gogol mais entrega o coração. Enquanto o oficial persegue sua loira, seu amigo, o artista, é tomado de amor pela morena. Ele a imagina uma grande dama e treme ao se aproximar dela. Quando finalmente o faz, descobre ser ela de fato uma prostituta, cínica e fútil. Pirogov, é claro, saberia imediatamente, mas Pishkarev, um amante da beleza, carece de experiência de vida e conhecimento de mundo para compreender a beleza como máscara e mercadoria (da mesma forma, conta-nos o narrador, é incapaz de explorar seus quadros como mercadorias: fica tão encantado quando as pessoas apreciam sua beleza que deles se separa por muito menos que seu valor de mercado). O jovem artista se recupera de seu sentimento de repulsa, primeiro, e imagina a moça como uma vítima inocente: resolve salvá-la, inspirá-la com seu amor, levá-la para seu sótão, onde viverão de amor e arte. Mais uma vez ele se enche de coragem, aproxima-se dela e se declara; e, mais uma vez, ela, é claro, ri dele. Na verdade, ela não sabe de que rir mais — se da ideia de amor ou da ideia de trabalho honesto. Vemos, agora, que ele necessita de ajuda muito mais que ela.

Destroçado pelo abismo entre seus sonhos e a realidade com que depara, esse "sonhador de Petersburgo" perde o controle de ambos. Para de pintar, mergulha nas visões provocadas pelo ópio, torna-se então um viciado e, finalmente, tranca-se no quarto e corta a garganta.

Qual é o significado da tragédia do artista e da farsa do soldado? O narrador sugere um sentido no final da história: "Oh, não confie no Projeto Nevski". Mas aí existem ironias girando no interior de ironias. "Eu sempre me envolvo mais em minha capa quando lá adentro e tento não contemplar os objetos que encontro." A ironia aí reside no fato de que o narrador, nessas últimas cinquenta páginas, nada mais fez que contemplar os objetos e apresentá-los ao olhar do leitor. Ele prossegue nesse método e conclui a história aparentemente negando-a. "Não olhe para as vitrinas: as quinquilharias que exibem são adoráveis, mas cheiram a casos amorosos." Casos amorosos são, é claro, o assunto da história. "Você acha que aquelas damas... mas não confie nelas absolutamente. Que o Senhor o impeça de ver as bordas de seus chapéus. Por mais sedutor que seja o manto no qual flutua uma bela mulher, não deixaria que minha curiosidade a seguisse por nada no mundo. E, pelo amor de Deus, mantenha-se afastado da luz! e passe por ela tão rápido quanto possível!" Pois — e assim a história termina —

> O Projeto Nevski sempre mente, porém mais do que nunca quando a massa espessa da noite o envolve e ressalta as paredes amarelas e brancas das casas, e quando toda a cidade se faz barulhenta e deslumbrante, e incontáveis carruagens andam pela rua, e postilhões gritam e montam em seus cavalos, e o próprio demônio parece acender as luzes a fim de tudo mostrar sob uma luz irreal.

Citei o final na íntegra porque ele mostra Gogol, o autor por detrás do narrador, brincando com os leitores de uma forma fascinante. No ato de negar seu amor pelo Projeto Nevski, o autor o representa; mesmo quando execra a cidade por seu falso encanto, ele a apresenta da forma mais sedutora. O narrador parece desconhecer o que diz ou faz, porém é evidente que o autor sabe. De fato, essa ironia ambivalente acabará por ser uma das principais atitudes para com a cidade moderna. Repetidas vezes, na literatura, na cultura popular, em nossa conversa cotidiana, encontraremos vozes como essa: quanto mais o falante condena a cidade, mais vividamente a evoca, mais atraente ela se lhe torna; quanto mais ele se afasta dela, mais profundamente se identifica com ela, mais claramente mostra que não pode viver sem ela. A denúncia que Gogol faz da Nevski é ela mesma uma forma de "me envolver mais em minha capa" — uma forma de encobrimento e disfarce —, mas ele se deixa ver espreitando sedutoramente por detrás da máscara.

São sonhos, sobretudo, que unem artista e rua. "Oh, não confie na Nevski [...] É tudo um sonho." Assim fala o narrador, depois de mostrar-nos como Pishkarev foi destruído pelos seus sonhos. E, contudo, Gogol mostrou-nos, sonhos foram a força motriz da vida e da morte do artista. Isto se faz claro através de um giro típico de Gogol: "Esse jovem pertencia a uma classe que constitui um fenômeno estranho em nosso meio, e que pertence aos cidadãos de São Petersburgo tanto quanto a face que vemos em sonhos pertence à vida real [...] Ele era um artista". O tom retórico dessa frase parece pôr de lado o artista de Petersburgo; sua substância, para aqueles que a notam, acaba por elevá-lo a grandes alturas: a relação do artista com a cidade é representar e talvez mesmo personificar "a face que vemos em sonhos". Se isso assim é, o Projeto Nevski constitui, como rua de sonho, de Petersburgo, não só o *habitat* natural do artista, como também sua companheira de criação numa escala macrocósmica: ele articula com tinta e tela — ou com palavras na página impressa — os sonhos coletivos que a rua realiza com material humano no espaço e no tempo. Portanto, o erro de Pishkarev reside não em vagar rua acima e abaixo, mas em dela sair. É apenas quando confunde a luminosa vida de sonho da Nevski com a vida mundana e sombria das ruas laterais que ele se destrói.

Se a afinidade entre artista e Projeto abarca Pishkarev, abarca também Gogol: a vida de sonho coletiva, que dá à rua sua luminosidade, é a principal fonte de seu próprio poder de imaginação. Quando, na última linha da história, atribui ao demônio a luz estranha porém fascinante da rua, Gogol está sendo jocoso; todavia, é evidente que, caso tomasse essa imagem literalmente, caso buscasse renunciar ao demônio e dar as costas a essa luz, ele extinguiria sua própria força vital. Dezessete anos mais tarde, bem longe da Nevski — em Moscou, tradicional cidade sagrada da Rússia e antítese simbólica de Petersburgo —, Gogol fará exatamente isso. Sob a influência de um homem santo, falso mas fanático, Gogol acreditará que toda a literatura, e a sua, principalmente, é inspirada pelo diabo. Ele então criará para si um final tão horrível quanto o que escreveu para Pishkarev: queimará o segundo e o terceiro volumes de *Almas mortas* e se matará sistematicamente de fome.[16]

Um dos principais problemas da história de Gogol é a relação entre a introdução e as duas narrativas que se seguem. As histórias de Pishkarev e Pirogov são apresentadas na linguagem do realismo do século XIX: personagens claramente articuladas, fazendo coisas coerentes e inteligíveis. A introdução, contudo, é uma montagem surrealista brilhantemente desordenada, mais próxima do estilo do século XX que do estilo do próprio Gogol. A conexão (e desconexão) entre as duas linguagens e experiências deve ter algo a ver com a conexão entre dois aspectos espacialmente contíguos porém espiritualmente discrepantes da cidade moderna. Nas ruas laterais, onde os petersburguenses vivem suas vidas cotidianas, as regras normais de estrutura e coerência, espaço e tempo, comédia e tragédia, se aplicam. Na Nevski, entretanto, essas regras se suspendem, os planos de visão normal e os limites da experiência normal se rompem, as pessoas adentram uma nova organização de espaço, tempo e possibilidade. Tome-se como exemplo um dos momentos mais surpreendentemente modernos (passagem favorita de Nabokov e sua tradução) de "O Projeto Nevski": a jovem que fascinou Pishkarev se vira, sorri para ele e simultaneamente a calçada desapareceu-lhe sob os pés, as carruagens e os cavalos que galopavam pareciam imóveis, a ponte se alongou e se rompeu no meio do arco que descrevia, a casa virou de cabeça para baixo, a guarita tombou em sua direção e a alabarda da sentinela, juntamente com as letras douradas do letreiro da loja e a tesoura nele pintada, pareciam brilhar-lhe nos cílios.

Essa experiência extraordinária, assustadora, é como um momento numa paisagem cubista, ou o produto de uma droga alucinógena. Nabokov a vê como exemplo de visão artística e de gênio elevando-se além dos limites sociais e da experiência. Eu afirmaria que, pelo contrário, essa experiência é precisamente aquilo que o Projeto Nevski deve provocar naqueles que o adentram: Pishkarev obtém o que buscou. A Nevski pode enriquecer espetacularmente a vida dos petersburguenses, contanto que saibam como partir e regressar das viagens que ela oferece, como entrar no século seguinte e dele retornar. Mas aqueles que não conseguirem se integrar nos dois mundos da cidade provavelmente perderão o controle de ambos e, consequentemente, da vida.

"O Projeto Nevski", de Gogol, escrito em 1835, é quase contemporâneo de "O Cavaleiro de Bronze", escrito dois anos antes, todavia os mundos que apresentam estão a anos-luz de distância. Uma das diferenças mais notáveis é que a Petersburgo de Gogol parece totalmente despolitizada: o confronto absoluto e trágico que Puchkin estabelece entre o homem comum e a autoridade central não tem lugar no conto de Gogol. E isso não se deve apenas a sensibilidades distintas (embora de fato o sejam), mas também ao fato de que Gogol tenta expressar o espírito de um espaço urbano muito diferente. O Projeto Nevski era, realmente, o único lugar de Petersburgo que tinha se desenvolvido ou estava se desenvolvendo independentemente do Estado. Era talvez o único lugar público onde os petersburguenses podiam se apresentar e interagir sem ter de olhar para trás e ouvir os cascos do Cavaleiro de

Bronze. Essa era a causa principal da aura de liberdade que a rua desfrutava — em especial no regime de Nicolau, quando a presença do Estado era tão uniformemente rígida. Contudo, a despolitização da Nevski também tornou sua luz mágica irreal, sua aura de liberdade algo semelhante a uma miragem. Nessa rua, os petersburguenses podiam se sentir como indivíduos livres; porém, na realidade, achavam-se confinados nos papéis sociais impostos pela sociedade mais rigidamente estratificada da Europa. E essa realidade podia irromper mesmo em meio à luminosidade enganosa da rua. Por um breve momento, como que um *slide* solitário numa projeção, Gogol nos deixa ver os fatos latentes da vida russa:

> A posição a que [o tenente Pirogov] havia sido recentemente promovido lhe agradava, e, embora algumas vezes, esticando-se no sofá, dissesse "Vaidade, tudo é vaidade! E daí se sou tenente?", a nova dignidade secretamente o lisonjeava e ele procurava, dissimuladamente, sugeri-la na conversa. Uma vez, quando encontrou na rua um funcionário que lhe pareceu rude, ele imediatamente o parou e o fez ver, em poucas palavras, que era um tenente a quem se dirigia, e não menos que isso — ele tentou expressá-lo, e mais eloquentemente, porque nesse momento duas jovens bastante atraentes estavam passando.

Nessa passagem Gogol, na forma rápida que lhe é típica, mostra-nos aquilo que se tornará a cena principal da vida e literatura de Petersburgo: o confronto entre oficial e funcionário. O oficial, representante da classe governante russa, exige do funcionário uma qualidade de respeito que nem sonha retribuir. Por ora, ele tem sucesso: coloca o funcionário no devido lugar. O funcionário a passeio pela Nevski escapou do setor "oficial" da cidade, próximo ao Neva e ao palácio, dominado pelo Cavaleiro de Bronze, apenas para ser cruelmente pisado por uma reprodução em miniatura, porém maligna, do czar, no espaço mais livre da cidade. O tenente Pirogov, ao reduzir o funcionário à submissão, força-o a reconhecer os limites da liberdade que a Nevski oferece. Sua fluidez e mobilidade moderna mostram-se um espetáculo ilusório, uma tela extraordinária de poder autocrático. Os homens e mulheres na Nevski podem se esquecer da política russa — na verdade, isso é parte da alegria de lá estar —, mas a política russa não estava propensa a esquecê-los.

Contudo, a ordem antiga aí é menos sólida do que pode parecer. O homem que fez Petersburgo era uma figura aterrorizadora de implacável integridade; as autoridades do século XIX, como Gogol aí as apresenta (e em grande parte de sua obra), são meros tolos, vazios e frágeis a ponto de quase inspirar ternura. Assim, o tenente Pirogov tem de provar sua força e importância não só para seus supostos inferiores e para as damas, como também para si próprio. Os Cavaleiros de Bronze atuais não são apenas miniaturas, são feitos de lata. A solidez da classe governante é tão miragem quanto a fluidez da rua moderna de Petersburgo. Essa é apenas a primeira fase de um confronto entre oficiais e funcionários; haverá mais atos, com diferentes conclusões, no decorrer do século.

Nas outras histórias de Gogol sobre Petersburgo, o Projeto Nevski continua a existir em um ambiente de intensa vida surreal. O desprezado e amargurado funcionário protagonista de "Diário de um louco" (1835) é oprimido pelas pessoas que nela transitam, todavia se sente à vontade com os cães, com quem conversa animadamente. No final da história, é capaz de olhar sem tremer e até de tocar o chapéu quando o czar passa, mas isso porque, em pleno delírio da loucura, acredita ser igual ao czar — o rei da Espanha.[17] Em "O nariz" (1836), o major Kovalev encontra seu nariz perdido subindo e descendo a Nevski, porém, percebendo com horror que ele agora lhe é hierarquicamente superior, não se atreve a reclamá-lo. Na história mais famosa e talvez a melhor de Gogol sobre Petersburgo, "O capote" (1842), o Projeto Nevski nunca é mencionado e tampouco aparece, porque o herói, Akaki Akakievich, acha-se tão à margem da vida que é incapaz de prestar atenção às coisas ao redor — exceto o frio cortante. Contudo, a Nevski

241

pode ser a rua onde Akaki, em seu novo capote, retorna por breves minutos à vida: por um momento fugaz, a caminho da festa que seus colegas funcionários oferecem a ele e a seu casaco, Akaki se extasia ante as vitrinas brilhantes e as mulheres resplandecentes que por ele passam; mas, num segundo, tudo se acaba e seu capote é rasgado. O significado que emerge de todas essas histórias é que, sem um senso mínimo de dignidade pessoal — de "egoísmo necessário", como dirá Dostoievski em sua coluna no *Notícias de Petersburgo* —, ninguém pode participar da vida pública enganosa e distorcida, porém autêntica, da Nevski.

Muitos membros das classes mais baixas de Petersburgo temem a Nevski. Contudo, não são os únicos. Num artigo de revista intitulado "Notas de Petersburgo de 1836", Gogol lamenta:

> Em 1836, o Projeto Nevski, da eternamente agitada, apressada e alvoroçada Nevski, decaiu por completo: o passeio passou a ser feito no Aterro Inglês. O último imperador (Alexandre I) amava o Aterro Inglês. É, de fato, lindo. Mas apenas quando o passeio lá começou é que notei que o Aterro é um tanto curto. Mas os passeantes lucraram algo uma vez que metade da Nevski está sempre tomada por artesãos e funcionários, razão pela qual nela se continuam a sofrer tantos solavancos como em qualquer outro lugar.[18]

Portanto, o círculo elegante está deixando a Nevski porque teme o contato físico com os funcionários e artistas plebeus. Por mais agradável que a Nevski seja, ele parece disposto a abandoná-la por um espaço urbano bem menos interessante — menos de oitocentos metros de comprimento contra os quatro quilômetros e meio da Nevski; um só lado, sem lojas ou cafés — por puro medo. Todavia, essa evasão não durará muito: logo a grande e a pequena nobrezas voltarão às luzes brilhantes da Nevski. Mas permanecerão precavidas, incertas quanto ao seu poder de definir a rua como sua, em meio aos solavancos que vêm de baixo. Elas temem que, junto com seus inimigos reais e imaginários, a própria rua — mesmo, ou especialmente, a rua que mais amam — esteja a fluir contra si mesma.

PALAVRAS E SAPATOS: O JOVEM DOSTOIEVSKI

No final, o tráfego da Nevski começará a mudar de direção. Porém, antes, o funcionário pobre deverá encontrar sua voz. O primeiro a verbalizá-lo é Dostoievski, em seu primeiro romance, *Gente pobre*, publicado em 1845.[19] Makar Devushkin, o herói de Dostoievski, funcionário de um anônimo departamento do governo, se mostra um digno herdeiro do capote de Akakievich. Do relato de sua rotina de trabalho, conclui-se que sua verdadeira ocupação é ser vítima. Ele é honesto e consciencioso, tímido e modesto; mantém-se à parte das intrigas e gracejos interessantes que permitem a seus colegas passar o dia. No final, eles se voltam para Makar e consagram-no uma espécie de bode expiatório ritual: seu tormento promove a energização do grupo, centraliza a atenção e une a vida do escritório. Devushkin se descreve como um rato, mas um rato que os outros usam para obter glória e poder de organização. Aquilo que o faz diferente de seu precursor gogoliano e torna sua história suportável (poderia qualquer literatura nacional ter mais de um "O capote"?) é uma inteligência complexa, uma vida interior rica e orgulho espiritual. Enquanto escreve a história de sua vida para Varvara Dobroselova, uma jovem que mora numa pensão ao lado da sua, vemos que está suficientemente vivo para se ressentir de sua condição de vítima e que é suficientemente inteligente para perceber algumas das formas pelas quais é conivente com ela. Porém, ele não a percebe por inteiro: mesmo quando conta sua história de vítima, está a representá-la — contando-a a uma mulher que não se importa absolutamente com ela.

Devushkin tem uma certa noção de que, afora a pobreza real, solidão e má saúde, parte de seu problema é ele mesmo. Ele descreve um episódio de juventude quando, da quarta galeria de um teatro, apaixonou-se por uma bela atriz. Nada há de errado nessa espécie de amor em si — trata-se de um dos objetivos visados

243

pelas artes cênicas, uma das forças que atraem o público; praticamente todo o mundo passa por isso pelo menos uma vez na vida. A maioria das pessoas (quer pertençam à plateia da década de 1840, quer à de hoje) mantém esse amor no plano da fantasia, bem distinto da vida real. Uma minoria ficará às portas dos camarins, mandará flores, escreverá cartas apaixonadas e se esforçará para se encontrar com o objeto de seu amor; normalmente, tal atitude resulta em dor (a não ser que seja belo e/ou rico), mas permite que as pessoas satisfaçam seu desejo de unir fantasia e realidade. Devushkin, contudo, não segue nem a maioria nem a minoria; ao contrário, o que ele faz atrai para si o pior dos dois mundos:

> Restava-me apenas um rublo no bolso, e até o princípio do mês faltavam ainda uns bons dez dias. E sabe o que fiz com esse dinheiro, querida? No dia seguinte, a caminho da repartição, entrei numa perfumaria e gastei o que me restava em perfumes e sabonetes finos. [...] E, além disso, ao invés de ir para casa jantar, fiquei rondando a casa da atriz, debaixo de sua janela. Ela morava no quarto andar de uma casa na Nevski. Mais tarde voltei para casa, descansei um pouco, e logo retornei, plantando-me novamente debaixo das janelas. Assim prossegui por um mês e meio, seguindo-a, alugando carruagens só para conduzir-me de lá para cá, nas imediações da casa. Em uma palavra: gastei nessas loucuras todo o meu ordenado e fui forçado a contrair dívidas; por fim, acabou-se a paixão, e comecei a achar enfadonha aquela corte.[20]

Se a Nevski é (como disse Gogol) a linha de comunicações de Petersburgo, então Devushkin abre o circuito, paga a chamada, mas não consegue fazer a ligação. Ele se prepara para um encontro que será, ao mesmo tempo, pessoal e público; faz sacrifícios e se arrisca — imagine-se o pobre funcionário usando perfume francês! —, mas não consegue concretizá-lo. Os eventos cruciais de sua vida são coisas que não acontecem: coisas a que se entrega, elabora com o poder da imaginação, cerca sem cessar, mas que lhe escapam na hora da verdade. Não é de

244

se admirar que ele se enfade; e mesmo os leitores mais complacentes tenderão a achar Devushkin enfadonho.

Gente pobre dá voz aos funcionários pobres, porém a voz ainda é trêmula e vacilante. Frequentemente soa como a voz do *shlemiehl* clássico, uma das principais figuras do folclore e da literatura da Europa oriental (russos, poloneses e iídiches). Mas é também surpreendentemente semelhante à voz aristocrática mais proeminente da literatura russa da década de 1840: o "homem supérfluo". Essa figura, a que Turguêniev dá nome e elabora lindamente ("Diário de um homem supérfluo", 1850; *Rudin*, 1856; os pais em *Pais e filhos*, 1832), é rica em inteligência, sensibilidade e talento, mas carece de determinação para trabalhar e agir; transforma-se num *shlemiehl*. Mesmo quando deve herdar o mundo. A política dos "homens supérfluos" da baixa nobreza tendia a um liberalismo idealista, capaz de não se deixar iludir pelas pretensões da autocracia e de simpatizar com as pessoas comuns, mas sem determinação para lutar por uma mudança radical. Esses liberais da década de 1840 achavam-se imersos numa nuvem de depressão e fastio que, numa obra como *Gente pobre*, fundiu-se a outra nuvem de desespero e fastio vinda de baixo.

Ainda que Devushkin quisesse, simplesmente não havia meio de o funcionário pobre lutar na década de 1840. Porém, havia algo que talvez pudesse fazer: escrever. À medida que abre seu coração, mesmo para alguém que não está ouvindo, Devushkin começa a perceber que tem algo para dizer. Afinal, não é ele um homem tão representativo como qualquer outro em Petersburgo? Em vez da tagarelice escapista e sentimental que passa por literatura — fantasias de espadas retinindo, cavalos galopando e virgens raptadas em meio à noite —, por que não confrontar o público com a vida interior real de um petersburguense seu semelhante? Nesse momento, a imagem do Projeto Nevski cresce em sua mente e o devolve à sua humilde posição:

> Mas que aconteceria?... Porque, para dizer a verdade, às vezes me entra essa ideia na cabeça. [...] Que aconteceria se eu também cismasse de escrever? Suponha, só por um

minuto, que um livro foi publicado. Você o apanha e lê: "*Poesias*, de Makar Devushkin". Que pensaria, hein? De minha parte, querida, garanto que desde o momento e hora em que aparecesse meu livro, já não ousaria apresentar-me na Nevski. Como me sentiria quando as pessoas dissessem: "Olhem, aí vem o poeta Devushkin em pessoa!". Como me arranjaria com os meus sapatos, então? Pois deve saber, querida, que eles, e também as solas, andam sempre remendados e não são decentes de se ver. E que faria eu, se todo o mundo soubesse que o poeta Devushkin calça sapatos remendados? Suponha que alguma duquesa ou condessa os notasse. Que diria ela de mim? É bem possível que ela nem os notasse, pois não creio que as duquesas e condessas se interessem por sapatos, muito menos pelos sapatos de um funcionariozinho (afinal de contas, há sapatos e sapatos).

Para um funcionário letrado e sensível, porém comum e pobre, o Projeto Nevski e a literatura russa representam a mesma promessa enganosa: uma linha na qual todos os homens podem se comunicar livremente e se reconhecer igualmente. Contudo, na Rússia da década de 1840, uma sociedade que combina modernos meios de comunicação de massa e relações sociais feudais, essa promessa é uma zombaria cruel. Os meios de comunicação que parecem unir as pessoas — rua e imprensa — apenas dramatizam a enormidade do abismo entre elas.

O funcionário de Dostoievski teme apenas duas coisas: de um lado, que "alguma duquesa ou condessa", a classe dominante que governa a vida da rua e a vida cultural, se ria dele, de seus sapatos remendados, de sua alma esfarrapada; de outro — e isso provavelmente seria ainda pior —, que seus superiores nem se apercebam de suas solas ("afinal de contas, há sapatos e sapatos") ou de sua alma. Qualquer uma dessas possibilidades pode de fato ocorrer: o funcionário não pode governar as respostas dos governantes. Aquilo que realmente cai sob sua jurisdição é seu próprio autorrespeito: seu "senso de dignidade pessoal, de egoísmo necessário". A classe dos funcionários pobres deverá vir a aceitar seus sapatos e pensamentos a ponto de o olhar do outro — ou a ausência desse olhar — não os transformar em pó. Então, e apenas então, serão capazes de se pôr na linha, na rua e na imprensa e criar uma verdadeira vida pública a partir dos vastos espaços públicos de Petersburgo. Nesse momento, 1845, nenhum russo, real ou ficcional, pode imaginar concretamente como isso poderá ocorrer. Todavia, *Gente pobre* pelo menos define o problema — um problema crucial na política e cultura russa — e possibilita aos russos da década de 1840 imaginar que a mudança ocorrerá, de alguma forma, algum dia.

No segundo romance de Dostoievski, *O sósia*, publicado um ano depois, o herói, outro funcionário do governo, se prepara para um grande gesto de autoapresentação na Nevski. Contudo, esse gesto vem a ser tão desproporcional aos recursos reais, políticos e psicológicos, do sr. Goliadkin, que se transforma num pesadelo bizarro que o impele para um redemoinho de paranoia, no qual será atirado para a frente e para trás por 150 páginas excruciantes, até ser, finalmente, misericordiosamente, tragado.

Quando a história começa, Goliadkin acorda, deixa seu quarto estreito e miserável e sobe a uma magnífica carruagem, descrita em detalhes, que ele alugou por aquele dia. Manda que o cocheiro o conduza ao escritório passando pela Nevski, deixa as janelas abertas e sorri benignamente para a multidão de pedestres na rua. Porém, de súbito, é reconhecido por dois jovens colegas de escritório, metade de sua idade e seus iguais em cargo. Os dois acenam, chamam seu nome, e Goliadkin, tomado de pavor, se encolhe no canto mais escuro da carruagem (vemos aí o duplo papel dos veículos no tráfego da cidade: para aqueles que têm autoconfiança ou confiança de classe, os veículos são fortalezas protegidas de onde se domina a massa de pedestres; para aqueles que carecem de confianças, os veículos são armadilhas, gaiolas, cujos ocupantes se tornam extremamente vulneráveis ao relance fatal de qualquer assassino).[21] Logo em seguida, algo ainda pior acontece: a carruagem de seu chefe fica lado a lado da sua. "Goliadkin, percebendo que Andrei Filipovich o tinha reconhecido, que ele agora o contemplava de olhos arregalados e que não havia onde se esconder, enrubesceu até as orelhas." A resposta aterrorizada de Goliadkin ao olhar do chefe o levará, por uma fronteira invisível, à loucura, que o engolirá por inteiro no final:

> "Cumprimento-o ou não? Mostro que o conheci? Admito que sou eu ou finjo que sou outro, algum indivíduo extraordinariamente parecido comigo, e olho completamente indiferente?" — perguntava-se Goliadkin, tomado por indescritível angústia. "É isto: eu não sou eu... e isso é tudo" — pensou, os olhos fixos em Andrei Filipovich enquanto tirava o chapéu em respeito.
> "Eu, eu, eu... nada, nada não, senhor"... — balbuciou. "Apenas isso: não sou eu."[22]

Todos os giros cruéis e surrealistas do enredo partem dessa autonegação. Goliadkin, pego em flagrante na Nevski, não consegue olhar para o chefe e afirmar seu desejo de igualar-se a ele. O desejo de rapidez, estilo, luxo — e reconhecimento de sua dignidade —, esses desejos culposos não lhe pertencem absolutamente — "Eu não sou eu... e isso é tudo" — mas, de alguma forma, a "outra pessoa". Dostoievski, então, faz com que os desejos que foram tão radicalmente separados do eu tomem a forma objetiva real do "outro", de um sósia. Essa pessoa agressiva, competitiva, ambiciosa, que Goliadkin não consegue encarar e reconhecer como parte de si, o expulsa de sua vida e usa essa vida como trampolim para o sucesso e a felicidade que Goliadkin tanto desejou. Na medida em que seus tormentos se multiplicam (eis por que Dostoievski ganhou a reputação de "um talento cruel"),[23] Goliadkin se convence de que está sendo punido por seus desejos maldosos. Esforça-se para convencer seus superiores, e a si próprio, de que nunca quis ou buscou

248

algo para si, de que o único objetivo de sua vida foi a submissão à vontade deles. Quando o levam embora, no final da história, ele ainda está negando e se punindo.

Aprisionado em sua loucura solitária, Goliadkin é um dos primeiros da linhagem de atormentadas figuras solitárias que vagam pela literatura moderna até nossa época. Todavia, Goliadkin também pertence a outra linhagem, à linhagem do Evgeni de Puchkin, à tradição dos funcionários comuns de Petersburgo que enlouquecem ao reivindicar dignidade numa cidade e sociedade que lhes negam isso — e, principalmente, que se metem em encrencas ao dramatizar sua reivindicação nos projetos e praças públicas da cidade. Há, contudo, diferenças importantes em suas formas de loucura. Evgeni internalizou a suprema autoridade de Petersburgo, que agora reside na sua alma e submete sua vida interior a uma disciplina draconiana — como diria Freud, "ele instalou uma agência interna (o ego) para o vigiar, tal qual uma guarnição numa cidade conquistada".[24] As delusões de Goliadkin tomam outra forma: ao invés de introjetar a autoridade externa, ele projeta para fora, no "Goliadkin Júnior", seu desejo de afirmar sua própria autoridade. Para o jovem Hegel e para Feuerbach, cujos pensamentos exerceram profunda influência nos intelectuais russos da década de 1840, o trânsito de Evgeni para Goliadkin representaria uma espécie de progresso na loucura: o eu se reconhecendo, mesmo de forma distorcida e destrutiva, como origem última da autoridade. A ruptura verdadeiramente revolucionária ocorreria, de acordo com essa dialética, se o funcionário pudesse afirmar ambos os Goliadkins, com todos os seus desejos e impulsos, como seus. Então, e apenas então, poderia ele arriscar-se a exigir reconhecimento — uma exigência moral, psicológica e política — no espaço urbano imenso, porém até aqui não reclamado, de Petersburgo. Contudo, será necessário mais uma geração para que os funcionários petersburguenses aprendam a agir.

2. A DÉCADA DE 1860 — O NOVO HOMEM NA RUA

A década de 1860 constitui um marco divisório na história da Rússia. O evento decisivo é o decreto de Alexandre II a 19 de fevereiro de 1860, libertando os servos. Contudo, política e culturalmente, pode-se dizer que a década de 1860 começou alguns anos antes, no princípio do reinado de Alexandre II, quando, após o desastre da guerra da Crimeia, fez-se claro para todo o mundo que a Rússia teria de passar por transformações radicais. Os primeiros anos de Alexandre foram marcados por uma liberalização significativa da cultura, por nova abertura na discussão pública e por grande fermento de expectativas e esperanças, que resultaram no 19 de fevereiro. Entretanto, o decreto de emancipação produziu frutos amargos. Logo se constatou que os servos continuavam aprisionados a seus senhores, que recebiam ainda menos do que lhes era anteriormente destinado, que estavam expostos a toda uma nova ordem de obrigações emanadas das comunas das vilas e que eram, na verdade, livres apenas nominalmente. Mas, além dessas e outras falhas substanciais do decreto de emancipação, um sentimento de decepção enchia o ar. Os russos haviam esperado com fervor que o decreto de emancipação levasse a Rússia a uma nova era de irmandade e regeneração social e que fizesse dela um exemplo para o mundo moderno; em vez disso, obtiveram uma sociedade de castas apenas um pouco modificada. Todavia, a amargura que se seguiu ao fracasso dessas esperanças foi decisiva para moldar a cultura e política russas dos cinquenta anos seguintes.

A década de 1860 notabilizou-se pela emergência de uma nova geração e de um novo estilo de intelectuais: os *raznochintsy*, "homens de várias origens e classes", termo administrativo para todos os russos que não pertenciam à alta ou à baixa nobreza. Esse termo equivale, mais ou menos, ao Terceiro Estado francês pré-revolucionário; o fato de que os membros desse estado — que, é claro, incluía a vasta maioria dos russos — até então não tivessem figurado como atores na história dá uma medida do atraso da Rússia. Quando os *raznochintsy* realmente apareceram

— filhos de sargentos, alfaiates, padres de vilas e funcionários —, irromperam em cena com agressiva estridência. Orgulhavam-se de sua vulgaridade franca, de sua falta de requinte social, de seu desprezo por tudo que fosse elegante. O retrato mais notável do "novo homem" da década de 1860 é Bazarov, o jovem estudante de medicina em *Pais e filhos*, de Turguêniev. Bazarov derrama injúrias cheias de desprezo contra toda a poesia, arte e moralidade, contra todas as instituições e crenças existentes; gasta seu tempo e energia estudando matemática e dissecando rãs. É em sua honra que Turguêniev cunha a palavra *niilismo*. Na verdade, a negatividade de Bazarov e da geração de 1860 é limitada e seletiva: os "novos homens" tendem, por exemplo, a adotar uma atitude "positivista" acrítica para com os modos de pensamento e de vida supostamente racionais e científicos. Contudo, os intelectuais plebeus da década de 1860 rompem traumaticamente com o humanismo liberal culto que caracterizou os intelectuais da baixa nobreza da década de 1840. Seu rompimento talvez seja mais com o comportamento do que com as ideias: os "homens dos anos 60" estão dispostos a agir decisivamente e contentes em fazer recair sobre si ou sobre a sociedade qualquer embaraço, dor ou problema que a ação possa impor.[25]

Em 1º de setembro de 1861, um cavaleiro misterioso passou a pleno galope pela Nevski, atirando panfletos para os lados e para o chão, enquanto desaparecia. O impacto desse gesto foi sensacional, e toda a cidade logo estava discutindo a mensagem do cavaleiro, uma proclamação endereçada "À Geração mais Jovem". A mensagem era simples e chocantemente fundamental:

> Não temos necessidade qualquer de um czar, imperador, do mito de algum amo, ou da púrpura que mascara a incompetência hereditária. Queremos como líder um homem simples, um homem do campo, capaz de compreender a vida das pessoas e que seja escolhido pelo povo. Não necessitamos de um imperador consagrado, mas de um líder eleito que receba salário pelos seus serviços.[26]

Três semanas mais tarde, em 23 de setembro, a multidão da Nevski viu algo ainda mais surpreendente, talvez a única coisa que essa rua jamais vira: uma demonstração política. Um grupo de centenas de estudantes (a "geração mais jovem") saiu da universidade, junto ao Neva, e subiu a rua em direção à casa do reitor. Eles protestavam contra uma série de novos regulamentos administrativos que proibiria que professores e alunos mantivessem qualquer tipo de reunião e — o que era ainda mais devastador — que aboliria bolsas de estudos e estipêndios (barrando, portanto, a enxurrada de alunos pobres que tinha fluído para a universidade nos últimos anos). Isso, portanto, faria da educação universitária, novamente, o privilégio de casta que fora no reinado de Nicolau I. A demonstração foi espontânea, o tom alegre, e a multidão da rua empática. Eis aqui a lembrança de um participante, anos mais tarde:

> Nunca se vira nada parecido. Era um lindo dia de setembro... Nas ruas, as jovens, que estavam começando a frequentar a universidade, se uniram ao grupo, bem como alguns jovens *raznochintsy* que nos conheciam ou simplesmente apoiavam nossa causa. [...] Quando chegamos à Nevski, os barbeiros franceses saíram das lojas, as faces iluminadas, e, sacudindo os braços, gritavam: "Revolução! Revolução!".[27]

Naquela noite, o governo — sem dúvida apavorado pelos gritos dos barbeiros — prendeu dezenas de estudantes, inclusive representantes a quem fora prometida imunidade. Isso deu origem a meses de tumulto na ilha Vassilevski, dentro e ao redor da universidade: greves de professores e alunos, dispensas temporárias e invasões policiais, expulsões em massa, tiroteios e prisões e, finalmente, o fechamento da universidade por dois anos. Após 23 de setembro, mantiveram-se os jovens militantes longe da Nevski e do centro da cidade. Quando foram expulsos da universidade, desapareceram e formaram uma rede complicada de grupos e células. Muitos foram para o campo, onde buscaram seguir o conselho de Herzen de "ir ao encontro do povo",[28] embora esse movimento não tenha crescido na década seguinte. Outros deixaram a Rússia para continuar seus estudos na Europa ocidental, principalmente na Suíça, e em geral nas faculdades de ciência e medicina. A vida na Nevski voltou ao normal: passar-se-ia mais de uma década antes da próxima demonstração. Contudo, por um breve momento, os petersburguenses sentiram o sabor de um confronto político nas ruas da cidade. Essas ruas tinham se definido irrevogavelmente como espaço político. A literatura russa da década de 1860 se esforçaria para preencher esse espaço imaginativamente.

CHERNYSHEVSKI: A RUA COMO FRONTEIRA

A primeira grande cena de confronto da década de 1860 foi imaginada e escrita na cela de uma masmorra. Em julho de 1862, o editor e crítico radical Nikolai Chernyshevski foi preso sob acusações vagas de subversão e conspiração contra o Estado. Na verdade, não havia qualquer evidência contra Chernyshevski, que tomara o cuidado de limitar sua atividade ao campo da literatura e das ideias. Consequentemente, faz-se necessário fabricar alguma evidência. Como isso tomou tempo do governo, Chernyshevski permaneceu preso, sem julgamento, por quase dois anos, nas masmorras da fortaleza Pedro-Paulo, a mais antiga construção de São Petersburgo, e sua bastilha até 1917.[29] No final, um tribunal secreto o condenaria à prisão perpétua na Sibéria, onde serviria por vinte anos, e seria libertado somente quando sua saúde estava arruinada, sua mente perturbada e a morte próxima. Seu martírio o faria um dos santos dos anais da *intelligentsia* russa. Enquanto tremia de frio na solitária, esperando seu caso ser resolvido, Chernyshevski lia e escrevia febrilmente. Seu trabalho mais substancial na prisão foi um romance intitulado *Que fazer?*. O livro, que apareceu em 1863 sob forma de seriado, sobreviveu apenas devido a uma série bizarra de eventos que parecem emergir diretamente de algum romance surreal de Petersburgo — sozinho, nenhum romancista o conseguiria.

253

Primeiro, o manuscrito foi entregue às autoridades da prisão, que o enviaram a uma comissão especial de inquérito criada especialmente para esse caso. Os dois órgãos puseram-lhe tantos selos oficiais que, quando chegou ao escritório do censor, este nem se preocupou em lê-lo, pensando que já fora devidamente examinado e censurado. Em seguida, o manuscrito foi entregue ao poeta liberal Nicolai Nekrasov, amigo de Chernyshevski e coeditor da revista *O Contemporâneo*. Mas Nekrasov o perdeu na Nevski. Recuperou-o apenas mediante anúncio na *Gazeta Policial* de Petersburgo: foi-lhe entregue por um jovem funcionário do governo, que o achara na rua.

Todos, inclusive Chernyshevski, consideraram *Que fazer?* um fracasso como romance: o enredo era inverossímil, os personagens sem substância — ou melhor, um esquadrão de personagens que não se distinguem uns dos outros —, o ambiente era difuso e não havia unidade de tom ou sensibilidade. Contudo, tanto Tolstoi quanto Lenin se apropriaram do título de Chernyshevski e da aura de grandeza moral que o acompanhava. Eles reconheceram que esse livro ruim marcava, por todas as suas falhas evidentes, um passo crucial no desenvolvimento do espírito russo moderno.[30]

A razão da fama imediata do livro e de sua força duradoura é revelada no subtítulo: "Relatos sobre gente nova". Apenas a emergência e a iniciativa de uma classe de "novas pessoas", acreditava Chernyshevski, impulsionariam o ingresso da Rússia no mundo moderno. *Que fazer?* é, simultaneamente, um manifesto e um manual para essa futura vanguarda. Teria sido impossível a Chernyshevski, é claro, mostrar seus homens e mulheres novos envolvidos em alguma espécie de política concreta. Em vez disso, ele fez algo muito mais excitante: criou uma série de vidas exemplares cujas relações e encontros pessoais estavam saturados de política.

Eis aqui um típico incidente, um dia na vida de um "homem novo":

Que espécie de homem era Lopukhov? Eis a espécie de homem que ele era. Caminhava pela rua Kameni-Ostrovski,[31] vestindo um uniforme (de estudante) esfarrapado (após ter dado uma aula por uma ninharia, a três quilômetros da escola). Um dignatário, que passeava, vem em sua direção e, como dignatário que é, recusa-se a dar passagem. Na época, Lopukhov tinha como lema: "Exceto mulheres, não dou passagem a ninguém primeiro". Deram-se um encontrão. O indivíduo, fazendo meia-volta, disse: "Que há com você, seu porco? Gado!". Ia já prosseguir, mas Lopukhov virou-se completamente para ele, agarrou-o e o estendeu cuidadosamente na sarjeta. Plantando-se sobre ele, disse: "Se fizer um movimento, empurro-o ainda mais". Dois camponeses passaram, olharam e elogiaram. Um funcionário passou, olhou, não elogiou, mas sorriu amplamente. Carruagens passaram, mas ninguém delas olhava... Lopukhov ainda permaneceu algum tempo, depois puxou o indivíduo pela mão — levantou-o, trouxe-o para a calçada e disse: "Meu Deus, senhor, que lhe aconteceu? Espero que não tenha se machucado. Permite que o limpe?". Um camponês passou e ajudou a limpar, dois cidadãos passaram e ajudaram a limpar, todos limparam o indivíduo e foram embora.[32]

É difícil para os leitores saber como reagir diante disso. Com certeza admirarão a coragem e a audácia de Lopukhov, bem como sua força física. Um leitor de literatura russa, contudo, certamente ficará surpreso diante da total ausência de vida interior, de consciência do herói. Seria possível que nele não houvesse qualquer vestígio de medo perante a classe dominante, qualquer deferência imposta por aprendizado que entrasse em conflito com a sua indignação? Poderia ser ele tão livre de ansiedade quanto às consequências de seu ato? Quanto ao poder do dignatário de o expulsar da escola ou de o mandar para a cadeia? Ele não se preocupa um segundo sequer em saber se podia realmente levantar o homem? Chernyshevski sem dúvida diria que é precisamente isso que há de novo no "homem novo": eles estão livres das intermináveis dúvidas e ansiedades hamletianas que tanto enfraqueceram a alma russa até então. Provavelmente esses homens novos jamais deixariam que qualquer Cavaleiro de Bronze os perseguisse: eles simplesmente o atirariam no Neva, com cavalo e tudo. Mas é exatamente essa ausência de conflito interior que priva a vitória de Lopukhov de qualquer delicadeza: ela é rápida demais, fácil demais; o confronto entre oficiais e funcionários, dominantes e dominados, termina antes de se tornar verdadeiro.

É irônico que Chernyshevski se tornasse conhecido como o mais proeminente defensor do "realismo" literário e um eterno inimigo daquilo que ele chamava de "fantasmagoria": Lopukhov é certamente um dos heróis mais fantásticos, e essa cena, uma das mais fantasmagóricas da história da literatura russa. Os gêneros literários a que a obra se assemelha estão no polo mais oposto ao realismo: o conto norte-americano dos exploradores de fronteira, o épico de guerra cossaco, o romance do *Caçador de cervos* ou de *Taras Bulba*. Lopukhov é um pistoleiro do Oeste ou um selvagem das estepes — um cavalo é tudo de que precisa. As marcações cênicas indicam uma visão de Petersburgo, mas seu espírito está mais próximo de um círculo de caravanas. Ela mostra Chernyshevski como um "sonhador de Petersburgo", empenhado nisso até o fundo do coração.

Um traço importante do mitológico mundo da fronteira é a ausência de classes: um homem enfrenta o outro, individualmente, num vazio. O sonho de uma democracia pré-civilizada de "homens naturais" é que faz poderosa e atraente a mitologia da fronteira. Contudo, quando mitologias da fronteira são transpostas para uma rua verdadeira de São Petersburgo, os resultados são particularmente bizarros. Consideremos os espectadores que formam o pano de fundo da cena de Chernyshevski: tanto os camponeses quanto os funcionários demonstram claramente sua alegria; nem mesmo as pessoas nas carruagens se perturbam ao ver um dignatário afundado na lama. E nem mesmo o herói se encrenca; o mundo todo o apoia feliz (ou despreocupadamente). Ora, isso teria perfeito sentido no mundo aberto e atomizado da mítica fronteira americana. Mas, para que fosse remotamente plausível em

Petersburgo, os dignatários teriam de ter deixado de ser a classe dominante da cidade — na verdade, a classe dominante de toda a sociedade. Em outras palavras, a Revolução Russa teria de já ter acontecido! E, nesse caso, para que se preocupar em afundar um homem na lama? E, mesmo que houvesse um motivo — humilhar a antiga classe dominante —, decerto nada haveria de heroico nisso.[33] Portanto, se essa estranha cena fosse de alguma forma possível, seria desnecessária. É nitidamente inadequada, como literatura ou política, às emoções heroicas que visa suscitar.

Entretanto, apesar da sua incoerência e inaptidão, Chernyshevski alcança um resultado: representa os plebeus de Petersburgo desafiando os dignatários no meio da rua, em plena luz do dia. Essa cena é muito mais subversiva do que as falsas conspirações que permitiram ao Estado destruir sua vida. Tê-la concebido e escrito mostra não só coragem moral como também poder de imaginação. A localização em São Petersburgo lhe confere uma riqueza e uma ressonância especiais. Essa cidade tencionava dramatizar para o povo russo as exigências e a aventura da modernização imposta. *Que fazer?* dramatiza, pela primeira vez na história russa, o contrassonho de civilização vindo de baixo. Chernyshevski sabia das inadequações de seu livro como drama e como sonho. Entretanto, enquanto desaparecia no vazio da Sibéria, legou aos sobreviventes o desafio notável, na literatura e na política, de completar o sonho e torná-lo mais real.

O HOMEM DO SUBTERRÂNEO NA RUA

Notas do subterrâneo, de Dostoievski, que apareceu em 1864, está cheio de alusões a Chernyshevski e a *Que fazer?*. A mais famosa dessas alusões é a imagem do palácio de Cristal. O palácio de Cristal de Londres, construído no Hyde Park para a Exposição Internacional de 1851, e reconstruído em Sydenham Hill em 1854, foi visto de longe por Chernyshevski por ocasião de sua breve visita a Londres em 1851 e aparece como uma visão mágica no sonho de Vera Pavlovna, a heroína de seu romance.

Para Chernyshevski e sua vanguarda de "homens novos", o palácio de Cristal é um símbolo de novos modos de liberdade e felicidade que os russos poderiam usufruir caso dessem o grande salto histórico para a modernidade. Para Dostoievski e seu anti-herói, o palácio de Cristal também representa a modernidade, só que simboliza tudo o que há de agourento e ameaçador na vida moderna, tudo contra o que o homem moderno deve se colocar *en garde*. Estudiosos que têm comentado as *Notas* e o *motif* do palácio de Cristal tendem a se apropriar da crítica virulenta do Homem do Subterrâneo ou, pelo menos, a tomá-la pelo valor aparente. Assim, eles desprezam Chernyshevski por sua falta de profundidade espiritual: quão estúpido e banal deve ter sido esse homem para pensar que a humanidade é racional, que as relações sociais são aperfeiçoáveis; quão bem e profundamente Dostoievski o colocou no devido lugar.[34] Na verdade, Dostoievski não partilha dessa condescendência para consigo. Ele foi praticamente a única figura respeitável da Rússia a falar, antes e depois da prisão de Chernyshevski, em defesa de seu intelecto, de seu caráter e mesmo de sua espiritualidade. Embora acreditasse que Chernyshevski estava metafísica e politicamente errado, ele podia ver que seu radicalismo emergia de "uma abundância de vida". Aqueles que zombaram de Chernyshevski "apenas conseguiram pôr a nu a profundidade de seu cinismo", que "serve aos interesses materiais correntes, quase sempre em detrimento dos companheiros". Dostoievski insistia em que "esses proscritos pelo menos tentam fazer alguma coisa; eles procuram uma saída; erram e, desse modo, salvam outros; porém vocês" — assim ele repreendia seus leitores conservadores — "conseguem apenas rir numa atitude melodramática de indiferença".[35]

Retornaremos ao palácio de Cristal. Todavia, para que se apreenda esse símbolo da modernidade em sua totalidade e profundidade, quero primeiro abordá-lo da perspectiva de um outro cenário moderno arquetípico: a rua de Petersburgo. A partir do Projeto Nevski seremos capazes de ver a estrutura social e espiritual partilhada por Chernyshevski e Dostoievski. Há, claro, profundos conflitos morais e metafísicos entre eles.

Contudo, se compararmos o Homem do Subterrâneo de Dostoievski com o Homem Novo de Chernyshevski conforme os vemos se apresentando na Nevski, descobriremos profundas afinidades na origem e nos objetivos dos mesmos.

A cena de confronto de Dostoievski, quase nunca mencionada nos vários comentários sobre as *Notas*, ocorre no segundo volume, geralmente negligenciado. Ela segue o paradigma clássico de Petersburgo: oficial aristocrático *versus* o funcionário pobre. Sua diferença radical para com a cena de Chernyshevski reside no fato de que são necessários vários anos de angústia exaustiva para o Homem do Subterrâneo desafiar a autoridade, angústia que se desdobra em oitenta páginas intensa e densamente escritas. Sua semelhança com a cena de Chernyshevski e com as iniciativas radicais e democráticas da década de 1860 reside no fato de que ela *ocorre*: após uma agonia introspectiva hamletiana aparentemente interminável, o Homem do Subterrâneo finalmente age, insurge-se contra o superior social e luta por seus direitos na rua. Além disso, ele luta no Projeto Nevski, que desde há uma geração, e agora ainda mais, é a coisa em Petersburgo que mais se assemelha a um espaço verdadeiramente político. Ao explorarmos essa cena, ficará claro quanto Chernyshevski ajudou a tornar possível o confronto do Homem do Subterrâneo. Sem Chernyshevski, seria difícil imaginar essa cena — uma cena que é, na verdade, mais realista e mais revolucionária que qualquer coisa em *Que fazer?*.

A história começa tarde da noite, em "lugares completamente escuros", longe da Nevski. Essa era uma fase da vida, explica o herói, em que "tinha pavor de ser visto, encontrado, ou mesmo reconhecido. Já trazia o subterrâneo na alma".[36] Porém, subitamente, algo acontece que dele se apossa e abala a sua solidão. Ao passar por uma taverna, ouve e presencia um tumulto. Alguns homens lutavam, e, no clímax da luta, um deles foi atirado pela janela. Esse evento toma conta da imaginação do Homem do Subterrâneo e nele suscita o desejo de participar da vida — mesmo que seja de um modo degradante e distorcido. Ele sente inveja do homem que foi atirado pela janela — talvez ele próprio se tenha deixado atirar pela janela. Reconhece a perversidade de seu desejo, mas esse o faz sentir-se mais vivo, crucial para ele: "mais vivo" que nunca. Agora, ao invés de temer o reconhecimento, ele anseia por ele, ainda que isso implique surras e ossos quebrados. Ele entra no recinto, procura o agressor — era, é claro, um oficial, de cerca de um metro e oitenta de altura — e se aproxima do homem, disposto a causar encrenca. Porém, o oficial reage de um modo que é muito mais destruidor que qualquer ataque físico:

> Eu estava parado à mesa de bilhar e, em minha ignorância, bloqueando o caminho, e ele queria passar; tomou-me pelos ombros e, sem uma palavra, sem um aviso ou explicação, moveu-me de onde estava para outro lugar e passou como se não tivesse me notado. Eu perdoaria socos, mas não poderia perdoar ele ter me movido e me ignorado completamente.

Das alturas onde o oficial se coloca, o funcionário insignificante nem é visível — ele está "lá" tanto quanto uma mesa ou cadeira. "Parecia que eu não era um igual nem para ser atirado janela afora." Por demais embaraçado e humilhado para protestar, ele retorna às ruas anônimas.

A primeira característica que marca o Homem do Subterrâneo como um "homem novo", ou "homem dos anos 60", é seu anseio por um choque frontal, um encontro explosivo — mesmo que venha a ser a vítima desse encontro. Os primeiros personagens de Dostoievski, tais como Devushkin, ou colegas anti-heróis, como Oblomov de Goncharov, teriam puxado os cobertores até as orelhas e jamais deixado os quartos, temendo encontros desse tipo. O Homem do Subterrâneo é muito mais dinâmico: nós o vemos mover-se para fora de sua solidão e lançar-se na ação, ou, pelo menos, numa tentativa de ação; ele vibra com a possibilidade de encrenca.[37] É nesse momento que aprende sua primeira lição política: é impossível para homens da classe dos funcionários causar problemas a homens da classe dos oficiais, porque esta última — a alta e baixa nobrezas que mesmo após 19 de fevereiro continuam a governar a Rússia — nem mesmo sabe que a outra classe, a multidão de proletários educados em escolas ou autodidatas de Petersburgo, existe. A tradução de Matlaw coloca muito bem o aspecto político: "eu não era um igual nem para ser atirado janela afora". Não pode haver qualquer espécie de encontro — mesmo violento — sem um mínimo de igualdade: os oficiais precisariam reconhecer os funcionários como seres humanos que lá estão.

Na fase seguinte da história, anos mais tarde, o Homem do Subterrâneo quebra a cabeça em vão buscando modos de efetivar esse reconhecimento. Ele segue o oficial por toda parte, vem a conhecer seu nome, sua casa, seus hábitos — suborna os porteiros —, porém não se deixa ver (o oficial não o notou quando ele estava a poucos centímetros de distância, então por que o notaria agora?). Ele cria intermináveis fantasias sobre seu opressor e chega até, na esteira dessa obsessão, a transformar algumas delas em histórias e, a si, em autor (mas ninguém se interessa por fantasias de funcionários sobre oficiais, daí ele permanecer um autor não publicado). Decide desafiar o oficial para um duelo e chega a escrever uma carta provocativa, todavia se convence de que o oficial nunca duelará com um civil de baixa casta (ele poderia ser expulso do corpo de oficiais se o fizesse), e a carta não é enviada. O que é até bom, ele conclui, porque por detrás da mensagem de ira e rancor transparece um subtexto que transpira um anseio abjeto pelo amor do inimigo. Na fantasia, ele se deixa proteger pelo algoz:

> A carta foi redigida de tal modo que, se o oficial tivesse tido a menor compreensão "do sublime e do belo", certamente teria corrido para mim, se enlaçado ao meu pescoço oferecendo-me sua amizade. E como seria bom! Viveríamos tão bem como amigos! Ele me defenderia com a imponência de sua apresentação; eu torná-lo-ia mais nobre com a minha cultura e, afinal, com minhas ideias, e muita coisa mais poderia acontecer.

Dostoievski revela essa ambivalência plebeia admiravelmente. Qualquer plebeu se reconhecerá, ou se envergonhará, ao ver a necessidade e o amor abjeto que tão frequentemente se escondem sob nosso farisaico ódio e orgulho de classe. Essa ambivalência será dramatizada politicamente na geração seguinte, nas cartas ao czar da primeira geração de terroristas russos.[38] A tempestuosa alternância de amor e ódio do Homem do Subterrâneo encontra-se a mundos de distância da serena (ou vazia) autoconfiança de Lopukhov. Entretanto, Dostoievski está atendendo à exigência de Chernyshevski quanto a um realismo russo muito superior ao do próprio Chernyshevski: ele mostra a profundidade real e a volatilidade da vida interior do homem novo.

O Projeto Nevski desempenha um papel complexo na vida interior do Homem do Subterrâneo. A rua arrancou-o do isolamento e atirou-o ao sol e à multidão. Mas a vida na luz evocou novas intensidades de sofrimento, que Dostoievski analisa com o seu usual virtuosismo:

> Às vezes, nos dias feriados, eu ia, entre três e quatro horas da tarde, para a Nevski. Isto é, não passeava absolutamente, mas experimentava sofrimentos sem conta, humilhações e ressentimentos; mas, sem dúvida, era justamente isso o que buscava. Esgueirava-me, como uma enguia, do modo mais feio, entre os transeuntes, cedendo incessantemente caminho ora a oficiais da cavalaria ou dos hussardos, ora a senhoras. Nesses momentos, sentia dores convulsivas no coração e calor nas espáduas só de pensar na miséria de meu traje, na miséria e vulgaridade de minha figura retorcida. Era um martírio metódico, uma humilhação incessante e insuportável, suscitada pelo pensamento, que se transformava numa sensação contínua e direta de que, perante os olhos de todo o mundo, eu era uma mosca, uma mosca vil e nojenta — mais inteligente, mais culta e mais nobre que todos os demais, é claro, mas uma mosca que incessantemente cedia caminho a todos. Por que infligia tal tormento a mim mesmo, por que ia à Nevski, não sei; mas algo me arrastava para lá, sempre que era possível.

Quando o Homem do Subterrâneo encontra seu antigo punidor, o oficial de um metro e oitenta de altura, na multidão, sua humilhação política e social assume um caráter mais pessoal:

> [...] quando se tratava de pessoas como eu, ou mesmo um pouco melhor, ele simplesmente as pisava; ia na direção delas, como se tivesse diante de si um espaço vazio, e jamais cedia caminho. Olhando-o, eu me embriagava com minha raiva... e, cheio de ódio, toda vez me desviava para dar lugar a ele.

Uma enguia que se esgueira, uma mosca, espaço vazio: aí, como sempre em Dostoievski, as variedades e nuanças de degradação são empolgantes. Mas Dostoievski é, aí, especialmente sensível ao mostrar como as nuanças da degradação emergem não das anormalidades de seu herói, mas da estrutura e operação normal da vida de Petersburgo. O Projeto Nevski é um moderno espaço público que oferece uma fascinante promessa de liberdade; e, no momento, para o funcionário pobre da rua, as configurações de casta da Rússia feudal são mais rígidas e humilhantes do que nunca.

O contraste entre aquilo que a rua promete e aquilo que oferece leva o Homem do Subterrâneo a ataques de raiva impotente e a rapsódias de aspirações utópicas:

> Atormentava-me o fato de que, mesmo na rua, não pudesse eu tratá-lo de igual para igual. "Por que você precisa ser o primeiro a se desviar?" — insistia comigo mesmo, numa ira histérica, acordando às três horas da madrugada. "Por que justamente você e não ele? Afinal, não há nenhum regulamento nesse sentido, nem lei escrita em parte alguma. [...] Deixe que o abrir caminho seja de igual para igual, como geralmente se dá quando duas pessoas educadas se encontram: ele cede metade do caminho, e você faz o mesmo; há respeito mútuo." Mas isso nunca aconteceu e eu sempre cedi caminho, e ele nem chegava a perceber que eu o tinha feito.

"Deixe que o abrir caminho seja de igual para igual", "pessoas educadas", "respeito mútuo": mesmo quando invoca esses esplêndidos ideais, o Homem do Subterrâneo sabe quão vazios eles soam no mundo russo real. Eles são, no mínimo, tão utópicos quanto qualquer coisa em Chernyshevski. "Por que você precisa ser o primeiro a se desviar?" Mesmo quando pergunta, ele já sabe a resposta: porque eles vivem numa sociedade que ainda é uma sociedade de castas, e andar sem se desviar do curso é um perene privilégio de casta. "Afinal, não há nenhum regulamento nesse sentido, nem lei escrita em parte alguma." Na verdade, apenas recentemente — desde 19 de fevereiro — deixou de existir a "lei escrita" que assegurava à casta dos oficiais o direito sobre o corpo e a alma de seus camaradas russos. O Homem do Subterrâneo está descobrindo por si aquilo que o manifesto "À Geração mais Jovem", lançado na Nevski por aquele cavaleiro misterioso, tentara lhe dizer: a carta de servidão foi revogada, mas, mesmo na Nevski, a realidade da casta ainda impera.

Contudo, mesmo quando fere o funcionário pobre, a Nevski serve como o meio através do qual essa ferida pode ser curada; mesmo quando o desumaniza — reduzindo-o a uma enguia, a uma mosca, a um espaço vazio —, ela lhe dá os meios para se transformar em homem, um homem moderno com liberdade, dignidade e direitos iguais. Ao observar seu punidor em ação na Nevski, o Homem do Subterrâneo nota algo surpreendente: embora não ceda lugar às pessoas de posição inferior à sua, o oficial "também se desviava ante os generais e outras pessoas de alta posição, e também se esgueirava por entre eles como uma enguia". É uma descoberta notável — e revolucionária. "Ele também se desviava." Então o oficial não é o ser semidemoníaco, semidivino que assombra a imaginação do funcionário, mas um ser humano vulnerável e limitado como ele, igualmente sujeito às pressões de casta e normas sociais. Se o oficial é também passível de ser reduzido a uma enguia, então talvez o fosso entre eles não seja, afinal, tão vasto; e, então — pela primeira vez —, o Homem do Subterrâneo pensa o impensável.

E eis que me veio de chofre um pensamento surpreendente! "Que tal" — pensei — "se me encontrar com ele e [...] não ceder passagem? Que tal eu não ceder passagem intencionalmente, ainda que seja preciso chocar-me com ele? Que aconteceria?" Essa ideia atrevida apossou-se de mim pouco a pouco, a tal ponto que não me deu mais sossego. Eu sonhava com isso incessantemente.

Agora a rua adquire uma nova perspectiva: "Propositalmente comecei a ir com mais frequência à Nevski para representar para mim próprio, com maior nitidez ainda, como haveria de fazer aquilo". Agora que ele se concebe como um sujeito ativo, a Nevski se torna um meio para uma rede de novos significados, um teatro de operações para o eu.

O Homem do Subterrâneo começa a planejar sua ação. Seu projeto se modifica gradualmente:

"Está claro que não devo propriamente dar-lhe um empurrão" — pensava em minha alegria. "Eu simplesmente não vou ceder caminho: vou chocar-me com ele, não de modo muito doloroso, mas apenas ombro a ombro, na exata medida que a decência permite. Vou esbarrar nele com a mesma força que ele esbarrar em mim."

Não há fuga ou subterfúgio: a exigência de igualdade na rua é tão radical quanto o seria exigir primazia — do ponto de vista do oficial, ela é ainda mais radical — e irá envolvê-lo em problemas da mesma forma. Porém, é também mais realista: o oficial, afinal, tem o dobro de seu tamanho; e o Homem do Subterrâneo considera as forças materiais bem mais seriamente que os heróis materialistas de *Que fazer?*. Ele se preocupa com sua aparência e adornos, com as roupas — toma dinheiro emprestado para comprar um casaco de aparência mais respeitável —, porém sua vestimenta não deve ser respeitável demais, senão o significado do confronto se perderia: ele tentará se defender, física e verbalmente, não apenas do oficial, mas também — e isso é igualmente importante — diante da multidão. Sua afirmação não será somente uma reivindicação pessoal contra um oficial, mas um testamento político endereçado a toda a sociedade russa. Um microcosmo dessa sociedade estará fluindo na Nevski, ele quer deter não só o oficial, mas também a sociedade, até que reconheçam o que ele veio a compreender como sua dignidade humana.

Após muitos ensaios, chega o grande dia. Tudo está pronto. Lentamente, deliberadamente, tal qual Lopukhov ou Matt Dillon, o Homem do Subterrâneo se aproxima da Nevski. Mas, de alguma forma, as coisas não dão certo. No início, não consegue encontrar seu homem — o oficial não se acha em qualquer lugar da rua. Depois o localiza, porém o homem desaparece como uma miragem assim que nosso herói se aproxima dele. Finalmente, mira o alvo, apenas para perder a coragem e se encolher no último minuto. Quando chega bem perto do oficial, retrocede apavorado, tropeça e cai aos pés do oficial. A única coisa que impede o Homem do Subterrâneo de morrer de humilhação é o fato de que o oficial ainda não se apercebeu de nada. Dostoievski, no seu melhor estilo de humor negro, prolonga sem cessar a agonia do herói, e, quando esse já perdeu quase de todo a esperança, o oficial aparece na multidão e:

> De chofre, a três passos de meu inimigo, inesperadamente me decidi — fechei os olhos e [...] chocamo-nos com força, ombro a ombro. Não cedi nem um milímetro e passei por ele, absolutamente de igual para igual! [...] Está claro que sofri o golpe mais violento — ele era mais forte —, mas não era isso o que importava. O que importava era que eu atingira o objetivo, mantivera a dignidade. Não cedera nem um pouco e, publicamente, me colocara no nível dele, do ponto de vista social.

Ele conseguiu: arriscou corpo e alma, enfrentou a casta dominante, insistiu na sua igualdade de direitos e, além disso — "publicamente me colocara no nível dele, do ponto de vista social" —, proclamou-a diante do mundo todo. "Meu estado era de arrebatamento", diz o homem, que é normalmente tão amargo e cínico contra qualquer espécie de arrebatamento; agora seu arrebatamento é real, e nós podemos partilhar dele. "Eu estava triunfante e cantava árias italianas." Aí, como em grande parte da grande ópera italiana — que coincide, lembre-se, com as lutas da Itália por autodeterminação —, o triunfo é político e pessoal. Ao lutar, à luz do dia, por sua liberdade e dignidade, ao lutar apenas contra o oficial, mas também contra a desconfiança e o ódio que nutre contra si mesmo, o Homem do Subterrâneo venceu.

Obviamente, como se trata de Dostoievski, há múltiplas possibilidades de interpretação. Quem sabe o oficial talvez não soubesse que estava sendo desafiado? "Ele não se voltou sequer e fingiu não ter visto nada; mas apenas fingiu, estou certo. Estou certo disso até hoje!" A repetição sugere que nosso herói provavelmente não tem tanta certeza quanto gostaria. Entretanto, como ele diz, "não era isto o que importava". O que importa é que as classes mais baixas estão aprendendo a pensar e a andar de um modo novo, a afirmar uma nova presença e poder na rua. Não importa que a alta e a baixa nobrezas não tenham ainda percebido; serão obrigadas a perceber logo. Não importa, também, que o funcionário pobre se sinta culpado e se odeie na manhã seguinte, como admite, para si, o Homem do Subterrâneo; ou que diga que jamais fará isso novamente; ou repita sem cessar, para si (e para nós), que seu cérebro e sensibilidade o reduziram a um rato — ele sabe que não é verdade. Ele agiu decisivamente para mudar a sua vida, e nenhuma autonegação ou falha subsequente poderá fazê-lo voltar ao que era. Ele se tornou um Homem Novo, quer queira, quer não.

Essa cena, que dramatiza tão poderosamente a luta pelos direitos humanos — por igualdade, dignidade e reconhecimento —, mostra por que Dostoievski nunca poderia ter se transformado num escritor reacionário, por mais que, algumas vezes, tentasse, e explica por que inúmeros estudantes radicais choraram sobre seu caixão quando morreu. Mostra, também, a alvorada de um novo estágio na vida de Petersburgo. Petersburgo, diz o Homem do Subterrâneo, é "a cidade mais abstrata e intencional do mundo". A intenção principal por detrás dela era impelir a Rússia, material e simbolicamente, para dentro do mundo moderno. Todavia, um século após sua morte, as intenções de Pedro não haviam sido concretizadas. Sua cidade criou um grande corpo de "homens de várias origens e classes", cheios de desejos e ideias modernas, e uma rua magnífica, que encarna todas as imagens mais brilhantes e todos os ritmos mais dinâmicos da vida moderna. Contudo, a vida política e social da cidade, no meio do século XIX, permanece sob o controle de uma autocracia de castas, que ainda tem peso para empurrar os homens modernos para fora da rua e levá-los ao subterrâneo. Na década de 1860, entretanto, vemos esses homens e mulheres começarem a se levantar e a aparecer — eis a novidade dos homens novos — e iluminar as ruas da cidade com sua luz interior estranha, porém, brilhante. *Notas do subterrâneo* marca um grande salto à frente na modernização espiritual: no momento em que os cidadãos da "cidade mais abstrata e intencional do mundo" aprendem a afirmar suas próprias abstrações e intenções, a luz espiritual da rua de Petersburgo passa a brilhar com uma nova intensidade.

PETERSBURGO × PARIS:
DUAS TENDÊNCIAS DO MODERNISMO NAS RUAS

Nesta altura quero voltar e comparar o modernismo de Dostoievski com o de Baudelaire.[39] Ambos são originais ao criar aquilo que chamei de cenas primordiais modernas: os encontros cotidianos na rua da cidade, elevados à primeira intensidade (como diz Eliot no seu ensaio sobre Baudelaire), a ponto de expressar as possibilidades e ciladas fundamentais, os encantos e impasses da vida moderna. Para ambos, também o senso de urgência política se torna a fonte principal de energia, e o encontro pessoal na rua emerge como evento político; a cidade moderna funciona como um meio no qual a vida pessoal e a vida política fluem em conjunto e se fazem uma. Contudo, há também diferenças fundamentais nas visões da vida moderna de Dostoievski e Baudelaire. Uma fonte vital de diferença é a extensão e a forma de modernização das cidades de onde surgem esses dois escritores.

Os bulevares parisienses de Haussmann, que exploramos no capítulo III, são instrumentos de uma burguesia dinâmica e de um Estado ativo, decididos a modernizar rapidamente, a desenvolver forças produtivas e relações sociais, a acelerar o escoamento de mercadorias, dinheiro e seres humanos pela sociedade francesa e pelo mundo todo. Em uníssono com esse movimento de modernização econômica, a Paris de Baudelaire foi, desde o assalto à Bastilha, uma arena para os modos mais explosivos da política moderna. Baudelaire pertence, e se orgulha disso, a uma massa urbana que sabe como se organizar e se mobilizar para lutar por seus direitos. Mesmo quando sozinho no meio da multidão, ele se nutre dessas tradições ativas, míticas e reais e de suas possibilidades eruptivas. As multidões anônimas podem, a qualquer momento, se decompor em camaradas ou inimigos; o potencial de fraternidade — e, *ipso facto*, de inimizade — paira sobre a rua e o bulevar parisiense como um gás no ar. Baudelaire, vivendo na cidade mais revolucionária do mundo, jamais duvida de seus direitos humanos. Ele pode se sentir como um estranho no universo, mas está à vontade como homem e cidadão nas ruas de Paris.

O Projeto Nevski de Petersburgo se assemelha espacialmente ao bulevar parisiense. Na verdade, pode ser mais esplêndido que qualquer bulevar parisiense. Contudo, econômica, política e espiritualmente, está a mundos de distância. Na década de 1860, mesmo após a emancipação dos servos, o Estado está mais preocupado em conter o povo que em fazê-lo avançar.[40] Já a baixa nobreza está ansiosa para usufruir da cornucópia de mercadorias ocidentais, porém não trabalha para desenvolver as forças produtivas que possibilitariam a moderna economia de consumo. Assim, a Nevski é uma espécie de cenário, deslumbrando a população com artigos rutilantes, quase todos importados do Ocidente, mas ocultando uma perigosa falta de profundidade por detrás da fachada brilhante.[41] A alta e a baixa nobreza ainda desempenham os papéis principais nessa capital imperial, todavia desde 19 de fevereiro estão cada vez mais cientes de que as pessoas nas ruas não mais lhes pertencem, não mais podem ser empurradas. É um saber amargo, e sua raiva transborda para a própria cidade. "'Progresso? Progresso seria Petersburgo queimar por inteira!', disse o general irritadiço", em *Fumaça*, de Turguêniev (1866). Tal saber torna essa casta ainda mais decidida a colidir com a multidão de extras que aumenta ao seu redor nos projetos de Petersburgo, mas sabe agora, após 19 de fevereiro, que seu desdém arrogante é simples encenação.

Quanto a esses extras, os "homens de várias origens e classes", embora constituam a grande maioria da população urbana, estão ainda, nos anos 60, passivos e atomizados, inquietos nas ruas, protegendo-se nos seus capotes. E como poderiam conjecturar, de onde poderiam começar? Diferentemente das classes baixas do Ocidente — mesmo dos mendigos e famílias em andrajos de Baudelaire —, eles não têm uma tradição de *fraternité* e ação coletiva em que se apoiar. Nesse contexto, os *raznochintsy* são levados a inventar uma cultura política moderna própria. E eles precisam inventá-la *ex nihilo*, "subterraneamente", porque, na Rússia da década de 1860, ação e pensamento modernos ainda não são permitidos abertamente. Grandes mudanças se fazem necessárias — autotransformações e transformações sociais — antes que venham a se sentir à vontade na cidade que amam e a façam sua.

Um dos passos para a transformação é o desenvolvimento de uma forma expressiva peculiar de Petersburgo: a demonstração individual na rua. Vimos essa forma realizar um trágico *debut* no clímax de "O Cavaleiro de Bronze" — "ainda acertaremos as contas!" —, mas, na Petersburgo de Nicolau I, ela não pode durar — "e fugiu apressadamente". Duas gerações mais tarde, entretanto, no Projeto Nevski, em meio à modernização abortada, porém real, da década de 1860, é evidente que essa forma está ali para ficar. Ela se ajusta perfeitamente a uma sociedade urbana que estimula os padrões modernos de consumo, mesmo quando reprime os modos modernos de produção e ação;

que nutre sensibilidades individuais, sem reconhecer os direitos individuais, que enche seu povo com a necessidade e o desejo de comunicação, enquanto restringe a comunicação à celebração oficial ou ao romance escapista. Em tal sociedade, a vida na rua adquire um peso especial, porque a rua é o único meio onde a livre comunicação pode ocorrer. Dostoievski evoca brilhantemente a estrutura e a dinâmica da demonstração individual e revela as necessidades e contradições desesperadas que dão origem a essa forma. O confronto entre um "homem novo", um homem que acabou de sair do subterrâneo, e uma antiga classe dominante é um legado vital de Dostoievski e de Petersburgo para a arte moderna e a política moderna de todo o mundo.[42]

O contraste entre Dostoievski e Baudelaire, e entre Paris e Petersburgo na metade do século XIX, deve nos ajudar a ver uma polaridade maior na história mundial do modernismo. Num polo, podemos ver o modernismo das nações avançadas, brotando diretamente da modernização política e econômica e obtendo visão e energia de uma realidade modernizada — as fábricas e ferrovias de Marx, os bulevares de Baudelaire —, mesmo quando desafia essa realidade de forma radical. No polo oposto, encontramos um modernismo que emerge do atraso e do subdesenvolvimento. Esse modernismo surgiu pela primeira vez na Rússia, mais dramaticamente em São Petersburgo, no século XIX; em nossa era, com o avanço da modernização — porém, geralmente, de uma forma truncada e desvirtuada como na antiga Rússia —, expandiu-se por todo o Terceiro Mundo. O modernismo do subdesenvolvimento é forçado a se construir de fantasias e sonhos de modernidade, a se nutrir de uma intimidade e luta contra miragens e fantasmas. Para ser verdadeiro para com a vida da qual emerge, é forçado a ser estridente, grosseiro e incipiente. Ele se dobra sobre si mesmo e se tortura por sua incapacidade de, sozinho, fazer a história, ou se lança a tentativas extravagantes de tomar para si toda a carga da história. Ele se chicoteia em frenesis de autoaversão e se preserva apenas através de vastas reservas de autoironia. Contudo, a bizarra realidade de onde nasce esse modernismo e as pressões insuportáveis sob as quais se move e vive — pressões sociais e políticas, bem como espirituais — infundem-lhe uma incandescência desesperada que o modernismo ocidental, tão mais à vontade nesse mundo, jamais conseguirá igualar.

O PROJETO POLÍTICO

Gogol, no seu conto "O Projeto Nevski", falou do artista de Petersburgo como sendo a face que a cidade vê em sonhos. *Que fazer?* e *Notas do subterrâneo* mostram Petersburgo, na década de 1860, sonhando com encontros radicais em suas ruas largas. Uma década mais tarde, esses sonhos começarão a se materializar. Na manhã de 4 de dezembro de 1876, várias centenas de pessoas, na Nevski, subitamente se amalgamam numa multidão e convergem coletivamente para a magnífica colunata barroca em frente à catedral de Kazan.[43] Cerca de metade dessa multidão constituía-se de estudantes, funcionários, desempregados e intelectuais sem filiação a qualquer credo, descendentes diretos dos heróis *raznochintsy* de Dostoievski e Chernyshevski. Anteriormente "subterrâneos", fizeram-se crescentemente visíveis na última década. A outra metade da multidão são pessoas a quem a palavra "subterrâneo" cabe melhor: trabalhadores industriais dos distritos fabris que se formaram recentemente como um anel em volta da cidade, do lado de Viborg, na margem norte do Neva, aos distritos de Narva e Alexandre Nevski, na extremidade sul da cidade. Esses trabalhadores estão um pouco hesitantes ao cruzarem o Neva e o canal de Fontanka, pois são estrangeiros na Nevski e no centro da cidade e praticamente desconhecidos pela Petersburgo respeitável, embora venham a desempenhar um papel cada vez mais importante na economia da cidade (e do Estado).[44] Grupos de trabalhadores e intelectuais têm se encontrado e se falado intermitentemente desde o início da década de 1870 — literalmente no subterrâneo, em porões isolados na margem de Viborg —, mas nunca apareceram juntos em público. Quando se juntam agora, na praça Kazan, não sabem bem o que fazer. Formam uma multidão bem menor do que aquela esperada pelos organizadores e ocupam um lugar pequeno no vasto espaço público da colunata. Estão agitados e a ponto de se dispersar quando um jovem intelectual, de nome Georgi Plekhanov, decide aproveitar o dia: sai do meio da multidão, faz um discurso curto e inflamado que conclui com "Salve a revolução social!" e desfralda uma bandeira onde se lê *Zemlia i Volia*, "Terra e Liberdade". Então — a coisa toda não dura mais que alguns minutos — a polícia invade a praça, ajudada por um populacho recrutado às pressas na Nevski. Eles foram pegos de surpresa e respondem com brutalidade histérica; maltratam todos em quem conseguem pôr as mãos, inclusive muitas pessoas que nada têm a ver com a demonstração. Dezenas são presas ao acaso, embora os principais organizadores escapem em meio ao caos e à confusão. Muitos daqueles que foram presos são torturados, e alguns enlouquecem devido à tortura; outros serão banidos para a Sibéria e jamais retornarão. Mesmo assim, na noite de 4 de dezembro e na manhã seguinte, nos sótãos dos estudantes e nos barracos dos operários — e nas celas da fortaleza Pedro-Paulo —, um novo espírito de alegria e promessa enche o ar.

Por que toda essa excitação? Muitos críticos liberais e alguns radicais veem a demonstração como um fracasso: uma pequena multidão perdida num grande espaço público, quase tempo nenhum para proclamar a mensagem revolucionária, grande sofrimento nas mãos da polícia e do populacho. Khazov, um dos participantes, escreve um panfleto em janeiro de 1877, pouco antes de sua prisão (ele morrerá na Sibéria em 1881), que tenta explicar a importância do evento. Nos últimos vinte anos, diz Khazov, desde a morte de Nicolau, os liberais russos têm clamado por liberdade de expressão e de reunião; contudo, nunca foram capazes de se unir para realmente falar e se organizar. "Os liberais russos eram bastante cultos. Sabiam que a liberdade tinha sido *conquistada* (ênfase de Khazov) no Ocidente. Mas, obviamente, não se deve aplicar essa ênfase à Rússia." Era precisamente essa ideia liberal que os intelectuais e trabalhadores lutavam por concretizar na praça Kazan. Uma forma dúbia de conquista, podem dizer os críticos, no máximo quixotesca. Talvez seja assim, concorda Khazov; mas, nas condições russas, a única alternativa para a fala e a ação quixotesca é a ausência absoluta de fala e ação. "A Rússia é conduzida à liberdade política não por liberais, mas por sonhadores que organizam demonstrações infantis e ridículas, por homens que ousam quebrar a lei, que apanham, são condenados e insultados." Na verdade, argumenta Khazov, essa "demonstração infantil e ridícula" significa uma nova seriedade e maturidade coletivas. A ação e o sofrimento na praça Kazan efetuaram, pela primeira vez na história da Rússia, "uma união entre a *intelligentsia* e o povo".[45] Tenho mostrado como, desde "O Cavaleiro de Bronze", os heróis solitários da literatura de Petersburgo tomaram a seu cargo tais gestos e ações desesperadas. Agora, finalmente, os sonhos da arte da cidade estavam tomando conta de sua vida desperta. Uma perspectiva nova, política, está se fazendo acessível em Petersburgo.

Demonstrações como aquela na praça Kazan são difíceis de encontrar na história do desenvolvimento revolucionário da Rússia. Isso porque, com raras exceções, essa história foi escrita de cima, segundo a perspectiva das elites. Assim, temos, de um lado, a história das tendências intelectuais — "eslavófilas", "ocidentalizantes", "os 40", "os 60", "o populismo", "marxismo" — e, de outro, a história das conspirações. Na perspectiva elitista, Chernyshevski ocupa o centro do palco, como o criador daquilo que se tornou o modelo revolucionário padrão russo: homens e mulheres de disciplina de ferro, mentes mecanicamente programadas e absolutamente nenhuma sensibilidade ou vida interior — a inspiração de Lenin e, posteriormente, de Stalin. Dostoievski entra nesse quadro apenas como um crítico severo das tendências radicais, em *Notas do subterrâneo*, e das conspirações radicais, em *Os possessos*. Na última geração, entretanto, historiadores vieram a entender a história das revoluções, começando com a Revolução Francesa de 1789, de baixo, como uma história das multidões revolucionárias: grupos de pessoas anônimas e comuns, pessoas cheias de fraquezas e vulnerabilidades, dilaceradas pelo medo, dúvida e ambivalência, mas prontas a sair às ruas nos momentos culminantes e a arriscar o pescoço para lutar por seus direitos.[46] Quanto mais nos acostumarmos a ver os movimentos revolucionários de baixo, mais claramente veremos Chernyshevski e Dostoievski como partes de um mesmo movimento político e cultural: um movimento de plebeus de Petersburgo se esforçando, de forma cada vez mais ativa e radical, para tornar sua a cidade de Pedro. Nietzsche deveria estar pensando em Petersburgo quando imaginou "a história do eclipse moderno: os nômades do Estado (funcionários civis etc.) sem lar". O movimento que tracei se orienta para um nascer do sol mais radicalmente moderno depois desse eclipse: uma grande aurora na qual esses nômades modernos transformarão em lar a cidade que fez deles o que são.

EPÍLOGO: O PALÁCIO DE CRISTAL, FATO E SÍMBOLO

Todas as formas de pensamento e arte modernistas têm um caráter dual: são, ao mesmo tempo, expressão e protesto contra o processo de modernização. Em países relativamente avançados, onde a modernização econômica, social e tecnológica é dinâmica e próspera, a relação entre arte e pensamento modernistas e realidade circundante é clara, mesmo quando — como vimos em Marx e Baudelaire — essa relação é também complexa e contraditória. Contudo, em países relativamente atrasados, onde o processo de modernização ainda não deslanchou, o modernismo, onde se desenvolve, assume um caráter fantástico, porque é forçado a se nutrir não da realidade social, mas de fantasias, miragens e sonhos. Para os russos da metade do século XIX, o palácio de Cristal foi um dos sonhos modernos mais constrangedores e inesquecíveis. O extraordinário impacto psíquico que teve sobre os russos — desempenha um papel muito mais importante na literatura e pensamento russos do que nos ingleses — provém de sua função de espectro de modernização perseguindo toda uma nação que se contorcia convulsivamente na angústia do atraso.

O tratamento simbólico do palácio de Cristal por Dostoievski tem riqueza e brilho indiscutíveis. No entanto, quem quer que saiba alguma coisa sobre o edifício real na Sydenham Hill, em Londres — Chernyshevski o viu em 1859, Dostoievski em 1862 —, provavelmente sentirá que entre os sonhos e pesadelos russos e as realidades ocidentais existe uma grande sombra. Vamos recordar algumas das qualidades do palácio de Cristal em Dostoievski, tal como o descreve o herói de *Notas do subterrâneo* no volume I, capítulos 8, 9 e 10. Primeiro, é mecanicamente concebido e realizado: "todo pré-fabricado e calculado com precisão matemática", de forma que, quando estiver pronto, "todas as perguntas possíveis se esvanecerão simplesmente porque todas as respostas possíveis serão fornecidas". O tom do edifício é pomposo e solene; a mensagem que proclama é não somente de ápice histórico, mas também de totalidade cósmica e imutabilidade: "Não se deve aceitá-lo como a verdade última e calar-se para sempre? É tão triunfante, majestoso e arrogante, que chega a tirar o fôlego; [...] sente-se que algo final aconteceu, aconteceu e terminou". A função do edifício é intimidar, forçar o espectador a "calar-se para sempre": assim, vastas plateias, milhões de pessoas de todos os cantos do mundo "quieta e persistentemente se movem ao seu redor", incapazes de responder de outra forma que não dizer sim e calar-se: "Vocês" — o Homem do Subterrâneo dirige-se à sua plateia de "cavalheiros" —

> acreditam num edifício de cristal indestrutível por todos os séculos, um edifício tal que não se poderá mostrar a língua, às escondidas, nem fazer figa dentro do bolso. E eu temo esse edifício justamente porque é de cristal e indestrutível por todos os séculos, e por não se poder mostrar-lhe a língua, nem mesmo às escondidas.

Mostrar a língua se transforma numa demonstração de autonomia pessoal, uma autonomia para a qual o palácio de Cristal representa uma ameaça radical.

Os leitores que tentaram visualizar o palácio de Cristal com base na linguagem de Dostoievski provavelmente imaginarão uma imensa laje ozimandiana,* forçando os homens para baixo com seu peso — um peso físico e metafísico — e brutal implacabilidade; talvez uma versão mais baixa do World Trade Center. Porém, se nos desviarmos das palavras de Dostoievski para a infinidade de pinturas, fotografias, litografias, aquarelas e descrições detalhadas do edifício real, provavelmente nos indagaremos se Dostoievski de fato o viu alguma vez. O que vemos[47] é uma estrutura sustentada por finas vigas de ferro, quase imperceptíveis, uma estrutura de linhas suaves, fluidas e curvas graciosas, leve a ponto de parecer não ter peso, de poder flutuar no ar a qualquer momento. Sua cor se alterna entre a do céu, visto através dos vidros transparentes, que cobrem quase todo o volume do edifício, e o azul-celeste de suas finas vigas de ferro; essa combinação nos imerge num brilho deslumbrante, que absorve a luz do céu e da água, em dinamismo iluminado. Visualmente, o edifício parece uma pintura tardia de Turner, particularmente *Chuva, vapor e velocidade* (1844), que funde a natureza e a indústria num ambiente dinâmico e vivamente cromado.

Em sua relação com a natureza, o palácio antes envolve que oblitera: grandes árvores antigas, ao invés de serem cortadas, são contidas dentro do edifício, onde — como uma estufa, a que o palácio se assemelha e que deu fama a seu criador, Joseph Paxton — crescem maiores e mais sadias que nunca. Além disso, longe de ter sido projetado com árido cálculo mecânico, o palácio de Cristal é, realmente, a construção mais visionária e ousada de todo o século XIX. Apenas a ponte do Brooklyn e a torre Eiffel, uma geração mais tarde, fariam frente a sua expressão lírica das potencialidades da era industrial. Podemos ver esse lirismo vivamente no primeiro esboço de Paxton, traçado em poucos minutos numa folha de mata-borrão no calor da inspiração. Podemos apreciá-lo ainda mais se compararmos o palácio

---

* O adjetivo provém de *Ozymandias*, famoso poema de Shelley sobre um historiador da Grécia antiga que descobriu destroços de uma gigantesca estátua no deserto. (N. T.)

às enormidades enfadonhas neogóticas, neoclássicas e neobarrocas que estavam sendo construídas a seu redor. Além disso, os construtores do palácio, longe de apresentarem o edifício como final e indestrutível, orgulhavam-se de sua transitoriedade: utilizando os modos mais avançados de pré-fabricação, foi construído em seis meses no Hyde Park para alojar a Grande Exposição Internacional de 1851; desmontado em três meses quando a exposição fechou, e então novamente montado, numa versão ampliada, no centro da cidade, na Sydenham Hill, em 1854.

Ao invés de reduzir seus espectadores a uma aceitação humilde e passiva, o palácio de Cristal provocou a mais explosiva controvérsia pública. A maioria do *establishment* cultural inglês o condenou — Ruskin com especial veemência — como uma paródia de arquitetura e um ataque frontal à civilização. A burguesia gostou da exposição, porém rejeitou o edifício e voltou a construir estações de trem em estilo arturiano e estabelecimentos bancários helenísticos; de fato, não se construiriam mais edifícios genuinamente modernos por cinquenta anos. Pode-se argumentar que a má vontade da burguesia inglesa em aceitar e conviver com tal brilhante expressão de sua própria modernidade pressagiou a sua gradual perda de energia e imaginação. De qualquer modo, o edifício não foi uma grande consumação, como disse Dostoievski, mas um começo corajoso e solitário que permaneceu subdesenvolvido por muitas décadas.

O palácio de Cristal provavelmente não teria sido construído e, certamente, reconstruído e permanecido por oito décadas (desapareceu num incêndio misterioso em 1936) se não houvesse sido aclamado entusiasticamente pelas pessoas comuns inglesas e por estrangeiros de todos os cantos do mundo. Muito depois do término da Grande Exposição Internacional, as massas o adotaram como local de passeios, de entretenimento de crianças, encontros amorosos e compromissos. Longe de se moverem ao redor quietamente, reduzidas ao silêncio, as massas parecem encontrar nele estímulo e direção para suas energias; nenhum edifício nos tempos modernos, até aquele momento, parece ter tido tal capacidade de excitar as pessoas. Quanto aos estrangeiros, o palácio tornou-se o local que primeiro queriam ver. Jornalistas contemporâneos relatam que era a zona mais cosmopolita de Londres, lotado em qualquer época de visitantes americanos, franceses, alemães, russos (como Chernyshevski e Dostoievski), hindus e, até mesmo, chineses e japoneses. Arquitetos e construtores estrangeiros, tais como Gottfried Semper e James Bogardus, compreenderam suas amplas possibilidades de formas que nenhum inglês, afora os próprios construtores, foi capaz; o mundo adotou imediatamente o edifício como símbolo da liderança e visão de mundo da Inglaterra, apesar de sua classe governante considerá-lo com um olhar cheio de preconceitos.

A descrição mais interessante e perspicaz do palácio de Cristal — isto é, a verdadeira — foi escrita, é claro, por um estrangeiro, um alemão chamado Lothar Bucher. Bucher é uma personalidade fascinante: um revolucionário democrático da década de 1840, jornalista refugiado ganhando miseravelmente a vida na rua Grub, na década de 1850, agente da inteligência prussiana e íntimo de Bismarck nas décadas de 1860 e 1870 — ele até tentou recrutar Marx para o serviço de inteligência prussiana[48] — e, nos seus últimos anos, um arquiteto na primeira onda de modernização e crescimento industrial alemão. Bucher escreveu em 1851 que "a impressão (que o edifício) produzia naqueles que o viam era de tal beleza romântica, que reproduções suas eram vistas e dependuradas nas paredes das casas em remotas vilas alemãs".[49] Bucher, talvez exteriorizando seus próprios desejos, vê os camponeses alemães ansiando coletivamente por modernização, uma forma de modernização que pudesse realizar os ideais românticos alemães de beleza. Até certo ponto, o texto de Bucher equivale ao de Dostoievski: ambos usam o palácio de Cristal como símbolo de suas esperanças e temores. Mas as projeções e expressões de Bucher têm uma espécie de autoridade que falta a Dostoievski, porque estão situadas no contexto de uma análise precisa e aguda do edifício como espaço real, uma estrutura real, uma experiência real. É para Bucher que nos voltamos para ter a ideia do que é estar dentro do palácio de Cristal:

Vemos linhas formando uma rede delicada, sem oferecer

qualquer indício que nos permita calcular sua distância e tamanho real. As paredes estão por demais distantes umas das outras para que possamos abarcá-las com um único olhar. Em vez de se moverem de uma parede a outra, os olhos correm ao longo de uma perspectiva interminável, que se desvanece no horizonte. Não podemos saber se essa estrutura se eleva a cem ou mil metros, ou se o teto é uma estrutura plana ou uma sucessão de saliências, pois não há jogo de sombras que permita a nossos nervos ópticos calcular as medidas.

Bucher continua:

> Se deixarmos nosso olhar descer, ele se depara com as vigas azuis das gelosias. No início, essas vigas ocorrem em intervalos espaçados, depois se alinham cada vez mais próximas até serem interrompidas por uma faixa deslumbrante de luz — o transepto —, que se dissolve num cenário distante, em que toda a materialidade se mistura à atmosfera.

Vemos aí que, embora fosse incapaz de recrutar Marx para a inteligência da Prússia, Bucher conseguiu se apropriar de uma das imagens e ideias mais ricas de Marx: "Tudo que é sólido desmancha no ar". Como Marx, Bucher vê a tendência da matéria sólida a se decompor e dissolver como o fato básico da vida moderna.

Quanto mais nos convencemos da visão que Bucher nos oferece do palácio de Cristal como um mundo no qual tudo é espectral, misterioso, infinito — o que considero bastante convincente —, mais devemos ficar intrigados com a denúncia de Dostoievski do mesmo edifício como sendo a própria negação de toda incerteza e mistério, a derrota da aventura e do romance. Como podemos explicar tal disparidade? O próprio Dostoievski nos fornece algumas ideias. Ele nos oferece um hilariante relato de sua inveja e defesa quanto às realizações criadoras do Ocidente. *Notas de inverno sobre impressões de verão*, seu diário de viagem de 1862, onde descreve pela primeira vez o palácio de Cristal, começa com um relato de uma desastrosa passagem por Colônia.[50] Primeiramente ele vai ver o lendário monumento medieval de Colônia, sua catedral. Livra-se dela rapidamente: sua beleza espetacular é "fácil demais". Em seguida, dirige-se à obra moderna mais impressionante da cidade, uma ponte nova em folha. "É reconhecidamente uma ponte magnífica, e a cidade tem razão em estar orgulhosa, mas senti que estava orgulhosa demais. Naturalmente não tardei a me indignar." Quando paga seu pedágio, Dostoievski se convence de que o cobrador o está insultando "com o ar de quem me multa por alguma ofensa desconhecida". Após um momento de férvida fantasia, o insulto torna-se nacional: "Ele deve ter adivinhado que sou estrangeiro — de fato, que sou russo". Os olhos do guarda estavam obviamente dizendo a ele: "Veja nossa ponte, russo miserável, e veja que você é um verme ante qualquer alemão, porque vocês lá não têm uma ponte assim!".

Dostoievski está propenso a admitir que essa conjuntura é um tanto forçada: o homem na verdade nada disse, não fez nenhum sinal, e, com toda probabilidade, tais pensamentos nem lhe ocorreram. "Mas não faz diferença: eu tinha tanta certeza de que era isso que ele queria dizer que perdi a calma de vez." Em outras palavras, o russo "atrasado" está irado não com afirmações de superioridade do alemão "desenvolvido" — mesmo que o alemão nada tenha afirmado, "isto não faz diferença" — mas com seu próprio senso de inferioridade. "Que o diabo o leve!", pensa Dostoievski. "Inventamos o samovar [...] temos jornais [...] fazemos as coisas que oficiais fazem [...] nós [...]." A vergonha pelo atraso de seu país — e ira invejosa diante de um símbolo de desenvolvimento — não o leva a simplesmente deixar a ponte, mas o próprio país.

Depois de comprar um frasco de água de Colônia ("não havia como fugir disso"), toma o trem seguinte para Paris, "esperando serem os franceses bem mais afáveis e interessantes". Sabemos, por certo, o que vai acontecer na França e de fato em qualquer lugar do Ocidente aonde vá: quanto mais bonitas e

281

impressionantes as vistas a seu redor, mais seu rancor o cegará para o que lá realmente existe. Sua cegueira pode também tê-lo atingido em Sydenham Hill.[51]

Portanto, o ataque de Dostoievski ao palácio de Cristal foi não só injusto como também errou de alvo. Críticos tendem a explicar que Dostoievski não estava realmente interessado no edifício, mas no seu simbolismo, o palácio enquanto símbolo do racionalismo, o materialismo, a visão mecânica dos mundos áridos do Ocidente etc.; que, na verdade, o impulso dominante em *Notas do subterrâneo* é desdém e desafio para com os fatos da vida moderna. Contudo, se lermos atentamente, podemos descobrir, em meio à invectiva do Homem do Subterrâneo contra o palácio de Cristal (livro I, capítulo 9), uma relação muito mais interessante e complexa com a fatualidade, a tecnologia e a construção material modernas. "Eu concordo", diz, "que o homem é um animal criador por excelência, condenado a tender conscientemente a um objetivo e a *ocupar-se da arte da engenharia*, isto é, a construir, eterna e incessantemente, caminhos, *não importa aonde levem*." (A segunda ênfase pertence a Dostoievski; a primeira é minha.) O que acredito ser digno de nota, aí, e o que aproxima o Homem do Subterrâneo dos criadores do palácio de Cristal, é o símbolo principal da criatividade humana consistir não, digamos, na arte e na filosofia, mas na engenharia. Isso é especialmente pertinente ao palácio de Cristal, que, como enfatizaram seus celebrantes e detratores, era talvez a primeira grande construção pública a ser concebida e construída exclusivamente por engenheiros, sem qualquer participação de arquitetos.

Há muita matéria para discussão quanto ao significado desse desenvolvimento, mas o que mais importa aí é que o Homem do Subterrâneo afirma esse desenvolvimento: a primazia da engenharia é uma das poucas coisas que não questiona absolutamente. A ideia da engenharia como o símbolo real da criatividade humana é notavelmente radical no século XIX, não apenas na Rússia como em todo o Ocidente. Afora Saint-Simon e seus seguidores, é difícil imaginar alguém no século de Dostoievski que colocasse a engenharia tão alto no esquema de valores humanos. O Homem do Subterrâneo, todavia, prefigura realmente o construtivismo do século xx, um movimento que foi ativo na Europa após a Primeira Guerra Mundial, porém em lugar algum tão vital e imaginativo como na Rússia: o romance da construção moderna era idealmente adequado a um país de imensa energia espiritual onde, por um século, praticamente nada fora construído.

Assim, a engenharia desempenha um papel crucial na visão que Dostoievski tem de vida boa. Contudo, ele insiste numa condição essencial: os engenheiros humanos devem seguir a lógica de suas visões, "não importa aonde levem". A engenharia deve ser um meio para a criatividade, não para o cálculo; mas isso implica reconhecer que "o principal não está em saber para onde se dirige, mas simplesmente em que se dirija", Dostoievski faz disso um ponto decisivo, para o palácio de Cristal ou qualquer outra estrutura:

> O homem gosta de abrir e criar estradas, isto é indiscutível. Mas [...] não será isso porque [...] teima instintivamente em atingir o objetivo e completar o edifício em construção? Como podeis sabê-lo? Talvez ele ame o edifício apenas a distância e nunca de perto; *talvez ele ame apenas criá-lo, e não viver nele*.

A distinção crucial aí é entre criar um edifício e viver nele: entre um edifício como meio de desenvolvimento do ser e um recipiente para contê-lo. A atividade da engenharia, enquanto permanecer atividade, pode levar a criatividade do homem a seu grau máximo; mas, assim que o construtor para de construir e se entrincheira nas coisas que fez, as energias criativas se congelam, e o palácio se transforma em tumba. Isso sugere uma distinção fundamental entre diferentes modos de modernização: modernização como *aventura* e modernização como *rotina*. Deveríamos ser capazes de compreender, agora, que Dostoievski está intensamente comprometido com a modernização enquanto aventura. Isto é o que está fazendo o Homem

283

do Subterrâneo ao se encontrar com o oficial na Nevski. Tentei mostrar como os criadores do palácio de Cristal estavam empenhados numa aventura modernista própria. Todavia, se a aventura alguma vez se transformasse em rotina, então o palácio de Cristal se transformaria (como teme o Homem do Subterrâneo) numa gaiola, e a modernização, numa sentença de morte para o espírito. Até então, porém, o homem pode progredir em termos de felicidade, e progredir material e espiritualmente como engenheiro.

Tendo chegado tão longe, se retornarmos a *Que fazer?*, de Chernyshevski, descobriremos aí a apoteose da modernidade como rotina. E descobriremos também que o palácio de Cristal que Dostoievski teme é muito mais o de Chernyshevski que o de Paxton, isto é, ele teme antes as fantasias russas de modernização que as realidades ocidentais. Em "Quarto sonho de ver a Pavlovna",[52] a cena em que Chernyshevski invoca e canoniza o palácio de Cristal, encontramos a visão de um mundo futuro que consiste exclusivamente em palácios de cristal. Esses "edifícios imensos estão a três ou quatro mil metros de distância um do outro, como se fossem peças num tabuleiro de xadrez"; estão separados por acres de "campos e prados, jardins e bosques". Essa configuração em tabuleiro de xadrez se estende até onde a vista alcança; caso deva coexistir com qualquer outro modo de construção ou espaço habitável, Chernyshevski não estabelece o que ou onde (os leitores do século XX reconhecerão esse modelo como precursor das "torres no parque" da *ville radieuse* de Le Corbusier). Cada edifício será aquilo que nossa era denomina uma megaestrutura, contendo apartamentos, oficinas industriais, áreas comuns de lazer e refeição (Chernyshevski descreve os salões de baile e os festivais que lá ocorreriam em detalhes elaborados) e complementada por mobília de alumínio, paredes deslizantes (para facilitar a reorganização da casa) e uma forma primitiva de ar-condicionado. Cada megaestrutura conterá uma comunidade de milhares de pessoas, que terão suas necessidades materiais satisfeitas por uma agricultura e uma indústria coletivizadas e tecnologicamente avançadas, e suas necessidades emocionais e sexuais serão satisfeitas através de políticas sociais de uma administração racional, sofisticada e benigna. A "nova Rússia", como a denomina Chernyshevski, será totalmente desprovida de tensão, política ou pessoal; qualquer possibilidade de problema está ausente de seu mundo.

Tendo Chernyshevski se empenhado em eliminar de sua visão todos os traços de conflito, a percepção daquilo contra que seu mundo de palácio de cristal se define não é imediata. No final, contudo, isso se faz claro. A heroína, após ter passeado pela "nova Rússia" do futuro, finalmente se apercebe do que falta a esse mundo. Ela pergunta ao guia: "Mas deve haver cidades para que pessoas morem nelas?". O guia responde que há poucas pessoas assim e, consequentemente, bem menos cidades que nos tempos antigos. As cidades continuam a existir (bem longe da câmera), mas numa base mínima, como centros de comunicação e locais de férias. Assim, "todos vão lá por alguns dias, para variar", e as poucas cidades restantes estão cheias de entretenimento para turistas, porém sua população muda continuamente. "E se alguém quiser morar lá em caráter permanente?", pergunta Vera Pavlovna. O guia, divertido, responde com desdém:

> Eles podem morar lá, como vocês moram em São Petersburgo, Londres e Paris — ninguém tem nada a ver com isso. Quem poderia impedi-las? As pessoas devem morar como quiserem. Só que a esmagadora maioria, noventa e nove por cento moram da forma que lhe foi mostrado (isto é, em comunidades de palácio de cristal), porque é mais agradável e vantajoso para elas.

Portanto, o palácio de Cristal é concebido como a antítese da cidade. O sonho de Chernyshevski, como agora podemos ver, é um sonho da modernização sem urbanismo. A nova antítese da cidade é não mais o campo, mas um mundo fora dos limites da cidade, autossuficiente, altamente desenvolvido, supertecnológico, totalmente planejado e organizado — porque criado *ex nihilo* em solo virgem —, mais amplamente controlado e administrado e, em consequência, "mais agradável e vantajoso" que qualquer metrópole moderna poderia ser. Como uma visão de esperança para a Rússia, o sonho de Vera Pavlovna é uma engenhosa variação da familiar esperança populista de um "salto" do feudalismo para o socialismo, eliminando-se a sociedade burguesa e capitalista do Ocidente moderno. Aí, o salto será de uma vida rural tranquila e subdesenvolvida para uma vida desurbanizada, tranquila e abundantemente desenvolvida, sem ter de se passar por uma vida de urbanismo turbulento. Para Chernyshevski, o palácio de Cristal simboliza a sentença de morte contra "São Petersburgo, Londres e Paris"; essas cidades serão, na melhor das hipóteses, museus do atraso no admirável mundo novo.

Essa visão deverá nos ajudar a localizar os termos do desacordo entre Dostoievski e Chernyshevski. O Homem do Subterrâneo diz que teme esse edifício porque "não se poderá mostrar a língua, às escondidas, nem fazer figa dentro do bolso". Ele está errado, é claro, quanto ao palácio de Cristal de Paxton, a quem centenas de pessoas educadas e cultas mostraram a língua, mas certo quanto ao de Chernyshevski; em outras palavras, errado quanto à realidade da modernização ocidental, tão cheia de dissonância e conflito, porém certo quanto à fantasia russa de modernização como um término para a dissonância e conflito. Esse ponto deverá clarificar uma das causas principais do amor de Dostoievski pela cidade moderna, principalmente por Petersburgo, a *sua* cidade: ela é o ambiente ideal para se mostrar a língua, isto é, para se encenar e trabalhar os conflitos pessoais e sociais. Em outras palavras: se o palácio de Cristal é a rejeição do "sofrimento, dúvida e negação", as ruas e praças, pontes e aterros de São Petersburgo são precisamente onde essas experiências e impulsos estão mais à vontade.

O Homem do Subterrâneo progride nos infinitos projetos de sofrimento, dúvida, negação, desejo e luta de São Petersburgo. São precisamente essas experiências que o tornam, como ele mesmo diz (e Dostoievski sublinha, na última página do livro), "mais vivo" que os leitores educados — ele os chama de "cavalheiros" — que fogem dele e de seu mundo ("Progresso seria Petersburgo queimar por inteiro", disse o general irritadiço, em *Fumaça*, de Turguêniev). Devemos agora ser capazes de compreender como *Notas do subterrâneo* pode ser, simultaneamente, um ataque severo às ideologias da modernização russa e uma das grandes obras canônicas do pensamento moderno. Dostoievski, na sua crítica ao palácio de Cristal, está atacando a modernidade dos subúrbios e regiões fora dos limites urbanos — apenas um ideal na década de 1860 — em nome da modernidade da cidade. Em outras palavras: ele está afirmando a modernização como uma aventura urbana — uma aventura aterrorizadora e perigosa, como qualquer experiência real — contra a modernização de rotinas livres de problemas porém letais.

Há mais um pós-escrito irônico na história do palácio de Cristal. Joseph Paxton foi um dos maiores urbanistas do século XIX: projetou parques urbanos vastos e exuberantes que prefiguraram e inspiraram o trabalho de Olmsted nos EUA; concebeu e planejou um projeto abrangente de trânsito de massa para Londres, incluindo uma rede de metrô, quarenta anos antes que alguém ousasse construir um metrô em qualquer lugar. Seu palácio de Cristal — principalmente em sua encarnação pós-Exposição, em Sydenham Hill — também visava enriquecer as possibilidades da vida urbana: seria um novo tipo de espaço social, um ambiente moderno arquetípico que poderia unir todos os estratos sociais opostos e fragmentados de Londres. Poderia ser visto como um equivalente brilhante dos bulevares parisienses ou das perspectivas de Petersburgo que não existiam em Londres. Paxton, pois, teria feito oposição veemente a qualquer uso de seu grande edifício contra a cidade.

Bem no final do século XIX, entretanto, Ebenezer Howard apreendeu as potencialidades antiurbanas do tipo de estrutura do palácio de Cristal e as explorou bem mais eficazmente que Chernyshevski. A obra imensamente influente de Howard, *Garden cities of to-morrow* (1898, revista em 1902), desenvolveu, poderosa e convincentemente, a ideia, já implícita em

Chernyshevski e nos utópicos franceses que tinha lido, de que a cidade moderna não era apenas espiritualmente degradada, mas também econômica e espiritualmente obsoleta. Howard repetidamente comparou a metrópole no século XX à diligência no século XIX e usou o argumento de que o desenvolvimento suburbano era a chave tanto para a prosperidade material quanto para a harmonia espiritual do homem moderno. Howard apreendeu as potencialidades formais de o palácio de Cristal ser uma estufa humana — seu modelo inicial foram as estufas que Paxton construíra na juventude —, um ambiente supercontrolado; ele fez uso de seu nome e forma numa vasta arcada de lojas envidraçadas e num centro cultural que seria o coração do novo complexo suburbano.[53] *Garden cities of to-morrow* teve tremendo impacto sobre os arquitetos, projetistas e fomentadores da primeira metade do século XX; eles canalizaram todas as suas energias para a produção de ambientes "mais agradáveis e vantajosos" que deixariam para trás a metrópole turbulenta.

Explorar em detalhes a metamorfose do Homem do Subterrâneo e do palácio de Cristal na cultura e sociedade soviéticas nos desviaria de nosso objetivo. Posso, ao menos, sugerir como tal exploração deveria ser realizada. Deve-se notar, primeiro, que a primeira geração brilhante de arquitetos e projetistas soviéticos, embora discordasse em muitas coisas, era quase unânime na crença de que a metrópole moderna era uma expansão totalmente degenerada do capitalismo e que devia terminar. Aqueles que acreditavam que as cidades modernas continham alguma coisa digna de ser preservada eram estigmatizados como antimarxistas, direitistas e reacionários.[54] Segundo, mesmo aqueles que eram a favor de algumas formas de ambiente urbano concordavam que a rua da cidade era inteiramente perniciosa e devia desaparecer, ser substituída por um espaço urbano mais aberto, mais verde e, presumivelmente, mais harmonioso (seus argumentos se assemelhavam aos de Le Corbusier, que fez várias viagens a Moscou e exerceu grande influência no início do período soviético). A obra literária mais crítica da década soviética de 1920, o romance futurista e antiutópico de Evgeni Zamiatin, *Nós*, foi notoriamente suscetível a essa paisagem emergente. Zamiatin reencarna o palácio de Cristal de Chernyshevski e o vocabulário crítico de Dostoievski num cenário visionário de arranha-céus de vidro e aço e arcadas envidraçadas brilhantemente concebido. O *motif* dominante no novo mundo cristalino de Zamiatin é o gelo, que simboliza para ele o congelamento do modernismo e da modernização em formas sólidas, implacáveis, devoradoras da vida. Contra a frieza e a uniformidade dessas estruturas recém-cristalizadas e de sua classe dominante recém-enrijecida, o herói e a heroína de Zamiatin evocam uma visão nostálgica da "avenida de seus dias no século XX, uma multidão heterogênea, confusa, ensurdecedoramente estridente de pessoas, rodas, animais, cartazes, árvores, pássaros". Zamiatin temia que a nova modernidade de aço frio e nivelamento estivesse extinguindo a "velha" modernidade da rua da cidade, vibrante e espontânea.[55]

Os temores de Zamiatin não se concretizaram literalmente; seu espírito, contudo, foi muito bem levado a cabo. A jovem URSS simplesmente não tinha os recursos — capital, mão de obra especializada, tecnologia — para construir palácios de cristal deslumbrantes, mas foi modernizada o suficiente para — que infelicidade! — construir, manter e ampliar as estruturas sólidas de um Estado totalitário. A reencarnação concreta, no século XX, do palácio de Cristal acabou ocorrendo no outro lado do mundo, nos EUA. Lá, na geração pós-Segunda Guerra Mundial, o edifício lírico e fluido de Paxton emergiria, numa forma degradada porém reconhecível, reproduzido, mecânica e interminavelmente, por uma legião de sedes de corporações de vidro e aço e galerias de lojas suburbanas que cobriram todo o país.[56] Muito se tem dito, numa retrospectiva cada vez mais angustiada, sobre esse estilo difundido de construção. Mas o que é aí relevante é que um de seus impulsos fundamentais foi o desejo de fugir da moderna metrópole, "uma multidão heterogênea, confusa, ensurdecedoramente estridente de pessoas, rodas, animais, cartazes, árvores, cores, pássaros". Paxton, amante da cidade moderna, ficaria horrorizado em se ver num dos cristalinos *campi* IBM suburbanos de nossos dias. Todavia, Chernyshevski decerto se sentiria à vontade: esse é precisamente o ambiente "mais vantajoso e agradável" em que seu sonho se baseava.

Tudo isso mostra quão bom profeta era Dostoievski. Sua visão crítica do palácio de Cristal dá a entender como mesmo a mais heroica expressão de modernidade pode ser transformada num lúgubre emblema da modernidade como rotina. Uma vez que o dinamismo pós-guerra do capital americano, europeu e japonês levou — irresistivelmente, como pareceu por certo tempo — à criação de um mundo de palácio de cristal, Dostoievski tornou-se mais que nunca relevante e como jamais o fora anteriormente para a vida moderna cotidiana.

3. O SÉCULO XX:
ASCENSÃO E QUEDA DA CIDADE

Qualquer tentativa de fazer justiça aos levantes políticos e culturais de Petersburgo durante os cinquenta anos seguintes desordenaria totalmente a estrutura deste livro. Mas valeria a pena pelo menos mostrar *flashes* da vida e da literatura da cidade no início do século XX, para apresentar alguns dos modos trágicos e estranhos segundo os quais temas e impulsos da Petersburgo do século XIX serão desenvolvidos.

1905: MAIS LUZ, MAIS SOMBRAS

Em 1905 Petersburgo se tornara um grande centro industrial, com perto de 200 mil operários de fábricas, mais da metade dos quais havia migrado do campo desde 1890. Agora, as descrições dos distritos industriais da cidade começam a apresentar um sintoma nervoso: "As fábricas cercavam a cidade como se formassem um anel, espremendo o centro comercial-administrativo da cidade com seu abraço".[57] Desde 1896, data de uma greve têxtil que tomou toda a cidade, notavelmente disciplinada e coordenada, os trabalhadores de Petersburgo ocupam um ponto importante no mapa político europeu.

No domingo, 9 de janeiro de 1905, uma multidão desses operários, chegando a 200 mil homens, mulheres e crianças, move-se em massa de todos os pontos em direção ao centro da cidade, determinados a alcançar o palácio aonde levam todas as vias de Petersburgo. São conduzidos pelo encantador e carismático padre George Gapon, um capelão de confiança do Estado nas Metalúrgicas Putilov e organizador do Conselho de Operários de Fábrica de Petersburgo. As pessoas vão explicitamente sem armas (os ajudantes de Gapon revistaram a multidão e desarmaram algumas pessoas) e sem violência. Muitos levam imagens e cartazes do czar Nicolau II, e as pessoas entoam "Deus salve o czar" pelo caminho. O padre Gapon pediu ao czar que aparecesse perante o povo no palácio de Inverno e atendesse a suas necessidades, que ele trazia escritas em um pergaminho:

SENHOR — Nós, operários e residentes da cidade de São Petersburgo, de várias classes e condições sociais, nossas esposas, nossos filhos e nossos desamparados velhos pais, viemos a Vós, Senhor, para buscar justiça e proteção. Nós nos tornamos indigentes; estamos oprimidos e sobrecarregados de trabalho, além de nossas forças; não somos reconhecidos como seres humanos, mas tratados como escravos que devem suportar em silêncio seu amargo destino. Nós o temos suportado e estamos sendo empurrados mais e mais para as profundezas da miséria, injustiça e ignorância. Estamos sendo tão sufocados pela justiça e lei arbitrária que não mais podemos respirar. Senhor, não temos mais forças! Nossas resistências estão no fim. Chegamos ao terrível momento em que é preferível a morte a prosseguir neste intolerável sofrimento.

Portanto, paramos de trabalhar e dissemos a nossos patrões que não voltaríamos até que cumprissem as nossas exigências.

A petição então exige jornada de trabalho de oito horas, salário mínimo de um rublo por dia, a abolição da hora extra compulsória sem vencimentos e a liberdade de organização para os trabalhadores. Mas estas primeiras reivindicações são endereçadas primeiramente aos patrões e apenas indiretamente ao próprio czar. Logo após, porém, seguem-se reivindicações políticas radicais a que apenas o czar poderia atender: uma assembleia constituinte democraticamente eleita ("Esta é nossa principal reivindicação; nela tudo se baseia; ela é [...] o emplastro para nossas dolorosas feridas"); garantias de liberdade de expressão, de imprensa e de reunião; processo legal justo; um sistema de educação gratuita para todos; finalmente, um fim para a desastrosa guerra entre Rússia e Japão. A petição, aí, conclui:

Estas, Senhor, são nossas necessidades principais, razão pela qual viemos a Vós. Buscamos aqui nossa derradeira salvação. Não recuseis assistência ao vosso povo. Entregai seu destino às suas próprias mãos. Livrai-os da intolerável opressão dos oficiais. Destruí o muro entre Vós e vosso povo e deixai que governem o país a vosso lado. [...]

Ordenai e fazei um juramento de realizar estas medidas, e fareis a Rússia feliz e famosa, e Vosso nome estará gravado para sempre em nossos corações e nos corações dos que vierem depois de nós.

Se não ordenardes e se não responderdes a nossa prece, morreremos aqui nesta praça diante do Vosso palácio. Não temos aonde ir, e nem por que ir. Temos apenas dois caminhos: um que leva à liberdade e à felicidade, e outro que leva à sepultura... Deixai que nossas vidas sejam um sacrifício pela Rússia sofredora. Oferecemos este sacrifício, não com rancor, mas com alegria.[58]

O padre Gapon nunca chegou a ler essa petição ao czar: Nicolau e sua família haviam partido da Capital às pressas e deixado o comando a cargo de seus oficiais. Eles planejaram um confronto bem diferente daquele que os trabalhadores esperavam. Quando as pessoas se aproximaram do palácio, destacamentos de tropas, 20 mil soldados fortemente armados, as cercaram e nelas atiraram a curta distância. Nunca se soube quantas pessoas foram mortas naquele dia — o governo admitiu 130, mas estimativas dignas de confiança afirmam que o total chegou a mil —, porém todos souberam de imediato que toda uma época da história russa havia concluído abruptamente e uma revolução começara.

Segundo Bertram Wolfe, diante dos eventos do "Domingo Sangrento", "milhões de mentes primitivas saltaram da Idade Média para o século XX. Eles vieram com amor e reverência depositar seus problemas aos pés de seu Querido Pai Czar. As balas e o sangue varreram todos os vestígios de amor e credulidade. Agora eles se sabiam órfãos e tinham de resolver seus problemas sozinhos". Essa é a opinião corrente sobre o 9 de janeiro e é, no geral, correta. Porém, erra ao subestimar a evolução da massa de Petersburgo *anterior* às balas e ao sangue. Trotski, no seu relato de participante da Revolução de 1905, descreve a demonstração de Gapon como uma *tentativa de diálogo* entre o proletariado e a monarquia nas ruas.[59] A exigência do povo de dialogar com o seu governante nas ruas não é o trabalho de "mentes primitivas" ou de almas infantis; é uma ideia que expressa a modernidade e a maturidade de um povo. A demonstração de 9 de janeiro é uma forma de modernidade que emerge do solo distinto de Petersburgo. Ela expressa as mais profundas necessidades e ambivalências das pessoas comuns que essa cidade originou: sua mistura volátil de deferência e desafio, de devoção ardente a seus superiores, e a igualmente ardente determinação de serem eles mesmos; sua disposição a arriscar tudo, mesmo suas vidas, por um encontro direto nas ruas, um encontro ao mesmo tempo pessoal e político, através do qual seriam pelo menos — como disse o Homem do Subterrâneo na década de 1860, e a petição de Gapon repete numa escala de massa em 1905 — "reconhecidos como seres humanos".

A contribuição mais original e duradoura de Petersburgo à política moderna nasceu nove meses depois: o Soviete ou Conselho de Trabalhadores. O Soviete de Delegados de Trabalhadores de Petersburgo irrompeu em cena, praticamente do dia para a noite, no começo de outubro de 1905. Morreu jovem, com a Revolução de 1905, mas reapareceu, primeiro em Petersburgo e depois em toda a Rússia, no ano revolucionário de 1917. Tem sido, ao longo de todo o século XX, uma inspiração para radicais e povos oprimidos no mundo todo. O nome "União das Repúblicas Socialistas Soviéticas" o reverencia, mesmo que a realidade daquele Estado o profane. Muitos daqueles que têm se oposto à União Soviética na Europa oriental, inclusive os que contra ele se rebelaram na Hungria, Tchecoslováquia e Polônia, têm sido inspirados por uma visão daquilo que uma verdadeira "sociedade soviética" deveria ser.

Trotski, um dos espíritos mais tocantes daquele primeiro Soviete de Petersburgo, descreveu-o como "uma organização que tinha autoridade sem ter, contudo, tradição; que podia mobilizar imediatamente uma massa dispersa de milhares de pessoas, sem ter praticamente nenhuma máquina organizacional; que unia as correntes revolucionárias do proletariado; que era capaz de iniciativa espontânea e autocontrole, e, mais importante que tudo, podia ser trazida do subterrâneo em 24 horas". O soviete "paralisava o Estado autocrático por meio de (uma) greve insurrecional" e agia para "introduzir sua própria ordem democrática livre na vida do operariado".[60] Era talvez a forma de democracia mais radicalmente participativa desde a Grécia antiga. A caracterização de Trotski, embora um tanto idealizada, é pertinente exceto em um ponto. Trotski diz que o Soviete de Petersburgo "não tinha tradição". Esse capítulo deve tornar claro como o soviete provém diretamente da rica e vibrante tradição petersburguense de política pessoal, de política através de encontros pessoais frontais nas ruas e praças da cidade. Todos os gestos corajosos e fúteis das gerações de funcionários comuns de Petersburgo — "Ainda acertaremos as contas! e fugiu apressadamente" —, todas as "demonstrações ridículas e infantis" dos Homens do Subterrâneo *raznochintsy* são aí, momentaneamente, redimidos.

Mas, se 1905 é um ano de confrontos e epifanias face a face em Petersburgo, é também um ano de ambiguidades e mistérios intensificados, de círculos girando no interior de círculos, de portas se fechando por si mesmas. Nenhuma figura é mais profundamente ambígua que o próprio padre Gapon, filho de camponeses ucranianos, um andarilho intermitente e tolstoiano, que organizou seu sindicato sob os auspícios da polícia secreta. Zubatov, chefe da divisão da polícia secreta em Moscou, tinha alimentado a ideia de organizar os trabalhadores industriais em sindicatos moderados que desviariam a ira operária do governo para os patrões; seu experimento foi batizado como "socialismo da polícia". Gapon foi um recruta ambicioso e brilhante. Contudo, tal como haviam já dito os críticos de Zubatov, o agente policial foi arrebatado pelas necessidades e energias de seus trabalhadores e levou o movimento para além dos limites de decoro estabelecidos pela polícia. A própria fé ingênua de Gapon no czar — não partilhada por seus cínicos e experientes superiores — ajudou a impelir a cidade e a nação para o desastroso confronto de 9 de janeiro.

Ninguém se chocou tanto com os eventos do Domingo Sangrento quanto Gapon, e, aparentemente, também ninguém se inflamou com tanto ardor revolucionário do dia para a noite. No subterrâneo, e, depois, no exílio, Gapon lançou uma série de manifestos explosivos: "Não há mais czar!", ele proclamava. Pedia "bombas e dinamite, terrorismo individual ou de massa — tudo que possa contribuir para um levante nacional". Lenin encontrou Gapon em Genebra (depois de Plekhanov ter se recusado a vê-lo) e ficou fascinado por seu radicalismo ingênuo e intensamente religioso — muito mais típico das massas russas, como disse Lenin mais tarde, que seu próprio marxismo. Todavia, ele aconselhou o padre a estudar, a clarificar e solidificar seu pensamento político e, acima de tudo, a se precaver contra a notoriedade rápida e a bajulação.

Gapon, quando veio a Genebra, nutria esperanças de fazer uso de seu prestígio para unir todas as forças revolucionárias, porém foi logo derrotado pelo sectarismo e as intrigas dessas forças. Então partiu para Londres, onde foi recebido como celebridade, cortejado por milionários e mimado pelas damas da sociedade. Conseguiu muito dinheiro para a causa revolucionária, mas não sabia o que fazer com ele, porque nunca teve ideias coerentes a respeito. Após uma tentativa frustrada de contrabando de armas, encontrou-se isolado e desamparado e, à medida que a Revolução se imobilizava, tornou-se progressivamente mais deprimido e desesperado. Retornou à Rússia secretamente em 1906 — e tentou reingressar na polícia! Ofereceu-se para delatar quaisquer pessoas em troca de generosas somas de dinheiro; porém, Pincus Rutenberg, um de seus camaradas mais íntimos durante e após janeiro de 1905 (e coautor de seu manifesto), descobriu sua duplicidade e o entregou a um tribunal secreto de trabalhadores, que o assassinou em uma casa solitária na Finlândia, em abril de 1906. As massas ainda veneravam Gapon e por anos persistiram na crença de que ele havia sido assassinado pela polícia.[61] Uma história digna de Dostoievski em seus momentos mais negros: um Homem do Subterrâneo que vem à luz do sol num momento heroico, apenas para submergir, afundar-se mais à medida que se debate, até ser finalmente enterrado.

Um mistério que perdura na história de Gapon é este: se a polícia e o Ministério do Interior sabiam o que ele estava fazendo nas semanas e dias que antecederam o 9 de janeiro, por que não interromperam a demonstração antes que ela pudesse ser iniciada — por exemplo, prendendo todos os organizadores —, ou então por que não pressionaram o governo a fazer um gesto conciliatório que mantivesse os trabalhadores sob controle? Alguns historiadores acreditam que a polícia havia relaxado sua vigilância no fim de 1904, confiando em que Gapon mantivesse os trabalhadores sob controle, subestimando insensatamente a volatilidade de seu próprio agente, assim como a dos trabalhadores sob sua responsabilidade. Outros fazem uso do argumento de que, pelo contrário, a polícia não só sabia o que ia acontecer em 9 de janeiro, mas desejava que acontecesse, e, de fato, incentivaram tanto Gapon quanto o governo nessa direção — pois, ajudando a precipitar o país no caos revolucionário, poderiam criar um pretexto e uma atmosfera apropriada para a repressão e a reação draconianas que esperavam desencadear.

Esta imagem da polícia czarista poderia parecer absurda e paranoica, se não tivesse sido provado, sem margem de dúvidas, que entre 1902 e 1908 a polícia havia subsidiado uma onda de terrorismo político. Um ramo secreto do populista Partido Social Revolucionário, que levou a cabo uma série de assassinatos de altos oficiais — sua mais proeminente vítima foi o grão-duque Sergei, tio do czar, governador militar de Moscou —, estava em ação o tempo todo, sem que seus membros o soubessem, sob a direção de um agente policial, Evni Azev, com conhecimento e conivência dos superiores de Azev. O que torna a história especialmente bizarra é que o mais espetacular assassinato do grupo, e que recebeu maior aclamação pública, foi dirigido a seu próprio empregador, o temido Viacheslav von Plehve, o ministro do Interior do czar, o oficial encarregado da polícia secreta, e o homem sob cujos auspícios o grupo havia sido formado! Entre tentativas de assassinato, Azev entregou muitos terroristas à polícia; ao mesmo tempo, entregou outros agentes policiais nas mãos dos terroristas. As atividades de Azev foram finalmente desmascaradas em 1908, e toda a política (e mística) do terrorismo foi decisivamente atribuída à esquerda. Contudo, isso não impediu que outro agente de polícia, mais uma vez agindo sob a máscara de revolucionário, assassinasse outro ministro do Interior, Piotr Stolipin, no verão de 1911.

Azev, outro personagem saído das páginas de Dostoievski, é fonte de inesgotável fascínio para todos aqueles que estudam o período de 1905. Mas ninguém até hoje esclareceu suas notáveis maquinações, ou penetrou no âmago — se houve âmago — de seu ser.[62] Porém, o fato de que suas iniciativas assassinas, que visavam paralisar o governo e mergulhar o país no caos, emanaram do interior do próprio governo confirma um argumento que defendi no início deste livro: o niilismo dos modernos revolucionários é uma pálida sombra do niilismo das forças da Ordem. A única coisa clara a respeito de Azev e de seus companheiros, também agentes duplos, e dos oficiais que os apadrinharam é que juntos criaram uma atmosfera política desesperançadamente envolta em mistério, uma atmosfera em que qualquer coisa poderia vir a se revelar como seu oposto radical, de modo que a ação era desesperadamente necessária, todavia seu sentido era fatalmente obscuro. Nesse momento, a reputação tradicional de Petersburgo como cidade espectral e surreal assumiu nova urgência e proeminência.

PETERSBURGO DE BIELI: PASSAPORTE PARA A SOMBRA

Essa realidade surreal serve de inspiração para o romance de Bieli, *Petersburgo*, situado no clímax da Revolução de 1905, escrito e publicado entre 1913 e 1916, revisto em 1922. Nunca se permitiu que esse romance encontrasse seu público na URSS, e está começando a encontrá-lo nos EUA.[63] Sua reputação dependeu, por muitos anos, da adulação da vanguarda *emigré*: Nabokov, por exemplo, o considera, junto com *Ulisses*, de Joyce, *A metamorfose*, de Kafka, e *Em busca do tempo perdido*, de Proust, "uma das quatro grandes obras-primas da prosa do século XX". Um leitor que não leia russo dificilmente poderá avaliar seriamente a prosa de Bieli; porém, é perfeitamente claro na tradução que o livro é uma obra-prima, digna das melhores tradições da literatura moderna.

Uma olhada ao acaso em qualquer página de *Petersburgo* revelará que é, em todos os sentidos mais óbvios, uma obra modernista. Não tem uma voz narrativa unificada, como o tem quase toda a literatura do século XIX, mas, pelo contrário, se move através de saltos rápidos e contínuos, cortes e montagens (em termos russos, é contemporânea de, e relacionada a, Maiakovski e os futuristas na poesia, Kandinsky e Malevitch, Chagal e Tatlin na pintura e artes visuais; antecipa Eisenstein, Rodchenko e o construtivismo em alguns anos). Consiste quase inteiramente em fragmentos descontínuos e irregulares: fragmentos da vida social e política das ruas da cidade, fragmentos das vidas interiores das pessoas nessas ruas, saltos, para a frente e para trás, de um fragmento a outro — como disse Baudelaire, *soubresauts de conscience*. Seus planos de visão, como aqueles da pintura cubista e futurista, são fragmentados e oblíquos. Mesmo a pontuação de Bieli enlouquece: as sentenças se interrompem no ar, enquanto os pontos, vírgulas, pontos de exclamação e interrogação flutuam isolados no meio da página, perdidos no espaço vazio. Nós, os leitores, somos mantidos em constante desequilíbrio; precisamos trabalhar linha por linha, momento por momento, para compreender onde estamos e o que está acontecendo. Mas a qualidade bizarra e caótica do estilo de Bieli não é um fim em si mesma: ele nos força a vivenciar a atmosfera fascinante, porém mistificadora, na qual as pessoas de Petersburgo eram forçadas a viver em 1905:

> Petersburgo é a quarta dimensão não indicada nos mapas. [...] Não se costuma mencionar, quando se compilam referências, que *nossa* Capital pertence à terra dos espíritos. Karl Baedeker* não diz uma só palavra. Um homem que vem das províncias, e disso não foi informado, leva em consideração apenas o aparato administrativo visível; não tem passaporte para a sombra.

Essas imagens servem para definir o próprio romance como uma espécie de guia de Baedeker ou mapa de quatro dimensões, um passaporte para a sombra. Mas isso significa que *Petersburgo* é uma obra tanto do realismo como do modernismo. Seu êxito mostra como o realismo na literatura e no pensamento deve progredir para o modernismo a fim de apreender as realidades fragmentárias, decompostas e crescentemente difusas da vida moderna.[64]

Se *Petersburgo* é uma obra modernista e realista, é também um romance de tradição, da tradição de Petersburgo. Cada

---

* Karl Baedeker (1801-59), editor e escritor, nascido em Essen, na Alemanha. É autor de vários guias destinados a viajantes. (N. T.)

página acha-se embebida das tradições acumuladas da história, literatura e folclore da cidade. Figuras reais e imaginárias — Pedro, o Grande, e vários sucessores; Puchkin, seu funcionário e o Cavaleiro de Bronze; capotes e narizes de Gogol; homens supérfluos e Hamlets russos; duplos e demônios; czares assassinos e assassinos de czares; os dezembristas; o Homem do Subterrâneo; Ana Karenina; Raskolnikov, todos juntos com uma miscelânea de pessoas, mongóis, o Holandês Voador, e muitos mais — não apenas assombram as mentes dos personagens de Bieli, mas realmente se materializam nas ruas. Às vezes parece que o livro vai submergir sob o peso da tradição de Petersburgo; noutros momentos, parece que vai navegar para longe, fugindo das crescentes pressões daquela tradição. Todavia, os problemas que permeiam o livro desconcertam também a cidade: os próprios cidadãos de Petersburgo estão sendo arrastados e tragados pelo peso e intensidade das tradições da cidade — inclusive suas tradições de rebelião.

Os principais personagens de Bieli são: Apollon Apollonovich Ableukov, um oficial imperial de alta patente, inspirado livremente no gélido e sinistro arquirreacionário Konstantin Pobedonostsev, ideólogo da extrema direita do fim do século, patrono de massacres organizados; o filho, Nikolai, um jovem bonito, lânguido, imaginativo e fraco, pertencente à tradição do homem supérfluo, que se alterna entre o enfado e a meditação em seu quarto, veste roupas estranhas para chocar a alta sociedade e escreve ensaios proclamando a destruição de todos os valores; Alexander Dudkin, um pobre e ascético intelectual *raznochinets* e membro do subterrâneo revolucionário; e o misterioso Lippanchenko, um agente duplo livremente inspirado em Azev (que usou o nome Lippanchenko como um de seus pseudônimos), que concebe o plano malévolo responsável em grande parte pela força da narrativa de Bieli; em volta deles, agitando-se convulsivamente, atirando-os para lá e para cá, a própria cidade de Petersburgo.

O Projeto Nevski ainda é, em 1905, misterioso e adorável e ainda evoca reações líricas: "De noite, uma iluminação ofuscante inunda a avenida. Lá no meio, a intervalos regulares, pendem os globos das luzes elétricas. Nos lados, brincam os mutantes e resplandecentes letreiros das lojas. Aqui, o súbito tremular dos rubis, lá, o tremular das esmeraldas. Um segundo depois os rubis estão lá e as esmeraldas aqui" (1, 31). E a Nevski ainda é, tanto quanto fora na época de Gogol e Dostoievski, a linha de comunicações de Petersburgo. Só que agora, em 1905, novas mensagens a atravessam. Elas provêm principalmente da classe trabalhadora, consciente e intensamente ativa.

Petersburgo está rodeada por um anel de fábricas de muitas chaminés.

Como um enxame, muitos milhares de pessoas a elas se dirigem de manhã, e todos os subúrbios estão vazios. Todas as fábricas experimentavam agora (outubro de 1905) um estado de terrível agitação. Os trabalhadores se transformavam em sombras tagarelas. Entre elas circulavam revólveres Browning. E alguma coisa mais.

A agitação que cercava Petersburgo então começou a penetrar no próprio centro da cidade. Primeiro tomou as ilhas, então atravessou as pontes Liteny e Nikolaievski. Uma miríade humana circulava pela Nevski. Porém, a composição da miriápode se transformava; e um observador agora notaria o surgimento de um felpudo e negro chapéu de pele dos campos da ensanguentada Manchúria (soldados desmobilizados da Guerra Russo-Japonesa). Houve uma queda sensível na porcentagem de cartolas passantes. Ouviam-se agora brados perturbadores contra o governo por parte de garotos de rua que a toda velocidade corriam da estação de trem ao Almirantado, agitando trapos imundos.

Agora, também, pode-se ouvir um som estranhíssimo na Nevski, impossível de ser contido, "a mesma nota importuna, 'Oooo--oooo-ooo!'... Mas era um som? Era o som de algum outro mundo". E "ele tinha uma claridade e força rara" no outono de 1905 (2, 51-2; 7, 224). Trata-se de uma imagem rica e complexa; contudo, um dos seus significados cruciais aponta para o "outro mundo" das classes trabalhadoras de Petersburgo, que agora, em 1905, estão decididas a se afirmar "neste mundo", o mundo do projeto e do palácio no centro da cidade e do Estado. "Não deixe entrar a multidão de sombras das ilhas!", insta o senador Ableukhov a si e ao governo (1, 13), mas, em 1905, seu clamor é vão.

Vejamos como Bieli situa suas personagens nesse cenário. Sua primeira cena dramática é uma versão do que chamei a cena primordial de Petersburgo: o encontro entre o oficial e o funcionário, entre baixa nobreza e *raznochintsy* na rua Nevski (1, 10-4). A versão que Bieli dá a essa cena arquetípica torna chocantemente claro quanto a vida de Petersburgo mudou desde a era do Homem do Subterrâneo. O senador Ableukhov ama a Nevski: "A inspiração se apossava da alma do senador toda vez que o cubo laqueado (de sua carruagem) cortava a Nevski. Aí a numeração das casas era visível. E a circulação prosseguia. Lá, de lá, em dias límpidos, de longe, bem longe, vinha o brilho ofuscante do ponteiro de ouro (Almirantado), as nuvens, o raio carmim do crepúsculo". Mas acreditamos que ele a ame de maneira peculiar. Ele ama as formas geométricas abstratas do projeto — "seus gostos eram distintos devido à harmoniosa simplicidade da rua. O que ele mais amava era a perspectiva retilínea; esta perspectiva lhe lembrava o fluxo do tempo entre dois pontos" —, mas ele não suporta as pessoas reais que ali estão. Assim, em sua carruagem, "suavemente balouçando no assento de almofadas de cetim", ele se sente aliviado por estar "separado da escória das ruas por quatro paredes perpendiculares. Assim estava ele isolado das pessoas e das coberturas vermelhas dos trapos inúteis e úmidos à venda bem lá no cruzamento".

Vemos aqui a burocracia czarista, em sua última fase, tentando deixar para trás seu obscurantismo passado, de forma a ser capaz de desenvolver o país segundo métodos e ideias racionais. Mas esta racionalidade está, infelizmente, suspensa no vazio: entra em colapso abruptamente diante de qualquer tentativa de lidar racionalmente com a miríade de pessoas que ocupam seu vasto espaço retilíneo. Ilhado da "escória das ruas" na Nevski, o senador começa a pensar nas "ilhas", onde se localizam as fábricas de Petersburgo e onde se concentra o proletariado, e conclui que "as ilhas devem ser esmagadas!". Confortado com este pensamento, ele se abandona a sonhos e rapsódias cósmicas de perspectiva retilíneas "expandindo-se para os abismos do universo em planos de quadrados e cubos".

Enquanto o senador flutua ao sabor dos sonhos,

Subitamente —

— fez uma careta, seu rosto começou a se contrair, os olhos azuis rolaram convulsivamente. As mãos correram para o peito. O dorso cambaleou para trás, enquanto sua cartola bateu na parede e caiu-lhe no colo. [...]

As silhuetas que passavam fizeram-se pontos brilhantes para Apollon Apollonovich. Um destes pontos soltou-se da órbita e se arremessou contra ele a velocidade vertiginosa, tomando a forma de uma imensa esfera carmim.

Ficamos tão chocados quanto o senador: que aconteceu? Ele levou um tiro? Sua carruagem foi atingida por uma bomba? Ele está morrendo? Para nosso alívio e riso, descobrimos que nada disso aconteceu. Tudo que aconteceu foi que, "cercada por um curso de veículos, a carruagem parou num cruzamento. Um grupo de *raznochintsy* tinha se pressionado contra a carruagem do senador, destruindo a ilusão de que ele, voando ao longo da Nevski, voava bilhões de milhas para longe da miríade humana". Nesse momento, enquanto preso no tráfego, "por entre os chapéus-cocos ele divisou um par de olhos. E os olhos expressaram o inadmissível. Eles reconheceram o senador e, tendo-o reconhecido, fizeram-se furiosos, dilataram-se, acenderam-se e brilharam".

A coisa mais notável desse encontro, principalmente se o contrastarmos com os encontros na rua de Petersburgo do passado, é a atitude defensiva da classe dominante. Esse oficial de alta patente encolhe-se temendo os olhos de um *raznochinets* desconhecido, como se o outro pudesse matá-lo com um olhar. É bem verdade que, no ambiente de 1905, oficiais imperiais tinham todo o direito de temer atentados contra suas vidas, inclusive partindo de suas próprias guardas. Mas Ableukhov, como muitos de seus companheiros reais, transcende os limites do medo racional: ele parece sentir que qualquer contato com aqueles que estão a ele sujeitos, mesmo o olhar, poderia ser letal. Embora ainda sejam os governantes da Rússia, os Ableukhovs estão cientes da precariedade de seu poder e autoridade. Daí o senador sentir-se em sua carruagem, na Nevski, tão vulnerável quanto aquele funcionário pobre, o senhor Goliadkin, cinquenta anos atrás: vítima do olhar fatal de qualquer pedestre.

Mesmo ao se encolher diante dos olhos daquele *raznochinets*, o senador tem a vaga impressão de que já os conhece. Logo se recorda, para seu horror, de que, na verdade, viu-os em sua própria casa. Nikolai, o filho do senador, adotou as amizades e experiências que seu pai mais teme. Deixou sua fria mansão de mármore e vagou pelas ruas, tavernas sórdidas e porões subterrâneos de Petersburgo, em busca de um "outro mundo", mais vibrante e autêntico que o seu. Lá encontrou Dudkin, um prisioneiro político que escapara muitas vezes — conhecido como "O Incapturável" — e que mora escondido numa choupana miserável na ilha Vassilevski. Dudkin, que apresenta Nikolai ao subterrâneo revolucionário, é uma fusão instável e altamente explosiva de todas as tradições revolucionárias de Petersburgo e todas as tradições de seus Homens do Subterrâneo. Visitam-no em sua choupana não apenas revolucionários e agentes da polícia — agentes duplos e triplos —, mas também visões alucinatórias do diabo e de Pedro, o Grande, de bronze, que o abençoa como filho.

Dudkin e Nikolai se tornam amigos e se perdem em intermináveis relatos de suas experiências extracorpóreas e angústias existenciais. Aí, pelo menos, vemos uma espécie de intimidade e reciprocidade, estranha porém real, entre o funcionário de Petersburgo e o oficial. Mas esse sucesso modesto abre caminho para o desastre, pois mesmo que Nikolai tenha descoberto um revolucionário autêntico, um falso e monstruoso revolucio-

304

nário, Lippanchenko, o descobre. Lippanchenko — que, lembre-se, trabalha secretamente para a polícia — tira partido de seu ódio, culpa e fraqueza interior e o força a concordar com o assassinato do pai por meio de uma bomba que ele, Lippanchenko, colocará na casa que dividem. Essa bomba, construída numa lata de sardinha, foi projetada para explodir 24 horas após acionada. Como as vidas das doze desesperadas personagens são reveladas simultaneamente e em conjunto com a revolução que as abarca (e abarca seus inimigos mais firmemente), sabemos que a bomba no estúdio do senador está tiquetaqueando, e seu movimento inexorável dá a esse romance imensamente complexo uma unidade de tempo e ação precisa e horrível.

Seria impossível, aqui, pretender abordar mais que alguns pontos do texto de *Petersburgo*, arbitrariamente escolhidos, explorar a rica interação entre as pessoas e a paisagem da cidade, num momento em que as pessoas e a paisagem urbana passam por um estado de sublevação radical e de mergulho vertiginoso no desconhecido. Tomemos uma cena na metade do livro (5, 171-84), no momento em que Nikolai recuou ante o trato que fez, mas não tem coragem de, sozinho, desfazê-lo (a bomba está tiquetaqueando, é claro). Ele se dirige às ilhas em busca de Dudkin, para repreendê-lo, com gritos histéricos, por ter forçado um homem a fazer algo tão hediondo. Dudkin, porém, nada sabe da trama e fica tão horrorizado quanto Nikolai. Dudkin fica até mais profundamente perturbado: primeiro, porque o crime é, em si, monstruoso — ele pode ser um niilista metafísico, mas, ele insiste, traça um limite para a vida humana; segundo, porque a trama do parricídio mostra ou que o Partido está sendo usado e traído, de uma maneira que podia destruí-lo como força política, ou que, sem perceber, o Partido se tornou horrivelmente cínico e corrupto do dia para a noite; finalmente — como sublinha a alcunha do agente que deu a Nikolai essa ordem horrível, "O Desconhecido" — a trama sugere que Dudkin realmente não sabe o que está se passando num movimento a que devotou toda a sua vida e sem o qual ela não tem sentido. A revelação de Nikolai não só insulta seu senso de decência, como destrói seu senso de realidade. Os dois homens cambaleiam delirantes ao atravessar a ponte Nikolaievski, debatendo-se para se encontrar nas ruínas do mundo a que julgavam pertencer.

"O Desconhecido" — insistia um perplexo Nicolai Apollonovitch — "é seu camarada de Partido. Por que você está tão surpreso? O que o surpreende?"

"Mas lhe asseguro que não há nenhum *O Desconhecido* no Partido."

"O quê? Não há nenhum *O Desconhecido* no Partido?"

"Não fale tão alto. [...] Não há."

"Mas eu venho recebendo bilhetes há três meses."

"De quem?"

"Dele."

Eles se fixaram de olhos arregalados, e um os deixou cair horrorizado, enquanto uma pálida esperança brilhou nos olhos do outro.

"Dou-lhe minha palavra de honra que nada tive a ver com isso."

Nikolai Apollonovitch não acredita nele.

"Bem, então o que significa tudo isso?"

Nesse momento, enquanto cruzam o Neva a paisagem começa a sugerir significados; os dois homens acolhem suas sugestões e as desenvolvem. Chegam a direções diferentes, mas ambos os caminhos são desoladores.

"Bem, então, o que significa isso?"

E (Nikolai) olhou para as extremidades da rua com olhos que nada viam. Como a rua tinha mudado, e como esses dias sombrios a tinham mudado!

Um vento vindo da praia varreu, rasgou as últimas folhas, e Alexandre Ivanovich sabia de cor:

Haverá, oh sim, haverá dias sangrentos, cheios de horror. E então — tudo se reduzirá a cinzas. Oh redemoinho, oh turbilhão, últimos dias!

Para Nikolai, esse mundo está ruindo, perdendo a cor e a vibração, afundando na entropia. Para Dudkin, está explodindo, sendo arremessado para uma colisão apocalíptica. Para ambos, contudo, o movimento é para a morte, e eles permanecem juntos, o *raznochinets* pobre e o filho do oficial imperial, unidos na passividade e senso de fatalidade, indefesos como folhas arrastadas pelo vento. Para ambos, o final do ano de 1905 pressagia a morte de todas as esperanças que esse ano trouxe à vida. Todavia, eles têm de prosseguir, enfrentar a crise que os confronta mais severamente do que nunca — assim como a bomba continua a tiquetaquear — para salvarem o que puderem da vida e da honra.

Agora, porém, ao passarem pelo palácio de Inverno e ao entrarem na Nevski, o dinamismo da rua os atinge como uma força alucinatória.

Um enxame de chapéus-cocos rolou em sua direção, descendo a rua. E, com os chapéus-cocos, rolavam cartolas e espumas de plumas de avestruzes.

Narizes brotavam de todos os lugares.

Narizes em formas de bico: de águia, galo, pato e galinha, e — sem cessar — esverdeados, verdes e vermelhos. Rolando em sua direção, insensível, rápida e profusamente.

"Consequentemente, você acha que o erro se insinuou em todos os lugares?"

[...] Alexander Ivanovich desistiu da contemplação de narizes.

"Não erro, mas charlatanismo da pior espécie. Esse absurdo foi mantido para reprimir a ação pública do Partido."

"Então ajude-me. [...]"

"Uma zombaria inadmissível" — Dudkin o interrompeu — "feito de intriga e fantasmas."

Os chapéus e narizes a flutuar são um toque gogoliano maravilhoso — e, desde *O nariz* e "O Projeto Nevski", uma parte vital do folclore cômico de Petersburgo. Todavia, agora, na atmosfera altamente carregada de outubro de 1905, as imagens tradicionais adquirem novos e ameaçadores significados: balas ou projéteis voando na direção de Dudkin e Nikolai; pessoas se decompondo, emocionalmente, como estão esses dois homens, e fisicamente, como pessoas destroçadas por bombas. A rua lança-lhes mais significados: as pessoas de Petersburgo se metamorfoseando em animais e pássaros, multidões humanas degenerando-se em enxames de insetos, formas humanas se dissolvendo em gotas de pura cor — "esverdeados, verdes e vermelhos" — como está acontecendo na arte *avant-garde* da década de 1910. Dudkin toma a mão de Nikolai e promete resolver o mistério que ele nem sequer começou a compreender — e, enquanto a aperta, seu mundo passa por uma degeneração ainda mais radical, transformando-se numa espécie de lodo primordial:

Todos os ombros formavam um sedimento viscoso e mole. O ombro de Alexander Ivanovich grudou-se ao sedimento e foi, por assim dizer, sugado. Tentando manter-se de acordo com as leis da integridade orgânica do corpo, ele seguiu o ombro e foi assim vomitado na Nevski.

O que é um grão de caviar?

Lá, o corpo de cada indivíduo que desliza no calçamento torna-se o grão de um corpo geral, um grão individual de caviar, e as calçadas da Nevski são a superfície de um sanduíche aberto. O pensamento individual foi sugado para dentro da cerebração da miriápode que se movia ao longo da Nevski. [...] O segmento pegajoso se compunha de segmentos individuais; e cada segmento individual era um dorso.

Não havia pessoas na Nevski, mas sim uma miriápode que aí rastejava e uivava. O espaço úmido derramava uma multidistinção de vozes numa multidistinção de palavras. Todas as palavras se misturavam e se teciam numa sentença; e a sentença parecia não ter sentido. Pairava acima da Nevski uma negra neblina de fantasmagoria.

E, inchado por aquela fantasmagoria, o Neva rugia e se agitava entre suas margens maciças de granito.

Temos ouvido desde Gogol que a Nevski é uma linha catalisadora e de comunicações para fantasias de vidas e mundos alternados. Bieli nos faz sentir como, em um ano de esperanças radicais e eventos terríveis, essa rua pode gerar uma nova surrealidade; uma visão de si mesma como um pântano original no qual o angustiado indivíduo moderno pode ser absorvido e submergir, esquecer sua personalidade e sua política e se afogar.

Mas Bieli não permite que Dudkin se afogue: Nikolai o persegue e o resgata da corrente em que quase se perdia. "Você compreende? Você me compreende, Alexander Ivanovich? A vida tem sido agitada" — não fica claro se este humor negro é de Nikolai ou simplesmente de Bieli — "na lata. O mecanismo está tiquetaqueando de uma maneira estranha." De início Dudkin, ainda semi-imerso no pântano da Nevski, não atina absolutamente com o que Nikolai está dizendo. Mas, quando entende que Nikolai acionou a bomba, ergue as mãos com horror e grita: "O que você fez? Jogue-a no rio imediatamente!".

O encontro e a cena poderiam facilmente terminar aqui. Mas Bieli aprendeu com Dostoievski a arte de construir cenas com uma série aparentemente interminável de clímaces e conclusões, cenas que, exatamente quando os personagens e o leitor parecem prontos a chegar a uma resolução, forçam as partes a se trabalhar e atingir frenéticos pontos culminantes repetidamente. Além disso, o que é igualmente importante, Bieli está determinado a nos mostrar que as cenas reais de Petersburgo em 1905 não se resolvem nos pontos onde parece claro que se deveriam resolver. Se o encontro entre Nikolai e Dudkin terminasse aqui, conduziria a uma resolução não só dramática mas também humana. Porém, nem Petersburgo nem *Petersburgo* estão dispostos a deixar seus protagonistas partir sem luta.

O que permite a esta cena continuar apesar do tiquetaque da bomba é a nova transformação por que passa subitamente Nikolai. Ele começa a falar, de uma forma quase carinhosa, sobre a bomba como se ela fosse humana: "Ela estava, como direi?, morta. Girei a chaveta — e, você sabe, ela até começou a soluçar, juro, como um corpo sendo acordado. [...] Vi uma expressão em seu rosto. [...] Ousou dizer-me alguma coisa". Finalmente, ele confessa extasiado, "eu me tornei a bomba, havia um tiquetaqueado em minha barriga". Este lirismo bizarro choca o leitor e o leva a pensar na sanidade de Nikolai. Para Dudkin, entretanto, o monólogo de Nikolai tem um fascínio fatal: é outro pântano imaginário no qual pode afundar-se, lavar-se do terror que dele se apossa. Os dois homens dão início a um fluxo de consciência e livre associação sobre seu assunto favorito — e maior ponto em comum —, o sentimento de desespero existencial. Nikolai faz um interminável (e inadvertidamente hilariante) relato de suas sensações do nada: "Em lugar de órgãos dos sentidos havia um zero. Eu tinha consciência de alguma coisa que não era nem um zero, mas um zero menos alguma coisa, digamos, por exemplo, cinco". Dudkin atua como uma combinação de sábio metafísico e psicanalista, dirigindo Nikolai tanto para várias teorias metafísicas como para particularidades de sua infância. Após várias páginas desse teor, ambas as partes estão perdidas e felizes como aparentemente querem estar.

Finalmente, porém, Dudkin consegue erguer-se do pântano que compartilham e procura colocar as efusões líricas de desespero de Nikolai sob alguma forma de perspectiva:

"Nikolai Apollonovich, você tem se debruçado sobre seu Kant num quarto fechado e sem ar. Você foi batido por uma borrasca. Pôs-se a escutá-la atentamente e o que nela ouviu é você mesmo. De todo modo, seus estados de espírito foram descritos e são tema de observação."

"Onde, onde?"

"Na ficção, na poesia, na psiquiatria, na pesquisa do oculto."

Alexander Ivanovich sorriu diante da ignorância dessa escolástica mentalmente desenvolvida, e ele continuou.

Neste ponto, Dudkin adianta um comentário extremamente importante, que pode se perder com facilidade em meio à pirotecnia retórica e intelectual, mas que ilumina a estratégia e o significado gerais de *Petersburgo* e sugere o ponto de vista último de Bieli sobre o que deveriam ser a literatura e o pensamento moderno. Dudkin diz:

> "Certamente, um modernista a chamaria sensação do abismo e buscaria a imagem correspondente à sensação simbólica."
>
> "Mas isso é alegoria."
>
> "Não confunda alegoria e símbolo. A alegoria é um símbolo que se tornou moeda corrente. Por exemplo, a compreensão usual da (sensação de estar) 'fora de si'. Um símbolo é o ato de invocar o que você experimentou antes a propósito da lata."

Dudkin, que sem dúvida aqui se expressa por Bieli, oferece uma interpretação brilhante e arrebatadora do modernismo. Em primeiro lugar, o modernismo está preocupado com os impulsos perigosos que são chamados "sensação do abismo". Segundo, a visão criativa modernista enraíza-se mais em imagens que em abstrações; seus símbolos são diretos, particulares, imediatos e concretos. Enfim, o modernismo está vitalmente comprometido com a investigação dos contextos humanos — psicológico, ético, político — dos quais brota a sensação do abismo. Busca, portanto, uma via para dentro do abismo, mas também um caminho de saída, ou melhor, um trajeto que o *atravesse*. A profundidade do abismo de Nikolai, conforme lhe conta Dudkin, é "o que você experimentou antes, a propósito da lata"; ele se livrará do abismo se puder "jogar a lata ao Neva e todo o resto [...] retornará ao seu lugar adequado". O caminho de saída do labirinto no qual sua mente se trancou — a única via de emergência — será fazer o que é moral, política e psicologicamente correto.

"Mas por que ficamos aqui parados? Andamos interminavelmente. Você precisa voltar para casa e... jogar a lata ao rio. Mantenha-se firme e não ponha os pés dentro da casa (é provável que o estejam observando). Continue a tomar os brometos. Você está horrivelmente abatido. Não, é melhor não tomar os brometos. Quem abusa deles fica inútil para qualquer coisa. Bem, é tempo de me lançar — num assunto que lhe diz respeito."

Alexander Ivanovich mergulhou na corrente de chapéus, voltou-se e bradou em meio ao fluxo:

"E jogue a lata ao rio!"

Seus ombros foram engolidos pelos outros ombros. Afastou-se rapidamente, levado pela miriápode acéfala.

Eis um homem que esteve dentro do abismo e conseguiu atravessá-lo. A segunda desaparição de Dudkin na multidão da Nevski é radicalmente diferente da primeira. Antes, ele procurava abafar sua consciência; agora, quer recorrer a ela, para descobrir "O Desconhecido" que ludibriou Nikolai e interrompeu seus passos. Antes, a Nevski era um símbolo do olvido, um pântano onde o eu desvanecente podia afundar. Agora, é uma fonte de energia, um fio elétrico ao longo do qual o eu renovado e novamente ativo pode mover-se quando é tempo de se lançar.

As poucas cenas que focalizei oferecem um breve relance da grande riqueza e profundidade de *Petersburgo*. E o final relativamente feliz da cena acima está muito distante da conclusão do livro. Será necessário que atravessemos muitas outras ações e reações, complexidades e contradições, revelações e mistificações, labirintos dentro de labirintos, irrupções internas e externas — aquilo que Mandelstam denominou "a tagarelice febril de digressões constantes, [...] o delírio da *influenza* de Petersburgo" — antes que a história chegue a seu termo. Nikolai não conseguirá retirar a bomba da casa, ela explodirá, o senador escapará da morte, mas as vidas de pai e filho ficarão estilhaçadas. Dudkin descobrirá a traição de Lippanchenko e o matará; na manhã seguinte, será encontrado completamente louco, montado sobre o cadáver nu e ensanguentado do agente, congelado na pose de Pedro, o Grande, escarranchado em seu cavalo de bronze. A própria Nevski, e sua miriápode humana, atravessará outros levantes e metamorfoses espetaculares antes da ruína da Revolução. Mas há um ponto aqui que merece atenção. O encontro entre Nikolai e Dudkin, que começou com mistificação, histeria e terror, evoluiu dialeticamente em direção a uma real epifania e a um triunfo humano; e o modernismo aparece como a chave. O modernismo, como Bieli o retrata, mostra aos homens modernos como eles podem manter-se unidos em meio a um mar de futilidade e absurdo que ameaça engolfar suas cidades e suas mentes. Dessa maneira, o modernismo de Bieli revela-se uma forma de humanismo. Chega a ser uma forma de otimismo: insiste em que, no final, o homem moderno poderá recuperar a si mesmo e a seu mundo caso consiga reunir o autoconhecimento e a coragem para jogar longe sua bomba parricida.

Não é costume nesta década de 1980 julgar as obras de arte modernistas por sua fidelidade a qualquer espécie de "vida real". Não obstante, quando deparamos com uma obra tão profundamente saturada de realidade histórica como *Petersburgo*, comprometida de forma tão intensa com a realidade, e procuramos trazer à luz as suas sombras, precisamos atentar com especial cuidado para os pontos em que a obra pareça divergir agudamente da realidade em que vive e se move. Com efeito, como já argumentei, há surpreendentemente pouquíssimos pontos de divergência no romance de Bieli. Mas um deles parece-me exigir uma análise especial: Petersburgo era realmente tão caótica e misteriosa no ano revolucionário de 1905 como *Petersburgo* sugere? Pode-se usar o argumento de que outubro de 1905, quando se desenrola a ação do romance, é um dos raros momentos de clareza em toda a história de Petersburgo. Durante todo o ano de 1905, primeiro nesta cidade mas logo a seguir em toda a Rússia, milhões de pessoas saíram às ruas das cidades e às praças das aldeias para enfrentar a autocracia da maneira

313

mais nítida possível. Por ocasião do Domingo Sangrento, o governo tornou sua própria posição meridianamente clara para o povo que o desafiava. Nos poucos meses seguintes, milhões de trabalhadores entraram em greve contra a autocracia — frequentemente com o apoio de seus patrões, que continuaram a pagar seus salários enquanto eles lutavam e faziam manifestações. Enquanto isso, milhões de camponeses tomaram as terras que cultivavam e queimaram os solares de seus senhores; diversas unidades de marinheiros e soldados se amotinaram, de modo mais memorável no encouraçado *Potemkin*; as classes médias e os profissionais liberais aderiram às ações; os estudantes acorreram das escolas em entusiasmado apoio, ao passo que os professores abriram suas universidades aos trabalhadores e sua causa.

Em outubro, todo o império foi tomado por uma greve geral — "a grande greve de toda a Rússia", como foi chamada. O czar Nicolau pretendeu convocar seus exércitos para esmagar o levante; mas seus generais e ministros o alertaram quanto a não existir nenhuma garantia de que os soldados lhe prestariam obediência, e, mesmo se o fizessem, era impossível sufocar 100 milhões de pessoas em revolta. Nesta altura, encostado à parede, Nicolau mandou publicar seu *Manifesto de Outubro*, que anunciava liberdade de expressão e reunião e prometia o sufrágio universal, o governo por uma assembleia representativa e o processo jurídico apropriado. O *Manifesto de Outubro* lançou o movimento revolucionário em desordem, garantiu ao governo tempo e espaço para reprimir os pontos de irradiação da revolta e possibilitou à autocracia sobreviver por mais uma década. As promessas do czar eram falsas, evidentemente, mas levaria tempo até que o povo o percebesse. Enquanto isso, porém, a sequência dos acontecimentos do Domingo Sangrento até o fim do mês de outubro revelou as estruturas e as contradições da existência de Petersburgo com notável clareza; foi um dos poucos anos da história da cidade em que as sombras não estavam em operação, em que as realidades humanas abertas tomaram as ruas e as mantiveram em suas mãos.[65]

Bieli bem podia aceitar este relato sobre Petersburgo em

1905. Mas destacaria que, logo após os "dias de liberdade" de outubro, os trabalhadores e os intelectuais foram igualmente tomados pela confusão e por devoradora autodesconfiança; que o governo tornou-se mais impalpável e enigmático que nunca — até mesmo para seus ministros, que com frequência viam-se tão no escuro como o homem da rua em questões de política nacional, e que, em meio a tudo isso, os Azev ganharam reputação e tomaram os projetos de Petersburgo mais uma vez. Do ponto de vista de 1913-6, quando foi escrito *Petersburgo*, a estonteante clareza de 1905 podia plausivelmente parecer apenas mais um sonho de Petersburgo, decepcionante e sedutor.

Há outra objeção a *Petersburgo* que vale a pena mencionar aqui. Apesar de todo o alcance panorâmico do livro, ele nunca consegue realmente aproximar-se dos trabalhadores que compõem parte tão importante da "miriápode" urbana, e que constituíram a força motriz da Revolução de 1905. Essa crítica procede; os operários de Bieli efetivamente tendem a permanecer, na expressão do senador Ableukhov, como sombras provenientes das ilhas. E ainda assim, se comparamos *Petersburgo* ao seu único concorrente sério na literatura de 1905, *A mãe*, de Gorki (1907), fica claro que as personagens sombrias e os panoramas espectrais de Bieli são muito mais reais e vívidos que os "heróis positivos" proletários de Gorki, que com efeito não são pessoas de carne e osso, mas silhuetas e caricaturas neochernyshevskianas.[66] Pode-se defender, também, que o heroísmo de Dudkin é não somente mais autêntico que o dos modelos de Gorki como igualmente mais "positivo": a ação decisiva significa tanto para ele porque tem muito contra que lutar, ao seu redor e dentro de si, antes que possa recompor-se a fim de fazer o que tem de ser feito.

É possível dizer muito mais sobre *Petersburgo* de Bieli e não tenho dúvidas de que muito ainda será dito na geração que virá. Procurei indicar como esse livro é ao mesmo tempo uma investigação sobre o fracasso da primeira revolução russa e uma expressão de sua criatividade e seu persistente sucesso. *Petersburgo* dá continuidade a uma longa tradição cultural do século XIX em um modo moderno, do século XX, que hoje em dia é mais relevante e poderoso que nunca, em meio ao contínuo caos, à promessa e ao mistério da vida pessoal e política das ruas de nosso século.

MANDELSTAM:
A PALAVRA ABENÇOADA SEM SENTIDO

"Mas, se Petersburgo não é a capital", escrevia Bieli no prólogo de seu romance, "não existe Petersburgo. Ela apenas parece existir." No instante mesmo em que Bieli escrevia, Petersburgo em certo sentido deixara de existir: Nicolau II transformara-a do dia para a noite em Petrogrado (um nome puramente russo, disse ele) em meio à histeria chauvinista de agosto de 1914. Para aqueles que guardavam algum senso de simbolismo, tratou-se de um sinistro sinal, a autocracia fechando violentamente a janela ao Ocidente, enquanto, talvez inconscientemente, cerrava a porta a si mesma. No espaço de um ano, a profecia de Bieli seria cumprida numa forma muito mais profunda: Petersburgo atingiria sua apoteose — como cenário e fonte de duas revoluções — e encontraria seu fim. Em março de 1918, com os exércitos alemães sitiando a cidade por três flancos, o novo governo bolchevique partiu para Moscou, oitocentos quilômetros para o sul. De forma abrupta, quase por acaso, terminava o período da Rússia de Petersburgo; sua segunda era moscovita começara.

Quanto de Petersburgo sobreviveu sob o novo regime de Moscou? Houve mais do que nunca uma poderosa intensificação ao impulso de Pedro ao desenvolvimento econômico e industrial — ao lado da ênfase na indústria pesada e de equipamentos militares, na implacável submissão das massas, na brutalidade extravagante e na completa indiferença por qualquer sorte de felicidade humana que a modernização pudesse acarretar.[67] Pedro foi incessantemente glorificado por sua capacidade de colocar a Rússia outra vez em movimento, de empurrá-la e pressioná-la a pôr-se em dia com o Ocidente. Obviamente, Pedro já cumprira uma longa carreira como herói revolucionário, remontando a Belinski e à oposição radical a Nicolau I.

Bieli desenvolveu esse tema quando fez o Cavaleiro de Bronze de Falconet (e de Puchkin) cumprir uma visita a Dudkin à meia-noite (*Petersburgo*, 6, 214) e abençoá-lo como seu filho.

A apoteose mais memorável de Pedro como revolucionário teve lugar no filme de Pudovkin, *O fim de São Petersburgo* (1927), em que, por meio do uso brilhante da montagem, o Cavaleiro de Bronze aparecia como parte da força bolchevique que investia colericamente contra o palácio de Inverno. Por outro lado, o regime despótico, inquisitorial, fratricida e histericamente xenófobo e antiocidental que veio a dominar Moscou no prazo de uma década atingiu inúmeras pessoas, como Sergei Eisenstein, como num retrocesso à Moscou de Ivan, o Terrível. "A cultura da era de Stalin", defende James Billington, "parece mais intimamente ligada com a antiga Moscóvia que mesmo com as mais toscas etapas do radicalismo baseado em São Petersburgo. [...] Com Stalin no Kremlin, Moscou ao menos tirou sua vingança sobre São Petersburgo, buscando varrer o infatigável reformismo e o cosmopolitismo crítico que essa 'janela para o Ocidente' sempre simbolizou".[68]

A história da União Soviética teria seguido outro caminho se Petersburgo tivesse permanecido como seu ponto focal? Provavelmente não. Mas vale notar que Petersburgo, em 1917, continha a população urbana mais intensamente consciente e mais ativamente independente de todo o mundo. Estudos recentes tornaram claro que, contrariando as alegações da hagiografia soviética, Lenin e os bolcheviques não criaram e tampouco dirigiram o movimento de massas revolucionário de Petersburgo; reconheceram o dinamismo e a potencialidade desse movimento espontâneo, ligaram-se tenazmente a ele e ascenderam ao poder à sua crista.[69] Quando consolidaram seu poder e suprimiram toda a iniciativa popular espontânea após 1921, os bolcheviques estavam distantes da cidade e da população que seria capaz de enfrentá-los e chamá-los a prestar contas. De qualquer forma, é possível que fosse mais difícil para um governo de Petersburgo impor às massas ativas e audaciosas da cidade a desamparada passividade dos antigos tempos do czarismo.

***

Nenhum autor mostrou-se mais pesaroso com o falecimento de Petersburgo, ou mais determinado a lembrar e redimir o que se perdeu, do que Ossip Mandelstam. Nascido em 1891, assassinado em um dos campos de trabalho forçado de Stalin, em 1938, ele foi reconhecido na década de 1970 como um dos grandes poetas modernos. Ao mesmo tempo, Mandelstam é um escritor profundamente tradicional, na tradição de Petersburgo, que, como procurei mostrar, é particularmente moderna desde o princípio, mas moderna de uma forma distorcida, retorcida e surreal. Mandelstam acalentou e proclamou o modernismo de Petersburgo num momento histórico em que Moscou ditava e impunha o seu modo de modernidade, uma modernidade que se supunha tornar obsoletas todas as tradições de Petersburgo.

Durante toda a sua vida, Mandelstam identificou-se, e ao seu próprio destino, com Petersburgo e a própria sina mutante da cidade. Em seus poemas adolescentes de antes da Primeira Guerra Mundial, como "O Almirantado" (48, 1913),[70] Petersburgo aparece marcadamente como uma cidade mediterrânea, às vezes helênica, irmã de Atenas e Veneza, vivendo uma morte lenta e mesmo assim eternamente viva, proclamando formas artísticas eternas e valores humanísticos universais. Em pouco tempo, porém, à medida que Petersburgo é varrida pela guerra, pela revolução e pela guerra civil, pelo terror e pela fome, o retrato que Mandelstam traça de sua cidade e de si mesmo torna-se cada vez mais negro e angustiado. No Poema 101, escrito em 1918, lemos:

> *Um fogo errante num morro terrível —*
> *será uma estrela a brilhar assim?*
> *Estrela transparente, fogo errante,*
> *seu irmão, Petrópolis, está morrendo.*
>
> *Os sonhos da terra ardem num morro terrível,*
> *arde uma estrela verde.*

Oh, se você é uma estrela, este irmão de céu e água,
seu irmão, Petrópolis, está morrendo.

Uma aeronave gigante num morro terrível
investe, estendendo as asas,
Estrela verde, em esplêndida pobreza
seu irmão, Petrópolis, está morrendo.

Acima do escuro Neva a primavera transparente
rompeu, a cera da imortalidade se dissolve.
Oh, se você é uma estrela, Petrópolis, sua cidade,
seu irmão, Petrópolis, está morrendo.

Dois anos depois, no Poema 118:

Nós nos encontraremos outra vez em Petersburgo
como se ali tivéssemos enterrado o sol,
e então pronunciaremos pela primeira vez
a palavra abençoada sem sentido.
Na noite soviética, no negro de veludo,
no Vácuo do veludo negro, os olhos adorados
de mulheres abençoadas ainda cantam,
vicejam as flores que jamais morrerão.

A "palavra abençoada sem sentido" é certamente "Petersburgo" ela própria, que foi esvaziada de significado pelo "Vácuo de veludo negro" da noite soviética. Mas em algum lugar na inexistente Petersburgo, talvez por meio da memória e da arte, deve ser possível recuperar o sol enterrado.

A identificação do próprio Mandelstam com Petersburgo é tão profunda e complexa como a de Dostoievski; ela tem a riqueza da identificação de Baudelaire com Paris, de Dickens com Londres, ou de Whitman com Nova York. Só é possível aqui focalizar uns poucos pontos de identidade. O tema mandelstamiano que mais claramente se desenvolve dos temas que estivemos investigando aqui e que melhor nos capacitará a levar a termo este capítulo é a representação que faz o poeta do "homem comum" de Petersburgo. Procuramos traçar as metamorfoses desse personagem na literatura, em Puchkin, Gogol, Chernyshevski, Dostoievski e Bieli, mas também na política, nas "manifestações ridículas e infantis" que tiveram início na praça Kazan em 1876 e atingiram em 1905 o palácio de Inverno. O "homem comum" de Petersburgo é sempre uma vítima. No decorrer do século XIX, porém, ele se torna, como tentei mostrar, uma vítima cada vez mais audaciosa, ativa e intransigente; quando ela cai, como é preciso, vai ao chão lutando por seus direitos. Esse homem comum é sempre ao mesmo tempo uma figura estranha e subversiva. O que o faz ainda mais estranho e subversivo na obra de Mandelstam é sua aparição num contexto soviético, isto é, após uma revolução que ele e seus companheiros supostamente venceram, numa nova ordem onde teoricamente goza de todos os direitos e da dignidade que um homem possivelmente necessite. "Eu podia trair", pergunta Mandelstam repetidas vezes, "o grande voto do Quarto Estado/ e votos solenes o bastante para as lágrimas?" (140, "1º de janeiro de 1924"). "Esses *raznochintsy* gastaram o couro seco de suas botas/ para que eu agora os traísse?" (260, "Meia-noite em Moscou", 1932).[71] O radicalismo de Mandelstam repousa na insistência em que, mesmo em meio ao impulso da Moscou soviética no sentido da modernização revolucionária, as estruturas e as oposições básicas da Petersburgo czarista — o homem comum contra uma ordem social e política gigantesca e brutal — permanecem intactas.

Mandelstam capta o drama e a angústia do homem comum pós-revolução de forma ainda mais viva em sua novela de 1928, *O selo egípcio*.[72] Ao ler essa obra hoje em dia, surpreende verificar que tenha passado incólume pela censura soviética. Há várias explicações possíveis. Em primeiro lugar, o livro se situa no verão de 1917, no intervalo entre as revoluções de fevereiro e outubro, de modo que um censor generoso pode ter considerado que a força crítica da obra não se dirigia contra os bolcheviques, mas contra o governo de Kerenski que aqueles derrubaram. Em segundo lugar, havia o estilo de Mandelstam, pleno de justaposições e disjunções fantásticas e irônicas, alternadamente excêntrico, vagamente sinistro e desesperadamente intenso:

> Corria o verão de Kerenski, e o governo insosso estava reunido.
> Tudo preparado para o grande cotilhão. A certa altura, parecia que os cidadãos ficariam assim para sempre, como gatos de turbantes.
> Mas os engraxates assírios, corvos antes do eclipse, já começavam a se alarmar e os dentistas sentiam a falta de dentaduras postiças. (III, 161)

> A aurora de dedos róseos rompera seus lápis coloridos. Estão agora espalhados aqui e ali, filhotes de bicos vazios entreabertos. Enquanto isso, parece que vejo em toda parte a caução de meu delírio prosaico mais caro.
> Você está acostumado a essa condição? É exatamente como se cada objeto ardesse em febre, todos alegremente excitados e enfermos: barreiras nas ruas, cartazes que trocam suas cascas, grandes pianos aglomerados nos depósitos qual uma horda inteligente e acéfala, nascida para os frenesis da sonata e da água fervente. (VI, 186-7)

Talvez um censor estúpido não tivesse a menor ideia sobre o que Mandelstam falava. Ou quem sabe um censor gentil, reconhecendo a insígnia do modernismo de Petersburgo, tenha concluído que a própria intangibilidade do livro fosse uma garantia contra o seu caráter explosivo, que os raros leitores, capazes de corresponder às grandes exigências que Mandelstam coloca a quem o lê, provavelmente não levariam tais exigências às ruas.

"Nossa vida é um conto sem trama ou herói", escreve Mandelstam, "engendrado [...] a partir da tagarelice febril das digressões constantes, do delírio da *influenza* de Petersburgo" (VI, 186). Com efeito, sua história não tem trama ou herói. Ao mesmo tempo, ele cuida de saturá-los, e quase chega a afogá-los, numa corrente de detalhes petersburguenses: história, geografia, casas, quartos, sons, odores, lendas e folclore, pessoas — a própria família e os próprios amigos de Mandelstam, ao lado de personagens de sua infância. Esse fluxo de nostalgia de Petersburgo atua como uma poderosa força digressiva, pois é realizado com raro brilho e beleza. *O selo egípcio* é especialmente evocativo da rica vida musical da cidade e — o que é mais original na tradição de Petersburgo — da vida de seus 100 mil judeus, esmagadoramente "homens comuns", alfaiates e costureiras, negociantes de artigos de couro (como o pai de Mandelstam), relojoeiros e professores de música, vendedores de seguro, que sonham enquanto sorvem seu chá em suas pequenas lojas ou nos cafés do gueto ("a memória é uma menina judia enferma que escapole à noite para a estação Nicolau, pensando que talvez apareça alguém para levá-la"), enriquecendo a cidade com tanto de seu calor e vibração.

O que dá ao rio mandelstamiano da memória um *pathos* e uma agudeza especiais é que no final dos anos 1920 muito do que ele evocava já não existia: as lojas vazias e cercadas de tábuas, as mobílias retiradas ou queimadas como lenha durante os invernos desastrosos da Guerra Civil, as pessoas mortas ou dispersas — Petersburgo perdeu dois terços de sua população durante a Guerra Civil e uma década depois apenas começara a se recuperar do choque. Mesmo as ruas tinham sido levadas pelo vento: a Kameni-Ostrovski, onde vivia o herói de Mandelstam em 1917 (e onde o herói de Chernyshevski atirou à lama o dignitário meio século antes), havia se tornado, no tempo em que ele escrevia, em 1928 (ele não o menciona, mas é possível ver nos mapas da época e nos de hoje), a rua da Aurora Vermelha. Petersburgo, terra de tantas gerações de sonhadores, passara a ser ela mesma um sonho.

A história de Mandelstam tem de fato um herói: "Vivia em Petersburgo um homem comum com sapatos de couro de boa qualidade, que era desprezado pelos porteiros e pelas porteiras. Seu nome era Parnok. No início da primavera, ele saía à rua e andava a passo miúdo ao longo das calçadas ainda úmidas com seus pequenos cascos de carneiro". A história de Parnok começa quase como um conto de fadas, e esse herói comum é dotado de uma adequada realidade etérea. "Desde a infância, ele se devotara a tudo o que fosse inútil, metamorfoseando a tagarelice sobre a vida dentro dos bondes em acontecimentos de relevo, e quando começava a se apaixonar tentava esclarecer as mulheres sobre isso, mas elas não o compreendiam, e ele se vingava dirigindo-se-lhes numa linguagem áspera, bombástica e esquisita e falando exclusivamente dos assuntos mais elevados" (II, 156-8). Essa "alma tímida frequentadora de concertos, pertencente ao mundo de framboesa dos contrabaixos e bordões" (V, 173), é um judeu, mas também, em sua imaginação, um heleno; seu sonho mais caro é obter um posto diplomático menor na embaixada russa na Grécia, onde pudesse servir de tradutor e intérprete entre dois mundos; mas é pessimista sobre seu futuro, pois sabe que não dispõe da árvore genealógica apropriada.

Parnok ficaria feliz se o deixassem gozar seus sonhos de Petersburgo (assim como Mandelstam, ao que parece), mas Petersburgo não permitirá que o faça. Sentado em uma cadeira de dentista numa linda manhã de verão, enquanto fita através da janela que se abre para a rua Gorokhovaia, descobre, horrorizado, o que parece ser uma multidão prestes a linchar alguém na rua (IV, 163-9). Aparentemente, uma pessoa foi surpreendida roubando um relógio de outra. A turba carrega o culpado em procissão solene; prepara-se para lançá-lo no canal do Fontanka.

Podia-se dizer que essa figura (o prisioneiro) não tinha face? Não, havia uma, embora as faces na multidão não tenham significado; apenas as nucas e orelhas têm vida independente.

Assim avançavam os ombros, como um cabide estofado, o casaco de segunda mão ricamente coberto de caspa, as nucas irritadas e as orelhas caninas.

A fragmentação das pessoas através do dinamismo da rua é um tema familiar no modernismo de Petersburgo. Vimo-lo

323

pela primeira vez em "O Projeto Nevski" de Gogol; aparece renovado no século XX graças a Alexander Blok, Bieli e Maiakovski, aos pintores cubistas e futuristas, e Eisenstein em *Outubro*, sua fábula de Petersburgo de 1927. Mandelstam adapta essa experiência visual modernista, mas lhe confere uma dimensão moral até então ausente. Enquanto Parnok observa a rua em movimento, ela está desumanizando as pessoas que ali se encontram, ou melhor, está lhes dando uma oportunidade de se desumanizarem a si próprias, de se despirem de suas faces e, portanto, da responsabilidade pessoal por suas ações. Faces e pessoas são submersas na "terrível ordem que as fundia numa turba". Parnok entende que qualquer um que tente enfrentar essa multidão ou ajudar esse homem "ver-se-á também em apuros, será visto como suspeito, declarado fora da lei e arrastado para a praça vazia". Não obstante, ele salta de seu poleiro acima da rua — "Parnok rodopia como um pião pela escada de caracol, deixando o estarrecido dentista diante da naja adormecida de sua broca" — e mergulha em meio à multidão. "Parnok corre, tropeçando ao longo das pedras do calçamento com os pequenos cascos agudos de seus sapatos de couro de boa qualidade", procurando freneticamente atrair a atenção e paralisar a multidão em movimento. Mas se vê incapaz de provocar o mais leve impacto (quem sabe nem foi visto?) e, ao mesmo tempo, sente de forma muito viva a semelhança entre o condenado e ele próprio:

> Se você caminhou, caro amigo, ao longo da alameda Shcherbakov, se você discutiu à toa no açougue tártaros de má qualidade, pendurou-se algum tempo nos estribos de um bonde, deu um pulo a Gatchnina para ver seu amigo Serejka, frequentou os banhos públicos e o circo Ciniselli; você viveu um bocado, homenzinho, o bastante!

Algo ocorrera a Petersburgo; Parnok não compreende o que é, mas isso não deixa de aterrorizá-lo. "A incontável nuvem de gafanhotos humanos (sabe Deus de onde vieram) escureceu as margens do Fontanka", para onde acorreram a ver a morte de um homem. "Petersburgo proclamou-se um Nero e estava tão repugnante como se estivesse a comer uma sopa de moscas esmagadas." Aqui, como em *Petersburgo* de Bieli, a cidade magnífica transformou-se numa borda de insetos, de assassinos e vítimas. Mais uma vez, a imagética biológica de Mandelstam assume uma força política: é como se a ascensão revolucionária do povo tivesse precipitado o seu declínio moral; recém-tornados soberanos, eles correm a reeditar os capítulos mais negros da história da monarquia. O homem comum arquetípico de Petersburgo tornou-se um estranho, se não um fugitivo ("Há pessoas que por uma razão ou outra desagradam a multidões"), em sua própria cidade natal no exato momento histórico em que os homens comuns da cidade supostamente assumiram o comando.

Há ainda dois breves episódios na cena. Parnok procura desesperadamente encontrar um telefone, para alertar alguém no governo. No século xx, afinal, os meios eletrônicos de comunicação fazem a mediação entre o indivíduo e o Estado. Por fim, encontra um telefone — apenas para se ver ainda mais perdido do que antes: "telefonou de uma farmácia, ligou para a polícia, para o governo, para o Estado, que tinham desaparecido, dormiam como uma carpa". Os meios eletrônicos podem às vezes facilitar a comunicação, mas também podem bloqueá-la com renovada eficácia: é possível ao Estado simplesmente não atender, ser mais esquivo que nunca, deixar seus súditos, como o K. de Kafka, chamando ao telefone para sempre, sem resposta. "Com o mesmo sucesso ele podia ter ligado para Proserpina ou Perséfone, que ainda não tinham telefone instalado."

Em meio a sua busca de auxílio, Parnok tem um encontro fantástico que subitamente o mergulha — e nos mergulha — de volta às profundezas do passado de Petersburgo. "Na esquina da rua Voznesenski, apareceu o próprio capitão Krzizanowski com seu bigode engomado. Trajava um sobretudo militar, além de um sabre, e sussurrava despreocupadamente à dama que o acompanhava as doces futilidades da Guarda Montada." Essa pomposa personagem saiu diretamente do mundo de Nicolau i, Gogol e

Dostoievski. Sua aparição em 1917 parece inicialmente bizarra; não obstante, "Parnok correu em sua direção como se fosse seu melhor amigo e implorou-lhe que desembainhasse sua arma". Tudo em vão: "Eu entendo a questão, retrucou friamente o capitão cambaio, mas, perdoe-me, estou com uma dama". Ele nem aprova nem desaprova o assassinato que ocorreu ali perto; deveres mais altos o chamam. "Puxando habilmente sua companhia, fez soar as esporas e desapareceu no interior de um café."

Quem é o capitão Krzizanowski? É o traço mais surrealista de *O selo egípcio*; na verdade, como veremos, a chave para seu problema político real. A breve descrição de Mandelstam o identifica ao mesmo tempo como um símbolo de toda a arquetípica estupidez e brutalidade da antiga classe dos oficiais e como o inimigo arquetípico do homem comum de Petersburgo. A Revolução de fevereiro de 1917 devia tê-lo eliminado, ou tê-lo pelo menos obrigado a refugiar-se nos subterrâneos. Em vez disso, ele ostenta suas qualidades tradicionais mais atrevidamente que nunca. Conforme informa a Parnok uma lavadeira: "esse cavalheiro escondeu-se por apenas três dias, e então os próprios soldados o elegeram para o comitê do regimento e agora o carregam aos ombros" (III, 162). Assim, ao que parece, a Revolução de fevereiro não se livrou da classe dominante tradicional da Rússia, mas apenas permitiu que se entrincheirasse ainda mais, dotando-a de legitimidade democrática. Não há nada aqui que possa levantar seriamente a objeção de qualquer comunista soviético; na verdade, os bolcheviques diriam que a tarefa da Revolução de outubro foi precisamente livrar-se desses tipos para sempre. (Deve ter sido esse o pensamento do censor que deixou passar a história de Mandelstam.) Mas Mandelstam é capaz de ir além. Acontece, no que parece à primeira vista outra guinada surreal, que o capitão tem planos para as roupas de Parnok: ele quer sua camisa, seu capote, seu paletó. Além disso, todos na história parecem sentir que ele tem direito a elas. No final — a história chega ao fim com ele:

Às 9h30 da noite o capitão Krzizanowski planejava embarcar no expresso de Moscou. Tinha arrumado em sua maleta o fraque de Parnok e suas melhores camisas. O fraque, com as pontas para dentro, coube perfeitamente na mala, quase sem uma ruga. [...]

Em Moscou, ele parou no hotel Seleto — um lugar excelente na Malaia Lubianka — onde lhe deram um quarto que antes fora uma loja; no lugar de uma janela normal existia uma adorável vitrina, aquecida pelo sol a uma temperatura implausível. (VIII, 189)

O que significam esses fatos gogolianos? Por que o oficial haveria de desejar as roupas do homem comum, e por que as levaria a Moscou? Com efeito, se situamos esse episódio no contexto da cultura e da política soviéticas, as respostas parecem surpreendentemente simples. Desde 1918, Moscou tornou-se o quartel-general de uma nova elite soviética (o hotel Seleto), protegida e às vezes conduzida por uma temida polícia secreta que opera a partir da prisão Lubianka (Malaia Lubianka) — onde seis anos depois o próprio Mandelstam seria interrogado e preso. Essa nova classe dominante alega nos anos 1920 descender da fraternidade petersburguense de homens comuns e dos intelectuais *raznochintsy* (as roupas de Parnok), mas transpira toda a crua e complacente brutalidade da velha casta dominante dos oficiais e da polícia czarista de Petersburgo.

É porque se preocupa tão profundamente com os patéticos porém nobres homens comuns de Petersburgo que Mandelstam procura proteger sua memória dos *apparatchiki* de Moscou que se apropriam dela para legitimar seu próprio poder. Atente-se para esta passagem, notável por sua intensidade de sentimento, na qual Mandelstam descreve as raízes petersburguenses de Parnok. Ela principia com Parnok se lamentando de que provavelmente nunca conseguirá aquela função na Grécia, devido à sua falta de *pedigree* nobre (ou ao menos cristão). Neste ponto, o narrador irrompe em meio ao fluxo de consciência de Parnok para lembrá-lo e a nós de quão nobre era sua ancestralidade:

Mas — um momento! — como não há *pedigree*? E o capitão Goliadkin? e o Assessor do Colegiado (Evgeni em "Cavaleiro de Bronze") a quem "O senhor Deus podia ter concedido mais cérebro e mais dinheiro"? Todas as pessoas dos degraus inferiores, os desgraçados, os insultados nos anos 40 e 50 do último século, todos aqueles resmungadores, falastrões encapotados, com luvas que tinham sido lavadas até virar frangalhos, todos aqueles que não "vivem" mas "moram" na Sadovaia e na Podiacheskaia em casas fabricadas de partes bolorentas de chocolate petrificado e murmuram para si mesmos: "Como é possível? Nem um centavo em meu nome e eu com educação universitária?".

Parece urgente a Mandelstam clarificar a linhagem de Parnok porque os homens que andam por aí com suas roupas são precisamente aqueles que expulsaram todos os homens comuns de Petersburgo da rua Nevski no século XIX e agora estão prontos a jogá-los no Lubianka. Essa operação de desmascaramento constitui uma força crucial na vida de Mandelstam: "Basta apenas remover o véu do ar de Petersburgo, e seu sentido oculto aparecerá nitidamente [...] revelar-se-á algo completamente inusitado". Essa vocação é uma fonte de orgulho, mas também de pavor: "Mas a pena que remove esse véu é como a colher de um médico, contaminada de difteria. É melhor não tocá-la" (VIII, 184). Um átimo antes de terminar a novela, Mandelstam adverte a si mesmo, profeticamente: "Destrua seu manuscrito". Mas não consegue terminar esta nota:

> Destrua seu manuscrito, mas salve tudo o que escreveu na margem, por tédio e desamparo e, de qualquer forma, num sonho. Essas criações secundárias e involuntárias de sua fantasia não se perderão no mundo, mas encontrarão seu lugar por trás de palcos musicais sombrios, como terceiros violinos no teatro Marinski, e por gratidão a seu autor principiam a executar *Leonore* ou *Egmont* de Beethoven. (187-8)

Mandelstam reafirma sua fé em que o sonho da radiação de Petersburgo assumirá vida própria, que ele criará sua própria música apaixonada — música de aberturas, de novos princípios — a partir das sombras da luz perdida e deformada da cidade.

Dois anos após *O selo egípcio*, com Stalin firmemente no poder, em Moscou, e o terror em andamento, Mandelstam retornou com sua mulher, Nadejda, a sua cidade natal, com a esperança de ali se estabelecer para sempre. Enquanto esperava a autorização da polícia para morar e trabalhar, escreveu um de seus mais pungentes poemas (221) sobre as mudanças que ele e sua cidade haviam sofrido:

LENINGRADO

Eis-me de volta à minha cidade. São estas as minhas velhas lágrimas,
minhas pequenas veias, as glândulas inchadas da infância.

Então estás de volta. Clara amplidão. Aspira
o óleo de peixe das lâmpadas ribeirinhas de Leningrado.

Abre os olhos. Conheces esse dia de dezembro,
gema de ovo com o breu terrível batido em si?

Petersburgo! Não quero morrer ainda!
tens o número de meu telefone.

Petersburgo! Guardo ainda os endereços;
posso consultar a vozes desaparecidas.

Vivo clandestinamente e o sino,
que arranca os nervos e todo o resto, reboa em minhas têmporas.

Espero até amanhã por convidados que amo,
e faço retinir as correntes da porta.

Leningrado, dezembro de 1930

Mas os escribas do Partido na direção do sindicato dos escritores, com o controle não só dos empregos como das moradias, os fizeram sair, sob a alegação de que Mandelstam não era desejado em Leningrado, que talvez pertencesse a Moscou, ou a qualquer outra parte. Isso não impediu que Mandelstam fosse atacado em Moscou, nas páginas do *Pravda*, num artigo intitulado "Sombras da velha Petersburgo", como típico esnobe petersburguense que usava linguagem extravagante e era incapaz de reconhecer as realizações da nova ordem socialista.

"Senhor!", escrevia Mandelstam em *O selo egípcio*. "Não me faças como Parnok! Dai-me forças para me distinguir dele. Pois eu, também, permaneci em pé nessa terrível e paciente fila que se arrasta em direção à janela amarela da repartição. [...] E eu, também, sou sustentado apenas por Petersburgo" (v, 171). Não ficará claro de imediato ao leitor como o autor de *Petersburgo* deve se diferenciar de seu herói; e talvez ao próprio Mandelstam não estivesse inteiramente claro quando ele o escreveu em 1928. Mas uma distinção veio à luz cinco anos mais tarde, depois que os Mandelstam foram forçados a deixar Leningrado e voltar a Moscou. Em novembro de 1933, em meio à campanha stalinista de coletivização das terras que exigiria 4 milhões de vidas camponesas, e na iminência do Grande Expurgo que levaria à morte muitos mais, Mandelstam compôs um poema (286) sobre Stalin:

> *Vivemos surdos à terra sob nossos pés,*
> *A dez passos ninguém escuta nossos discursos.*
>
> *Somente ouvimos o montanhês do Kremlin,*
> *O criminoso e assassino de camponeses.*
>
> *Seus dedos são gordos como vermes,*
> *E as palavras, decisivas como chumbo, caem de seus lábios.*
>
> *Seu bigode de barata fita de soslaio*
> *E brilha o bico de sua bota.*

Cercado de uma escória de chefetes dóceis
Diverte-se com as lisonjas desses meios-homens.

Um deles sussurra, o outro mia, choraminga um terceiro.
Ele aponta o dedo e sozinho retumba.

Forja decretos em série como ferraduras,
Uma para a virilha, outra para a fronte, a têmpora e os olhos.

Como morangos, rola na língua as execuções.
Ele gostaria de abraçá-los como grandes amigos da casa.[74]

Mandelstam diferiu aqui de Parnok porque não se voltou para o capitão Krzizanowski em busca de auxílio, não procurou telefonar "à polícia, ao governo, ao Estado"; sua ação consistiu simplesmente em falar a verdade sobre todos eles. Mandelstam nunca renegou seu poema ("Destrua seu manuscrito"), mas o leu em voz alta em diversas reuniões fechadas nas salas de Moscou. Um dos que o ouviram denunciou o poeta à polícia secreta. Vieram buscá-lo numa noite de maio de 1934. Quatro anos depois, após cruciantes angústias físicas e mentais, morreu em um campo transitório, perto de Vladivostok.

A vida e a morte de Mandelstam iluminam algumas das profundezas e alguns dos paradoxos da tradição moderna de Petersburgo. Pela lógica, essa tradição deveria ter morrido de morte natural depois da Revolução de outubro e a mudança do novo governo para Moscou. Porém, a traição cada vez mais sórdida dessa Revolução pelo governo serviu, ironicamente, para dar ao velho modernismo uma nova vida e uma nova força. No Estado totalitário neomoscovita, Petersburgo se transformou na "palavra abençoada sem sentido", num símbolo de todas as promessas humanas que a ordem soviética deixara atrás de si. Na era de Stalin, tais promessas foram espalhadas pelo Gulag e ali deixadas para perecer; mas sua ressonância mostrou-se suficientemente profunda para sobreviver a muitos assassinatos e, na verdade, sobreviver aos seus próprios assassinos.

Na Rússia de Brejnev, à medida que o Estado soviético afasta-se ainda mais dos mais tênues vestígios de marxismo internacionalista e se aproxima cada vez mais de um "nacionalismo oficial" vociferante e fanático que Nicolau I teria aprovado, as visões surreais e energias desesperadas que brotaram do solo de Petersburgo na era de Nicolau ganharam outra vez merecida fama. Essas visões e energias foram renovadas na grande efusão da literatura *samizdat* e, na verdade, na própria ideia do *samizdat*, uma literatura que nasce das fontes subterrâneas, uma cultura que é a um só tempo mais irreal e mais real que a cultura oficial propagada pelo Partido e pelo Estado. A literatura neo-petersburguense de radicalismo surreal fez sua estreia brilhante em 1959-60, com *Sobre o realismo socialista*, de Andrei Siniavski;[75] ela continuou a viver na obra imensa, fantástica e iluminada de Alexander Zinoviev, *As colinas bocejantes*. ("Foi com base nisso que o sociólogo Ibanov produziu sua hipótese original mas não inédita sobre a derrubada do jugo tártaro-mongol. Segundo esta teoria, longe de termos destruído as hordas tártaro-mongóis e as expulsado de nosso território, ocorreu exatamente o oposto; elas nos destruíram e ficaram em nossa terra para sempre.")[76]

Outra forma de *samizdat* veio à luz nas manifestações políticas que passaram a ocorrer em meados dos anos 1960, em Moscou, Leningrado e Kiev, depois de sufocadas pelo Estado soviético por quarenta anos. Uma das primeiras grandes manifestações em Moscou, no Dia da Constituição, em dezembro de 1965, foi ignorada pelos transeuntes que aparentemente a tomaram por uma filmagem externa de alguma fita sobre a Revolução de outubro de 1917![77] A maioria dessas ações foi realizada por grupos deploravelmente reduzidos, e instantaneamente esmagadas pela KGB e pelas multidões vigilantes, seguindo-se selvagens represálias contra os participantes, que foram torturados, banidos para campos de trabalho forçado, isolados em instituições psiquiátricas "especiais" dirigidas pela polícia. Não obstante, tais atividades, como a "ridícula e infantil manifestação" da praça Kazan um século antes, proclamaram não apenas ideias e mensagens que a Rússia precisa urgentemente ouvir mas também modos de ação, de expressão e de comunicação que os seus contemporâneos já conheceram bem e precisam voltar a aprender. Eis aqui a oração final de Vladimir Dremliuga, um eletricista de ferrovia oriundo de Leningrado que foi detido com mais seis pessoas por se manifestar na antiga plataforma das execuções na praça Vermelha de Moscou em protesto contra a invasão soviética da Tchecoslováquia, em agosto de 1968:

> Por toda a minha vida consciente, eu quis ser um cidadão, isto é, uma pessoa que calma e orgulhosamente expressa o que pensa. Durante dez minutos, fui um cidadão, no curso do ato de protesto. Minha voz, tenho certeza, soará como uma nota em falso no silêncio universal que leva o nome de "apoio unânime à política do Partido e do governo". Estou feliz por ver provado que houve outros para expressar seu protesto comigo. Se não houvesse, eu teria entrado sozinho na praça Vermelha.[78]

"Durante dez minutos fui um cidadão": é esta a nota exata do modernismo de Petersburgo, sempre autoirônico, mas claro e forte quando é mais preciso. É a voz solitária mas persistente do homem comum que soa na imensa praça pública: "Nós ainda ajustaremos as contas!".

CONCLUSÃO: O PROJETO DE PETERSBURGO

Procurei traçar neste ensaio algumas das fontes e transformações da tradição de Petersburgo nos séculos XIX e XX. As tradições dessa cidade são distintamente modernas, nascendo de sua existência como um símbolo da modernidade em meio a uma sociedade atrasada; mas as tradições de Petersburgo são modernas numa forma desequilibrada e bizarra, que brota do desequilíbrio e da irrealidade do próprio plano de modernização de Pedro. Em resposta a mais de um século de brutal mas abortada modernização a partir do topo, Petersburgo engendraria

333

e alimentaria, por todo o século XIX e entrando no século XX, uma série maravilhosa de experimentos de modernização vinda de baixo. Tais experiências foram ao mesmo tempo literárias e políticas; essa distinção faz aqui pouco sentido, numa cidade cuja existência mesma é uma declaração política, uma cidade cujos impulsos e relações políticas saturam a vida do dia a dia.

A originalidade e o dinamismo de Petersburgo, após o fracasso da nobreza de 14 de dezembro de 1825, brotariam da vida comum de sua legião de "homens comuns". Esses vivem em e através de uma série de contradições e paradoxos radicais. Por um lado, eles são, como diz Nietzsche em sua projetada "história do eclipse moderno", uma classe de "nômades do Estado (funcionários públicos etc.) sem lar". Por outro lado, estão profundamente enraizados na cidade que os desarraigou de tudo o mais. Presos na armadilha da servidão a tirânicos superiores ou a rotinas embotadoras, voltando de suas fábricas ou de seus escritórios para quartos exíguos, escuros, frios e solitários, eles parecem encarnar tudo o que o século XIX tinha a dizer sobre alienação da natureza, de outros homens e de si mesmo. E mesmo assim, nos momentos decisivos, emergem de seus vários esconderijos subterrâneos para afirmar seu direito à cidade; buscam a solidariedade de outros solitários, para fazer a cidade de Pedro a sua cidade. Veem-se incessantemente atormentados e paralisados pela riqueza e complexidade de suas vidas íntimas e ainda assim, para a surpresa geral, principalmente a sua própria, são capazes de ir às ruas e às avenidas para atuar num mundo público. Mostram-se estranha e dolorosamente sensíveis à cambiante estranheza do ar da cidade, onde "tudo que é sólido desmancha no ar" e tanto a moralidade derradeira como a realidade cotidiana se rompem em pedaços.

Nesse clima, seu poder de criação está destinado a mergulhá-los em abismos de niilismo e desilusão, "o delírio da *influenza* de Petersburgo". Todavia, de algum modo encontram força para empurrar a si próprios para fora das profundezas fatais de seu Neva íntimo, a fim de ver com luminosa clareza o que é real, o que é saudável, o que é certo: resistir ao oficial, jogar a bomba ao rio, salvar o homem da turba, lutar pelo direito à cidade, enfrentar o Estado. A imaginação e a coragem moral desses homens comuns crescem subitamente, como a agulha dourada do Almirantado que perfura a bruma de Petersburgo. No instante seguinte, tudo isso se desvaneceu, tragado pela história escura e sombria; mas seu brilho e vivacidade permanecem para eletrizar o ar gelado.

Essa viagem pelos mistérios de São Petersburgo, pelo choque e pela interação de experimentos de modernização no topo e na base, pode oferecer pistas a alguns dos mistérios da vida política e espiritual das cidades do Terceiro Mundo — Lagos, Brasília, Nova Délhi, Cidade do México — nos dias de hoje. Mas o choque e a fusão de modernidades continuam mesmo nas áreas mais modernizadas do mundo atual; a *influenza* de Petersburgo impregna o ar de Nova York, Milão, Estocolmo, Tóquio, Tel Aviv e sopra cada vez mais forte. O homem comum de Petersburgo, seus "nômades do Estado sem lar", veem-se em casa em toda parte no mundo contemporâneo.[79] A tradição de Petersburgo, do modo como a apresentei, pode ser particularmente valiosa para eles. Pode fornecer-lhes o passaporte-fantasma para a realidade irreal da cidade moderna. E é capaz de inspirá-los com visões de ação e interação simbólica que podem ajudá-los a agir aí como homens e como cidadãos: modos de encontro, conflito e diálogo apaixonadamente tensos por meio dos quais eles podem a um só tempo afirmar-se e encarar uns aos outros, desafiando os poderes que a todos controlam. Pode auxiliá-los a se tornarem — como o Homem do Subterrâneo de Dostoievski reivindicava (e desesperadamente ansiava) ser — ao mesmo tempo pessoal e politicamente "mais vivos", à luz e à sombra esquivamente cambiantes das ruas da cidade. É esse, acima de tudo, o projeto que Petersburgo inaugurou para a vida moderna.

V. NA FLORESTA DOS SÍMBOLOS:
ALGUMAS NOTAS SOBRE O
MODERNISMO EM NOVA YORK

A cidade do Globo Cativo [...] é a capital do Ego, onde ciência, arte, poesia e as mais variadas formas de loucura competem em condições ideais com o fim de inventar, destruir e restaurar o mundo de extraordinária realidade.

[...] Manhattan é o produto de uma teoria não formulada, o manhattanismo, *cujo programa (é) existir num mundo totalmente fabricado pelo homem, viver no interior da fantasia [...]. A cidade inteira se transforma em fábrica de experiência manufaturada, onde o real e o natural cessam de existir.*

[...] A disciplina bidimensional da Rede cria a liberdade nunca sonhada para a anarquia tridimensional [...] a cidade pode ser concomitantemente ordenada e fluida, metrópole do rígido caos.

[...] ilha mítica onde a criação e o experimento de um estilo de vida metropolitano e sua consequente arquitetura podiam ser buscados como experiência coletiva [...]. Ilha Galápagos das novas tecnologias, outro capítulo da sobrevivência do mais apto, agora uma batalha entre espécies mecânicas [...].

Rem Koolhaas, *Delirious New York*

Saindo a passeio, após uma semana no leito,
Notei que arrancavam parte de meu quarteirão
E em desalento, só e aturdido, juntei-me ao grupo
Em dócil atitude, a ver o guindaste imenso
Remexer luxuriosamente na imundície dos anos...

Como de hábito em Nova York, tudo é posto abaixo
Antes que haja tempo para se preocupar...

Seria de pensar que o simples fato de ter subsistido
Ameaçasse nossas cidades como misteriosos incêndios.
James Merrill, "An urban convalescence"

"Você traça as linhas retas, tapa os buracos e
nivela o solo, e o resultado é niilismo!" (Do discurso
colérico de uma alta autoridade na presidência de
uma comissão fiscalizadora dos planos de expansão.)
Eu retruquei: "Perdão, mas isso, para falar
corretamente, é justamente o que nosso trabalho
deve ser".
Le Corbusier, *The city of to-morrow*

UM DOS TEMAS CENTRAIS deste livro tem sido o destino de "tudo que é sólido", na vida moderna, "desmanchar no ar". O dinamismo inato da economia moderna e da cultura que nasce dessa economia aniquila tudo aquilo que cria — ambientes físicos, instituições sociais, ideias metafísicas, visões artísticas, valores morais — a fim de criar mais, de continuar infindavelmente criando o mundo de outra forma. Esse impulso atrai para sua órbita todos os homens e mulheres modernos e nos força a enfrentar a questão do que é essencial, significativo, real no torvelinho dentro do qual vivemos e nos movimentamos. Neste capítulo final, pretendo me inserir no quadro, explorar e traçar algumas das correntes que fluíram através de meu próprio ambiente moderno, a cidade de Nova York, e conferiram forma e energia a minha vida.

Por mais de um século, Nova York tem servido de centro para as comunicações internacionais. A cidade deixou de ser mero teatro, para se transformar a si mesma numa produção, num espetáculo *multimedia* cuja audiência é o mundo inteiro. Isso deu ressonância e profundidade especiais à maior parte do que é dito ou realizado aqui. Boa parte da construção e do desenvolvimento de Nova York ao longo do século passado deve ser vista como ação e comunicação simbólicas: tudo foi concebido e executado não apenas para atender às necessidades econômicas e políticas imediatas, mas, pelo menos com igual importância, para demonstrar ao mundo todo o que os homens modernos podem realizar e como a existência moderna pode ser imaginada e vivida.

Muitas de suas estruturas urbanas mais marcantes foram planejadas especificamente como expressões simbólicas da modernidade: o Central Park, a ponte do Brooklyn, a estátua da Liberdade, Coney Island, diversos arranha-céus de Manhattan, o Rockefeller Center e outras mais. Áreas da cidade, como o porto, Wall Street, a Broadway, o Bowery, a parte baixa do East Side, Greenwich Village, o Harlem, Times Square, Madison Avenue, ganharam força e peso simbólicos com o passar do tempo. O impacto cumulativo de tudo isso é que o nova-iorquino vê-se em meio a uma floresta de símbolos baudelairiana. A presença e a profusão de tais formas gigantescas fazem de Nova York um local rico e estranho para viver. Mas também a tornam um lugar perigoso, pois seus símbolos e simbolismos estão em infatigável conflito uns com os outros, em busca de sol e de luz, trabalhando para eliminar-se mutuamente, desmanchando a si próprios e aos outros no ar. Nova York é, pois, uma floresta onde os machados e as motoniveladoras estão em constante funcionamento e os grandes edifícios em demolição permanente; onde bucólicos evadidos enfrentam exércitos-fantasma e *Love's labour's lost* interage com *Macbeth*; onde novos significados estão sempre brotando e caindo das árvores construídas.

Começarei esta seção com uma análise de Robert Moses, que é provavelmente o maior criador de formas simbólicas na Nova York do século XX, cuja trajetória na vida pública estendeu-se dos primeiros anos da década de 1910 ao final dos anos 60, cujas construções tiveram um impacto destrutivo e desastroso numa fase anterior de minha vida e cujo espectro assombra ainda hoje minha cidade. Em seguida, procurarei investigar a obra de Jane Jacobs e de alguns de seus contemporâneos, que, travando combate com Moses, criaram uma ordem de simbolismo urbano radicalmente diferente na década de 1960. Por fim, delinearei algumas das formas e ambientes simbólicos nascidos nas cidades dos anos 1970. À medida que desenvolvo uma perspectiva sobre as metamorfoses urbanas das últimas quatro décadas, estarei traçando um retrato no qual posso localizar a mim mesmo, na busca das modernizações e modernismos que fizeram de mim e de muitas das pessoas ao meu redor aquilo que somos.

1. ROBERT MOSES: O MUNDO DA VIA EXPRESSA

Quando você atua em uma metrópole superedificada, tem de abrir seu caminho a golpes de cutelo.

Eu vou simplesmente continuar construindo. Vocês façam o que puderem para impedi-lo.

Máximas de Robert Moses

> [...] *Ela foi quem me pôs a par*
> *da cidade quando eu disse,*
>
> *me faz doente vê-los erguer*
> *uma nova ponte, como essa, em poucos meses*
>
> *eu que não encontro tempo sequer*
> *para escrever um livro. Eles têm o poder,*
>
> *e isso é tudo, ela disse. É o que todos vocês*
> *querem. Se não podem consegui-lo, ao menos*
>
> *reconheçam o que é. E eles não*
> *vão dá-lo a vocês.*
>
> William Carlos Williams, "The flower"

Que esfinge de cimento e alumínio abriu seus crânios e devorou seus cérebros e imaginação? [...]

Moloch cujas construções são sentenças!

Allen Ginsberg, "Uivo"

Entre os muitos símbolos e imagens com que Nova York contribuiu para a cultura moderna, um dos mais notáveis, nos anos recentes, foi a imagem da ruína e da devastação modernas. O Bronx, onde cresci, tornou-se mesmo uma senha internacional para o acúmulo de pesadelos urbanos de nossa época: drogas, quadrilhas, incêndios propositais, assassinatos, terror, milhares de prédios abandonados, bairros transformados em detritos e em vastidões de tijolos espalhados. A terrível sina do Bronx é experimentada, se bem que provavelmente não compreendida, por centenas de milhares de motoristas todos os dias, à medida que vencem a Via Expressa Cross-Bronx, que corta o centro do distrito. A estrada, embora entupida com tráfego pesado dia e noite, é rápida, mortalmente rápida; os limites de velocidade são rotineiramente transgredidos, mesmo nas rampas de entrada e de saída, perigosamente inclinadas; constantes comboios de imensos caminhões, com motoristas sinistramente agressivos, dominam as linhas de visão; os carros serpenteiam de um lado para outro entre os caminhões: é como se cada pessoa nesta estrada estivesse tomada de urgência incontrolável, desesperada para deixar o Bronx tão velozmente quanto as rodas o permitam. Uma olhada de relance à paisagem urbana ao norte e ao sul (é difícil conseguir mais que rápidos relances, pois a maior parte da estrada fica abaixo do nível do solo, cercada por muros de três metros de altura) poderá indicar o motivo: centenas de edificações cercadas de tábuas e vazias e carcaças de construções carbonizadas e queimadas; dúzias de quarteirões cobertos com nada mais que tijolos espalhados e sucata.

Dez minutos nesta estrada, um suplício para qualquer pessoa, são especialmente horríveis para aqueles que relembram o Bronx como costumava ser; que recordam essas cercanias como foram um dia, e vicejaram, antes que essa mesma estrada trespassasse seu coração e fizesse do Bronx, acima de tudo, um lugar do qual se quer sair. Para as crianças do Bronx, como eu próprio, a estrada traz uma carga de particular ironia: à medida que voamos através de nosso mundo de infância, pressurosos de fugir, aliviados por vislumbrar o fim à vista, não somos meros espectadores mas participantes ativos no processo de destruição que lacera nossos corações. Contemos as lágrimas e pisamos fundo no acelerador.

Robert Moses é o homem que tornou tudo isso possível. Quando ouvi Allen Ginsberg perguntar, no final dos anos 1950, "Quem era essa esfinge de cimento e alumínio", percebi de imediato que, se o poeta não o sabia, Moses era o seu homem. Como nos versos de Ginsberg, o "Moloch que cedo penetrou em minha alma", Robert Moses e suas obras públicas entraram em minha vida bem antes de meu *bar mitzvah* e ajudaram a colocar um término em minha infância. Ele esteve presente o tempo todo, de forma vaga e subliminar. Tudo de grande que se construiu em ou ao redor de Nova York parecia de algum modo ser obra sua: a ponte Triborough, a rodovia do West Side, dezenas de avenidas em Westchester e Long Island, as praias de Jones e Orchard, incontáveis parques, ampliações urbanas, o aeroporto de Idlewild (hoje Kennedy), uma rede de diques e usinas elétricas colossais nos arredores das cataratas do Niágara; a lista parecia não ter fim. Ele produziu um acontecimento que teve uma magia especial para mim: a Feira Mundial de 1939-40, à qual compareci no ventre de minha mãe e cujo elegante logotipo, o *trylon* e a perisfera, enfeitava nosso apartamento nas mais variadas formas — programas, cartões-postais, flâmulas e cinzeiros, simbolizando a aventura e o progresso humanos, a fé no futuro, todos os ideais heroicos da idade para a qual eu tinha nascido.

Então, na primavera e no outono de 1953, Moses principiou a se agigantar sobre minha existência de uma nova maneira, com o anúncio de que estava a ponto de fincar uma imensa via expressa, de escala sem precedentes, custos e dificuldade de construção inéditos, no coração de nosso bairro. De início não podíamos acreditar; aquilo parecia vir de outro mundo. Em primeiro lugar, quase nenhum de nós tinha um automóvel: o próprio distrito e o metrô que levavam ao centro da cidade definiam o fluxo de nossas vidas. Além disso, se a cidade precisava de uma estrada — ou era o Estado que a necessitava?

(nas operações de Moses, a localização do poder e da autoridade nunca esteve clara, exceto para ele próprio) —, eles com certeza não podiam estar dizendo o que as histórias pareciam contar: que a estrada seria dinamitada diretamente através de dezenas de quarteirões sólidos, estáveis, densamente povoados, como o nosso; que algo em torno de 60 mil pessoas, operários e gente de baixa classe média, sobretudo judeus, mas com muitos italianos, irlandeses e negros entre eles, seriam expulsos de seus lares. Os judeus do Bronx estavam perplexos: era possível que um judeu como nós quisesse de fato fazer uma coisa dessas conosco? (Não fazíamos ideia de que tipo de judeu ele era, ou de quanto obstruíamos seu caminho.) E mesmo se ele tencionasse fazê-lo, tínhamos certeza de que tal não ocorreria aqui, não na América. Ainda nos aquecíamos ao crepúsculo do New Deal: o governo era *nosso* governo e acabaria por nos proteger no final. E contudo, antes que nos déssemos conta, as escavadeiras mecânicas e as motoniveladoras haviam aparecido, e as pessoas recebiam os avisos de que era melhor saírem, e rápido. Elas olharam entorpecidas os demolidores, as ruas que desapareciam, fitaram-se umas às outras e partiram. Moses estava vencendo, e nenhum poder temporal ou espiritual podia bloquear seu trajeto.

Por dez anos, do final dos anos 1950 ao início dos 60, o centro do Bronx foi martelado, dinamitado e derrubado. Meus amigos e eu ficaríamos sobre o parapeito da Grande Confluência, onde antes fora a 174th Street, e fiscalizaríamos o andamento das obras — as enormes escavadeiras e motoniveladoras, as estacas de madeira e de aço, as centenas de trabalhadores com seus capacetes de cores variadas, os gigantescos guindastes que se debruçavam bem acima dos telhados mais altos do Bronx, os tremores e as explosões provocados pela dinamite, as rochas recém-descobertas, ásperas e pontiagudas, os panoramas de desolação estendendo-se por quilômetros e quilômetros, até onde a vista pudesse alcançar, a leste e oeste — para nos maravilharmos ao ver nosso bairro comum e agradável transformado em sublimes, espetaculares ruínas.

Na faculdade, quando descobri Piranesi,* senti-me instantaneamente em casa. Quando não voltava da biblioteca de Colúmbia ao canteiro de obras para me sentir em meio ao último ato de *Fausto* de Goethe. (É preciso conceder a Moses: suas obras nos fornecem ideias.) Apenas não havia ali nenhum triunfo humanístico, para compensar a destruição. Na verdade, no momento em que a construção ficou pronta, a ruína real do Bronx simplesmente começava. Quilômetros e quilômetros de ruas ao lado da estrada sofreram o choque da poeira, dos gases e dos ruídos ensurdecedores — de modo mais notável, o rugido dos caminhões de dimensão e potência nunca vistos no Bronx, rebocando pesadas cargas através da cidade, rumo a Long Island ou à Nova Inglaterra, a Nova Jersey e a todos os pontos do Sul, durante o dia e a noite. Apartamentos que por vinte anos tinham sido seguros e estáveis foram esvaziados, muitas vezes virtualmente do dia para a noite; enormes e empobrecidas, famílias negras e hispânicas mudaram-se em grandes levas, fugindo de pardieiros ainda piores, com frequência sob os auspícios do Departamento do Bem-Estar — e mesmo assim pagando aluguéis inflacionados —, espalhando o pânico e acelerando a fuga. Enquanto isso, a construção destruíra muitos quarteirões comerciais, separara outros de sua freguesia costumeira, deixando os lojistas não só à beira da falência mas, em seu isolamento forçado, crescentemente vulneráveis ao crime. A maior feira livre do bairro, ao longo da Bathgate Avenue, ainda florescente no final dos anos 1950, foi dizimada; um ano após o advento da estrada, o que restava até esse momento malogrou. Então, despovoado, economicamente exaurido, emocionalmente em frangalhos (implacáveis como os danos físicos, as feridas interiores foram piores), o Bronx estava maduro para todas as terríveis espirais da praga urbana.

Moses parecia ufanar-se da devastação. Quando lhe pergun-

---

* Giovanni Battista Piranesi (1720-78), arqueólogo e pintor, especializou-se em reproduzir, por meio de gravuras, cenas da arquitetura da antiga Roma, além de estudar as ruínas de Pompeia e Herculano. (N. T.)

taram, logo após o término da Cross-Bronx, se as vias expressas urbanas como aquela não colocavam problemas humanos especiais, ele replicou impaciente que "quase não há contratempos em relação a isso. Há um pouco de incômodo e mesmo este é exagerado!". Em comparação com suas autoestradas antigas, rurais e suburbanas, a única diferença aí era que: "Existem mais casas no caminho [...], mais gente no trajeto — isso é tudo". Alardeava que: "Quando você atua em uma metrópole superedificada, você tem que abrir seu caminho a golpes de cutelo".[1] A equiparação inconsciente aqui — corpos animais a serem retalhados e comidos e "gente no caminho" — é suficiente para nos tirar a respiração. Se Allen Ginsberg tivesse colocado tais metáforas na boca de seu Moloch, não se permitiria que escapasse impune: teria parecido simplesmente excessivo. A queda de Moses para a crueldade extravagante, ao lado de seu brilho visionário, sua energia obsessiva e ambição megalômana, o capacitou a erigir, através dos anos, uma reputação quase mitológica. Ele aparecia como o último de uma longa linhagem de construtores e demolidores titânicos, na história e na mitologia cultural: Luís XIV, Pedro, o Grande, o barão Hausmann, Joseph Stalin (embora anticomunista fanático, Moses adorava citar a máxima stalinista: "Não se pode fazer uma omelete sem quebrar os ovos"), Bugsy Siegel (o mestre dos construtores da turba, criador de Las Vegas), Huey "Mandachuva" Long; o Tarmelão de Marlowe, o Fausto de Goethe, o capitão Ahab, Mr. Kurtz, Cidadão Kane. Moses deu o melhor de si para elevar-se a uma estatura gigantesca, chegando mesmo a apreciar sua crescente reputação de monstro, que, ele acreditava, intimidaria o público e manteria os potenciais oponentes fora de seu caminho.

Afinal, após quarenta anos, a própria lenda que cultivou colaboraria para arruiná-lo: trouxe-lhe milhares de inimigos pessoais, alguns deles eventualmente tão resolutos e poderosos quanto ele próprio, obcecados por ele, apaixonadamente dedicados a paralisar o homem e suas máquinas. No final dos anos 1960, eles acabaram por obter sucesso e Moses foi detido e privado de seu poder de construir. Mas suas obras ainda nos cercam e seu espírito continua a assombrar nossas vidas públicas e particulares.

Não é difícil nos alongarmos indefinidamente sobre o poder e o estilo pessoal de Moses. Entretanto, essa ênfase tende a obscurecer uma das fontes fundamentais de sua vasta autoridade: a capacidade de convencer um público massivo de que ele era o veículo de forças históricas mundiais e impessoais, o espírito propulsor da modernidade. Por quarenta anos, ele se mostrou capaz de personificar a visão do moderno. Opor-se às suas pontes, seus túneis, vias expressas, projetos habitacionais, barragens hidrelétricas, estádios, centros culturais era (ou assim parecia) opor-se ao progresso, à história, à própria modernidade. E poucas pessoas, sobretudo em Nova York, estavam preparadas para fazê-lo. "Há pessoas que gostam das coisas como elas são. Não posso oferecer-lhes nenhuma esperança. Elas devem continuar se mudando cada vez para mais longe. Este estado é muito grande e existem outros ainda. Deixem que vão para as Rochosas."[2] Moses tocava numa nota que por mais de um século havia sido vital à sensibilidade dos nova-iorquinos: nossa identificação com o progresso, com a renovação e a reforma, com a perpétua transformação de nosso mundo e de nós mesmos — Harold Rosenberg a denominou "a tradição do Novo". Quantos dos judeus do Bronx, viveiro de todas as formas de radicalismo, estavam dispostos a lutar pela santidade das "coisas como elas são"? Moses estava destruindo nosso mundo e, no entanto, parecia trabalhar em nome de valores que nós próprios abraçávamos.

Posso recordar-me parado acima do canteiro de obras da Via Expressa do Bronx, lamentando pelos meus vizinhos (cujo destino eu antevia com precisão de pesadelo), jurando revanche, porém ao mesmo tempo me debatendo com algumas das inquietantes ambiguidades e contradições que a obra de Moses expressava. A Grande Confluência, de cujo cume eu vigiava e cogitava, era o que tínhamos de mais parecido com um bulevar parisiense no bairro. Dentre seus traços mais notáveis encontravam-se fileiras de amplos e esplêndidos edifícios de apartamentos da década de 1930: simples e límpidos em suas formas arquitetônicas, fossem geometricamente traçadas ou biomorficamente curvas; brilhantemente coloridos em tijolos contrastantes, compensados por aços cromados, belamente intercalados com extensas superfícies de vidro; abertos à luz e ao ar, como para anunciar uma vida boa que se abria não apenas aos moradores de elite mas a todos nós. O estilo desses prédios, hoje conhecido como *art déco*, era chamado em seus primórdios de "moderno". Para meus pais, que com orgulho descreviam nossa família como "moderna", os edifícios da Confluência representavam o pináculo da modernidade. Não podíamos nos permitir morar em um deles embora residíssemos efetivamente em um prédio pequeno e modesto, mas mesmo assim orgulhosamente "moderno", na parte mais baixa da colina — e no entanto podiam ser admirados livremente, como as filas de fascinantes transatlânticos no porto do centro da cidade. (Hoje os prédios se assemelham a vasos de guerra avariados em docas secas, ao passo que os navios transoceânicos praticamente desapareceram.)

Enquanto via um dos mais graciosos desses edifícios vir abaixo para dar passagem à estrada, senti um pesar que, hoje posso ver, é endêmico à vida moderna. Com demasiada frequência, o preço da modernidade crescente e em constante avanço é a destruição não apenas das instituições e ambientes "tradicionais" e "pré-modernos", mas também — e aqui está a verdadeira tragédia — de tudo o que há de mais vital e belo no próprio mundo moderno. Aqui no Bronx, graças a Robert Moses, a modernidade do bulevar urbano era condenada como obsoleta e feita em pedaços pela modernidade da rodovia interestadual. *Sic transit!* Ser moderno revelava-se muito mais problemático, e mais arriscado, do que eu jamais pensara.

Que caminhos conduziram à Via Expressa Cross-Bronx? As obras públicas que Moses organizou a partir dos anos 1920 expressavam uma visão (ou melhor, um conjunto de visões) daquilo que a vida moderna podia e devia ser. Proponho-me a articular as formas específicas de modernismo que Moses defi-

346

niu e realizou a fim de sugerir suas contradições internas, suas sinistras tendências ocultas — que irromperam à superfície no Bronx — e seu significado e valor permanentes para a moderna espécie humana.

A primeira grande realização de Moses, no apagar dos anos 1920, foi a criação de um espaço público radicalmente diferente de tudo o que já existira em qualquer parte: o Parque Estadual da Jones Beach, em Long Island, logo após os limites da cidade de Nova York, ao longo do Atlântico. Essa praia, inaugurada no verão de 1929 e que recentemente comemorou seu quinquagésimo aniversário, é tão imensa que pode comportar com facilidade meio milhão de pessoas num escaldante domingo de julho, sem nenhuma ideia de congestionamento. Seu traço mais surpreendente enquanto panorama é a assombrosa limpidez de espaço e forma: extensões de areia ofuscantemente brancas, absolutamente planas, avançando até o horizonte numa faixa retilínea e ampla, cortada de um lado pelo claro, puro e infindável azul do oceano e, de outro, pela incisiva e ininterrupta linha parda do passeio de tábuas. O grande perfil horizontal do conjunto é pontuado por dois elegantes balneários *art déco* em madeira, tijolo e pedra e, a meio caminho entre estes, no centro geométrico do parque, por uma monumental torre colunar de água, visível de qualquer ponto, elevando-se como um arranha-céu, numa evocação da grandeza das formas urbanas do século XX, que este parque, num só movimento, complementa e nega. Jones Beach oferece uma exibição espetacular das formas primárias da natureza — terra, sol, água, firmamento —, mas a natureza aparece aí com uma abstrata pureza horizontal e uma claridade luminosa que somente a cultura pode criar.

É possível admirar ainda mais a criação de Moses se nos damos conta (como explica Caro vividamente) de quanto desse espaço fora um terreno pantanoso e inculto, inacessível e desconhecido, até que Moses o alcançasse e de que fantástica metamorfose ele efetuou em meros dois anos. Há uma outra espécie de pureza que é crucial para Jones Beach. Não há aí intromissão de empresas ou comércio modernos: não existem hotéis, cassinos, equipamentos de balsas, montanhas-russas, saltos de para-quedas, aparelhos de fliperama, espeluncas, alto-falantes, bal-cões de cachorro-quente, anúncios de néon; tampouco sujeira, barulho ou desalinho.[3] Assim, mesmo quando Jones Beach está repleta de uma multidão do tamanho de Pittsburgh, seu clima consegue ser notavelmente sereno. Contrasta de modo radical com Coney Island, apenas a alguns quilômetros a oeste, cuja clientela de classe média é captada de imediato à entrada. Toda essa densidade e intensidade, o movimento e o ruído anár-quicos, a puída vitalidade que se expressa nas fotografias de Weegee e nas águas-fortes de Reginald Marsh e é celebrada simbolicamente em "A Coney Island of the mind", de Lawren-ce Ferlinghetti, é varrida do mapa na paisagem visionária de Jones Beach.[4]

Como seria uma Jones Beach da mente? Não é tarefa fácil transmiti-lo em poesia, ou em qualquer tipo de linguagem sim-bólica que dependesse do movimento e do contraste dramáticos para seu impacto. Mas podemos desvendar suas formas nas pin-turas diagramáticas de Mondrian e mais tarde no minimalismo dos anos 1960, enquanto suas tonalidades cromáticas pertencem à longa tradição dos panoramas neoclássicos, de Poussin ao jovem Matisse e a Milton Avery. Num dia de sol, Jones Beach nos trans-porta à grande fantasia da claridade mediterrânea e apolínea, de luz perfeita sem sombras, geometria cósmica, perspectivas contí-nuas que estendem para diante e para trás um horizonte infinito. Essa fantasia é pelo menos tão antiga quanto Platão. Seu adepto mais fervoroso e influente é Le Corbusier. Aqui, no mesmo ano em que Jones Beach foi inaugurada, pouco antes da quebra da Bolsa de Nova York, ele delineia seu sonho clássico moderno:

> Se compararmos Nova York a Istambul, poderemos dizer que uma é um cataclismo e a outra um paraíso terrestre.
>
> Nova York é perturbadora e desconcertante. Tal como os Alpes, uma tempestade ou uma batalha. Nova York não é bela e, se estimula nossas atividades práticas, fere o nosso sentido de felicidade. [...]

Uma cidade pode nos esmagar com suas linhas fragmentadas; o céu é lacerado por seu perfil imperfeito. Onde encontrar repouso? [...]

Conforme se vai para o Norte, as flechas ornamentadas das catedrais refletem a agonia da carne, os sonhos pungentes do espírito, inferno e purgatório, florestas de pinheiros vislumbradas através da luz apagada e da gélida bruma.

Nossos corpos exigem luz solar.

Há certas formas que lançam sombras.[5]

Le Corbusier procura estruturas que farão a fantasia do Sul sereno e horizontal contrapor-se às sombrias e tumultuadas realidades do Norte. Jones Beach, pouco além do horizonte dos arranha-céus de Nova York, é uma realização ideal de seu sonho. Não deixa de ser irônico que, embora Moses prosperasse em perpétuo conflito, em luta, *Sturm und Drang*, seu primeiro triunfo, aquele do qual ele parecia mais orgulhoso meio século depois, tenha sido um triunfo de *luxe, calme et volupté*. Jones Beach é o Rosebud gigante deste Cidadão Cohen.

Criação de Moses, as avenidas arborizadas (*parkways*) do Norte e do Sul, que levam de Queens a Jones Beach e cercanias, inauguraram outra dimensão da pastoral moderna. Com seu traçado suave, engenhosamente ajardinadas, essas vias, embora um pouco desgastadas após meio século, ainda se encontram entre as mais lindas do mundo. Porém, sua beleza não emana (como, digamos, a da rodovia costeira da Califórnia ou a da Trilha dos Apalaches) do ambiente natural que cerca as estradas: ela brota do ambiente artificialmente criado das próprias vias. Mesmo que essas avenidas não juntassem nada e não levassem a parte alguma, continuariam a constituir uma aventura por seus próprios méritos. Isso é válido sobretudo para a Northern State Parkway, que cruza a região de suntuosas propriedades que Scott Fitzgerald imortalizou em *O grande Gatsby*[6] (1925). As primeiras rodovias de Moses em Long Island representam uma tentativa moderna de recriar aquilo que o narrador de Fitzgerald, na última página do romance, descreveu como "a antiga ilha que ali florescera antes, aos olhos de marinheiros holandeses — um seio fresco, verde, do novo mundo". Mas Moses tornou tal seio acessível apenas através da mediação de outro símbolo tão caro a Gatsby: o sinal verde. Suas alamedas somente podiam ser experimentadas de automóvel: as passagens de nível foram propositalmente construídas numa altura que obrigava os ônibus a abandoná-las, de modo que o trânsito público não pudesse trazer as massas da cidade à praia. Tratava-se de um jardim distintivamente tecnopastoral, aberto só àqueles que possuíam as últimas máquinas modernas — vale lembrar que essa era a época do Modelo T —, e de uma forma singularmente privatizada de espaço público. Moses utilizou o desenho físico como um biombo social, afastando todos os que não possuíam rodas próprias. Moses, que nunca aprendeu a dirigir, estava se transformando no homem de Detroit em Nova York. Para a grande maioria dos nova-iorquinos, no entanto, seu verde e novo mundo nada mais oferecia além de um sinal vermelho.

Jones Beach e as primeiras vias arborizadas de Moses em Long Island devem ser compreendidas no contexto do espetacular crescimento das atividades e da indústria do lazer durante o *boom* econômico dos anos 1920. Esses projetos de Long Island foram concebidos para abrir um mundo pastoral logo após os limites urbanos, um mundo feito para os feriados, o lazer e a diversão — para aqueles que dispunham do tempo e dos meios para uma escapada. As metamorfoses de Moses na década de 1930 devem ser entendidas à luz de uma grande transformação no significado da própria construção. Durante a Grande Depressão, à medida que os negócios e a indústria privados entravam em colapso, e o desemprego das massas crescia tanto quanto o seu desespero, a construção civil viu-se transformada de empresa privada em empreendimento público e em um grave e urgente imperativo público. Virtualmente tudo o que foi construído de importante na década de 1930 — pontes, parques, estradas, túneis, barragens — foi obra dos recursos federais, sob os auspícios das grandes agências do New Deal, a CWA, PWA, CCC, FSA, TVA.* Tais projetos foram elaborados em torno de complexas e bem articuladas metas sociais. Em primeiro lugar, foram concebidos para criar atividade econômica, fomentar o consumo e estimular o setor privado. Em segundo lugar, deveriam trazer milhões de desempregados de volta ao trabalho, ajudando a adquirir a paz social. Em terceiro, acelerariam, concentrariam e modernizariam as economias das regiões nas quais seriam executados, de Long Island a Oklahoma. Em seguida, ampliariam o significado do "público", fornecendo demonstrações simbólicas de como a vida americana podia ser enriquecida não só material como espiritualmente através das obras públicas. Por fim, com o uso de novas e excitantes tecnologias, os grandes planos do New Deal dramatizaram a promessa de um futuro glorioso que mal despontava no horizonte, um novo tempo não simplesmente para os poucos privilegiados mas para o conjunto da população.

Moses foi talvez a primeira pessoa nos Estados Unidos a apreender as imensas possibilidades do compromisso da administração Roosevelt com as obras públicas; ele percebeu também em que extensão o destino das cidades norte-americanas estava para ser decidido em Washington a partir de então. Ocupando agora o cargo nomeado de diretor dos parques estaduais e da cidade, estabeleceu estreitas e duradouras ligações com os planejadores mais enérgicos e criativos da burocracia do New Deal. Aprendeu como liberar milhões de dólares dos fundos federais em prazo notavelmente curto. Então, contratando uma equipe de projetistas e engenheiros de primeira linha (em sua maior parte não pertencentes às fileiras de desempregados), mobilizou um exército de trabalho de 80 mil homens e passou a executar um grande programa de impacto para recuperar os 1700 parques da cidade (ainda mais desmantelados, no ápice da Depressão, do que se encontram hoje) e criar centenas de novos

* Siglas que se referem a organismos públicos criados na década de 1930, como a Tenessee Valley Authority, TVA, a Federal Security Agency, FSA, os Civilian Conservative Corps, CCC etc. (N. T.)

parques e *playgrounds*, bem como diversos zoológicos. Moses terminou sua tarefa no final de 1934. Não somente mostrou um dom para a administração e a execução brilhante, mas compreendeu o valor das crescentes obras governamentais como espetáculo público. Assumiu a fiscalização do Central Park e a construção de seu reservatório de água e de seu zoológico, 24 horas por dia, sete dias por semana: as lâmpadas incandescentes brilhavam e as britadeiras reverberavam por toda a noite, não apenas acelerando o trabalho, mas criando um novo local de espetáculos que mantinha o público enfeitiçado.

Os próprios operários pareciam ter sido conquistados pelo entusiasmo: não apenas suportaram o ritmo implacável que Moses e seus contramestres lhes impunham, como de fato suplantaram os superiores, tomando a iniciativa, fazendo brotar novas ideias, trabalhando à frente do cronograma, de maneira a obrigar os engenheiros a voltar repetidas vezes às suas pranchetas a fim de redesenhar os planos, tendo em vista o progresso feito pelos operários por conta própria.[7] Esta é a fábula moderna da construção em sua forma mais pura — a aventura celebrada pelo *Fausto* de Goethe, por Carlyle e Marx, pelos construtivistas dos anos 1920, pelo cinema de construção soviético do período dos planos quinquenais e pelos documentários da TVA e da FSA, além dos murais da WPA* do final dos anos 1930. O que confere à fábula realidade e autenticidade especiais é o fato de que inspirou os homens que efetivamente cumpririam o trabalho. Eles parecem ter sido capazes de encontrar sentido e excitação num trabalho fisicamente estafante, além de mal pago, porque tinham alguma visão da obra como conjunto e acreditavam em seu valor para a comunidade da qual faziam parte.

A extraordinária aclamação pública que Moses recebeu por seu trabalho nos parques municipais serviu-lhe de trampolim para algo que a seus olhos valia muito mais que os parques.

* Works Progress Administration. (N. T.)

Tratava-se de um sistema de rodovias, avenidas arborizadas e pontes que entrelaçaria o conjunto da área metropolitana: a pista elevada do West Side, estendendo-se de uma a outra ponta de Manhattan, através da nova ponte Henry Hudson (obra de Moses), passando pelo Bronx e tomando o rumo de Westchester; a Belt Parkway, que cruzaria toda a periferia do Brooklyn, do East River ao Atlântico, ligando-se a Manhattan por meio do túnel Brooklyn-Battery (Moses teria preferido uma ponte) e seguindo para a Southern State, e — justamente o núcleo do sistema — o projeto Triborough, uma rede colossal e complexa de pontes, acessos e avenidas que uniria Manhattan, o Bronx e Westchester a Queens e a Long Island.

Esses projetos eram incrivelmente dispendiosos e mesmo assim Moses conseguiu persuadir Washington a financiar a maior parte deles. Do ponto de vista técnico eram brilhantes: a engenharia de Triborough é ainda hoje um exemplo clássico. Eles ajudaram, como disse Moses, a "entretecer os fios perdidos e os cordões dispersos da tapeçaria viária metropolitana de Nova York" e a fornecer a essa área notavelmente complexa a unidade e a coerência que jamais teve. Criaram um conjunto de novos e espetaculares acessos à cidade, que exibiam o esplendor de Manhattan de muitos ângulos inéditos — desde a Belt Parkway, a Grand Central e a parte alta do West Side —, além de alimentarem toda uma geração de fantasias urbanas.[8] A região da cabeceira do rio Hudson, um dos mais agradáveis panoramas urbanos de Moses, é especialmente surpreendente se nos damos conta de que antes era (como retrata Caro) um terreno abandonado coberto de barracos e de depósitos de lixo, até que Moses aí chegasse. Quando se cruza a ponte George Washington e se mergulha na suave curva inclinada da West Side Highway, com as luzes de Manhattan brilhando e cintilando à frente, elevando-se acima do exuberante verdor do Riverside Park, é impossível que mesmo o inimigo mais amargurado de Robert Moses — ou, no caso, de Nova York — não se deixe tocar: sabe-se que se está de volta à casa e a cidade está à disposição, pelo que se deve agradecer a Moses.

No apagar da década de 1930, quando se encontrava no ápice de sua criatividade, Moses foi celebrado no livro que, melhor do que qualquer outro, estabeleceu os cânones do movimento moderno na arquitetura, nos projetos e no *design*: *Space, time and architecture* [Espaço, tempo e arquitetura], de Siegfried Giedion. A obra de Giedion, originalmente uma série de conferências pronunciadas em Harvard, em 1938-9, revelava a história de três séculos do planejamento e do *design* — e apresentava as realizações de Moses como seu clímax. Giedion mostrava grandes fotografias da então recém-concluída West Side Highway, do trevo rodoviário de Randall's Island e das interligações "ramificadas" da Grand Central Parkway. Essas obras, dizia, "demonstraram que os projetos de grande escala são inerentes a nosso tempo". Giedion comparava as vias arborizadas (*parkways*) de Moses às pinturas cubistas, às esculturas e aos móbiles abstratos e ao cinema. "Tal como em muitas das criações nascidas do espírito de nossa época, o significado e a beleza das avenidas arborizadas não podem ser apreendidos de um ponto singular de observação, como era possível de uma janela do palácio de Versalhes. Eles apenas podem ser revelados pelo movimento, pelo avanço num fluxo rápido, como prescrevem as leis do tráfego. A sensação de tempo-espaço de nossa era raramente pode ser experimentada tão intensamente como quando dirigimos."[9]

Assim, os projetos de Moses marcaram não somente uma nova fase na modernização do espaço urbano mas uma nova ruptura na visão e no pensamento modernistas. Para Giedion e para toda a geração da década de 1930 — formalistas e tecnocratas corbusierianos ou da Bauhaus, marxistas, e mesmo neopopulistas agrários —, essas avenidas urbanizadas descerravam um reino mágico, uma espécie de romântico caramanchão onde o modernismo e o bucolismo podiam se entrelaçar. Moses parecia ser a única figura pública de nosso tempo a perceber "a concepção de espaço-tempo de nosso ser"; além disso, ele tinha "a energia e o entusiasmo de um Haussmann". Isso o tornou "singularmente à altura, tal como o fora Haussmann, das oportunidades e das necessidades de sua época", e particularmente qualificado para erigir a "cidade do futuro" em nosso tempo. Hegel, em 1806, concebera Napoleão como o *"Weltseele* a cavalo"; para Giedion, em 1939, Moses se assemelhava à *Weltgeist* sobre rodas.

Moses granjeou uma apoteose adicional na Feira Mundial de Nova York (1939-40), uma imensa celebração da indústria e da tecnologia modernas: "Construindo o mundo do amanhã". Dois dos espetáculos mais populares da exibição (o Futurama promocional da General Motors e a utópica *Democracity*) prenunciavam as vias expressas elevadas e as avenidas urbanizadas, vínculo entre a cidade e o campo, precisamente nas formas que Moses acabara de construir. O público, ao chegar, ou ao deixar a feira, à medida que fluía através das rodovias de Moses e cruzava as suas pontes, podia experimentar diretamente algo desse futuro visionário e verificar que aparentemente funcionava.[10]

Graças a seu talento como administrador dos parques, Moses garantiu a cessão do terreno onde a feira se realizaria. Em velocidade relâmpago, com custos mínimos, na sua típica combinação de *finesse* e ameaça, ele conseguiu de centenas de proprietários um espaço de dimensão equivalente ao centro de Manhattan. Sua realização mais orgulhosa foi ter destruído os montes de cinzas e as pilhas de lixo do bairro de Flushing, que Scott Fitzgerald imortalizara como um dos maiores símbolos modernos do desperdício industrial e urbano:

> um vale de cinzas — uma fazenda fantástica onde as cinzas crescem como o trigo em cumeeiras, colinas e grotescos jardins; onde as cinzas tomam a forma de casas, chaminés e fumaça que evola e, finalmente, num esforço último, de homens que se movem indistintamente, logo se desintegrando no ar poeirento. De vez em quando, uma coluna de vagões cinzentos arrasta-se por trilhos invisíveis, lança um estalido horripilante e detém-se — e imediatamente os homens cinzentos sobem aos vagões, munidos de pesadas pás, e levantam uma nuvem impenetrável, que esconde de nossos olhos suas operações obscuras. (*O grande Gatsby*, capítulo II)

Moses eliminou essa cena terrível e transformou o local no núcleo das instalações da feira e depois no parque de Flushing Meadow. Esse ato o moveu a uma rara efusão de lirismo bíblico: invocou a bela passagem de Isaías (61:1-4) na qual "o Senhor me ungiu para trazer as boas novas aos aflitos; Ele me enviou para unir os magoados, para proclamar a liberdade aos cativos e para abrir a prisão aos que estão encarcerados; [...] para lhes trazer a beleza no lugar das cinzas [...] [de modo que] eles reparem as cidades arruinadas, as devastações de muitas gerações". Quarenta anos depois, em suas últimas entrevistas, ele ainda apontava para isso com especial orgulho: eu sou o homem que destruiu o Vale das Cinzas e colocou beleza em seu lugar. Foi com esta marca — com sua fé fervorosa em que a tecnologia e a organização social modernas podiam criar um mundo sem cinzas — que o modernismo da década de 1930 chegou ao fim.

Onde foi que as coisas deram errado? Como as modernas visões dos anos 1930 tornaram-se amargas no processo de sua realização? O tema exigiria um tempo e um espaço mais amplos do que dispomos aqui e agora para ser adequadamente desenvolvido. Mas podemos repetir essas questões de uma forma mais limitada e mais adequada à órbita deste livro: como foi que Moses — e Nova York e os Estados Unidos — cumpriram o percurso da destruição do Vale das Cinzas, em 1939, até o desenvolvimento de modernas terras de ninguém ainda mais terríveis e intratáveis, apenas uma geração depois e a alguns quilômetros de distância? É necessário desvendar as sombras a partir das próprias visões luminosas da década de 1930.

O lado negro sempre esteve ali, no próprio Moses. Eis o testemunho de Frances Perkins, a primeira mulher norte-americana a ocupar o Ministério do Trabalho, no governo Roosevelt, a qual trabalhou em estreito contato com Moses por longos anos e o admirou durante toda a vida. Ela recorda o sincero amor que o povo dedicava a Moses nos primeiros anos do New Deal, quando ele construía parques de diversões no Harlem e na parte baixa do East Side; entretanto, constatou com pesar que Moses, por seu lado, "não amava o povo".

Isso costumava chocar-me, pois ele estava construindo todas aquelas coisas para o bem-estar do povo. [...] Para ele, eram pessoas piolhentas e sujas, que atiravam garrafas por todas as partes em Jones Beach. "Eu os pego! Vou lhes ensinar!" Ele amava o povo, mas não enquanto pessoas. O povo era para ele [...] uma grande massa amorfa, que precisa ser lavada, tomar um pouco de ar e dispor de diversões, mas não por razões pessoais — apenas para fazer dele um povo melhor.[11]

"Ele ama o povo, mas não como pessoas": Dostoievski já denunciara repetidas vezes que a combinação do amor pela "humanidade" com o ódio pelas pessoas reais era um dos riscos fatais da política moderna. Durante o período do New Deal, Moses procurou manter um precário equilíbrio entre os polos e trazer felicidade real não apenas ao "povo" que ele amava como também às pessoas que abominava. Mas ninguém podia manter esse ato de equilíbrio por muito tempo. "Eu os pego! Vou lhes ensinar!" Aí, ouve-se inequivocamente a voz de Mr. Kurtz: "Era muito simples", diz o narrador de Conrad, "e no fim de todo sentimento idealista saltava aos olhos, luminoso e terrível como um relâmpago num dia de céu sereno: 'Extermine todos os brutos!'". Precisamos compreender qual era o equivalente de Moses ao comércio africano de marfins de Kurtz, que oportunidades e instituições históricas abriram as eclusas a seus impulsos mais perigosos: que caminho o conduziu da auréola do "trazer-lhes beleza no lugar das cinzas" ao "é preciso abrir caminho a golpes de cutelo" e à escuridão que seccionou o Bronx?

Em parte, a tragédia de Moses foi não ter sido apenas corrompido mas ao final solapado por uma de suas maiores realizações. Tratava-se de um triunfo que, ao contrário das obras públicas de Moses, ficou quase totalmente invisível: foi só no final da década de 1950 que alguns repórteres mais curiosos começaram a percebê-lo. Consistia na criação de uma rede de enormes e interligadas "autarquias públicas", capazes de levantar somas virtualmente ilimitadas de recursos para a execução de obras e sem a obrigação de prestar contas a nenhum poder executivo, legislativo ou judiciário.[12]

A instituição inglesa da "autarquia pública" havia sido transplantada para a administração pública norte-americana no princípio do século XX. Ela foi autorizada a vender obrigações para a construção de obras públicas específicas — por exemplo, pontes, portos, ferrovias. Quando seu projeto estivesse concluído, cobraria tarifas próprias até o pagamento das obrigações; neste ponto, a autarquia em geral deixava de existir e a obra pública passava ao controle do Estado. Moses, porém, julgava que não havia razão para que uma autarquia se colocasse limites no tempo e no espaço: enquanto os recursos estivessem entrando — digamos, das tarifas da ponte Triborough — e até onde o mercado de obrigações se mostrasse encorajador, uma autarquia poderia resgatar suas obrigações antigas por novas, a fim de levantar mais recursos para a construção de outras obras; enquanto o dinheiro (totalmente isento de impostos) estivesse entrando, os bancos e os investidores institucionais teriam satisfação em subscrever novas emissões, e a autarquia poderia continuar a construir indefinidamente. Uma vez pagas as obrigações iniciais, não haveria necessidade de recorrer aos governos municipal, estadual ou federal ou à população para novas obras. Moses provou nos tribunais que nenhum governo tinha qualquer direito legal nem mesmo para fiscalizar os livros de uma autarquia. Entre o final dos anos 1930 e o dos 1950, Moses criou ou controlou inúmeras dessas autarquias — para parques, pontes, rodovias, túneis, usinas elétricas, reformas urbanas etc. — e as integrou num mecanismo imensamente poderoso, um mecanismo de inumeráveis engrenagens, transformando pessoas inexpressivas em milionários, incorporando milhares de políticos e homens de negócios em sua linha de produção, atraindo milhões de nova-iorquinos de forma inexorável em seu redemoinho crescente.

Kenneth Burke, na década de 1930, sugeria que, qualquer que fosse nossa opinião sobre o valor social da Standard Oil e da U. S. Steel, a obra de Rockefeller e de Carnegie ao criar

358

esses gigantescos complexos deve ser considerada como um triunfo da arte moderna. A rede de autarquias públicas criada por Moses se enquadra perfeitamente no caso. Ela cumpre um dos sonhos mais antigos da ciência moderna, um sonho renovado em inúmeras formas da arte do século XX: criar um sistema em perpétuo movimento. Mas o sistema de Moses, ainda que constitua um triunfo da arte moderna, compartilha algumas das suas ambiguidades mais profundas. Leva a contradição entre "o povo" e as pessoas a tal ponto que, no final, nem mesmo as pessoas no centro do sistema — nem mesmo o próprio Moses — têm autoridade para moldá-lo e controlá-lo em seus movimentos cada vez mais amplos.

Se voltarmos à "bíblia" de Giedion, poderemos encontrar alguns dos significados mais profundos da obra de Moses que ele próprio nunca compreendeu realmente. Giedion considerava a ponte Triborough, a Grand Central Parkway, a West Side Highway, como expressões da "nova forma da cidade". Esta exigia "uma escala diferente da cidade conhecida, com suas *rues corridors* e rígidas divisões em pequenos quarteirões". As novas formas não podiam funcionar livremente dentro da estrutura da cidade do século XIX; assim, "é a estrutura real da cidade que precisa ser transformada". O primeiro imperativo era: "Não há mais espaço para a rua urbana; não devemos deixá-la persistir". Aqui, Giedion assume uma voz imperiosa em grande parte reminiscente da própria voz de Moses. Mas a destruição das ruas urbanas era, para Giedion, apenas um começo: as rodovias de Moses "pensam no futuro quando, após a execução da necessária cirurgia, a cidade artificialmente inchada for reduzida a sua dimensão natural".

Deixando de lado os sofismas da visão de Giedion (o que torna uma dimensão urbana mais "natural" que outra?), vemos aqui que o modernismo efetua uma nova e dramática decolagem: o desenvolvimento da modernidade transformou a própria cidade moderna num elemento antiquado e obsoleto. Realmente, as pessoas, as visões e as instituições da cidade criaram a rodovia (*highway*) — "A Nova York deve ser creditada à invenção das avenidas arborizadas (*parkways*)".[13] Agora, entretanto, por obra de uma dialética fatídica, como a cidade e a rodovia não se coadunam, a cidade deve sair. Ebenezer Howard e seus discípulos do movimento "Cidade-Jardim" vinham sugerindo algo parecido com isso desde a virada do século (veja o capítulo IV). A missão histórica de Moses, do ponto de vista desta abordagem, é ter criado uma nova realidade superurbana que tornou clara a obsolescência da cidade. Cruzar a ponte Triborough, para Giedion, é ingressar num novo "*continuum* espacial-temporal", que deixa a metrópole moderna para sempre no passado. Moses mostrou que não é necessário esperar por algum futuro distante: temos a tecnologia e as ferramentas organizacionais para sepultar a cidade aqui e agora.

Moses nunca pretendera fazer tal coisa: ao contrário dos teóricos da "Cidade-Jardim", ele amava genuinamente Nova York — à sua maneira cega — e jamais teve boas intenções. Suas obras públicas, seja qual for a nossa ideia a respeito, foram concebidas para acrescentar algum elemento à vida da cidade, e não para subtrair a própria cidade. Decerto lhe repugnaria a ideia de que a sua Feira Mundial de 1939, um dos maiores momentos da história de Nova York, seria o veículo de uma visão que, em seu significado manifesto, representaria a ruína da cidade. Todavia, quando os personagens históricos compreenderam o sentido de longo prazo de seus atos e de suas obras? Na verdade, porém, as grandes construções de Moses em Nova York e arredores nos anos 1920 e 1930 serviram de ensaio para a reconstrução infinitamente maior de toda a tessitura dos Estados Unidos após a Segunda Guerra Mundial. As forças motrizes dessa reconstrução foram o multibilionário Programa Rodoviário Federal e as vastas iniciativas habitacionais da Administração Federal de Habitação. Essa nova ordem integrou o conjunto da nação num fluxo unificado cuja força vital era o automóvel. Concebia as cidades principalmente como empecilhos ao fluxo do tráfego e como depósitos de moradias inferiores e bairros decadentes dos quais os norte-americanos deveriam fazer o possível para fugir. Milhares de áreas urbanas foram eliminadas por essa nova ordem; o que acontecera com o meu Bronx constituía apenas o exemplo mais dramático de algo que estava ocorrendo por toda parte. Três décadas de maciço investimento na construção de rodovias e na suburbanização promovida pelo FHA (Federal Housing Administration)* serviriam para extrair milhões de pessoas e empregos, e bilhões de dólares em capital das cidades norte-americanas, e para mergulhar essas cidades na crise e no caos crônico que hoje assolam seus habitantes. Definitivamente, não era isso o que Moses pretendia, mas foi o que ele inadvertidamente permitiu que ocorresse.[14]

Os projetos de Moses das décadas de 1950 e 1960 não contêm praticamente nada da beleza de *design* e da sensibilidade humana que distinguiram seus trabalhos anteriores. Dirija uns trinta quilômetros pela Northern State Parkway (anos 1920) e então faça o retorno e cubra essa mesma distância na via expressa de Long Island (anos 1950-60), que lhe é paralela, e tente evitar a surpresa e o pesar. Quase tudo o que ele construiu após a guerra foi executado num estilo indiferentemente brutal, feito para intimidar e esmagar: monolitos de cimento e aço, desprovidos de visão, nuança ou ação, vedados à cidade circundante por meio de amplos fossos de espaço árido e vazio, cravados na paisagem com feroz desdém por toda a vida natural e humana. Moses parecia agora desdenhosamente indiferente à qualidade humana daquilo que fazia: era mera quantidade — de veículos em movimento, toneladas de cimento, dólares recebidos e gastos —, era tudo o que parecia impulsioná-lo então. Há tristes ironias nessa fase pior e derradeira de Moses.

As obras implacáveis que retalharam o Bronx ("mais pessoas no caminho — isso é tudo") eram parte de um processo social cujas dimensões apequenavam até mesmo a própria vontade de poder megalomaníaca de Moses. Por volta dos anos 1950, ele não estava mais construindo de acordo com suas visões; em vez disso, encaixava enormes blocos em um padrão preexistente de

---

* Administração Federal de Habitação. (N. T.)

reconstrução nacional e integração social que ele não criara e não podia substancialmente mudar. Moses, em seu apogeu, fora um real criador de novas possibilidades materiais e sociais. Em sua pior fase, ele se tornaria não tanto um destruidor — embora tenha destruído bastante — mas um executor de ordens e imposições alheias. Conquistara poder e glória inaugurando novas formas e novos meios em que a modernidade podia ser experimentada como uma aventura: lançou mão desse poder e dessa glória para institucionalizar a modernidade num sistema de necessidades cruéis e inexoráveis e de rotinas esmagadoras. Ironicamente, transformou-se em um foco pessoal para a obsessão e o ódio das massas, inclusive o meu próprio, no preciso momento em que perdera a visão e a iniciativa pessoais para se tornar um homem de organização; nós viemos a conhecê-lo como o capitão Ahab de Nova York justamente quando, embora ainda no leme, perdera por completo o controle do navio.

A evolução de Moses e de suas obras na década de 1950 sublinha outro fato importante sobre a evolução da cultura e da sociedade no pós-guerra: a separação radical entre o modernismo e a modernização. Ao longo de todo este livro, procurei mostrar uma inter-relação dialética entre a crescente modernização do meio ambiente — particularmente do meio urbano — e o desenvolvimento da arte e do pensamento modernistas. Tal dialética, crucial durante todo o século XIX, permanecia vital ao modernismo dos anos 1920 e dos 1930: ela está no centro de *Ulisses*, de Joyce, *A terra devastada*, de Eliot, *Berlin Alexanderplatz*, de Döblin, e *O selo egípcio*, de Mandelstam, bem como em Léger, Tatlin e Eisenstein, em William Carlos Williams e Hart Crane, na arte de John Marin, Joseph Stella, Stuart Davis e Edward Hopper, na ficção de Henry Roth e Nathanael West. Na década de 1950, entretanto, nas águas de Auschwitz e Hiroshima, esse processo de diálogo se interrompera.

Não é que a própria cultura tenha se estagnado ou tenha regredido: havia uma profusão de brilhantes artistas e escritores produzindo em plena força. A diferença está em que os modernistas dos anos 1950 não buscavam energia ou inspiração no ambiente moderno que os circundava. Desde os triunfos dos expressionistas abstratos às iniciativas radicais de Davis, Mingus e Monk, no jazz, e as obras como *A queda*, de Camus, *Esperando Godot*, de Becket, *The magic barrel*, de Malamud, *O eu dividido*, de Laing, os trabalhos mais instigantes dessa era estão marcados pela distância radical de qualquer meio ambiente compartilhado. O ambiente não é atacado, como ocorria em tantos modernistas: ele simplesmente não está aí.

Essa ausência é obliquamente dramatizada naqueles que constituem provavelmente os romances mais ricos e profundos da década de 1950, *Invisible man* (1952), de Ralph Ellison, e *O tambor* (1959), de Günter Grass: ambos contêm brilhantes percepções da existência espiritual e política tal como foi vivida nas cidades do passado recente — no Harlem e na Danzig dos anos 1930 —, mas, embora os dois autores avançassem cronologicamente, nenhum deles foi capaz de conceber ou de se engajar no presente — a vida das cidades e das sociedades do pós-guerra nas quais suas obras vieram à luz. Em si própria, essa ausência pode ser tomada como a prova mais notável da pobreza espiritual do ambiente do novo pós-guerra. Ironicamente, essa pobreza pode ter efetivamente alimentado o desenvolvimento do modernismo, ao forçar artistas e pensadores a recorrer a seus próprios recursos e a revelar novas profundezas do espaço interior. Ao mesmo tempo, ela devorava a forma sutil, as raízes do modernismo ao segregar a sua vida imaginativa do mundo do dia a dia moderno, onde os homens e as mulheres reais tinham que se movimentar e viver.[15]

A cisão entre o espírito moderno e o ambiente modernizado foi uma fonte fundamental de angústia e reflexão no fim dos anos 1950. À medida que a década se arrastava, as pessoas dotadas de imaginação tornavam-se crescentemente determinadas não só a compreender esse grande abismo, como também — por meio da arte, do pensamento e da ação — a ultrapassá-lo. Foi esse desejo que animou livros tão diversos como *A condição humana*, de Hannah Arendt, *Advertisements for myself*, de Norman Mailer, *Vida contra a morte*, de Norman O. Brown, e *Growing up absurd*, de Paul Goodman. Constituía uma obsessão consumidora e não consumada de dois dos mais vigorosos personagens ficcionais do final dos anos 1950: a Anna Wolf de Doris Lessing, cujos cadernos transbordavam de confissões inacabadas e manifestos pela liberação não publicados, e o Moses Herzog de Saul Bellow, cujo instrumento eram as cartas não terminadas e sempre por enviar a todos os grandes poderes do mundo.

Eventualmente, porém, as cartas eram terminadas, assinadas e remetidas; novos modos de linguagem modernista apareceram gradativamente, ao mesmo tempo mais pessoais e mais políticos que a linguagem da década de 1950, nos quais os homens e as mulheres modernos podiam se confrontar com as novas estruturas físicas e sociais que haviam se desenvolvido ao seu redor. No novo modernismo, os gigantescos engenhos e sistemas da construção do pós-guerra desempenhavam um papel simbólico central. Assim, em "Uivo", de Allen Ginsberg:

> Que esfinge de cimento e alumínio abriu seus crânios e devorou seus cérebros e imaginação? [...]
>
> Moloch prisão incompreensível! Moloch cárcere desumano de ossos cruzados e congresso de mágoas! Moloch cujas construções são sentenças![...]
>
> Moloch cujos olhos são milhares de janelas cegas! Moloch cujos arranha-céus erguem-se nas ruas como Jeovás infinitos! Moloch cujas fábricas sonham e se lamentam na névoa! Moloch cujas chaminés e antenas coroam as cidades! [...]
>
> Moloch! Moloch! Apartamentos de robôs! subúrbios invisíveis! tesouros de esqueletos! cegas capitais! indústrias demoníacas! nações espectrais! manicômios invencíveis! líderes de granito!
>
> Eles são esmagados ao alçar Moloch ao Paraíso! Calçamentos, árvores, rádios, toneladas! içando a cidade ao Paraíso que existe e está em toda parte sobre nós! [...]
>
> Moloch que cedo entrou em minh'alma! Moloch no qual sou uma consciência sem corpo! Moloch que me aterrorizou, tirando-me de meu êxtase natural! Moloch que eu abandono! Reviver em Moloch! Luz que emana do céu!

Ocorrem aí algumas coisas notáveis. Ginsberg nos exorta a experimentar a vida moderna não como uma terra devastada e vazia mas como uma épica e trágica batalha de gigantes. Essa visão investe o meio ambiente moderno e seus construtores de uma energia demoníaca e uma estatura histórica universal que provavelmente excede até mesmo aquilo que os Robert Moses desse mundo reivindicariam para si próprios. Ao mesmo tempo, ela é concebida com o propósito de nos despertar, aos leitores, para que nos tornemos igualmente grandes, para ampliar nosso desejo e nossa imaginação moral até o ponto em que ousaremos enfrentar os gigantes. Porém, não podemos fazê-lo até que reconheçamos seus desejos e poderes em nós mesmos — "Moloch que cedo entrou em minh'alma". Assim, Ginsberg desenvolve estruturas e processos de linguagem poética — uma interação entre lampejos luminosos e explosões de imagens mentais desesperadas e o acúmulo solene, repetitivo e encantador de linha sobre linha — que lembram os arranha-céus, as fábricas e as vias expressas por ele odiados e com eles rivalizam. Ironicamente, embora o poeta retrate o mundo da via expressa como a morte dos cérebros e da imaginação, sua visão poética traz à luz a inteligência e a força imaginativa que lhe são subjacentes — na verdade, ela os traz à luz de forma mais plena do que os próprios construtores foram capazes de fazê-lo por seus méritos.

Quando meus amigos e eu descobrimos o Moloch de Ginsberg, e de imediato pensamos em Moses, não estávamos apenas cristalizando e mobilizando o nosso ódio; somente conferíamos a nosso inimigo a estatura histórica universal, a terrível grandeza que ele sempre merecera, mas nunca recebera daqueles que mais o amavam. Estes não podiam suportar a visão do abismo niilista aberto por suas escavadeiras mecânicas e seus bate-estacas; por isso, não puderam perceber suas profundezas. Assim, foi apenas quando os modernistas começaram a enfrentar as formas e as sombras do mundo da via expressa que se tornou possível enxergar tal mundo por tudo o que era.[16]

Moses conseguia captar alguma coisa desse simbolismo? É difícil saber. Nas raras entrevistas que concedeu durante os anos passados entre sua aposentadoria forçada[17] e sua morte, aos 92 anos, ele ainda se mostrava capaz de explosões enfurecidas diante de seus detratores, de dissertar com engenho e energia sobre planos imensos e de se recusar, como Mr. Kurtz, a ser posto de lado. ("Eu levarei a cabo minhas ideias [...]. Vou mostrar a vocês o que é possível fazer [...]. Eu voltarei [...]. Eu [...]") Conduzido infatigavelmente de um lado para outro em suas rodovias de Long Island, em sua limusine (uma das poucas prerrogativas que conservou de seus anos de poder), sonhava com um glorioso passeio oceânico de mais de cem quilômetros para vencer as ondas, ou com a mais extensa ponte do mundo, ligando Long Island a Rhode Island através do estreito.

O velho homem possuía uma inequívoca grandeza trágica, mas não parece tão claro que jamais tenha alcançado a autoconsciência que supostamente deveria acompanhar essa grandeza. Respondendo a *The power broker*, Moses apelava, queixoso, a todos nós: não sou eu aquele que suprimiu do mapa o Vale das Cinzas e deu à humanidade a beleza em seu lugar? É verdade, e devemos reverenciá-lo por isso. No entanto, ele não varreu efetivamente as cinzas, apenas as transferiu para outro lugar. Porque elas são parte de nós e não importa o quão planas e suaves façamos nossas praias e autoestradas, não importa quão rápido guiemos — ou sejamos guiados —, não importa o quanto nos afastemos para Long Island.

2. A DÉCADA DE 1960: UM GRITO NA RUA

— A história, disse Stephen, é um pesadelo de que tento despertar.

Do campo de jogo os garotos levantavam um brado. Um assobio zunindo: gol. Que tal então se esse pesadelo lhe desse um pontapé por trás?

— Os caminhos do Criador não são os nossos, disse o senhor Deasy.

— Toda a história se move em direção a um grande alvo, a manifestação de Deus.

Stephen lançou o polegar em direção da janela, dizendo: — Deus é isso.

Hurra! Eia! Hurrhurra!

— O quê? perguntou o senhor Deasy.

— Um grito na rua, respondeu Stephen.

James Joyce, Ulisses

Sou a favor de uma arte que conte o clima do dia, ou onde fica essa ou aquela rua. Sou a favor de uma arte que ajude velhas senhoras a atravessar a rua.

Claes Oldenburg

O mundo da via expressa, o meio ambiente moderno que surgiu após a Segunda Guerra Mundial, atingiria o pináculo de poder e autoconfiança nos anos 1960, nos Estados Unidos da Nova Fronteira, da Grande Sociedade, da nave *Apolo* na Lua. Tenho me concentrado em Robert Moses como o agente e a encarnação, em Nova York, de tal mundo, mas o secretário da Defesa McNamara, o almirante Rickover, o diretor da Nasa Gilruth e muitos outros travavam batalhas semelhantes com igual energia e implacabilidade, bem além do rio Hudson e, na verdade, do próprio planeta Terra. Os fomentadores e adeptos do mundo da via expressa o apresentavam como o único mundo moderno possível: opor-se a eles e a suas obras era opor-se à própria modernidade, fugir à história e ao progresso, tornar-se um ludita, um escapista, um ser temeroso da vida e da aventura, da transformação e do crescimento. Essa estratégia pareceu eficaz porque, na realidade, a vasta maioria dos homens e das mulheres modernos não pretende resistir à modernidade: eles sentem a sua excitação e creem na sua promessa, mesmo quando se veem em seu caminho.

Antes que os Molochs do mundo moderno possam enfrentar a resistência efetiva, será necessário desenvolver um vocabulário modernista de oposição. É o que faziam há um século

Stendhal, Büchner, Marx e Engels, Kierkegaard, Baudelaire, Dostoievski, Nietzsche; é isso o que faziam no princípio do século xx Joyce e Eliot, os dadaístas e surrealistas, Kafka, Zamiatin, Babel e Mandelstam. Todavia, como a economia moderna tem uma infinita capacidade para a renovação e a retransformação, a imaginação moderna também precisa se reorientar e se renovar repetidamente. Uma das tarefas cruciais para os modernistas dos anos 1960 era enfrentar o mundo da via expressa; outra era mostrar que este não constituía o único mundo moderno possível, que havia outras e melhores direções para as quais o espírito moderno podia se voltar.

No final do último capítulo, invoquei "Uivo", o poema de Allen Ginsberg, para demonstrar como, no final dos anos 1950, os modernistas começavam a enfrentar e combater o mundo da via expressa. Mas esse projeto não podia ir muito longe, a menos que os novos modernistas pudessem gerar visões afirmativas de vidas modernas alternativas. Ginsberg e seu grupo não estavam em condições de fazê-lo. "Uivo" era brilhante ao desmascarar o niilismo demoníaco no âmago de nossa sociedade estabelecida e ao revelar o que Dostoievski um século antes definira como "a desordem, que é na realidade o grau mais elevado da ordem burguesa". Todavia, tudo o que Ginsberg podia sugerir como alternativa à elevação de Moloch ao paraíso era o seu próprio niilismo. "Uivo" principiava com um desesperado niilismo, uma visão de "*hipsters*** de cabeças angelicais [...] as melhores mentes de minha geração destruídas pela loucura, definhando histericamente nus/ arrastando-se pelas ruas negras, ao raiar do dia, atrás de uma dose raivosa". Terminava com um niilismo sentimental e enérgico, uma afirmativa irracional e genérica: "O mundo é sagrado! A alma é sagrada! [...] A língua, o pau, a mão e o cu são sagrados!/ Tudo é sagrado! todo mundo é sagrado! todos os lugares são sagrados!" etc. etc. Porém, se os incipientes

---

* Designação do jovem contestador, adepto de drogas, por dentro da moda mais atual. (N. T.)

modernistas dos anos 1960 deviam virar o mundo ao contrário, eles precisavam oferecer alguma coisa a mais.

Logo eles iriam encontrar esse algo mais, uma fonte de vida, energia e afirmação que era tão moderna quanto o mundo da via expressa, contudo radicalmente oposta às formas e movimentos daquele mundo. Iriam encontrá-lo num local onde bem poucos dos modernistas da década de 1950 teriam sonhado procurar: na vida cotidiana da rua. É para essa vida que o Stephen Dedalus de Joyce aponta com o polegar e invoca contra a história oficial ensinada pelo senhor Deasy, representante da Igreja e do Estado: Deus está ausente dessa história de pesadelo, sugere Stephen, mas está presente nos gritos aparentemente rudimentares que vêm da rua trazidos ao acaso. Wyndham Lewis estava escandalizado por tal concepção de verdade e significado, que depreciativamente chamava "*plainmanism*".* Mas para Joyce era exatamente esse o ponto: fazer soar as incontroladas profundezas da vulgaridade urbana. Dos tempos de Dickens, Gogol e Dostoievski à nossa era, é isso o que sempre foi o humanismo moderno.

Se existe uma obra que expressa com perfeição o modernismo da rua nos anos 1960, trata-se do notável livro de Jane Jacobs, *Morte e vida de grandes cidades*. O trabalho de Jacob tem sido com frequência apreciado por seu papel na transformação das orientações gerais do planejamento urbano e comunitário. Isso é verdadeiro e não deixa de ser admirável, mas sugere apenas uma pequena parte daquilo que o livro contém. Ao citar Jacobs extensamente nas próximas páginas, pretendo transmitir a riqueza de seu pensamento. Creio que seu livro cumpriu um papel crucial no desenvolvimento do modernismo; sua mensagem era que muito do significado que os homens e as mulheres modernos buscavam desesperados encontrava-se, de fato, surpreendentemente próximo de suas casas, perto da superfície e nas imediações de suas vidas: estava bem ali, bastando que soubéssemos procurar.[18]

* De *plain man*, "homem raso". (N. T.)

Jacobs desenvolve seu ponto de vista com ilusória modéstia: tudo o que faz é falar sobre a vida do dia a dia. "O trecho da Hudson Street onde moro é diariamente o cenário de um intrincado balé na calçada." Em seguida, ela descreve 24 horas na vida de sua rua e, é evidente, de sua própria vida nessa rua. Sua prosa soa frequentemente linear e quase ingênua. Na verdade, porém, ela está trabalhando com um gênero importante da arte moderna: a montagem urbana. À medida que percorremos seu ciclo vital de 24 horas, é possível que experimentemos uma sensação de *déjà vu*. Já não estivemos em tal lugar antes? Sim, não há dúvida, se já lemos, vimos ou ouvimos "O Projeto Nevski", de Gogol, o *Ulisses*, de Joyce, *Berlim, sinfonia de uma metrópole*, de Walter Rutmann, *O homem com a câmara*, de Vertov, e *No bosque de leite*,* de Dylan Thomas. Com efeito, quanto melhor conhecermos essa tradição, mais apreciaremos aquilo que Jacobs realiza com ela.

Jacobs inicia sua montagem de manhã bem cedo: ela sai à rua para colocar o lixo e varrer os invólucros de balas atirados pelas crianças a caminho da escola. Sente uma satisfação ritual ao fazê-lo e, enquanto varre, vê "os outros rituais da manhã: o senhor Halpert destrancando o carrinho da lavanderia de suas amarras numa porta de porão, o genro de Joe Cornacchia empilhando os engradados vazios da mercearia, o barbeiro que traz à calçada sua cadeira de armar, o senhor Goldstein a arrumar os rolos de arame que anunciam a abertura da casa de ferragens, a mulher do síndico da casa de cômodos que deposita seu vigoroso menino de três anos, com seu bandolim de brinquedo, no alpendre, ponto de observação de onde ele está aprendendo o inglês que sua mãe não consegue falar".

Combinadas a essas figuras conhecidas e amistosas, há centenas de faces estranhas que passam: donas de casa com carrinhos de bebê, adolescentes tagarelando e comparando os cabelos, jovens secretárias e elegantes casais de meia-idade a

---

* *Under milkwood*, drama radiofônico de 1935. (N. T.)

caminho do trabalho, operários que retornam do turno da noite e param no bar da esquina. Jacobs os contempla a todos com deleite: experimenta e evoca aquilo que Baudelaire denominou a "comunhão universal" disponível aos homens e às mulheres que sabem como "tomar um banho de multidão".

Daqui a pouco, é hora de se apressar para o trabalho, "e eu troco o aceno ritual com o senhor Lofaro, o quitandeiro pequeno e atarracado que, com seu avental branco, planta-se à porta, próximo à rua, os pés firmes no chão e os braços cruzados, sólido como uma rocha. Trocamos um cumprimento; cada um de nós lança um rápido olhar para a rua, depois voltamos a nos fitar e sorrimos. Fizemos isso muitas manhãs, por mais de dez anos e ambos sabemos o que significa: está tudo bem". E a narrativa prossegue com Jacobs nos acompanhando através do dia e pela noite adentro, trazendo as crianças de volta a casa depois da escola e os adultos do trabalho, expondo à luz uma profusão de novos personagens — homens de negócio, estivadores, jovens e velhos boêmios, solitários esparsos — à medida que entram e passam pela rua à busca de comida, bebida, diversão, amor ou sexo.

Gradativamente, a vida da rua arrefece, mas nunca para. "Conheço o balé da noite alta e seus momentos propícios por acordar bem depois da meia-noite para velar um bebê e sentar no escuro, observando as sombras, de ouvidos atentos aos sons da calçada." Ela afinou a si própria para esses ruídos: "Há às vezes aspereza e ódio, ou um pranto triste, [...] por volta das três da madrugada soa um lindo canto." Uma gaita de foles lá fora? De onde vem quem a toca e para onde se dirige? Ela nunca saberá; mas essa própria constatação, de que a vida da rua é inesgotavelmente rica, e apreendê-la independe da sua capacidade (ou da de qualquer outra pessoa), ajuda-a a ter um sono tranquilo.

Esta celebração da vitalidade urbana, de sua diversidade e plenitude, é na verdade, como procurei mostrar, um dos temas mais antigos da cultura moderna. Por toda a era de Haussmann e Baudelaire, entrando no século XX, essa fantasia urbana cristalizou-se em torno da rua, que emergiu como símbolo fundamental da vida moderna. Da "Rua Principal" (*Main Street*) das pequenas cidades à "Grande Via Branca" ou à "Rua do Sonho" das metrópoles, a rua foi experimentada como um meio no qual a totalidade das forças materiais e espirituais modernas podia se encontrar, chocar-se e se misturar para produzir seus destinos e significados últimos. Era isso o que o Stephen Dedalus de Joyce tinha em mente com sua enigmática sugestão de que Deus estava lá fora, no "grito da rua".

Entretanto, os construtores do "movimento moderno" do período posterior à Primeira Guerra Mundial, na arquitetura e no urbanismo, voltaram-se radicalmente contra essa fantasia moderna: marcharam ao comando do grito de guerra de Le Corbusier: "Precisamos matar a rua". Foi a sua visão moderna que triunfou na grande onda de reconstrução e retomada do desenvolvimento iniciada após a Segunda Guerra Mundial. Durante vinte anos, as ruas foram por toda parte, na melhor das hipóteses, passivamente abandonadas e com frequência (como no Bronx) ativamente destruídas. O dinheiro e a energia foram canalizados para as novas autoestradas e para o vasto sistema de parques industriais, *shopping centers* e cidades-dormitório que as rodovias estavam inaugurando. Ironicamente, então, no curto espaço de uma geração, a rua, que sempre servira à expressão da modernidade dinâmica e progressista, passava agora a simbolizar tudo o que havia de encardido, desordenado, apático, estagnado, gasto e obsoleto — tudo aquilo que o dinamismo e o progresso da modernidade deviam deixar para trás.[19]

Neste contexto, o radicalismo e a originalidade da obra de Jacobs resultam evidentes. "Sob a aparente desordem da velha cidade", diz ela — e "velha" aqui significa o moderno do século XIX, os remanescentes da cidade da era Haussmann —,

Sob a aparente desordem da velha cidade encontra-se uma ordem maravilhosa que mantém a segurança das ruas e a liberdade da cidade. É uma ordem complexa. Sua essência é a complexidade do uso da calçada, que traz consigo uma sucessão constante de olhares. Essa ordem é toda composta de movimento e mudança e, embora seja vida, e não arte, podemos imaginariamente chamá-la a forma artística das cidades, comparando-a à dança.

Devemos, pois, nos empenhar para manter vivo esse "velho" ambiente, por sua capacidade peculiar de alimentar as experiências e os valores modernos: a liberdade da cidade, uma ordem que existe num estado de perpétuo movimento e mudança, a comunhão e a comunicação face a face, evanescente mas intensa e complexa, daquilo que Baudelaire chamou a família de olhos. O ponto salientado por Jacobs é que o assim denominado movimento moderno inspirou uma "renovação urbana" de bilhões de dólares, cujo resultado paradoxal foi a destruição do único tipo de ambiente no qual os valores modernos podem ser realizados. O corolário prático de tudo isso (que à primeira vista pode parecer paradoxal, mas na verdade faz pleno sentido) é que na nossa vida urbana, em benefício do moderno, precisamos preservar o velho e resistir ao novo. Com tal dialética, o modernismo assume uma nova complexidade e profundidade.

Lendo hoje *Morte e vida de grandes cidades*, podemos encontrar inúmeras profecias e sugestões corretas sobre aonde levaria o modernismo nos anos subsequentes. Esses temas em geral não foram notados quando o livro veio à luz e, na realidade, é possível que Jacobs não os tenha percebido; ainda assim eles ali estão. Jacobs escolheu como símbolo da vibrante fluidez da vida da rua a atividade da dança: "podemos [...] chamá-la a forma artística da cidade, comparando-a à dança", e mais especificamente a "um intrincado balé no qual os dançarinos individuais e os conjuntos têm todos papéis específicos que reforçam miraculosamente uns aos outros e compõem um todo organizado". Com efeito, essa imagem continha uma grave incompreensão: os anos de treinamento disciplinado e de elite que essa espécie de dança exigia, com suas estruturas e técnicas de movimentos precisas, sua intrincada coreografia, distavam anos-luz da espontaneidade, do caráter aberto e democrático da rua jacobsiana.

Ironicamente, porém, enquanto Jacobs assimilava a vida da rua à dança, a vida da dança moderna empenhava-se em se assimilar à rua. Através dos anos 1960 e 1970, Merce Cunningham e depois jovens coreógrafos como Twyla Tharp e os membros do Grand Union construíram seu trabalho em torno dos movimentos e dos padrões da não dança (ou, como foi posteriormente denominada, da "antidança"); o aleatório e o acaso eram com frequência incorporados à coreografia, de modo que os bailarinos não saberiam no início como sua dança se desenvolveria; a música era às vezes interrompida, para ser substituída por silêncio, estática radiofônica ou ruído aleatório da rua; os objetos de fundo desempenhavam papel central na cena — e às vezes os próprios personagens de fundo, como quando Twyla Tharp introduziu uma confraria de grafiteiros de rua para preencher as paredes em contraponto a seus bailarinos; outras vezes os dançarinos ocupariam diretamente as ruas de Nova York, suas pontes e telhados, interagindo espontaneamente com quem quer ou o que quer que aí se encontrasse.

Essa nova intimidade entre a vida da dança e a vida da rua constituiu apenas um dos aspectos de uma grande rebelião que estava em curso durante os anos 1960 em quase todos os gêneros da arte norte-americana. Descendo a parte baixa do East Side, cruzando a cidade a partir do bairro de Jacobs, embora aparentemente desconhecidos dela, enquanto terminava seu livro, artistas criativos e ousados trabalhavam para criar uma arte que seria, como disse Allen Kaprow em 1958, "preocupada e mesmo fascinada pelo espaço e os objetos da vida cotidiana, seja os nossos corpos, roupas, quartos ou, se necessário, a vastidão da 42th Street".[20] Kaprow, Jim Dine, Robert Whitman, Red Grooms, George Segal, Claes Oldenburg e outros estavam se afastando não apenas da linguagem do expressionismo abstrato tão difundida na década de 1950 como também da planura e confinamento da pintura enquanto tal.

Eles fizeram experiências com uma variedade fascinante de formas artísticas: formas que incorporaram e transformaram materiais não artísticos — sucata, entulhos e objetos colhidos na rua —; ambientes tridimensionais que combinavam a pintura, a arquitetura e a escultura — quando não o teatro e a dança — e que criaram evocações distorcidas (em geral, numa forma expressionista) mas vivamente reconhecíveis da vida real; *happenings* que saíam dos ateliês e das galerias diretamente para as ruas, a fim de afirmar sua presença e praticar ações que a um só tempo incorporariam e enriqueceriam a própria vida espontânea e aberta das ruas. A obra *Burning building* [Edifício em chamas], de Groom, de 1959 (que prefigura seu espetacular *Ruckus Manhattan* [Manhattan em balbúrdia], de meados da década de 1970), bem como a obra de Oldenburg *The street: a metamorphic mural* [A rua: um mural metamórfico], de 1960, há muito desmontada mas preservada em filme, estão entre os trabalhos mais instigantes daqueles dias vertiginosos. Numa nota sobre *The street*, Oldenburg afirmou com agridoce ironia, típica de sua arte: "A cidade é uma paisagem que vale apreciar — malditamente necessária se você vive nela". Sua busca de apreciação do urbano conduziu-o a direções peculiares: "A sujeira tem profundidade e beleza. Adoro chamuscar-me e sujar-me em fuligem". Ele abraçou "a imundície da cidade, os demônios da propaganda, a moléstia do sucesso, da cultura popular".

O fato essencial, dizia Oldenburg, era "procurar a beleza onde não se pensa que esteja".[21] Ora, esta última injunção tem sido um imperativo modernista permanente desde os tempos de Marx e Engels, Dickens e Dostoievski, Baudelaire e Courbet. Ganhou uma ressonância especial na Nova York dos anos 1960 porque, ao contrário da "Cidade-Império" em constante expansão física e metafísica que inspirava as primeiras gerações de modernistas, essa era uma Nova York cuja tessitura começava a se decompor. Mas a própria transformação que fez a cidade parecer exaurida e arcaica, especialmente quando comparada a seus concorrentes mais "modernos" dos "subúrbios", conferiu-lhe uma agudeza e radiação singulares aos olhos dos criadores emergentes da arte moderna.

"Sou a favor de uma arte", escreveu Oldenburg em 1961, "que seja político-erótico-mística, que faça algo mais que sentar o rabo num museu. Sou por uma arte que se confunda com a merda cotidiana e que acabe por vencê-la. Sou favorável a uma arte que conte o clima do dia, ou onde fica essa ou aquela rua. Sou a favor de uma arte que ajude velhas senhoras a atravessar a rua."[22] Uma profecia notável sobre as metamorfoses do modernismo nos anos 1960, quando uma soma colossal de arte interessante em um grande número de gêneros seria ao mesmo tempo *sobre* a rua e, às vezes, diretamente *na* rua. Nas artes visuais, já mencionei Oldenburg, Segal, Grooms e outros; Robert Crumb viria a lhes fazer companhia por volta do final da década.

Enquanto isso, Jean-Luc Godard, em *Acossado*, *Viver a vida*, *Uma mulher é uma mulher*, transformou a rua parisiense em personagem ativa e central, capturando sua luz cambiante e seus ritmos recortados ou fluidos em formas que estarreceram a todos e inauguraram toda uma nova dimensão cinematográfica. Poetas tão diversos, como Robert Lowell, Adrienne Rich, Paul Blackburn, John Hollander, James Merrill, Galway Kinnell, situaram a rua da cidade (especial mas não exclusivamente as ruas de Nova York) no centro de suas paisagens criativas: na verdade, pode-se dizer que as ruas irromperam na poesia norte-americana num momento crucial, pouco antes de irromperem em nossa atividade política.

As ruas desempenharam papéis dramáticos e simbólicos de importância decisiva na música popular cada vez mais séria e sofisticada dos anos 1960; em Bob Dylan (a 42th Street após uma guerra nuclear em "Talkin' World War threes blues", "Desolation row"), Paul Simon, Leonard Cohen ("Stories of the street"), Peter Townshend, Ray Davies, Jim Morrison, Lou Reed, Laura Nyro, muitos dos autores da Motown, Sly Stone e vários outros.

Enquanto isso, uma multidão de artistas executantes surgiu nas ruas tocando instrumentos ou cantando músicas de todos os tipos, dançando, desempenhando ou improvisando peças, criando *happenings*, ambientes e murais, saturando as ruas com imagens e sons "político-erótico-místicos", confundindo-se com a "merda cotidiana" e, pelo menos algumas vezes, acabando por vencê-la, embora, outras vezes, mistificando a si próprios e aos outros quanto a que caminho estavam seguindo. Assim, o modernismo retornou a seu velho diálogo centenário com o meio ambiente moderno, com o mundo que a modernização construíra.[23]

A incipiente *New Left* [Nova Esquerda] aprendeu muito com esse diálogo e eventualmente contribuiu para ele. Inúmeras das grandes manifestações e confrontos dos anos 1960 se constituíram em obras marcantes de arte cinética e ambiental, em cuja criação tomaram parte milhões de pessoas anônimas. Esse traço foi frequentemente salientado, mas também deve-se notar que aos artistas coube a primazia — aqui, como em toda parte, os legisladores não reconhecidos do mundo. Suas iniciativas mostraram que velhos locais obscuros e decadentes podiam se revelar — ou ser transformados — em espaços públicos extraordinários; que as ruas dos Estados Unidos urbano do século XIX, tão ineficazes para a movimentação do tráfego do século XX, configuravam meios ideais para o movimento dos corações e mentes do século XX. Tal modernismo conferiu riqueza e vibração especiais a uma vida pública que se tornava crescentemente abrasiva e perigosa à medida que a década se desenrolava.

Em seguida, quando os radicais de minha geração sentaram-se diante de trens de transporte de tropas, paralisaram as atividades de centenas de prefeituras e juntas de recrutamento, espalharam e queimaram dinheiro no saguão da Bolsa de Valores, levitaram o Pentágono, executaram solenes cerimônias em memória dos mortos da guerra em meio ao tráfego da hora do *rush*, depositaram milhares de bombas de cartolina na sede em Park Avenue da companhia que fabricava as bombas reais e fizeram inumeráveis outras coisas brilhantes ou estúpidas, sabíamos que os experimentos dos artistas modernos de nossa geração haviam nos apontado o caminho: tinham mostrado como recriar o diálogo público que, desde Atenas e Jerusalém antigas, constituíra a razão mais autêntica da existência da cidade. Assim, o modernismo da década de 1960 estava ajudando a renovar a fortificada e abandonada cidade moderna, ao mesmo tempo que renovava a si próprio.

Há na obra de Jacobs um outro tema profético crucial, que

ninguém parece ter notado na época. *Morte e vida de grandes cidades* oferece-nos a primeira visão plenamente articulada de uma mulher sobre a cidade, desde Jane Addams.* Em certo sentido a perspectiva de Jacobs é ainda mais feminina: ela escreve a partir de uma domesticidade intensamente vivida, que Addams conhecia apenas de segunda mão. Ela conhece seu bairro com tal precisão de detalhes, 24 horas por dia, porque esteve aí o dia todo, em formas que a maioria das mulheres vivencia cotidianamente, sobretudo quando se tornam mães, mas que os homens dificilmente experimentam, a menos que estejam cronicamente desempregados. Conhece todos os comerciantes e as vastas redes sociais informais que eles mantêm, porque era sua responsabilidade tomar conta dos assuntos domésticos. Retrata a ecologia e a fenomenologia das calçadas com fidelidade e sensibilidade incomuns, porque passou anos pilotando crianças (primeiro em carrinhos e cadeirinhas de bebê, depois em patins e bicicletas) através dessas águas turbulentas, enquanto procurava equilibrar pesadas sacolas de compras, trocar palavras com os vizinhos e cuidar da própria vida. Grande parte da sua autoridade intelectual emana de seu perfeito domínio das estruturas e processos da vida cotidiana. Ela faz seus leitores sentirem que as mulheres sabem o que é viver nas cidades, rua após rua, dia após dia, de modo muito melhor do que os homens que as planejaram e construíram.[24]

Jacobs nunca emprega expressões como "feminismo" e "direitos da mulher" — em 1960, raras eram as palavras mais afastadas das preocupações correntes. Não obstante, ao revelar a perspectiva de uma mulher sobre um tema público crucial e ao tornar tal perspectiva rica e complexa, aguda e irresistível, ela facilitou o caminho para a grande onda de energia feminista que irrompeu no final da década. As feministas dos anos 1970 fariam o possível para reabilitar os mundos domésticos, "escondidos da

---

* Socióloga norte-americana (1860-1935) comprometida com as lutas pela paz e a liberdade, principalmente no período da guerra. Prêmio Nobel da Paz em 1931. (N. T.)

história", que as mulheres tinham criado e sustentado por si sós através dos tempos. Elas também defenderiam que boa parte dos padrões de decoração, tecidos, colchas e aposentos tradicionalmente femininos possuía não apenas um valor estético próprio como também a capacidade para enriquecer e aprofundar a arte moderna. Qualquer um que tivesse topado com a figura de Jacobs, a autora de *Morte e vida*, a um só tempo adoravelmente doméstica e dinamicamente moderna, entenderia de imediato tal possibilidade. Portanto, ela alimentou não só uma renovação do feminismo, mas, igualmente, uma consciência masculina cada vez mais generalizada de que, sim, as mulheres tinham algo a nos dizer sobre a cidade e a vida que compartilhávamos e de que tínhamos empobrecido as nossas próprias vidas, bem como as delas, ao não lhes dar ouvidos até então.

A ação e o pensamento de Jacobs anunciaram uma grande onda de ativismo comunitário, e uma grande irrupção de ativistas, em todas as dimensões da vida política. Tais ativistas eram com frequência esposas e mães, como Jacobs, e assimilaram a linguagem — exaltação da família e do bairro e sua defesa contra as forças externas que esmagariam nossas vidas — que ela tanto fez para criar. Mas algumas de suas atividades sugerem que uma linguagem e um tom emocional partilhados podem esconder visões radicalmente opostas daquilo que é a vida moderna e do que deveria ser. Qualquer leitor atento de *Morte e vida de grandes cidades* compreenderá que Jacobs faz o elogio da família e do quarteirão em termos especificamente modernos: sua rua ideal está cheia de estranhos que passam, de pessoas de muitas classes diferentes, de idades, grupos étnicos, crenças e estilos de vida diversos; sua família ideal é aquela na qual as mulheres saem para trabalhar, os homens gastam uma boa parte de tempo no lar, ambos os pais trabalham em unidades pequenas, próximas de casa, de tal forma que as crianças podem descobrir e se desenvolver num mundo em que há dois sexos e onde o trabalho desempenha papel central na vida cotidiana.

A rua e a família de Jacobs constituem microcosmos de toda

a plenitude e diversidade do mundo moderno em seu conjunto. Mas para algumas pessoas que de início parecem falar a sua linguagem, a família e a localidade revelam-se como símbolos de radical antimodernismo: em benefício da integridade do bairro, todas as minorias raciais, os desvios sexuais e ideológicos, os livros e filmes controversos, as formas de vestir ou as expressões musicais minoritárias devem ser mantidas a distância; em nome da família, a liberdade econômica, sexual e política da mulher deve ser esmagada — ela deve ser mantida em seu lugar no quarteirão, literalmente 24 horas por dia. Essa é a ideologia da Nova Direita, um movimento internamente contraditório mas enormemente poderoso, tão antigo quanto a própria modernidade, que utiliza todas as técnicas modernas de publicidade e de mobilização de massas com o propósito de voltar as pessoas contra os modernos ideais de vida, liberdade e busca de felicidade para todos.

O que é fundamental e inquietante é saber que os ideólogos da Nova Direita citaram Jacobs repetidas vezes como um de seus santos padroeiros. Essa vinculação é inteiramente fraudulenta? Ou existe alguma coisa em Jacobs que a deixa vulnerável a este uso incorreto? Parece-me que abaixo da superfície de seu texto modernista há um subtexto antimodernista, uma espécie de contracorrente de nostalgia por uma família e um bairro nos quais o eu pudesse estar seguramente incrustado, *ein'feste Burg*, um sólido refúgio contra as perigosas correntes de liberdade e ambiguidade em que todos os homens e mulheres modernos são apanhados. Jacobs, como tantos outros modernistas, de Rousseau e Wordsworth a D. H. Lawrence e Simone Weil, move-se numa região crepuscular onde a linha que divide o mais rico e complexo modernismo da mais modernista e consumada má-fé antimodernista é muito tênue e esquiva, se é que de fato existe.

Há outra ordem de dificuldade na perspectiva de Jacobs. Algumas vezes seu ponto de vista parece positivamente bucólico: ela insiste, por exemplo, em que num bairro vibrante, com uma mistura de lojas e residências, constante atividade nas calçadas, fácil vigilância das ruas a partir dos interiores das casas e das lojas, não haveria crime. Conforme lemos tais considerações, imaginamos em que planeta Jacobs pode estar pensando. Se retornamos um pouco ceticamente à sua visão do quarteirão, podemos encontrar o problema. O inventário de pessoas de suas vizinhanças tem a aura de um mural da WPA ou de uma versão hollywoodiana da tripulação de um bombardeiro da Segunda Guerra Mundial: todas as raças, credos e cores trabalhando juntos para manter a América livre para vocês e para mim. Podemos ouvir a lista de chamada — "Holmstrom... O'Leary... Scagliano... Levy... Washington...". Mas, um minuto!, eis o problema: não há nenhum "Washington" no bombardeiro de Jacobs, isto é, não há negros em seu quarteirão. É isso o que faz parecer bucólica a sua visão do bairro: é a cidade antes da chegada dos negros. Seu mundo abrange desde sólidos trabalhadores brancos, na base, a profissionais liberais brancos de classe média, no topo. Não existe nada ou ninguém acima; no entanto, o que é mais importante aqui, não há nada ou ninguém abaixo — a família de Jacobs não tem enteados.

No decorrer da década de 1960, porém, milhões de pessoas negras e hispânicas iriam convergir para as cidades norte-americanas — precisamente no momento em que os empregos que procuravam e as oportunidades que os antigos imigrantes haviam encontrado estavam partindo ou desaparecendo. (Esse processo foi simbolizado em Nova York pelo fechamento do estaleiro naval do Brooklyn, que já fora o maior empregador da cidade.) Muitos deles viram-se desesperadamente pobres, cronicamente desempregados, párias raciais e econômicos, um enorme *lumpenproletariat* sem perspectivas ou esperanças. Em tais condições, não é de espantar que a cólera, o desespero e a violência tenham se disseminado como pragas — e que centenas de bairros antes estáveis por todos os Estados Unidos tenham se desintegrado por completo. Muitos bairros, inclusive o próprio West Village de Jacobs, permaneceram relativamente intactos, e até mesmo incorporaram alguns negros e hispânicos em suas famílias de olhos. Mas estava claro, por volta do final dos anos 1960, que, em meio às disparidades de classe e às polarizações raciais que fustigaram a vida urbana norte-americana, nenhum bairro urbano em qualquer parte, nem mesmo os mais ricos e saudáveis estariam livres do crime, da violência aleatória, do ódio penetrante e do medo. A fé de Jacobs no caráter benigno dos sons que ouvia da rua, no meio da noite, estava destinada a ser, na melhor das hipóteses, um sonho.

Que tipo de luz a visão de Jacobs pode lançar sobre a vida do Bronx? Ainda que perca algumas das sombras da vida do bairro, ela é fantástica ao capturar sua radiância, um esplendor não só interno como externo que o conflito racial de classes podia complicar, mas não extinguir. Qualquer criança do Bronx que avance com Jacobs pela Hudson Street poderá reconhecer (e lamentar) muitas ruas, sem precisar de auxílio. Podemos concordar com suas visões, seus sons e odores e sentir-nos em harmonia com eles — mesmo sabendo, talvez melhor do que Jacobs, que também havia bastante dissonância lá fora. Mas boa parte desse Bronx, do nosso Bronx, já não existe e sabemos que nunca nos sentiremos tão em casa em outro lugar outra vez. Por que ele não mais existe? Tinha de ser assim? Havia algo que pudéssemos fazer para mantê-lo vivo? As raras referências fragmentárias de Jacobs ao Bronx exibem uma esnobe ignorância do Greenwich Village: sua teoria, porém, sugere claramente que bairros desgastados mas vibrantes como os da área central do Bronx seriam capazes de encontrar os recursos interiores para sustentar e perpetuar a si próprios. É correta a teoria?

Aqui entram Robert Moses e sua via expressa: ele transformou a entropia potencial de longo prazo numa súbita e inexorável catástrofe; ao destruir uma vintena de bairros a partir de fora, ele tornou impossível saber se estes teriam entrado em colapso ou teriam se renovado a partir de suas próprias forças. Mas Robert Caro, numa perspectiva jacobsiana, elabora uma poderosa defesa da força interior da parte central do Bronx, se este tivesse sido deixado em paz. Em dois capítulos de *The power broker* [O intermediário do poder], ambos intitulados "Uma milha", Caro descreve a destruição de um bairro situado a um quilômetro e meio do meu. Ele começa retratando um adorável panorama desse bairro, uma combinação sentimental mas reco-

382

nhecível da Hudson Street de Jacobs com *Fiddler on the roof* [O violinista no telhado]. O poder evocativo de Caro nos prepara para o choque e o horror quando vemos Moses no horizonte, avançando inexoravelmente em nossa direção. Ao que parece, a Cross-Bronx podia ter sido ligeiramente desviada para os limites do bairro. Mesmo os engenheiros de Moses acharam viável refazer o traçado. Porém, o grande homem não o permitiria: ele deplorava qualquer forma de força ou de fraude, intriga ou mistificação que se opusesse a seu comando, obsessivamente determinado a triturar aquele pequeno mundo até virar poeira. (Quando, vinte anos depois, Caro lhe perguntou como um líder capaz de enfrentar o protesto do povo tinha de súbito desmoronado, a resposta de Moses foi enigmática mas triunfante: "Depois que ele foi atingido na cabeça com um machado".)[25] A prosa de Caro torna-se incandescente, totalmente devastadora, à medida que vai mostrando a praga que se espalha a partir da via expressa, quarteirão após quarteirão, ano após ano, enquanto Moses, qual um general Sherman reencarnado avançando pelas ruas do Norte, marcava uma trilha de terror do Harlem ao estreito.

Tudo o que Caro afirma parece ser verdadeiro. E mesmo assim não é toda a verdade. Há mais questões que precisamos colocar. E se os habitantes do Bronx da década de 1950 tivessem contado com os instrumentos conceituais, o vocabulário, a ampla simpatia pública, o faro para a publicidade e a mobilização de massa que os moradores de muitos bairros norte-americanos iriam adquirir na década seguinte? E se tivéssemos conseguido evitar a construção da terrível estrada, como o fizeram os vizinhos de Jacobs na parte baixa de Manhattan alguns anos depois? Quantos de nós estariam ainda no Bronx hoje em dia, cuidando dele e lutando por ele como se fosse nosso? Alguns de nós, sem dúvida, mas desconfio que não muitos e, de qualquer forma — dói-me dizê-lo —, eu não estaria. Pois o Bronx de minha juventude estava possuído, inspirado pelo grande sonho moderno da mobilidade. Viver bem significava ascender socialmente e isso, por sua vez, significava mudar-se fisicamente; viver uma existência perto de casa representava não estar vivo. Nossos pais, que haviam se mudado e ascendido da parte baixa do East Side, acreditavam nisso tão devotamente quanto nós — mesmo que seus corações tivessem de se romper quando partíssemos. Nem os próprios radicais de minha juventude questionavam esse sonho — e o Bronx de minha infância encontrava-se repleto de radicais; sua única queixa era que tal sonho não estava sendo cumprido, que as pessoas não tinham condições de se mudar com suficiente rapidez, liberdade ou igualdade. Mas, quando você vê a vida dessa maneira, nenhum bairro ou ambiente pode passar de um estágio no percurso da vida, uma plataforma de lançamento para lutas maiores e órbitas mais amplas que as nossas. Até mesmo Molly Goldberg, a deusa na Terra dos judeus do Bronx, precisou mudar. (Depois que Philip Loeb, que fazia o papel de seu marido, foi tirado do ar pela Lista Negra — e, em seguida, da própria Terra.) Tínhamos, como a definiu Leonard Michaels, "a mentalidade dos tipos de bairro que, tão logo possível, escapam como o diabo de seus bairros". Portanto, não tínhamos como resistir às engrenagens que moviam o sonho americano, porque nós também éramos movidos por elas — ainda que soubéssemos que podiam romper-nos. Durante todas as décadas do *boom* do pós-guerra, a desesperada energia dessa visão, a frenética pressão econômica e física de ascensão e mudança, destruíra centenas de bairros como o Bronx, mesmo aqueles onde não havia um Moisés* para liderar o êxodo e tampouco uma via expressa para torná-lo mais rápido.

Assim, não havia maneira de um menino ou menina do Bronx evitar o impulso de mudar: ele estava plantado em nós próprios tanto quanto no exterior. Moses cedo entrou em nossa alma. Mas pelo menos era possível pensar para onde mudar, e em que ritmo ou com que instrumento humano. Numa noite de 1967, em uma recepção acadêmica, fui apresentado a um antigo menino do Bronx que se tornara um famoso futurólogo e criador de

---

* O autor joga com a homonímia entre *Moses*, Moisés, o profeta bíblico, e Robert *Moses*, o planejador da via expressa. (N. T.)

cenários para a guerra nuclear. Ele acabara de retornar do Vietnã e eu era ativista do movimento antiguerra; todavia, eu não queria problemas logo naquele momento, então perguntei sobre seu tempo no Bronx. Conversamos agradavelmente até eu lhe dizer que a estrada de Moses viera explodir qualquer traço de união das nossas infâncias. Ótimo, disse ele, quanto mais rápido melhor; eu não compreendera que a destruição do Bronx preencheria o imperativo formal fundamental do próprio Bronx? Que imperativo moral? — perguntei. Ele riu, enquanto berrava em meu rosto: "Você quer saber a moral do Bronx? 'Saia daqui, idiota, arranque-se!'". Pela primeira vez em minha vida fiquei pasmado em silêncio. Era a verdade brutal: eu deixara o Bronx, como ele o fizera e como todos havíamos sido educados para fazer, e agora o Bronx estava em colapso não apenas devido a Robert Moses mas também devido a todos nós. Era verdade, mas ele precisava rir? Recuei e voltei para casa quando ele começou a explicar o Vietnã.

Por que a risada do futurólogo provocou em mim vontade de chorar? Ele ria daquilo que bateu em meu rosto como um dos fatos mais duros da vida moderna: que a cisão nas mentes e a ferida nos corações dos homens e mulheres em movimento — como ele, como eu — eram justamente tão reais e profundas quanto os impulsos e os sonhos que nos fizeram partir. Sua gargalhada carregava toda a confiança fácil de nossa cultura oficial, a fé cívica em que os Estados Unidos suplantariam suas contradições internas simplesmente se afastando delas.

À medida que eu reconsiderava a questão, foi se tornando mais claro o que meus amigos e eu estávamos tramando quando bloqueamos o tráfego no curso da década. Procurávamos abrir as feridas internas de nossa sociedade, mostrar que elas ainda permaneciam aí, fechadas mas não sanadas, que estavam se disseminando e supurando, que, se não fossem enfrentadas rapidamente, ficariam piores. Sabíamos que as vidas rutilantes das pessoas no rápido percurso encontravam-se tão profundamente mutiladas quanto as exigências castigadas e esquecidas das pessoas que estavam no caminho. Sabíamos, porque nós próprios estávamos justamente aprendendo a viver naquela via e a gostar de seu ritmo. Mas isso significava que nosso projeto estava atravessado pelo paradoxo desde o princípio. Trabalhávamos para auxiliar outras pessoas e outros povos — negros, hispânicos, brancos pobres, vietnamitas — a lutar por seus lares, ao mesmo tempo que fugíamos dos nossos. Nós, que sabíamos tão bem como doía arrancar as raízes, atirávamo-nos contra um Estado e um sistema social que parecia estar arrancando, ou explodindo, as raízes do mundo inteiro. Ao bloquear o caminho, interrompíamos o nosso próprio percurso. Uma vez tornadas conscientes, nossas autodivisões infundiram na Nova Esquerda um profundo senso de ironia, uma ironia trágica que assaltava todas as nossas espetaculares produções de comédia e melodrama políticos, de farsa surrealista. Nosso teatro político procurava forçar a audiência a ver que eles, também, eram participantes numa tragédia da América em desenvolvimento: todos nós, todos os norte-americanos, todos os modernos, estávamos mergulhando numa corrida excitante mas desastrosa. Individual e coletivamente, precisávamos nos perguntar quem éramos e o que queríamos ser, para onde corríamos e a que custo humano. Contudo, não era possível pensar em tudo isso sob a pressão do tráfego que nos empurrava para a frente: portanto, o tráfego tinha de ser paralisado.

Assim se passaram os anos 1960, o mundo da via expressa funcionando em uma expansão e crescimento ainda mais gigantescos, mas vendo-se atacado por uma multidão de gritos apaixonados vindos da rua, gritos coletivos que podiam se tornar um grito coletivo, irrompendo através do coração do tráfego, obrigando as máquinas imensas a parar, ou pelo menos a refrear radicalmente seu ritmo.

3. A DÉCADA DE 1970:
TRAZER TUDO DE VOLTA AO LAR

Sou um patriota — do 14º distrito, Brooklyn, onde cresci. O resto dos Estados Unidos não existe para mim, exceto como ideia, história, ou literatura [...]

Em meus sonhos, volto ao 14º distrito, como um paranoico retorna a suas obsessões [...]

O plasma do sonho é a dor da separação. O sonho sobrevive depois do corpo enterrado.

Henry Miller, *Black spring*

Arrancar-se a si mesmo pelas próprias raízes; comer a última refeição em nosso velho bairro [...]

Reler as instruções na própria palma da mão; observar como a linha da vida, seccionada, mantém o seu sentido.

Adrienne Rich, "Shooting Script"

A filosofia é de fato a saudade, uma premência de estar em casa a nos assaltar em qualquer parte.

Para onde, pois, estamos indo? Sempre para casa.

Novalis, *Fragmentos*

Procurei retratar os conflitos dos anos 1960 como uma luta entre formas opostas de modernismo, que descrevi simbolicamente como "o mundo da via expressa" e "um grito na rua". Muitos de nós que protestavam naquelas ruas permitiam-se ter a esperança, mesmo quando os caminhões e a polícia abatiam-se sobre nossas hostes, de que de todas essas lutas brotaria um dia uma nova síntese, um novo modo de modernidade através do qual todos nós poderíamos harmoniosamente nos mover e no qual nos sentiríamos em casa. Essa esperança foi um dos sinais vitais dos anos 1960. Mas não durou muito. Ainda antes do final da década ficou claro que nenhuma síntese dialética estava em operação e que teríamos de colocar todas essas esperanças em *fermata*, uma longa suspensão, se quiséssemos atravessar os anos à nossa frente.

Não se tratava apenas de que a Nova Esquerda tivesse se desintegrado: que perdêramos o nosso impulso por estar simultaneamente na estrada e no meio dela e, assim, como a maioria dos bravos modernistas da década de 1960, tivéssemos sucumbido. O problema era mais profundo: logo se tornaria claro que o mundo da via expressa, com cuja iniciativa e dinamismo sempre contáramos, começava, ele próprio, a se decompor. O grande surto econômico que suplantara nossas expectativas por um quarto de século após a Segunda Guerra Mundial estava chegando ao fim. A combinação de inflação e estagnação tecnológica (pela qual a ainda infindável guerra do Vietnã podia ser em grande parte responsabilizada) com uma crise energética de caráter mundial em pleno desenvolvimento (que em parte podíamos atribuir a nosso sucesso espetacular) estava fadada a cobrar seu tributo — embora ninguém pudesse prever no início da década de 1970 a dimensão que teria esse tributo.

O colapso do *boom* não ameaçava a todos — os muito ricos estavam convenientemente isolados, como de hábito —, mas a visão de todas as pessoas sobre o mundo moderno e suas possibilidades passou a ser reformulada. Os horizontes de expansão e o crescimento se contraíram de forma brusca: após décadas sendo alimentadas com energia barata e abundante o suficiente para criar e recriar incessantemente o mundo, as sociedades modernas teriam agora de aprender com rapidez como utilizar suas limitadas fontes de energia para proteger seus recursos em decréscimo e para evitar que todo o seu mundo ruísse. Durante a próspera década que se seguiu à Primeira Guerra Mundial, o símbolo dominante da modernidade foi o sinal verde; no curso do surto espetacular que se seguiu à Segunda Guerra Mundial, o símbolo central foi o sistema federal de rodovias, em que o motorista podia cruzar o país de costa a costa sem defrontar nenhum sinal de parada. Contudo, as sociedades modernas da década de 1970 foram forçadas a viver à sombra da velocidade máxima e do sinal vermelho. Nesses anos de reduzida mobilidade, os homens e as mulheres modernos precisaram por toda parte pensar profundamente até onde e em que direção queriam ir, bem como buscar novos meios através dos quais poderiam se locomover. Foi desse processo de pensamento e de busca — um processo que apenas começou — que brotaram os modernismos dos anos 1970.

A fim de mostrar como as coisas mudaram, pretendo voltar brevemente ao extenso debate sobre o significado da modernidade na década de 1960. Uma das últimas intervenções interessantes nesse debate, e talvez uma espécie de homenagem a ele, foi intitulada "História literária e modernidade literária", do crítico Paul De Man. Para De Man, que escrevia em 1969, "toda a força da ideia de modernidade" repousa no "desejo de remover tudo o que tenha vindo anteriormente", de modo a atingir "um novo ponto de partida radicalmente novo, um ponto que possa ser um verdadeiro presente". De Man recorria como pedra de toque da modernidade à ideia nietzschiana (desenvolvida em *O uso e o abuso da história*, 1873) de que é necessário esquecer intencionalmente o passado com o intuito de realizar ou criar alguma coisa no presente. "O esquecimento implacável de Nietzsche, a cegueira com a qual ele se lança à ação, aliviado de toda a experiência prévia, captura o autêntico espírito de modernidade." Nessa perspectiva, "modernidade e história são diametralmente opostas uma à outra".[26] De Man não fornece exemplos contemporâneos, mas seu esquema podia facilmente abranger todas as espécies de modernistas em atuação nos anos 1960, numa grande variedade de meios e gêneros.

Havia, evidentemente, Robert Moses abrindo seu mundo da via expressa através das cidades, eliminando todo traço de vida que aí existia antes; Robert McNamara, pavimentando as selvas do Vietnã para fazer surgir cidades e aeroportos instantâneos, trazendo milhões de aldeões para o mundo moderno (a estratégia da "modernização forçada" de Samuel Huntington), por meio do bombardeamento até as cinzas de seu mundo tradicional; Mies van der Rohe, cujas caixas de vidro modulares, idênticas em todas as partes, começavam a dominar as metrópoles, igualmente desatentas a qualquer uma delas, como o monolito gigante que brota em meio ao mundo primitivo em *2001* de Stanley Kubrick. Mas não podemos esquecer a ala apocalíptica da Nova Esquerda em seu delírio terminal *circa* 1969-70, ufanando-se em visões de hordas bárbaras avançando sobre Roma, enquanto escrevia "Derrubar as paredes" em todos os muros e dirigia-se ao povo com o lema "Combata o povo".

Sem dúvida, a história não se esgotava aí. Procurei argumentar há pouco que algo do mais criativo modernismo dos anos 1960 consistia em "gritos na rua", visões de mundo e valores que a marcha triunfante da modernização estava calcando aos seus pés, ou simplesmente deixando para trás. Não obstante, esses artistas, pensadores e ativistas que questionaram o mundo da via expressa admitiam como certos a sua inesgotável energia e seu impulso inexorável. Eles encaravam suas obras e ações como antíteses, envolvidas num duelo dialético com a tese que estava sufocando todos os gritos e que varria todas as ruas do mapa moderno. Esse embate de modernismos radicalmente opostos conferiu à vida dos anos 1960 muito de sua coerência e excitamento.

O que ocorreu na década de 1970 foi que, justamente quando os gigantescos motores do crescimento e da expansão estacaram e o tráfego quase parou, as sociedades modernas perderam abruptamente sua capacidade de banir para longe o passado. Durante toda a década de 1960, a questão que se colocava era se deveriam ou não fazê-lo; agora, nos anos 1970, a resposta era que simplesmente não poderiam. A modernidade não mais podia se permitir lançar-se "à ação aliviada de toda a experiência prévia" (na expressão de De Man) para "varrer tudo o que veio antes na esperança de atingir pelo menos um passado verdadeiro... um novo ponto de partida". Os modernos da década de 1970 não podiam se permitir a aniquilação do passado e do presente com o intuito de criar um novo mundo *ex nihilo*; eles tiveram de chegar a um acordo com o mundo que tinham e trabalhar a partir daí.

Muitos modernismos do passado tinham convergido no esquecimento: os modernistas dos anos 1970 foram forçados a convergir na lembrança. Os modernistas de outras épocas tinham varrido o passado a fim de atingir um novo ponto de partida; as novas partidas da década de 1970 repousavam em tentativas de recuperar os modos de vida passados, enterrados mas não mortos. Em si próprio, não era um projeto novo; todavia, assumiu uma nova urgência numa década em que o dinamismo da economia e da tecnologia modernas pareciam ter entrado em colapso. Num momento em que a sociedade moderna parecia ter perdido a capacidade de criar um admirável futuro novo, o modernismo encontrava-se sob intensa pressão para descobrir novas fontes de vida por meio de encontros criativos com o passado.

Nesta última parte, procurarei caracterizar diversos desses encontros, em vários gêneros e meios de expressão. Ainda uma vez, buscarei organizar minha análise em torno de dois símbolos: o símbolo do lar e o símbolo dos fantasmas. Os modernistas da década de 1970 tenderam a ser obcecados pelos lares, pelas famílias e pelos bairros que deixaram para se tornarem modernos à maneira dos anos 1950 e 1960. Daí eu ter intitulado esta seção: "Trazer Tudo de Volta ao Lar".[27] Os lares para os quais os modernistas de hoje se orientam são espaços muito mais pessoais e privados que a via expressa ou a rua. Mais ainda, o olhar em direção à casa é um olhar "para trás", que volta no tempo — mais uma vez, radicalmente diferente do movimento para a frente dos modernistas da autoestrada, ou da livre movimentação em todas as direções dos modernistas da rua —, que volta aos nossos tempos de menino, ao passado histórico de nossa sociedade. Ao mesmo tempo, os modernistas não tentam misturar-se ou submergir em seu passado (o que distingue o modernismo do sentimentalismo), mas, ao contrário, "trazer tudo de volta ao passado", isto é, levar a um relacionamento com seu passado os eus em que se transformaram no presente, levar para dentro dos velhos lares as visões e os valores que podem se chocar radicalmente com eles — e talvez reeditar as lutas bastante trágicas que os arrancaram de casa pela primeira vez. Em outras palavras, a relação do modernismo com o passado, seja o que for que daí resulte, não será fácil. Meu segundo símbolo está implícito no título deste livro: *Tudo que é sólido desmancha no ar*. Isso significa que nosso passado, qualquer que tenha sido, foi um passado em processo de desintegração; ansiamos por capturá-lo, mas ele é impalpável e esquivo; procuramos por algo sólido em que nos amparar, apenas para nos surpreendermos a abraçar fantasmas. O modernismo da década de 1970 era um modernismo com fantasmas.

Um dos temas centrais na cultura dos anos 1970 foi a reabilitação da história e da memória étnicas, como parte vital da identidade pessoal. Trata-se de um processo marcante na história da modernidade. Os modernistas de hoje não mais insistem, como faziam com frequência os modernistas do passado, em que precisamos deixar de ser judeus, negros, italianos, ou qualquer outra coisa, a fim de sermos modernos. Se é possível afirmar que as sociedades em seu conjunto aprendem alguma coisa, as sociedades modernas dos anos 1970 parecem ter aprendido que a identidade étnica — não apenas a própria mas a de todos — é essencial à profundidade e à plenitude próprias que a vida moderna proporciona e promete a todas as pessoas. Foi essa consciência que levou *Raízes*, de Alex Haley, e, um ano depois, *Holocausto*, de Gerald Green, a gozar de audiências não apenas vastas — as maiores na história da televisão — como ativamente envolvidas e genuinamente motivadas. As reações a *Raízes* e a *Holocausto*, não somente nos Estados Unidos como em todo o mundo, sugeriram que, quaisquer que fossem as qualidades que faltassem à humanidade contemporânea, nossa capacidade para a empatia era imensa. Desafortunadamente, apresentações como essas carecem da profundidade para transformar a empatia em compreensão. Ambos os trabalhos apresentam versões extravagantemente idealizadas do passado étnico e familiar, em que todos os antepassados são belos, nobres e heroicos — e toda a dor, ódio e confusão derivam de grupos de opressores "externos". Isso contribui menos para uma consciência étnica moderna que para um gênero tradicional de romance familiar.

Mas os fatos reais também podiam ser encontrados nos anos 1970. A investigação mais impressionante da memória étnica nesse período foi, acredito, a obra de Maxine Hong Kingston, *Woman warrior* [Mulher guerreira]. Para Kingston, a imagem essencial do passado familiar e étnico não são as raízes mas os fantasmas: seu livro tem o subtítulo "Memórias de um tempo de menina entre fantasmas".[28] A imaginação de Kingston está saturada da história e do folclore, da mitologia e da superstição chineses. Ela consegue transmitir uma vívida ideia da beleza e integridade da vida aldeã na China (a vida de seus pais), antes da Revolução. Ao mesmo tempo, faz-nos sentir os horrores de tal existência: o livro se inicia com o linchamento de sua tia grávida e prossegue através de uma série assustadora de crueldades socialmente impostas, abandonos, traições e assassinatos. Ela se sente assaltada pelos fantasmas de um passado de vítimas, cuja carga assume ao escrever sobre esse passado; compartilha com os pais o mito de uma América como país de fantasmas, multidões de fantasmas brancos a um só tempo irreais e magicamente poderosos; teme aos próprios pais como fantasmas — depois de trinta anos, ela ainda não está certa de saber os nomes reais desses imigrantes, permanecendo portanto incerta quanto a seu próprio nome —, assaltada por pesadelos ancestrais dos quais demorará toda uma vida para despertar; ela vê a si própria se metamorfoseando em um fantasma, perdendo sua realidade corporal ao mesmo tempo que aprende a perambular pelo mundo espectral, "a fazer coisas espectrais melhor que os próprios espectros" — a escrever livros como esse.

Kingston tem a capacidade de criar cenas individuais (sejam reais ou míticas, passadas ou presentes, imaginárias ou diretamente vividas) notavelmente diretas e luminosamente claras. Porém, a relação entre as diferentes dimensões de seu ser nunca é integrada ou elaborada; à medida que guinamos de um para outro plano, sentimos que a operação da vida e da arte ainda está em processo, que ela ainda a está efetuando, embaralhando seu vasto elenco de fantasmas na esperança de encontrar alguma ordem significativa na qual possa se amparar firmemente no final. Sua identidade pessoal, sexual e étnica permanece até o fim impalpável — justamente da mesma forma como os modernistas sempre mostraram que a identidade moderna estava fadada a ser elusiva —, todavia demonstra grande coragem e imaginação ao olhar seus fantasmas na cara e ao lutar para descobrir seus nomes corretos. Ela se mantém dividida e difusa em inúmeras direções, como uma máscara cubista, ou como a *Menina diante do espelho* de Picasso; mas, na sua tradição, ela transforma a desintegração em uma nova forma de ordem que é inerente à arte moderna.

Um confronto igualmente poderoso com o lar e seus fantasmas tem lugar na trilogia do Performance Group, *Three places in Rhode Island* [Três lugares em Rhode Island], desenvolvida entre 1975 e 1978. Essas três peças são organizadas em torno da vida de um membro da companhia, Spalding Gray; elas dramatizam seu desenvolvimento como pessoa, personagem, ator e artista. A trilogia constitui uma espécie de *Em busca do tempo perdido* na tradição de Proust e Freud. A segunda e mais potente, *Rumstick Road*,[29] apresentada pela primeira vez em 1977, focaliza a doença e a gradual desintegração da mãe de Gray, Elizabeth, culminando com seu suicídio em 1967; a peça descreve as tentativas de Gray para compreender sua mãe, sua família e a si próprio quando criança e como adulto e para conviver com aquilo que sabe e com o que jamais virá a saber.

Essa busca angustiante tem dois destacados precursores, o longo poema de Allen Ginsberg, "Kaddish" (1959), e a novela de Peter Handke, *Uma dor além dos sonhos* (1972). O que faz de *Rumstick Road* um trabalho especialmente notável e lhe confere a marca distintiva dos anos 1970 é a maneira como utiliza as técnicas de atuação de conjunto e as formas artísticas *multimedia* da década de 1960 para inaugurar novas profundidades de espaço interior individual. *Rumstick Road* incorpora e integra música ao vivo e gravada, dança, projeção de *slides*, fotografia, movimento abstrato, complexa iluminação (inclusive a estroboscópica), sons e imagens em vídeo, a fim de evocar maneiras diferentes mas entrecruzadas de ser e de perceber. A ação consiste em discursos diretos de Gray voltados para a plateia; em dramatizações de seus sonhos e devaneios (onde ele às vezes representa um dos fantasmas que o assaltam); em entrevistas gravadas com seu pai, seus avós, com velhos amigos e vizinhos de Rhode Island, com o psiquiatra de sua mãe (onde imita com mímica as palavras dele à medida que brotam da fita); em um *show* de *slides* que retrata a família e sua vida através dos anos (Gray é ao mesmo tempo um personagem das fotografias e uma espécie de narrador e comentador de *Essa é a sua vida*); e em algumas das músicas que tinham mais significado para Elizabeth Gray, acompanhadas por dança e narração.

Tudo isso se desenrola em um ambiente extraordinário. O palco é dividido em três compartimentos iguais; a cada momento a ação tem lugar simultaneamente em dois deles, às vezes em todos. No centro da cena, um pouco avançada, situa-se uma cabina de controle de audiovisual ocupada por um diretor técnico irreal; diretamente abaixo da cabina encontra-se um banco que de vez em quando funciona como um divã de psiquiatra, onde Gray desempenha alternadamente o papel de terapeuta (ou "examinador") e os de vários pacientes. À esquerda da plateia, recuada para dar a impressão de um cômodo, uma ampliação da casa da família de Gray em Rumstick Road, onde ocorrem muitas das cenas; às vezes a parede torna-se vazia e o cômodo parece ser um quarto interior da mente de Gray onde se desenrolam cenas sinistras; todavia, mesmo quando a imagem da casa está ausente, sua aura permanece. À direita da plateia vê-se outro quarto recuado com uma ampla janela pintada, representando o aposento do próprio Gray na velha casa. Dominando esse quarto na maior parte do tempo, uma imensa tenda inflável de abóbada vermelha, iluminada por dentro, mágica e ameaçadoramente sugestiva (a barriga de uma baleia? um ventre materno? um cérebro?); boa parte da ação tem lugar dentro ou ao redor dessa tenda, que avulta como um personagem espectral por si própria. Já avançada a peça, depois que Gray e seu pai finalmente conversaram sobre a mãe e seu suicídio, os dois levantam a tenda e a atiram pela janela, para fora do quarto: ela permanece visível, misteriosamente luminosa como a Lua, mas agora à distância e em perspectiva.

Rumstick Road sugere que esse é o tipo de libertação e reconciliação possível para os seres humanos no mundo. Para Gray, e também para nós, até onde podemos nos identificar com ele, a libertação nunca é total; mas é real e conquistada: ele não somente olhou para o abismo, mas entrou dentro dele e trouxe suas profundezas à luz para todos nós. Os outros atores o auxiliaram: sua intimidade e sua solidariedade, desenvolvida através dos anos como um grupo unido, são absolutamente vitais em seu trabalho de descoberta e enfrentamento de si próprio. Sua produção coletiva dramatiza as formas em que os coletivos teatrais evoluíram por toda a década anterior. No ambiente intensamente político dos anos 1960, quando grupos como o Living Theater e o San Francisco Mime Troupe estavam entre os que havia de mais instigante no teatro norte-americano, suas obras e vidas coletivas eram apresentadas como modos que superavam o ardil da privacidade e da individualidade burguesas, como modelos da sociedade comunista do futuro. Na década relativamente apolítica de 1970, eles evoluíram de seitas comunistas para algo parecido a comunidades terapêuticas cuja força coletiva podia capacitar cada membro a captar e abraçar as profundezas de sua vida individual. Trabalhos como *Rumstick Road* mostram as direções criativas em que pode avançar esse processo.

Um dos temas centrais do modernismo dos anos 1970 foi a ideia ecológica da reciclagem: a descoberta de novos significados e potencialidades nas velhas coisas e formas de vida. Algumas das reciclagens mais criativas da década de 1970, em todos os Estados Unidos, ocorreram na forma dos bairros dilapidados que Jane Jacobs celebrara no início dos anos 1960. Uma década de diferença significou que as iniciativas que pareciam uma agradável alternativa nos tempos do *boom* de 1960 passaram a ser vistas como um imperativo desesperado hoje em dia. A nossa maior e talvez mais dramática reciclagem urbana ocorreu precisamente onde a vida de Spalding Gray foi pela primeira vez representada em público: o bairro da parte baixa de Manhattan, hoje conhecido como Soho. Esse distrito de velhas oficinas, armazéns e pequenas fábricas do século XIX, situado entre as ruas Houston e Canal, era até então literalmente desconhecido; não tinha nome até cerca de uma década atrás. Após a Segunda Guerra Mundial, com o desenvolvimento do mundo da via expressa, esse bairro foi amplamente considerado obsoleto e os planejadores da década de 1950 o indicaram para destruição.

Estava destinado a ser demolido para um dos projetos mais acariciados por Robert Moses, a Lower Manhattan Expressway. Essa via expressa deveria ter cortado diretamente a ilha de Manhattan, do East River ao Hudson, arrasando ou isolando grandes extensões de South e West Villages, Little Italy, Chinatown e da parte baixa do East Side. À medida que os planos da via expressa adquiriam repercussões, muitos proprietários industriais deixaram a área, antecipando-se à destruição. Mas, então, no início e em meados dos anos 1960, uma notável aliança de grupos díspares e em geral antagônicos — jovens e velhos, radicais e reacionários, judeus, italianos, WASPs, porto-riquenhos e chineses — lutou fervorosamente durante anos e por fim, para seu próprio espanto, venceu e conseguiu varrer do mapa o projeto de Moses.

Esse triunfo épico sobre Moloch deixou uma súbita profusão de espaços de primeira qualidade disponíveis a aluguéis incomumente baixos, que se revelaram ideais para a população artística em rápido crescimento, em Nova York. No final da década de 1960 e no início da de 1970, milhares de artistas para aí se mudaram e, em poucos anos, transformaram essa região anônima no principal centro de produção artística do mundo. Essa surpreendente transformação infundiu nas ruas lúgubres e decadentes do Soho uma vitalidade e uma intensidade singulares.

Boa parte da aura do bairro deriva de sua interação entre as ruas e edificações modernas do século XIX e a arte do final do século XX que é criada e exposta em seu interior. Outra maneira de enfocá-lo seria como uma dialética dos antigos e dos novos modos de produção do bairro: fábricas que produzem cordões, cordas e caixas de papelão, pequenas peças de máquinas e pequenos aparelhos, que coletam e processam papel usado, retalhos e sucata, e formas de arte que coletam, prensam, ligam e reciclam tais materiais de maneira própria e muito especial.

O Soho surgiu também como uma arena para a libertação das mulheres artistas, que irromperam em cena em número sem precedentes, com talento e autoconfiança inéditos, lutando para estabelecer sua identidade num bairro que brigava para firmar a sua própria. Sua presença individual e coletiva está no âmago da aura do Soho. Tempos atrás, numa tarde de outono, vi uma adorável jovem num vestido encantador cor de vinho, que visivelmente voltava da parte alta de Manhattan (de um espetáculo, uma premiação, um trabalho?), subindo os longos lances de escada que levavam à sua água-furtada. Com um braço, ela segurava uma vasta sacola de compras, de onde se projetava um pão francês; no outro, delicadamente equilibrado no ombro, um grande feixe de estiradores de um metro e meio de comprimento: uma expressão perfeita, me pareceu, da moderna sexualidade e espiritualidade de nosso tempo. Mas, logo ao dobrar da esquina, emboscara-se uma outra figura moderna arquetípica, o agente imobiliário, cujas frenéticas especulações na década de 1970 fizeram muitas fortunas no Soho e expulsaram de suas casas muitos artistas os quais não tinham esperanças de poder suportar os preços que sua presença ajudara a criar. Aí, como em tantas cenas modernas, as ambiguidades do desenvolvimento estavam em ação.

Logo abaixo de Canal Street, que marca a fronteira do Soho com o centro de Manhattan, o pedestre que se dirija ao norte ou ao sul, ou que esteja saindo da estação do metrô de Franklin Street provavelmente ficará surpreso ao vislumbrar o que parece à primeira vista um edifício fantasma. Trata-se de uma ampla massa vertical e tridimensional, de forma vagamente semelhante aos arranha-céus que a cercam; só que, conforme nos aproximamos, vemos que a mudança de ângulo faz com que pareça mover-se. Num momento, parece estar oscilando como a torre de Pisa; se nos deslocamos para a esquerda, parece se arremessar para a frente quase sobre as nossas cabeças; quando fazemos uma volta um pouco maior, ei-lo deslizando para a frente como um navio a cruzar Canal Street. É a nova escultura em aço de Richard Serra, denominada *TWU*, em homenagem ao sindicato dos trabalhadores nos transportes, que estavam em greve quando a obra foi instalada na primavera de 1980. Ela consiste em três imensos retângulos de aço, cada um deles medindo cerca de três metros de lado a lado e cerca de doze metros de altura, alinhados com um "H" recortado. É tão sólida quanto pode ser uma escultura e mesmo assim não deixa de ser fantasmagórica: sua capacidade de mudar de forma, dependendo de nosso ângulo de visão; sua metamorfose cromática — bronze-dourado num determinado ângulo ou momento, passando a um sinistro cinza-chumbo num ângulo ou instante diferente; sua evocação dos esqueletos de aço de todos os arra-

398

nha-céus circundantes, da dramática ameaça em direção ao céu que a arquitetura e a engenharia modernas tornaram possível, da expressiva promessa que representaram todos esses prédios durante a sua breve fase de esqueletos, mas que a maior parte deles traiu espalhafatosamente uma vez finalizados. Logo que conseguimos tocar a escultura, aninhamo-nos entre as dobras de sua forma em H e nos sentimos dentro de uma cidade no interior da cidade, a perceber o espaço urbano que nos cerca e nos cobre com uma nitidez e uma vivacidade especiais, além de estarmos protegidos dos choques da cidade pela massa e pela força da peça.

TWU está cravada em uma pequena praça triangular onde não há outra coisa senão uma arvorezinha, aparentemente plantada quando a escultura foi instalada, orientada para ela, frágil em seus ramos embora de folhas viçosas, que dá uma única, ampla e adorável flor branca no final do verão. Essa obra está localizada um pouco fora do trajeto usual, mas sua presença fez com que se criasse um novo percurso, como um campo magnético a atrair as pessoas para sua órbita. Uma vez aí, elas observam, tocam, apoiam-se, abrigam-se e sentam. Algumas vezes, insistem em participar mais ativamente da obra, inscrevendo seus nomes ou ideias nos cantos do trabalho — "NÃO EXISTE FUTURO" apareceu recentemente escrito em letras de um metro de altura; além disso, as fachadas inferiores transformaram-se numa espécie de quiosque, forradas com inumeráveis sinais, divertidos ou não, de nosso tempo.

Algumas pessoas se enfurecem diante do que lhes parece uma profanação de uma obra de arte. Penso, porém, que tudo o que a cidade acrescentou à *TWU* trouxe à luz suas profundidades especiais, que nunca teriam emergido se houvesse permanecido intocada. As camadas sucessivas de cartazes, periodicamente arrancados ou queimados (não sei dizer se pela prefeitura, se pelo próprio Serra ou por espectadores solícitos) mas perpetuamente renovados, criaram uma nova configuração, cujos contornos sugerem um horizonte urbano recortado, de um ou dois metros de altura, muito mais escuro e denso que o vasto espaço situado acima. A densidade e a intensidade do nível inferior (a parte que pode ser atingida) transformaram esse setor numa parábola da construção da própria cidade moderna. As pessoas estão constantemente chegando a pontos cada vez mais altos, lutando para deixar suas marcas — sobem aos ombros uns dos outros? —, e já existem mesmo, a quatro ou cinco metros de altura, algumas manchas de tinta vermelha e amarela, dramaticamente arremessadas de algum ponto embaixo (paródias da "pintura gestual"?).

Mas nenhum desses esforços consegue ser mais que lampejo no vasto firmamento de bronze que Serra fez pairar sobre nossas cabeças, um céu ainda mais glorioso se comparado ao mundo sombrio que construímos sob ele. *TWU* produz um diálogo entre natureza e cultura, entre o passado e o presente da cidade — e com seu futuro, os prédios ainda na viga-mestra, ainda infinitos em potencial —, entre o artista e sua audiência, entre todos nós e o ambiente urbano que liga todas as nossas linhas da vida. Esse processo de diálogo constituiu o que houve de melhor no modernismo dos anos 1970.

Chegando a esse ponto, pretendo usar tal modernismo para gerar um diálogo com meu próprio passado, meu próprio lar perdido, meus próprios fantasmas. Tenciono voltar ao ponto inicial deste ensaio, ao meu bairro do Bronx, vital e florescente há apenas algum tempo, arruinado e cinzento hoje em dia. O modernismo pode dar vida a esses esqueletos? Num sentido literal, é óbvio que não: somente o maciço investimento federal, ao lado da participação popular ativa e enérgica, pode de fato trazer o Bronx de volta à vida. Mas a visão e a imaginação modernistas podem conferir às nossas mutiladas cidades interiores algo que dê sentido à vida, podem ajudar ou forçar a nossa maioria não urbana a ver sua marca no destino da cidade, podem resgatar sua profusão de vida e beleza, que estão enterradas mas não mortas.

***

À medida que me defronto com o Bronx, pretendo usar e fundir dois meios de expressão distintos que floresceram nos anos 1970, um deles inventado apenas recentemente, o outro bastante antigo mas ultimamente elaborado e desenvolvido. O primeiro deles é denominado "obras da terra" ou "arte da terra". Remonta ao início da década de 1970, e seu maior espírito criativo foi Robert Smithson, tragicamente morto com apenas 35 anos, num desastre de avião, em 1973. Smithson era obcecado pelas ruínas fabricadas pelo homem: montes de refugos, depósitos de sucatas, minas abandonadas, pedreiras esgotadas, tanques e canais poluídos, o monte de entulho que ocupava o sítio do Central Park antes da chegada de Olmsted. Nos primeiros anos da década de 1970, Smithson viajou de um lado a outro do país, procurando em vão interessar os burocratas do governo ou de empresas privadas na ideia de que

> uma solução prática para a utilização de áreas devastadas seria a reciclagem da terra e da água, em termos da "arte da terra". [...] A arte pode tornar-se um recurso que faz a mediação entre o ecologista e o industrialista. A ecologia e a indústria não são vias de mão única. Ao contrário, podem se transformar em caminhos cruzados. A arte pode proporcionar a dialética necessária entre eles.[30]

Smithson foi forçado a percorrer grandes distâncias em meio às vastidões do Meio-Oeste e do Sul; não viveu para ver uma imensa terra devastada aberta no Bronx, uma tela ideal para sua arte, virtualmente à sua porta. Mas seu pensamento está pleno de pistas de como podemos proceder no caso. É essencial — ele diria, com certeza — aceitar o processo de desintegração como um quadro de referência para novas espécies de integração, usar o entulho como um meio de construir novas formas e fazer novas afirmações; sem esse quadro de referência e esse método, não há crescimento verdadeiro possível.[31] O segundo meio que pretendo utilizar é o mural histórico. Os murais proliferaram no período da WPA, quando foram usados para exprimir dramaticamente ideias políticas, em geral radicais. Voltaram com toda a força nos anos 1970, muitas vezes financiados com recursos federais da CETA. Em consonância com o espírito geral da década de 1970, os murais recentes enfatizavam a história local e da comunidade em vez de uma ideologia universal. Além disso (e aí parece estar uma inovação da década de 1970), tais murais eram com frequência executados por membros da própria comunidade, cuja história evocavam, de forma que as pessoas podiam ser simultaneamente autores, temas e espectadores da arte, unindo teoria e prática na melhor tradição modernista. O mural comunitário mais interessante e ambicioso dos anos 1970 parece ser o Grande Muro de Los Angeles, de autoria de Judith Baca. As obras da terra e os murais comunitários proporcionam o meio para a minha fantasia modernista do Bronx: o Mural do Bronx.

Este, como o imagino, seria pintado ao longo dos muros de sustentação de tijolo e concreto que correm ao lado da maior parte dos treze quilômetros da Via Expressa Cross-Bronx, de modo que toda passagem pelo e para fora do Bronx tornar-se-ia uma viagem através de suas profundezas enterradas. Nos trechos onde a estrada corre próxima ou acima do nível do solo e os muros retrocedem, a visão que o motorista teria do passado do Bronx alternar-se-ia com majestosas visões de sua ruína presente. O mural poderia retratar cortes transversais de ruas, casas e mesmo cômodos cheios de pessoas exatamente como eram antes da via expressa tê-los atravessado.

Mas ele retornaria a uma época anterior, aos primeiros anos do século XX, no ápice da imigração judaica e italiana, com o Bronx crescendo ao longo das linhas de metrô em rápida expansão e (nas palavras do *Manifesto Comunista*) com populações inteiras conjuradas do solo: dezenas de milhares de costureiras, tipógrafos, açougueiros, pintores de parede, peleteiros, militantes sindicais, socialistas, anarquistas e comunistas. Aqui, D. W. Griffith, cujo antigo prédio do Biograph Studio ainda está em pé, sólido mas danificado e abandonado, às margens da via expressa; ali, Sholem Aleichem, vislumbrando o Novo Mundo e declarando que era bom, e morrendo na rua Kelly (no quarteirão onde nasceu Bella Abzug); e lá está Trotski, na East 164th Street, à espera de sua revolução (é verdade que desempenhou o papel de um russo em obscuros filmes mudos? nunca o saberemos). Vemos agora uma burguesia modesta, mas enérgica e confiante, desabrochando nos anos 1920, próximo ao novo estádio dos Yankees, passeando ao sol na Grande Confluência ou descobrindo encanto nos barcos em forma de cisne do parque Crotona; não muito longe dali, "os coops", uma grande rede de vilas operárias, edificando cooperativamente um novo mundo ao lado dos parques do Bronx e Van Cortlandt. Passamos pela árida adversidade da década de 1930, as filas de desempregados, a recuperação nacional, a WPA (cujo esplêndido monumento, o Palácio da Justiça do Bronx, situa-se logo acima do estádio dos Yankees), as paixões e energias radicais em explosão, as lutas de rua entre trotskistas e stalinistas, docerias e cafeterias flamejantes de ruído ao longo da noite; então, a vitalidade e a angústia dos anos do pós-guerra, a nova afluência, os bairros mais vibrantes do que nunca, enquanto novos mundos começam a ser abertos além dos bairros já existentes, as pessoas compram automóveis, começam a se mudar; até chegar aos novos imigrantes do Bronx, vindos de Porto Rico, da Carolina do Sul, de Trinidad, novas tonalidades de pele e novos tons de tecidos na rua, novas músicas e ritmos, outras tensões e intensidades; finalmente, Robert Moses e sua estrada terrível, estraçalhando as entranhas do Bronx, transformando evolução em involução, entropia em catástrofe e criando a ruína sobre a qual esta obra de arte é construída.

O mural seria elaborado em estilos variados e radicalmente diferentes, de modo a expressar a espantosa diversidade de visões criativas que brotam dessas ruas aparentemente uniformes, desses apartamentos, escolas, açougues *kosher*, docerias e confeitarias. Barett Newman, Stanley Kubrick, Clifford Odets, Larry Rivers, George Segal, Jerome Weidman, Rosalyn Drexler, E. L. Doctorow, Grace Paley, Irving Howe, todos eles estariam aí; ao lado de George Meany, Herman Badillo, Bella Abzug e Stokely

Carmichael; John Garfield, o Sidney Falco de Tony Curtis, a Molly Goldberg de Gertrud Berg, Bess Myerson (um monumento à assimilação, Miss Estados Unidos do Bronx, em 1945) e Anne Bancroft; Hank Greenberg, Jake La Motta, Jack Molinas (o maior atleta do Bronx, seu escroque mais corrompido, ou ambas as coisas?); Nate Archibald; A. M. Rosenthal, do *New York Times*, e sua irmã, a líder comunista Ruth Witt; Phil Spector, Bill Graham, Dion e os Belmonts, os Rascals, Laura Nyro, Larry Harlow, os irmãos Palmieri; Jules Feiffer e Lou Meyers; Paddy Chayevsky e Neil Simon; Ralph Lauren e Calvin Klein, Garry Winogrand, George e Mike Kuchar, Jonas Salk, George Wald, Seymour Melman, Herman Kahn — todos esses e muitos outros.

As crianças do Bronx seriam estimuladas a voltar e a se retratar na pintura: o muro da via expressa é grande o suficiente para comportar a todas elas; quanto mais populoso ficasse, mais se aproximaria da densidade do Bronx em seu apogeu. Dirigir ao longo e através disso tudo seria uma experiência rica e estranha. Os motoristas poderiam se sentir cativados pelos personagens, ambientes e fantasias do mural, pelos espectros de seus pais, de seus amigos e mesmo deles próprios seduzindo-os como sereias a mergulhar no abismo do passado. Por outro lado, muitos desses fantasmas os apressariam e expulsariam do Bronx, loucos por saltar para um futuro além dos muros do bairro e para entrar na corrente de tráfego em fuga. O Mural do Bronx terminaria no final da via expressa, no trevo com as vias que se dirigem a Manchester e Long Island. O fim, a fronteira entre o Bronx e o mundo, seria marcado por um gigantesco arco cerimonial, na tradição dos monumentos colossais que Claes Oldenburg concebeu nos anos 1960. Tal arco seria circular e inflável, sugerindo ao mesmo tempo um pneu de automóvel e um biscoito de rosca. Quando plenamente inflado, pareceria indigestamente duro como uma rosca, mas ideal como um pneu para uma rápida evasão; quando murcho, pareceria frouxo e perigoso, enquanto pneu, mas, enquanto rosca apetitosa, convidaria a uma parada para comer.

Descrevi o Bronx de hoje como um cenário de desastre e desespero. Sem dúvida, tudo isso está presente, mas há muito mais. Saia da via expressa e dirija-se a cerca de um quilômetro e meio para o sul, ou um quilômetro para o norte, passando pelo zoológico; percorra ruas cujos nomes estão afixados nos cruzamentos da alma — Fox, Kelly, Longwood, Honeywell, Souther Boulevard — e você encontrará quarteirões que dão a impressão exata dos lugares deixados há muito tempo, quarteirões que você considerava para sempre desaparecidos, que o fazem pensar se não está vendo fantasmas — ou se você próprio não é um espectro que paira sobre essas sólidas ruas com os fantasmas de sua cidade interior. As faces e os letreiros são espanhóis, mas a vibração e a afabilidade (os velhos a tomar sol, as mulheres com sacolas de compra, os meninos jogando bola na rua) trazem uma lembrança tão forte de casa que é fácil se sentir como se você nunca tivesse se ausentado.

Muitos desses quarteirões são de tal modo confortavelmente comuns que quase podemos sentir que nos fundimos a eles, que alguém nos acalenta o sono — até que viramos a esquina e todo o pesadelo de devastação (um quarteirão de detritos carbonizados, uma rua forrada de cascalho e cacos de vidro, onde não entra ninguém) surge a nossa frente e nos desperta às sacudidas. Só então podemos começar a compreender o que vimos na rua anterior. Foi necessário o esforço mais extraordinário para resgatar da morte essas ruas comuns, para iniciar a vida cotidiana a partir do nada. Esse labor coletivo deriva de uma combinação de recursos governamentais e trabalho e engenho populares — "equilíbrio sofrido", como o denominam.[32] Trata-se de uma empresa arriscada e precária — podemos sentir os riscos quando vemos o horror logo depois da esquina — que exige visão, energia e coragem fáusticas para ser levada a cabo. São essas as pessoas da nova cidade de Fausto, que sabem ser preciso ganhar a vida e conquistar a liberdade a cada novo dia.

A arte moderna participa ativamente nessa obra de renovação. Em meio às aprazíveis ruas ressuscitadas podemos encontrar uma enorme escultura em aço que se ergue vários andares em direção ao céu. Ela sugere as formas de duas palmeiras que, de modo expressionista, descansam uma na outra, compondo um arco de pórtico. Trata-se da obra de Rafael Ferrer, *Sol de Porto Rico*, a árvore mais recente da floresta de símbolos nova-iorquina. O arco nos conduz a uma rede de espaços ajardinados, o Jardim Comunitário de Fox Street. É uma peça ao mesmo tempo imponente e divertida; recuando um pouco podemos admirar a sua fusão calderiana de formas maciças e curvas sensuais. Mas a obra de Ferrer ganha ressonância e profundidade especiais a partir de sua relação com o espaço onde se localiza. Nesse bairro basicamente porto-riquenho e esmagadoramente caribenho, ela evoca um paraíso tropical perdido. Manufaturada com matérias industriais, parece indicar que a alegria e a sensualidade disponíveis aqui nos Estados Unidos, na região do Bronx, precisam necessariamente passar — e estão, na verdade, passando — por uma reconstrução industrial e social. Fabricada em matéria escura mas coberta de entalhes e manchas amplas e vivas de corte abstrato-expressionista (vermelho, amarelo e verde intensos na face voltada ao poente; tonalidades róseas, celestes e pálidas na face voltada para o nascente), ela simboliza as maneiras (sem dúvida diferentes mas, talvez, igualmente válidas) pelas quais a população do sul do Bronx, trabalhando a partir de suas novas formas, pode dar vida ao mundo. Essas pessoas, ao contrário dos espectadores do centro da *TWU* de Serra, deixaram o pórtico de Ferrer livre de inscrições; entretanto, ele parece ser objeto de orgulhosa contemplação na rua. É possível que esteja auxiliando uma população que atravessa uma passagem crucial e cruciante de sua história — e da nossa — a prestar atenção à direção para a qual está indo e à sua própria identidade. Espero que ela os esteja ajudando; tenho certeza de que, a mim, está. E me parece que é nisso que consiste o modernismo.[33]

Eu poderia continuar a descrever outras instigantes obras modernistas da década de 1970. Em vez disso, pretendo finalizar com o Bronx, com um encontro com alguns de meus próprios fantasmas. Ao chegar ao término deste livro, posso ver como seu projeto, que consumiu tanto do meu tempo, mistura-se ao modernismo de minha época. Estive desenterrando alguns dos já sepultados espíritos modernos do passado, procurando inaugurar uma dialética entre a experiência deles e a minha, esperando ajudar as pessoas de meu tempo a criar uma modernidade do futuro que será mais plena e livre que as vidas modernas que até hoje conhecemos.

É possível que obras tão comprometidas com o passado possam ser chamadas de modernistas? Para muitos teóricos, a questão central do modernismo é limpar o terreno de todos esses obstáculos a fim de que o eu e o mundo possam ser novamente criados. Outros acreditam que as formas realmente distintas de arte e pensamento contemporâneos deram um salto quantitativo além de todas as sensibilidades diversas de modernismo, conquistando o direito de se autodenominarem "pós-modernas". Proponho-me a responder a esses argumentos antitéticos mas complementares reexaminando a visão de modernidade que marca o início deste livro. Ser moderno, eu dizia, é experimentar a existência pessoal e social como um torvelinho, ver o mundo e a si próprio em perpétua desintegração e renovação, agitação e angústia, ambiguidade e contradição: é ser parte de um universo em que tudo que é sólido desmancha no ar. Ser um modernista é sentir-se de alguma forma em casa em meio ao redemoinho, fazer seu o ritmo dele, movimentar-se entre suas correntes em busca de novas formas de realidade, beleza, liberdade, justiça, permitidas pelo seu fluxo ardoroso e arriscado.

O mundo transformou-se radicalmente de muitas maneiras nos últimos duzentos anos; todavia, a situação do modernista, procurando sobreviver e criar no centro do redemoinho, permaneceu substancialmente a mesma. Tal situação produziu uma linguagem e uma cultura do diálogo, reunindo modernistas do passado, do presente e do futuro, capacitando a cultura modernista a viver e a sobreviver mesmo nos tempos mais terríveis. No curso de todo este livro, busquei não apenas descrever a vida do diálogo modernista, mas também continuá-la. Porém, a primazia do diálogo na vida do modernismo em curso significa que os modernistas não podem jamais romper com o passado: precisam continuar para sempre assaltados por ele, desenterrando seus fantasmas, recriando-o à medida que refazem seu mundo e a si próprios.

Se conseguir um dia se livrar de seus restos e andrajos e dos desconfortáveis vínculos que o unem ao passado, o modernismo perderá todo o seu peso e profundidade, e o turbilhão da vida moderna o alijará irreversivelmente. É somente mantendo vivos esses laços que o ligam às modernidades do passado — laços ao mesmo tempo estreitos e antagônicos — que o modernismo pode auxiliar os modernos do presente e do futuro a serem livres.

Essa compreensão do modernismo deve ajudar-nos a clarificar algumas das ironias da mística "pós-moderna" contemporânea.[34] Defendi que o modernismo dos anos 1970 se distinguia por sua ânsia e poder de rememorar, de manter aceso muito do que as sociedades modernas (independentemente de sua ideologia e de quem constitui a sua classe dominante) procuram esquecer. Mas, quando os modernistas contemporâneos perdem o contato com a sua própria modernidade e a negam, apenas fazem eco à autoilusão da classe dominante de ter superado os problemas e os perigos do passado e, enquanto isso, eles se separam — e nos separam — de uma fonte fundamental de sua própria força.

Há ainda uma questão perturbadora que precisa ser colocada sobre os modernismos dos anos 1970: considerados em seu conjunto, eles chegam a constituir alguma coisa? Tenho procurado mostrar como diversos indivíduos e pequenos grupos defrontaram com seus próprios fantasmas e como, a partir dessas lutas interiores, conseguiram criar sentido, dignidade e beleza para si próprios. Até aí, nenhuma dúvida; mas podem essas investigações pessoais, familiares, locais e étnicas gerar algum tipo de visão mais ampla ou de esperança coletiva para todos nós? Procurei descrever algumas das diversas iniciativas da década de 1970 de uma forma que revelasse o seu núcleo comum e pudesse auxiliar alguns dentre a multidão de pessoas e grupos isolados a compreender que possuem espíritos mais afins do que pensam. Contudo, não posso pretender adivinhar se eles conseguirão de fato afirmar esses laços humanos e se tal afirmação levará a alguma espécie de ação coletiva ou comunitária. Talvez os modernos da década de 1970 se sintam satisfeitos com a luz interna artificial de suas cúpulas infláveis. Ou, quem sabe, nalgum dia próximo, eles as suspenderão através de suas janelas pintadas, abrirão suas janelas uns aos outros e se esforçarão para criar uma política de autenticidade que nos envolverá a todos. Se e quando tal acontecer, isso marcará o ponto em que o modernismo dos anos 1980 estará a caminho.

Vinte anos atrás, no final de outra década apolítica, Paul Goodman anunciava uma grande onda de radicalismo e de iniciativas radicais que começavam a vir à luz. Qual era a relação desse radicalismo emergente, inclusive o dele próprio, com a modernidade? Goodman colocava o argumento de que, se era verdade que os jovens de sua época viam-se "crescendo para o absurdo", sem uma existência honrosa ou mesmo significativa a esperá-los, a fonte do problema não era "o espírito da sociedade moderna"; ao contrário, dizia, "tal espírito é que não tinha se realizado".[35] A agenda das possibilidades modernas que Goodman reuniu sob o título "As revoluções perdidas" era tão aberta e premente como o é hoje. Em minha apresentação das modernidades de ontem e de hoje, procurei salientar algumas das formas que o espírito moderno pode escolher para se realizar no amanhã.

E quanto ao dia que virá depois do amanhã? Ihab Hassan, ideólogo do pós-modernismo, lamenta a obstinada recusa da modernidade a se extinguir: "Quando terminará o período moderno? Algum período jamais esperou tanto tempo? A Renascença? O Barroco? O Clássico? O Romântico? O Vitoriano? Talvez somente a Idade das Trevas. Quando terminará o modernismo e o que vem em seguida?".[36] Se o raciocínio global deste livro está correto, aqueles que estão à espera do final da era moderna deverão aguardar um tempo interminável. A economia moderna provavelmente continuará em expansão, embora talvez em novas direções, adaptando-se às crises crônicas de energia e do meio ambiente que o seu sucesso criou. As adaptações futuras exigirão grandes turbulências sociais e políticas; mas a modernização sempre sobreviveu em meio a problemas, em uma atmosfera de "incerteza e agitação constantes" em que, como diz o *Manifesto Comunista*, "todas as relações fixas e congeladas são suprimidas". Em tal ambiente, a cultura do modernismo continuará a desenvolver novas visões e expressões de vida, pois as mesmas tendências econômicas e sociais que incessantemente transformam o mundo que nos rodeia, tanto para o bem como para o mal, também transformam as vidas interiores dos homens e das mulheres que ocupam esse mundo e o fazem caminhar. O processo de modernização, ao mesmo tempo que nos explora e nos atormenta, nos impele a apreender e a enfrentar o mundo que a modernização constrói e a lutar por torná-lo o nosso mundo. Creio que nós e aqueles que virão depois de nós continuarão lutando para fazer com que nos sintamos em casa neste mundo, mesmo que os lares que construímos, a rua moderna, o espírito moderno continuem a desmanchar no ar.

NOTAS

O CAMINHO LARGO E ABERTO [pp. 11-20]

1. Sobre o pós-modernismo nos anos 1980, v., p. ex., Hal Foster (org.), *The anti-aesthetic*: *essays on postmodern culture* (Bay Press, 1983); *New German Critique*, nº 22 (inverno de 1981) e nº 33 (outono de 1984); Andreas Huyssen, *After the great divide*: *modernism, mass culture, postmodernism* (Indiana, 1986); Peter Dews (org.), *Autonomy and solidarity*: *interviews with Jürgen Habermas* (Verso/New Left, 1986), especialmente a introdução do organizador; e Jürgen Habermas, *O discurso filosófico da modernidade* (1985), trad. de Luiz Sérgio Repa e Rodnei Nascimento (Martins Fontes, 2002).

2. Jean-François Lyotard, *O pós-moderno* (1979), trad. de Ricardo Corrêa Barbosa (José Olympio Editora, 1986), 58, 69, 74.

INTRODUÇÃO: MODERNIDADE —
ONTEM, HOJE E AMANHÃ [pp. 24-49]

1. *Emile, ou De l'education*, 1762, in *Oeuvres Complètes de Rousseau* (Paris, Bibliothéque de la Pléiade, Gallimard, 1959), v. IV. Para a imagem rousseauniana do "*tourbillon social*" e como sobreviver nele, Livro IV, p. 551. Sobre o caráter volátil da sociedade europeia e os movimentos revolucionários que estavam por vir, *Emile*, I, p. 252; III, p. 468; IV, pp. 507-8.

2. *Julie, ou la nouvele Héloise*, 1761, parte II, Cartas 14 e 17, in op. cit., v. II, pp. 231-6, 255-6. Discuti estes temas e situações rousseaunianas a partir de uma perspectiva um pouco diferente em *The politics of authenticity* (Atheneum, 1970), particularmente nas páginas 113-9, 163-77.

3. "Speech at the anniversary of the *People's Paper*", in *The Marx-Engels reader*, 2ª ed. (Norton, 1978), pp. 577-8. A partir desta nota, o volume aparecerá como *MER*.

4. *MER*, pp. 475-6. Modifiquei levemente a tradução clássica, feita por Samuel Moore em 1888.

5. As passagens citadas são das Seções 262, 223 e 224, trad. Marianne Cowan, 1955 (Gateway, 1967), pp. 210-1, 146-50.

6. Umberto Boccioni et alii, "Manifesto of the futurist painters, 1910", trad. Robert Brain, in *Futurist manifestos*, org. Umbro Apollonio (Viking, 1973), p. 25.

7. F. T. Marinetti, "The founding and manifesto of futurism, 1909", trad. R. W. Flint, in *Futurist manifestos*, p. 22.

8. Marinetti, "Multiplied man and the reign of the machine", in *War, the world's only hygiene*, 1911-5, trad. R. W. Flint, in *Marinetti: selected writings* (Farrar, Straus and Giroux, 1972), pp. 90-1. Para um tratamento agudo do futurismo no contexto da evolução da modernidade, v. *Theory and design in the first machine age*, de Reyner Banham (Praeger, 1967), pp. 99-137.

9. *Understanding media: the extensions of man* (McGraw-Hill, 1965), p. 80.

10. "The modernization of man", in *Modernization: the dynamnics of growth* (Basic Books, 1966), p. 149. Esta compilação fornece um bom quadro do apogeu do principal modelo americano de modernização. Trabalhos produtivos nesta linha incluem *The passing of traditional society*, de Daniel Lerner (Free Press, 1958) e *The stages of economic growth: a non-communist manifesto*, de W. W. Rostow (Cambridge, 1960). Para uma crítica precoce e radical desta literatura, v. "The only revolution: notes on the theory of modernization", de Michael Walzer, *Dissent* (1964), 11: 132-40. Mas este *corpus* teórico também provocou muita crítica e controvérsia dentro da principal corrente das Ciências Sociais do Ocidente. As questões são resumidas de forma incisiva em *Tradition, change and modernity* (Wiley, 1973). Vale notar que, quando o trabalho de Inkeles eventualmente apareceu em livro, como em *Becoming modern: individual change in six developing countries* (Harvard, 1974), de Inkeles e David Smith, a imagem panglossiana da vida moderna tinha cedido lugar a perspectivas muito mais complexas.

11. *The Protestant ethics and the spirit of capitalism*, trad. Talcott Parsons (Scribner, 1930), pp. 181-3. Alterei levemente a tradução, de acordo com a versão de Peter Gay, muito mais criativa, em *Man in contemporary society* (Columbia, 1953), v. II, pp. 96-7. Gay, entretanto, substitui "camisa de força" por "cárcere de ferro".

12. Uma perspectiva mais dialética pode ser encontrada nos últimos ensaios de Weber, como "Política como vocação" e "Ciência como vocação" (In: *De Max Weber*. Trad. e org. Hans Gerth e C. Wright Mills. Oxford, 1946). Georg Simmel, contemporâneo e amigo de Weber, insinua, mas não chega a desenvolver, aquilo que estaria provavelmente mais próximo de uma teoria dialética da modernidade, no século XX. Veja-se, por exemplo, "O conflito na cultura moderna", "A metrópole e a vida mental" e "Expansão de grupo e desenvolvimento da individualidade" (In: *Sobre individualidade e formas sociais*. Org. Donald Levine. University of Chicago, 1971). Em Simmel — e mais tarde em seus jovens seguidores Georg Lukács, T. W. Adorno e Walter Benjamin —, visão dialética e profundidade estão sempre imbricadas, não raro no mesmo parágrafo, com um monolítico desespero cultural.

13. *One-dimensional man: studies in the ideology of advanced industrial society* (Beacon Press, 1964), p. 9.

14. Ibid., pp. 256-7. V. minha crítica deste livro na *Partisan Review* (outono 1964) e o debate por mim travado com Marcuse, no número seguinte (inverno

1965). O pensamento de Marcuse tornar-se-ia mais aberto e dialético no final dos anos 1960 e, numa tendência diferente, em meados dos anos 1970. Os marcos mais nítidos dessa mudança são *An essay on liberation* (Beacon, 1969) e o seu último livro, *The aesthetic dimension* (Beacon, 1978). Entretanto, por uma perversa ironia histórica, o Marcuse rígido, fechado, "unidimensional" é que atraiu as maiores atenções e exerceu maior influência até agora.

15. "Modernist painting", 1961, in *The new art*, org. Gregory Battock (Dutton, 1966), pp. 100-10.

16. *Writing degree zero*, 1953, trad. Annete Lavers e Colin Smith (Londres, Jonathan Cape, 1967), p. 58. Associo esse livro aos anos 1960 porque nessa época é que seu impacto foi sentido em larga escala, tanto na França como na Inglaterra e nos Estados Unidos.

17. *The tradition of the new* (Horizon, 1959), p. 81.

18. *Beyond culture* (Viking, 1965), Prefácio. Essa ideia é desenvolvida de forma brilhante no artigo de Trilling, "The modern element in modern literature", publicado na *Partisan Review*, 1961, e novamente em *Beyond Culture*, pp. 3-30, reintitulado "On the teaching of modern literature" .

19. *The theory of the avant-gard*, 1962, trad. do italiano por Gerald Fitzgerald (Harvard, 1968), p. 111.

20. "*Contemporary art and the plight of its public*", uma conferência dada no Museum of Modern Art, em 1960, e publ. em *Harper's*, 1962; republ. em *The new art*, de Battcock, pp. 27-47, e em *Other criteria: confrontations with twentieth century art*, de Steinberg (Oxford, 1972), p. 15.

21. Irving Howe discute criticamente a pertinente-não-pertinente, falsa-verdadeira "guerra entre a cultura moderna e a sociedade burguesa", em "The culture of modernism", *Commentary*, nov. 1967, republ. sob o título "The idea of the modern" como introdução à sua antologia *Literary modernism* (Fawcett Premier, 1967). Este conflito é um tema central na compilação de Howe, que apresenta os quatro escritores citados acima, juntamente com muitos outros contemporâneos interessantes, e esplêndidos manifestos de Marinetti e Zamiatin.

22. V. a discussão penetrante em *Gates of eden: American culture in the sixties*, de Morris Dickstein (Basic Books, 1977), pp. 266-7.

23. Bell, *Cultural contradictions of capitalism* (Basic Books, 1975), p. 19; "Modernism and capitalism", *Partisan Review*, 1978, 45: 214. Este último ensaio tornou-se o prefácio da edição em brochura do *Cultural contradictions...*, em 1978.

24. Cage, "Experimental music", 1957, in *Silence* (Wesleyan, 1961), p. 12. "Cross the border, close the gap", 1970, in *Collected essays*, de Leslie Fiedler (Stein and Day, 1971), v. 2; também nesse volume, "The death of avant-garde literature", 1964, e "The new mutants", 1965. Susan Sontag, "One culture and the new sensibility", 1965, "Happenings", 1962, e "Notes on 'camp' ", 1964, in *Against interpretation* (Farrar, Strauss & Giroux, 1966). De fato, as três correntes do modernismo dos anos 1960 podem ser encontradas nos vários ensaios que constituem esse livro, ainda que sejam bastante independentes entre si.

413

Sontag em nenhum momento tenta estabelecer relações entre esses ensaios. Richard Poirier, *The performing self: compositions and decompositions in everyday life* (Oxford, 1971). Robert Venturi, *Complexity and contradiction in architecture* (Museum of Modern Art, 1966), e Venturi, Denise Scott Brown e David Izenour, *Learning from Las Vegas* (MIT, 1972). Sobre Alloway, Richard Hamilton, John McHale, Reyner Banham e outros ingleses que contribuíram para a estética pop, v. *Pop art redefined*, de John Russel e Suzi Gablik (Praeger, 1970), e *Modern movements in architecture*, de Charles Jencks (Anchor, 1973), pp. 270-98.

25. A propósito do niilismo pop, em sua forma mais descontraída, considere-se o humor negro desse monólogo do arquiteto Philip Johnson, ao ser entrevistado por Susan Sontag para a BBC, em 1965:

SONTAG: Eu acho, eu acho que em Nova York o seu senso estético se desenvolve de uma forma curiosa, bem mais moderna do que em qualquer outra parte. Quando você vivencia moralmente as coisas, isso provoca um estado de contínua indignação e horror, mas (eles riem), quando se tem uma espécie muito moderna de...

JOHNSON: Você acredita que o senso de moral pode mudar, pelo fato de que não podemos usar a moral para julgar esta cidade, porque não podemos suportá-la? E que estamos mudando todo o nosso sistema moral para adaptá-lo ao fato de que vivemos de uma maneira ridícula?

SONTAG: Bem, eu acho que estamos tomando consciência dos limites de, da experiência moral das coisas. Eu acho que é possível ser estético...

JOHNSON: Para simplesmente degustar as coisas como elas são — o que vemos é uma beleza inteiramente diferente da que (Lewis) Mumford pôde ver.

SONTAG: Bem, eu acho, eu julgo por mim mesma que agora eu vejo as coisas de uma maneira dividida, ao mesmo tempo moral e...

JOHNSON: Que benefício traz a você acreditar em coisas boas?

SONTAG: Porque eu...

JOHNSON: Isso é feudalismo e futilidade. Eu acho melhor ser niilista e esquecer tudo. Quer dizer, eu sei que sou atacado pela moralidade dos meus amigos, hum, mas na verdade para que tanta agitação a propósito de coisa nenhuma?

O monólogo de Johnson continua, infindável, entremeado de algumas tiradas perplexas de Sontag, que, não obstante pretendesse entrar no jogo, não se permite dar um beijo de despedida na moralidade. (Citado por Jencks, em *Moderns movements in architecture*, pp. 208-10.)

26. Os primeiros expoentes mais expressivos do pós-modernismo foram Leslie Fiedler e Ihab Hassan: Fiedler, "The death of avant-garde literature", 1964, e "The new mutants", 1965, in *Collected essays*, v. 2; Hassan, *The dismemberment of Orpheus: toward a postmodern literature* (Oxford, 1961) e "POSTmodernISM: a paracritical bibliography", in *Paracriticisms: seven speculations of the*

414

times (Illinois, 1973). Para exemplos de um período posterior do pós-modernismo, *The language of post-modern architecture*, de Charles Jencks (Rizzoli, 1977); *Performance in post-modern culture*, de Michel Benamou e Charles Calleo (Milwaukee: Coda Press, 1977); e o subsequente *Boundary 2: a journal of postmodern literature*. Para críticas sobre o projeto todo, v. "The self-conscious moment: reflexions on the aftermath of post-modernism", de Robert Alter, *Triquarterly*, nº 33 (primavera 1975), pp. 209-30, *Faces of modernity*, de Matei Calinescu (Indiana, 1977), pp. 132-44. Números recentes de *Boundary 2*... sugerem alguns dos problemas inerentes à noção de pós-modernismo. Essa revista, sempre interessante, vem dando atenção cada vez maior a escritores como Melville, Poe, as irmãs Brontë, Wordsworth, até mesmo Fielding e Sterne. Mas, se esses escritores pertencem ao período pós-moderno, quando se deu então o período moderno? Na Idade Média? Diferentes problemas são revelados, no contexto das artes visuais, em "Post-post art", I e II, e "Symbolism meets the faerie queene", de Douglas Davis, no *Village Voice* de 24 jun. 13 ago. e 17 dez. de 1979. V. também, num contexto teatral, "The decline and fall of the (American) avant-garde", de Richard Schechner, *Performing Arts Journal*, 1981, 14: 48-63.

27. A justificativa mais largamente endossada para o abandono do conceito de modernização é dada com maior clareza por Samuel Huntington, em "The change to change: modernization development and politics", *Comparative Politics*, 1970-1, 3: 286-322. V. também, "The disintegration of the initial paradigm", de S. N. Eisenstadt, *Tradition, change and modernity* (citado na nota 10), pp. 98-115. Apesar da tendência geral, alguns poucos cientistas sociais, nos anos 1970, aprofundaram e tornaram mais preciso o conceito de modernização. V., por exemplo, *Power and class in Africa*, de Irving Leonard Markowitz (Prentice-Hall, 1977).

A teoria da modernidade tende a se desenvolver mais nos anos 1980, à medida que o fecundo trabalho de Fernand Braudel e seus discípulos, em história comparativa, é assimilado. V. *Capitalism and material life, 1400-1800*, de Braudel, trad. Miriam Kochan (Harper & Row, 1973), e *Afterthoughts on material civilization and capitalism*, trad. Patricia Ranum (Johns Hopkins, 1977); de Immanuel Wallerstein, *The modern world-system*, v. I e II (Academic Press, 1974, 1980).

28. *The history of sexuality*, v. I: *an introduction*, 1976, trad. Michael Hurley (Pantheon, 1978), p. 144, 155 e todo esse capítulo final.

29. *Discipline and punish*: *The birth of the prison*, 1975, trad. Alan Sheridan (Pantheon, 1977), pp. 217, 226-8. No capítulo intitulado "Panopticism", Foucault exibe todo o seu vigor. Por vezes uma visão de modernidade menos monolítica e mais dialética aparece nesse capítulo, mas essa clareza logo se extingue. Tudo isso deveria ser comparado com o trabalho, anterior e mais profundo, de Goffman; por exemplo, os ensaios "Characteristics of total institutions" e "The underlife of a public institution", in *Asylums*: *essays on the social situation of mental patients and other inmates* (Anchor, 1961).

30. *Alternating current*, 1967, trad. do espanhol por Helen Lane (Viking, 1973), pp. 161-2.

I. O *FAUSTO* DE GOETHE:
A TRAGÉDIA DO DESENVOLVIMENTO [pp. 50-108]

1. *The New Yorker*, 9 abr. 1979, "Talk of the town", pp. 27-8.

2. *Captain America* nº 236, Marvel Comics, ago. 1979. Devo esta referência a Marc Berman.

3. Citado em Georg Lukács, *Goethe and his age* (Budapeste, 1947; trad. Robert Anchor, Londres, Merlin Press, 1968, e Nova York, Grosset & Dunlap, 1969), p. 157. Esse trabalho me parece, depois de *História e consciência de classe*, o melhor trabalho de toda a fase comunista de Lukács. Leitores de *Goethe and his age* reconhecerão quanto do presente ensaio é um diálogo com ele.

4. Depois que a versão supostamente completa apareceu, em 1832, fragmentos adicionais, frequentemente longos e brilhantes, continuaram surgindo durante todo o século XIX. Para uma história concisa dos muitos estágios de composição e publicação do *Fausto*, v. a excelente edição crítica de Walter Arndt e Cyrus Hamlin (Norton, 1976), pp. 346-55. Essa edição, trad. por Arndt e org. por Hamlin, contém grande número de informações e penetrantes ensaios críticos.

5. Nas citações do *Fausto*, os números designam os versos. Neste caso, e em geral, usei a tradução de Walter Kaufmann (Nova York, Anchor Books, 1962). Ocasionalmente, fiz uso de versões de Walter Arndt, citada acima, e de Louis MacNeice (1951, Nova York, Oxford University Press, 1961). Algumas vezes eu mesmo fiz as traduções, usando o texto alemão de *Faust: Eine Tragodie*, org. por Hanns W. Eppelsheimer (Munique, Deutscher Taschenbuch Verlag, 1962).

6. Isso não é bem verdade. Em 1798 e 1799, Goethe inseriu antes da primeira cena ("Noite"), um "Prelúdio no teatro" e um "Prólogo no céu", num total de 350 versos. Ambos os textos parecem ser um artifício do autor para diluir a arrebatadora intensidade da primeira cena, e criar o que Brecht chamava de efeito alienante entre a plateia e os impulsos e anseios do herói. O prelúdio, agradável mas facilmente esquecível, quase sempre deixado de fora nas apresentações, pode dar bom resultado. O inesquecível prólogo, que introduz Deus e o Diabo, falha claramente em gerar alienação, só consegue aguçar o nosso apetite para a intensidade da "Noite".

7. O belo ensaio de Ernst Schachtel, "Memory and childhood amnesia", torna claro por que experiências como os sinos de Fausto deveriam ter uma força mágica e miraculosa na vida dos adultos. Este ensaio de 1947 aparece como o último capítulo do livro de Schachtel, *Metamorphosis: on the development of affect, perception, attention and memory* (Basic Books, 1959), pp. 279-322.

8. Essa tradição é recuperada com sensibilidade e simpatia, ainda que não isenta de crítica, por Raymond Williams, em *Culture and society, 1780-1950* (1958; Anchor Books, 1960).

9. O conflito entre deuses do Velho e do Novo Testamento, entre o Deus da Palavra e o Deus da Ação, desempenhou um importante papel simbólico em toda a cultura germânica do século XIX. Esse conflito, articulado entre escritores

e pensadores alemães, de Goethe e Schiller a Rilke e Brecht, foi na verdade um velado debate sobre a modernização da Alemanha. Deveria a sociedade germânica lançar-se à atividade "judaica" material e prática, isto é, à construção e ao desenvolvimento econômico, associados à reforma política liberal, à maneira da Inglaterra, da França e da América? Ou, por outra, deveria manter-se à margem dessas tendências "mundiais" e cultivar um estilo de vida "germano-cristão", autocêntrico? O pró-semitismo e o antissemitismo germânicos devem ser vistos à luz desse simbolismo, que vinculou a comunidade judaica oitocentista ao Deus do Velho Testamento e equacionou ambos com formas modernas de ativismo e universalidade. Marx, em sua primeira tese sobre Feuerbach (1845), assinala pontos de afinidade entre o humanismo radical de Feuerbach e seus reacionários oponentes "germano-cristãos": ambos os partidos "acatam [...] somente a atitude teorética como a verdadeira atitude humana, enquanto a prática é compreendida apenas em termos da sua imunda forma judia" — isto é, a forma do Deus judaico que suja as próprias mãos para fazer o mundo. Jerrold Seigel, em *O destino de Marx* (Princeton, 1978, pp. 112-9), oferece uma fina discussão do encontro entre judaísmo e vida prática no pensamento de Marx. O que se deve fazer agora é explorar esse simbolismo no contexto mais largo da moderna história germânica.

10. Lukács, em *Goethe and his age* (pp. 197-200), afirma que "essa nova forma da dialética entre o bem e o mal foi percebida pela primeira vez pelos mais agudos observadores do desenvolvimento do capitalismo". Lukács atribui especial importância a Bernard de Mandeville, que em sua *Fábula das abelhas* (1714) sugeriu que o vício privado — em especial o vício econômico da avareza —, uma vez praticado por todos, geraria a virtude pública. Aqui, como em outras passagens, as observações de Lukács são extremamente valiosas, ao enfatizarem o concreto contexto econômico e social da tragédia fáustica, mas pecam pela parcialidade, julgo eu, ao definir de forma unilateral esse contexto como um evento puramente capitalista. Minha perspectiva põe ênfase na contradição e na tragédia de *todas* as modernas formas de empreendimento e criatividade.

11. Aqui Lukács faz uso de um dos primeiros e brilhantes ensaios de Marx, "The power of money in bourgeois society", 1844, que se vale da passagem do *Fausto* citada acima e de outra, similar, retirada de *Timon de Atenas*, como pontos de partida. Recomenda-se a leitura desse ensaio em *Marx-Engels reader*, trad. Martin Milligan, pp. 101-5.

12. Nos anos recentes, à medida que historiadores sociais desenvolveram os instrumentos demográficos e a sensibilidade psicológica necessários para apreender as mudanças na vida sexual e familiar, tornou-se possível ver cada vez com mais clareza as realidades sociais que subjazem à história de Fausto e Gretchen. Edward Shorter, em *A constituição da família moderna* (Basic Books, 1975), especialmente nos capítulos 4 e 6, e Lawrence Stone, em *A família, o sexo e o casamento na Inglaterra, 1500-1800* (Harper & Row, 1978), especialmente nos capítulos 6 e 12, defendem que o "individualismo afetivo" (expressão de Stone) desempenhou papel decisivo na subversão das "condições feudais,

patriarcais e idílicas" da vida rural europeia. Ambos os historiadores, baseados em muitos outros, afirmam que no final do século XVIII e início do XIX um número significativo de jovens formava frentes coesas, que foram violando as fronteiras da família tradicional, no que diz respeito a classe, religião e atividade ocupacional. Na maioria dos casos, se o homem desertava (como Fausto), a mulher (como Gretchen) estava perdida. Mas, se insistissem em permanecer unidos, os jovens quase sempre se casavam — com frequência sob o pretexto da gravidez pré-conjugal — e, sobretudo na Inglaterra, seriam aceitos e integrados à vida normal. No resto da Europa, onde as pequenas cidades eram menos tolerantes, esses casais tendiam a pôr-se em marcha, à procura de novos ambientes onde encontrassem maior apoio a sua ligação. Com isso, contribuíram para os grandes movimentos demográficos do século XIX, em cidades e países, e, com seus filhos (nascidos a caminho e frequentemente fora do matrimônio), estabeleceram um tipo de família nuclear em mobilidade, que veio a permear o mundo industrial de hoje.

Para uma versão judaica da história de Gretchen, ambientada um século depois, no tardiamente desenvolvido interior da Europa oriental, ver o ciclo de histórias sob o título *Tevye e suas filhas*, de Sholem Aleichem. Essas histórias, que, como o *Fausto*, enfatizam a iniciativa libertadora embora trágica de jovens mulheres, terminam (em parte voluntariamente, em parte forçadas pelas circunstâncias) em imigração para a América, e desempenharam um importante papel na autoconsciência dos judeus norte-americanos. *Tevye e suas filhas* foi há pouco tempo simplificado para consumo de massa, e para um público não necessariamente judeu, no musical *O violinista no telhado*, mas as trágicas ressonâncias do amor moderno aí permanecem, para serem vistas e sentidas.

13. *Goethe and his age*, pp. 191-2.

14. Ibid., pp. 196-200, 215-6.

15. A respeito desse movimento fértil e fascinante, os trabalhos mais interessantes, em inglês, são *The new world of Henri Saint-Simon*, de Frank Manuel (1956; Notre-Dame, 1963), e *The prophets of Paris*, do mesmo autor (1962; Harper Torchbooks, 1965), caps. 3 e 4. V. também o estudo clássico de Durkheim, *Socialism and Saint-Simon*, de 1895, trad. Charlotte Sattler, intr. Alvin Gouldner (1958; Collier, 1962), que torna clara a influência de Saint-Simon na teoria e prática do *welfare state* do século XX. V. também as inteligentes discussões de Lewis Coser, em *Men of ideas* (Free Press, 1965), pp. 99-109; *The origins of socialism*, de George Lichteim (Praeger, 1969), pp. 39-59, 235-44; *France, 1848-1945: ambition, love and politics*, de Theodore Zeldin (Oxford, 1973), especialmente nas pp. 82, 430-8, 553.

16. *Conversation of Goethe with Eckermann*, trad. John Oxenford, org. J. K. Moorehead, intr. Havelock Ellis (Everyman's Library, 1913), 21 fev. 1827, pp. 173-4.

17. Andrew Shonfield, em *Modern capitalism: the changing balance of public and private power* (Oxford, 1965), considera a supremacia das autoridades públi-

cas e sua capacidade para criar, supranacionalmente, planos de alcance internacional os principais ingredientes do sucesso do capitalismo contemporâneo.

18. "Goethe as a representative of the bourgeois age", in *Essays of three decades*, trad. Harriet Lowe-Porter (Knopf, 1953), p. 91.

19. Soljenitzin dedica algumas de suas páginas mais mordazes e brilhantes ao canal. Ele mostra como os imperativos técnicos do trabalho foram violados de maneira sistemática, desde o início, em função da pressa de mostrar ao mundo que a modernização podia ser atingida graças apenas à vontade revolucionária. É particularmente incisivo quanto à facilidade com que os observadores, incluindo alguns dos melhores, endossavam e divulgavam as mentiras tecnopastorais, enquanto corpos jaziam sob seus pés (*O Arquipélago Gulag*. Harper & Row, 1975, pp. 85-102).

20. Em *Isaac Babel: the lonely years, 1925-1939*, org. Nathalie Babel, trad. Max Hayward (Noonday, 1964), pp. 10-5.

21. *Life against death: the psychoanalytic meaning of history* (Wesleyan, 1959), pp. 18-9, 91.

22. "A course in film-making", *New American Review*, 1971, 12: 241. Sobre o Pentágono e seus exorcistas, consultar *The armies of the night* (Signet, 1968), especialmente as pp. 135-45; minhas ideias iniciais, na versão primitiva deste ensaio, "Sympathy for the devil: Faust, the 1960s, and the tragedy of development", *New American Review*, 1974, especialmente 19: 22-40, 64-75, e *Gates of eden*, de Morris Dickstein, pp. 146-8, 260-1.

23. *The coming of the golden age: a view of the end of progress*, de Gunther Stent, originalmente uma série de palestras proferidas em Berkeley em 1968 e publ. pelo American Museum of Natural History (Natural History Press, 1969), pp. 83-7,134-8.

24. Esse livro conheceu uma espécie de sobrevida nos anos 1970, quando ajudou a moldar a retórica e talvez a sensibilidade de Jerry Brown, governador da Califórnia. Brown distribuiu muitos exemplares do livro entre seus auxiliares e referiu-se a ele, diante de jornalistas, indicando chaves para o seu pensamento.

25. *The death of progress*, de Bernard James (Knopf, 1973), pp. xiii, 3, 10, 55, 61.

26. V., por exemplo, o influente *Small is beautiful: economics as if people mattered*, de E. F. Schumacher (Harper & Row, 1973); *The promise of the coming dark age*, de L. S. Stavrianos (W. H. Freeman, 1976); *The overdevelopped nations: the diseconomies of scale*, de Leopold Kohr (Schocken, 1977, publ. em alemão e espanhol em 1962); *Toward a history of needs*, de Ivan Illich (Pantheon, 1977).

27. Esta consciência pode ser encontrada de forma mais clara nos trabalhos de Barry Commoner, *The closing circle*, 1971, *The poverty of power*, 1976, e mais recentemente *The politics of energy*, 1979 (publ. pela Knopf).

28. Essa história é contada com grande força dramática em *Brighter than a thousand suns: a personal history of the atomic scientists*, de Robert Jungk, 1956, trad. por James Cleugh (Harcourt Brace, 1958), e com grande riqueza de detalhes em *A peril and a hope: the scientists' movement in America, 1945-47* (MIT, 1965), de Ellis Kimball Smith. Jungk dá especial ênfase ao conhecimento, por parte des-

419

ses cientistas pioneiros, do *Fausto* de Goethe, e à sua consciência das terríveis implicações que o texto representa, para eles e sua iniciativa. Ele também utiliza com habilidade o tema do *Fausto* na interpretação da ascensão, queda e obscura redenção de J. Robert Oppenheimer.

29. "Social institutions and nuclear energy", apresentado na American Association for the Advancement of Science, em 1971, e republ. em *Science* (jul. 1972), 7: 27-34. Para uma crítica convencional, v. "Living with the faustian bargain", de Garrett Hardin, acompanhado da resposta de Weinberg, *Bulletin of Atomic Scientists*, nov. 1976, pp. 21-9. Mais recentemente, com o episódio de Three Mile Islands, v. a coluna "Talk of the town", *The New Yorker*, de 9 e 23 abr. 1979, e várias outras colunas do *New York Times*, especificamente as de Anthony Lewis, Tom Wicker e John Oakes.

30. Infelizmente, muito da força da interpretação fáustica de Weinberg se vê comprometida por outro de seus paradigmas: a imagem citada repetidas vezes do "sacerdócio nuclear". Essa sagrada ordem secular, cujo patriarca Weinberg aparentemente pretendeu ser, protegeria a humanidade dos riscos da energia nuclear e baniria para sempre sua potencialidade diabólica. Weinberg, é óbvio, não se deu conta da radical contradição entre sua visão fáustica e suas aspirações eclesiásticas. O convívio com o *Fausto* de Goethe e sobretudo com as ideias de Goethe a respeito da Igreja e dos padres teria tornado clara essa antinomia.

II. TUDO QUE É SÓLIDO DESMANCHA NO AR [pp. 109-57]

1. V. *The stages of economic growth*: *a non-communist manifesto*, de W. W. Rostow (Cambridge, 1960). É pena que as considerações de Rostow sobre Marx sejam deturpadas e superficiais, o que é demais para um opositor. Uma abordagem mais perceptiva da relação entre Marx e estudos recentes sobre modernidade pode ser encontrada em *The marxian revolutionary idea*, de Robert C. Tucker (Norton, 1969), cap. 5. V. também *The social and political thought of Karl Marx*, de Shlomo Avineri (Cambridge, 1968), e *Capitalism and modern social theory*, de Anthony Giddens (Cambridge, 1971), especialmente as partes 1 e 4.

2. A exceção realmente surpreendente é Harold Rosenberg. Devo muito a três de seus brilhantes ensaios: "The ressurrected Romans" (1949), republ. em *The tradition of the new*; "The pathos of the proletariat" (1949), e "Marxism; criticism and/or action" (1956), republ. em *Act and the actor*: *making the self* (Meridian, 1972). V. também *Introduction à la modernité*, de Henri Lefèbvre (Gallimard, 1962), e, em inglês, *Everyday life in the modern world*, 1968, trad. Sacha Rabinovitch (Harper Torchbooks, 1971); *Alternating current*, de Octavio Paz, e *The modern tradition*: *backgrounds of modern literature* (Oxford, 1965), antologia org. por Richard Ellman e Charles Feidelson que inclui uma rica seleção de escritos de Marx.

3. A maioria das minhas citações do *Manifesto* são retiradas da tradução

clássica de Samuel Moore (Londres, 1888), aut. e org. por Engels e mundialmente conhecida. Esse texto pode ser encontrado em *Marx-Engels reader*, pp. 331-62. Os números das páginas, apresentados entre parênteses, neste capítulo, são retirados dessa edição. Por vezes me afastei de Moore, à procura de maior exatidão e concretude, de um estilo menos vitoriano e mais fluente. Essas mudanças são no geral, mas assistematicamente, indicadas por citações, entre parênteses, do alemão. Uma edição recomendável do texto em alemão é *Karl Marx-Friedrich Engels Studienausgabe*, 4 v., org. Irving Fetscher (Frankfurt am Main: Fischer Bücherei, 1966). O *Manifesto* está no v. III, pp. 59-87.

4. V. a imagem de Marx (1845) da "atividade prático-crítica, atividade revolucionária" (Teses sobre Feuerbach, nos 1-3; republ. em *Marx-Engels reader*, pp. 143-5). Essa imagem foi a base de toda uma literatura, surgida no século XX, que é ao mesmo tempo tática, ética e mesmo metafísica, orientada para a procura da síntese ideal entre teoria e prática no modelo marxista da "boa vida". Os representantes mais característicos dessa corrente são Georg Lukács (especialmente em *História e consciência de classe, 1919-23*) e Antonio Gramsci.

5. A palavra alemã aqui é *Verhältnisse*, que pode ser traduzida por "condições", "vínculos", "relações", "circunstâncias", "envolvimentos" etc. Em passagens distintas deste ensaio será traduzida de diferentes modos, conforme se adapte melhor ao contexto.

6. O tema do desenvolvimento universal inevitável, mas deformado pelos imperativos da competitividade, foi primeiramente formulado por Rousseau em *Discurso sobre a origem da desigualdade*. V. o livro de minha autoria, *Politics of authenticity*, especialmente pp. 145-59.

7. Retirado de "Economic and philosophical manuscripts of 1844", trad. Martin Milligan; republ. em *MER*, p. 74. A palavra alemã que pode ser traduzida por "mental" ou por "espiritual" é *geistige*.

8. *The German ideology*, parte I trad. Roy Pascal; *MER*, pp. 191-7.

9. *O Capital*, v. I cap. 15, par. 9, trad. Charles Moore e Edward Aveling; *MER*, pp. 413-4.

10. *Modernity and self-development in Marx's later writings*. Em *Grundrisse*, os livros de anotações de 1857-8 que constituíram a base de *O capital*, Marx faz uma distinção entre "a época moderna", ou "o mundo moderno", e "seu limitado modelo burguês". Na sociedade comunista, o limitado modelo burguês será desnudado, de forma que toda a potencialidade moderna possa se realizar. Ele inicia essa discussão estabelecendo um contraste entre a visão clássica (especificamente a aristotélica) e a visão moderna de economia e sociedade. "A visão antiga, na qual o ser humano aparece como a finalidade da produção, parece ser bastante nobre quando contrastada com a do mundo moderno, onde a produção aparece como o objetivo final da humanidade, e a riqueza como o objetivo da produção."

Diz Marx: "De fato, quando o limitado modelo burguês é desnudado, o que vem a ser a riqueza senão a universalidade das necessidades individuais,

421

capacidades, prazeres, forças produtivas etc., criadas através do intercâmbio universal? O completo desenvolvimento do domínio humano sobre as forças da natureza, tanto as da natureza externa quanto as da própria natureza humana? A realização plena de suas potencialidades criativas, sem nenhum outro pressuposto a não ser o prévio desenvolvimento histórico, o que faz com que isso seja a totalidade do desenvolvimento, isto é, o desenvolvimento de toda a potencialidade humana como um fim em si mesmo, e não como algo a ser medido em função de algum modelo predeterminado? Em que parte ele deixa de se reproduzir a si mesmo, enquanto especificidade, para produzir uma totalidade? Esforça-se não por manter seu status, mas por se projetar no vir-a-ser?".

Em outras palavras, Marx quer uma busca realmente ilimitada de riqueza para todos: não riqueza em dinheiro — "o limitado modelo burguês" —, mas a riqueza de desejos, experiências, capacidade, sensibilidade, transformação e desenvolvimento. O fato de Marx questionar essas formulações pode sugerir certa hesitação a respeito desse ponto de vista. Marx fecha a discussão retornando à distinção entre antigos e modernos modos e objetivos de vida. "O infantil mundo da Antiguidade [...] é realmente mais nobre (que o mundo moderno) no que diz respeito a formas fechadas e limites preestabelecidos. Aí temos a satisfação, mas a partir de um ponto de vista limitado, enquanto no mundo moderno não há satisfação alguma, ou onde ele aparece satisfeito consigo mesmo é vulgar e desprezível" *Grundrisse: introduction to the critique of political economy*, trad. Martin Nicolaus (Penguin, 1973), pp. 487-8. Na última frase, Marx estabelece a sua variante para a barganha do *Fausto* de Goethe: em troca da possibilidade do ilimitado desenvolvimento pessoal, o homem moderno (comunista) abrirá mão da esperança de satisfação, que requer modelos pessoais e sociais fechados, fixos e limitados. A burguesia moderna "é vulgar e desprezível" porque "parece satisfeita consigo mesma", porque não apreende as possibilidades humanas que suas próprias atividades criaram.

Em *O capital*, cap. 15, a passagem citada no texto (nota 9) que termina com "o indivíduo plenamente desenvolvido" começa com uma distinção entre "a indústria moderna" e "seu modelo capitalista", modelo no qual ela aparece pela primeira vez. "A indústria moderna nunca vê o modelo vigente de processo produtivo como definitivo. Sua base técnica é revolucionária, enquanto todos os modos de produção anteriores eram essencialmente conservadores. Através de maquinaria, processos químicos e outros métodos, está continuamente causando mudanças, não somente nas bases técnicas de produção, mas também nas funções do trabalhador e nas relações sociais decorrentes do processo de trabalho. Ao mesmo tempo isso também revoluciona a divisão de trabalho" (*MER*, p. 413). Nesse ponto Marx cita, em nota de rodapé, a passagem do *Manifesto* que começa com "A burguesia não pode existir sem revolucionar continuamente os meios de produção", e termina com "Tudo que é sólido desmancha no ar". Aqui, como no *Manifesto* e em todos os outros lugares, o processo capitalista de produção e troca representa a força que modernizou o mundo; agora, no entan-

422

to, o capitalismo tornou-se um empecilho, um retardador da modernidade, e deve continuar nessa direção para que a permanente troca da indústria moderna continue ocorrendo e o "indivíduo plenamente realizado" floresça.

Veblen detectara essa dualidade em *The theory of business enterprise*, 1904, onde distingue entre um comércio mesquinho e, ligado a ele, uma indústria aberta e revolucionária. Mas falta a Veblen o interesse que tem Marx pela relação entre o desenvolvimento da indústria e o desenvolvimento do indivíduo.

11. No primeiro capítulo de *O capital*, Marx não se cansa de reiterar que "o valor das mercadorias é exatamente o oposto da materialidade grosseira de sua composição; nenhum átomo de materialidade entra na composição de seu valor". Cf. *MER*, pp. 305, 312-4, 317, 328, 343.

12. Engels, poucos anos antes do *Manifesto*, em *A situação da classe trabalhadora na Inglaterra em 1844*, escandalizou-se ao descobrir que as casas dos trabalhadores, erigidas por especuladores em busca de lucros rápidos, eram construídas para durar apenas quarenta anos. Ele estava longe de suspeitar que isso viria a se tornar o padrão de construção na sociedade burguesa. Ironicamente, até as mais esplêndidas mansões dos mais ricos capitalistas durariam menos de quarenta anos — não apenas em Manchester mas virtualmente em toda cidade capitalista —, alugadas ou vendidas para empresários que as poriam abaixo, movidos pelos mesmos impulsos insaciáveis que os tinham levado a erguê-las. (A Quinta Avenida, em Nova York, é um bom exemplo, mas isso pode ser observado em qualquer parte.) Levando em conta a rapidez e a brutalidade do desenvolvimento capitalista, a verdadeira surpresa não está no quanto de nossa herança arquitetônica foi destruído, mas no fato de que alguma coisa chegou a ser preservada.

Apenas há pouco tempo pensadores marxistas começaram a explorar esse tema. O especialista em geografia econômica David Harvey, por exemplo, procura mostrar em detalhes como a contínua e intencional destruição dos "espaços construídos" é inerente à acumulação de capital. Os escritos de Harvey são amplamente conhecidos; para uma lúcida introdução e análise, ver "Dez anos da nova sociologia urbana", de Sharon Zukin (in *Theory and Society*, jul. 1980, pp. 575-601).

Ironicamente, os Estados comunistas fizeram bem mais que os capitalistas no tocante à preservação da substância do passado nas suas grandes cidades: Leningrado, Praga, Varsóvia, Budapeste etc. Mas essa política decorre menos do respeito pela beleza e a realização humana que do desejo de governos autocráticos de mobilizar lealdades tradicionais, criando um fio de continuidade com as autocracias do passado.

13. Na verdade, o termo *niilismo* nasce com a própria geração de Marx: foi cunhado por Turguêniev como lema para seu herói radical, Bazarov, em *Pais e filhos* (1861), e elaborado de maneira mais acurada por Dostoievski em *Notas do subterrâneo* (1864) e *Crime e castigo* (1866-7). Nietzsche explora com mais profundidade as fontes e conotações do niilismo em *A vontade de potência* (1885-8), sobretudo na parte 1, "O niilismo europeu". Embora isso seja raramente mencionado, é importante lembrar que Nietzsche considerou a política

e a economia modernas como profunda e intrinsecamente niilistas. Algumas das imagens e análises de Nietzsche, nessa oportunidade, têm uma surpreendente coloração marxista. Veja-se a seção 63, sobre as consequências espirituais, positivas e negativas "da existência do crédito, de um mercado mundial de trocas e de meios de produção"; a seção 67, sobre a "fragmentação de propriedades rurais, [...] os jornais (em substituição às preces diárias), a ferrovia, o telégrafo. A centralização de enorme quantidade de interesses em uma única alma, que por isso precisa ser muito forte e proteica". Mas essas conexões entre a alma moderna e a moderna economia nunca chegaram a ser desenvolvidas por Nietzsche e (com raras exceções) jamais foram sequer citadas por seus seguidores.

14. Os valores, temas críticos e paradoxais desse parágrafo, são desenvolvidos brilhantemente na tradição dissidente (do Leste europeu) do humanismo marxista, que vai de pensadores como Kolakowski em sua fase pós-stalinista (e pré-oxoniano) e pensadores da "Primavera de Praga", nos anos 1960, a George Konrad e Alexander Zinoviev, nos anos 1970. As variantes russas na discussão desse tema serão discutidas no cap. IV.

15. *The Persian letters* (1721), trad. J. Robert Loy (Meridian, 1961), Cartas 26, 63, 88. Os temas do século XVIII esboçados nessa página são extensamente explorados em *The politics of authenticity*, de minha autoria.

16. *Discourse on the arts and sciences* (1750), parte I, trad. G. D. H. Cole (Dutton, 1950), pp. 146-9. Em *Oeuvres complètes*, v. III, pp. 7-9.

17. *Reflections on the revolution in France* (1790), republ. em edição conjunta com *Rights of man* (Dolphin, 1961), p. 90.

18. Ver a crucial distinção em *A vontade de potência*, seções 22-3: "Niilismo. É ambíguo: A. Niilismo como signo da intensificação do poder do espírito: niilismo *ativo*. B. Niilismo como declínio e recessão do poder do espírito: niilismo *passivo*". No Tipo A, "o espírito pode tornar-se tão forte que os objetivos anteriores (convicções, pontos de fé) se tornem incomensuráveis. [...] Atinge o máximo de seu poder relativo como violenta força de destruição — como niilismo ativo". Marx compreendeu bem melhor do que Nietzsche o poder niilista da moderna sociedade burguesa.

19. A mais penetrante declaração desse princípio — de que o livre comércio e a competição acarretam livre pensamento e livre cultura — pode ser encontrada, surpreendentemente, em Baudelaire. Seu prefácio ao *Salão de 1846*, dedicado "Aos burgueses", estabelece uma especial afinidade entre a moderna empresa e a arte moderna: ambas lutam por "concretizar a ideia de futuro em suas mais diversas formas — políticas, industriais, artísticas"; ambas são sabotadas pelos "aristocratas do pensamento, os monopolistas das coisas do espírito, que asfixiarão a energia e o progresso da vida moderna" (*Art in Paris, 1845-62*). Baudelaire será discutido extensamente no próximo capítulo. Mas convém notar desde já que argumentos como os de Baudelaire fazem perfeito sentido para grande número de pessoas em períodos dinâmicos e progressistas como os anos de 1840 — ou 1960. Por outro lado, em períodos de reação e estagnação, como nos anos de 1850, ou

1970, essa espécie de argumento soa como incrivelmente bizarra, quando não monstruosa, para muitos burgueses que a haviam adotado alguns anos antes.

20. No capítulo-chave do primeiro capítulo de *O capital*, "As tendências históricas da acumulação capitalista", Marx diz que, quando atua como freio no "livre desenvolvimento das forças produtivas", o sistema de relações sociais precisa ser simplesmente eliminado: "Precisa ser aniquilado, está aniquilado". Mas o que aconteceria se, por acaso, ele não fosse aniquilado? Marx se permite imaginar essa hipótese apenas por um instante, para descartar a possibilidade. "Perpetuar" tal sistema social, diz ele, seria "decretar a mediocridade universal" (*MER*, p. 437). E isso é talvez o que Marx é profundamente incapaz de imaginar.

21. Para esclarecer esse problema, comparem-se duas das declarações de Marx sobre a vida na sociedade comunista. Primeiro, retirado de "Critique of the Gotha Program", 1875: "Numa etapa mais adiantada da sociedade comunista, depois que for eliminada a subordinação escravizadora do indivíduo à divisão do trabalho, e a consequente antítese entre o trabalho manual e intelectual; depois que o trabalho tiver se tornado não somente um meio de vida, mas o requisito primeiro da vida; depois que as forças produtivas tiverem sido incrementadas juntamente com o crescimento do indivíduo, e todas as fontes da riqueza cooperativa fluírem mais abundantemente — só então o horizonte estreito do direito burguês poderá ser ultrapassado em sua totalidade, e a sociedade poderá inscrever em seu estandarte: a cada um, de acordo com sua habilidade; a cada um, de acordo com suas necessidades!" (*MER*, p. 531).

Examine-se isso à luz do *Grundrisse* (nota 10), onde se lê que o comunismo levará a cabo o ideal moderno de busca ilimitada da riqueza, "banindo o limitado modelo (de riqueza) burguês"; consequentemente a sociedade comunista liberará "a universalidade de necessidades, capacidades, prazeres, forças produtivas [...], o desenvolvimento de todas as capacidades humanas com um fim em si mesmo"; o homem "produzirá a sua totalidade" e viverá "o movimento absoluto do vir-a-ser". Se essa visão for tomada seriamente, é óbvio que as necessidades comuns a todos serão difíceis de ser satisfeitas, e a busca do desenvolvimento ilimitado para todos tenderá a produzir sérios conflitos humanos, que podem diferir dos conflitos de classe inerentes à sociedade burguesa, mas parecem destinados a ser pelo menos igualmente profundos. Marx reconhece de maneira evasiva a possibilidade dessa espécie de problema e nada diz de como a sociedade comunista poderia lidar com ele. Talvez por isso Octavio Paz (*Alternating current*, p. 121) diz que o pensamento de Marx, "embora seja prometeico, crítico e filantrópico em espírito [...] é no entanto niilista", mas, infelizmente, "o niilismo de Marx não tem consciência de sua própria natureza".

22. A palavra *Wissenschaft* pode ser traduzida de vários modos, estritamente como "ciência", ou como "conhecimento", "aprendizagem", "escolaridade" ou qualquer perseverante e sério empenho intelectual. Qualquer que seja a palavra escolhida, é crucial lembrar que Marx fala aqui das prerrogativas do seu próprio grupo e, portanto, de si mesmo.

425

Tenho usado de modo intermitente a palavra *intelectuais* como uma simplificação dos diversos grupos ocupacionais referidos conjuntamente por Marx. Dou-me conta de que a palavra é um anacronismo no tempo de Marx — provém da geração de Nietzsche —, mas tem a vantagem de reunir, tal é a intenção de Marx, indivíduos de diversas ocupações que, apesar de suas diferenças, têm em comum o fato de trabalharem com a mente.

23. *O capital*, v. I, cap. 1, par. 4; *MER*, pp. 319-29. O marcante relato da estratégia e da originalidade de Marx está em *História e consciência de classe*, de Lukács.

24. Sobre "arte pela arte", v. *The social history of art*, de Arnold Hauser (1949; Vintage, 1958), v. III; *Bohemian versus bourgeois: society and the French man of letters in the nineteenth century*, de Cesar Graña (Basic Books, 1964 — edição em brochura, 1967, com o título *Modernity and its discontents*); *The absolute bourgeois: artists and politics in France, 1848-51*, de T. J. Clark (New York Graphic Society, 1973). A melhor introdução ao círculo de Comte pode ser encontrada em *The prophets of Paris*, de Frank Manuel (1962; Harper Torchbooks, 1965).

25. H. M. Enzensberger, em seu brilhante ensaio de 1960, "The industrialization of the mind", desenvolve uma perspectiva similar no contexto de uma teoria de meios de comunicação de massa. In *The consciousness industry* (Seabury, 1970), pp. 3-15.

26. Retirado do manuscrito póstumo de Gramsci, "The modern prince". Republ. em *Prison notebooks*, sel., org. e trad. Quintin Hoarse e Geoffrey Nowell Smith (International Publishers, 1971), p. 173.

27. Marxismo e modernismo podem também se associar como fantasia utópica em períodos de quietação política: cf. o surrealismo dos anos 1920 e o trabalho dos pensadores americanos como Paul Goodman e Norman O. Brown, nos anos 1950. Herbert Marcuse estabelece uma ponte entre essas duas gerações, sobretudo em seu livro mais original, *Eros and civilization* [Eros e civilização] (1955). Outra espécie de convergência impregna os trabalhos de homens como Maiakovski, Brecht, Benjamin, Adorno e Sartre, que veem o modernismo como um torvelinho espiritual, o marxismo como *ein'feste Burg* de rocha sólida e que despenderam suas vidas oscilando entre um e outro, mas frequentemente criaram sínteses brilhantes, a despeito deles próprios.

28. Lukács é o exemplo mais notório e fascinante: forçado pelo Comintern a rechaçar todos os seus trabalhos modernistas, gastou décadas e volumes denegrindo o modernismo e todas as suas realizações. V., por exemplo, seu ensaio "The ideology of modernism", in *Realism in our time: literature and the class struggle* (1957), trad. John e Necke Mander (Harper & Row, 1964).

29. "Modernism has been the seducer": *Cultural contradictions of capitalism*, p. 19. O escrito de Bell, neste caso e em outros, é cheio de contradições inconciliáveis e aparentemente não reconhecidas. Sua análise do niilismo da publicidade moderna e da capacidade de venda ajusta-se perfeitamente ao argumento geral deste livro — mas Bell parece não notar como a grande força da publicidade e da capacidade de venda brota dos imperativos do capitalismo; mais pre-

cisamente, essas atividades, e sua consequente rede de ilusão e decepção, estão evidentes no "estilo de vida" moderno/modernista.

Um artigo posterior, "Modernism and capitalism" (1978), incorpora perspectivas adicionais, próximas daquelas apresentadas acima: "O que se tornou distintivo no capitalismo — a sua dinâmica mesmo — foi a sua falta de fronteiras. Propelido pelo dínamo da tecnologia, não havia assíntotas para seu crescimento exponencial, nenhum limite; nada era sagrado. A mudança é a norma. Pela metade do século XIX, essa era a trajetória do impulso econômico". Mas essa clareza momentânea não dura; de uma hora para outra o niilismo capitalista é esquecido e a familiar demonologia retorna a seu lugar; assim "o movimento moderno... rompe a unidade da cultura", esfacela a "cosmologia racional" que estruturava a visão de mundo burguesa, que consistiria numa relação ordenada entre espaço e tempo" etc. etc. *Partisan Review*, 1978, 45: 213-5, republ. no ano seguinte como prefácio à edição em brochura de *Cultural contradictions*. Bell, ao contrário de alguns de seus amigos neoconservadores, tem ao menos a coragem de ser incoerente.

30. *Alternating current*, pp. 196-8. O argumento de Paz é que o Terceiro Mundo necessita desesperadamente da energia imaginativa e crítica do modernismo. Sem ela, "a revolta do Terceiro Mundo [...] degenerou em diferentes variedades de cesarismo frenético, ou definhou sob a força opressora de burocracias ao mesmo tempo cínicas e inconsistentes".

31. Essa crítica foi exemplarmente resumida pela observação de T. W. Adorno (embora jamais impressa) segundo a qual Marx pretendeu transformar o mundo inteiro num gigantesco asilo para indigentes.

A observação de Adorno é citada por Martin Jay em sua história da Escola de Frankfurt, *The dialectical imagination* (Little, Brown, 1973), p. 57. V. também *The mirror of production*, de Jean Baudrillard, trad. Mark Poster (Telos Press, 1975), e vários críticos de Marx em *Social Research*, 45:4 (inverno 1978).

32. Marcuse, *Eros and civilization*: *a philosophical inquiry into Freud* (1955; Vintage, 1962), pp. 146-7, e todo o cap. 8, "Orpheus and Narcisus".

33. Arendt, *The human condition*: *a study of the central dilemmas facing modern man* (1958; Anchor, 1959), pp. 101-2, 114-6. Observe-se que, de acordo com o pensamento de Marx, o domínio público dos valores e discursos comuns subsistiria e floresceria enquanto o comunismo tivesse a característica de movimento de oposição; ele perderia seu vigor somente onde esse movimento tivesse triunfado e se esforçado (em vão, sem nenhum domínio público) por inaugurar uma sociedade comunista.

III. BAUDELAIRE: O MODERNISMO NAS RUAS [pp. 158-203]

1. Retirado de um artigo de Verlaine na revista *d'Art* e citado em *Baudelaire*: *oeuvres complètes*, org. Marcel Ruff (Editions du Seuil, 1968), pp. 36-7. Todos os textos em francês citados aqui são da edição de Ruff.

2. Citado por Enid Starkie, em *Baudelaire* (New Directions, 1958), pp. 530-1, a partir de uma paráfrase no jornal parisiense *L'Étandard*, de 4 set. 1867.

3. Marx, na mesma década, reclamava, em termos surpreendentemente similares aos de Baudelaire, das clássicas e antigas fixações na política de esquerda: "A tradição de todas as gerações mortas pesa como um sonho mau no cérebro das gerações vivas. E exatamente quando parecem engajados na revolução, na criação de algo inteiramente novo [...], os homens ansiosamente conjuram os espíritos do passado, tomam de empréstimo seus nomes, seus *slogans* de batalha, suas fantasias, para apresentar a nova cena da história mundial sob o disfarce de um tempo venerável e sob uma linguagem de empréstimo" ("O Dezoito Brumário de Luís Bonaparte". In: *MER*. 1851-2, p. 595).

4. *The painter of modern life, and other essays*, trad. e org. por Jonathan Mayne, com grande número de ilustrações (Phaidon, 1965), pp. 1-5, 12-4.

5. *Modernolatry*, de Pontus Hulten (Estocolmo, Modena Musset, 1966); *The politics of cultural despair: a study in the rise of the Germanic ideology*, de Fritz Stern (University of California, 1961).

6. As críticas de Baudelaire aos *Salons* encontram-se em *Art in Paris, 1845-62*, volume que complementa *The painter of modern life*, trad. e org. Jonathan Mayne (Phaidon, 1965). "To the bourgeois", pp. 41-3. Em algumas passagens, alterei a tradução de Maine, sempre no encalço de uma maior precisão; onde as alterações são importantes, o original francês é citado.

7. Esse estereótipo é apresentado exaustivamente e de forma pouco crítica por Cesar Graña, em *Bohemian versus bourgeois*, pp. 90-124. Uma abordagem mais equilibrada e complexa de Baudelaire, da burguesia e da modernidade é apresentada em *Art and act* (Harper & Row, 1976), de Peter Gay, especialmente nas pp. 88-92. V. também *Faces of modernity*, de Matei Calinescu, pp. 46-58, 86, passim.

8. A confiança de Baudelaire na receptividade, por parte da burguesia, da arte moderna pode derivar de sua familiaridade com os saint-simonianos. Esse movimento, discutido brevemente neste livro no capítulo sobre o *Fausto*, parece ter gerado o conceito moderno de *avant-garde* nos anos 20 do século XIX. Os historiadores dão ênfase a *De l'organization sociale*, de Saint-Simon, e a *Dialogue between an artist, a scientist and an industrialist*, de seu discípulo Olinde Rodriguez, ambos publ. em 1825. V. "The idea of 'avant-garde' in art and politics", de Donald Drew Egbert, *American Historical Review*, 1967, 73: 339-66; também *Faces of modernity*, de Calinescu, pp. 101-8, e sua história e análise mais extensas do conceito de *avant-garde*, pp. 95-148.

9. *The painter of modern life*, p. 11. Um tratamento interessante sobre esse ensaio, mais favorável que o meu, pode ser encontrado em "Literary history and literary modernity", de Paul de Man, in *Blindness and insight: essays in the rhetoric of contemporary criticism* (Oxford, 1971), especialmente as pp. 157-61. V. também *Introduction à la modernité*, de Henri Lefèbvre, cap. 7, para uma perspectiva crítica, similar àquela aqui apresentada.

10. *Painter of modern life*, p. 24.

11. A melhor descrição da ação política de Baudelaire nesse período está em *The absolute bourgeois: artists and politics in France, 1848-51*, de T. J. Clark (New York Graphic Society, 1973), especialmente pp. 141-77. V. também, de Richard Klein, "Some notes on Baudelaire and revolution", *Yale French Studies*, 1967, 39: 85-97.

12. *Art in Paris*, pp. 121-9. Este ensaio aparece como parte introdutória de uma extensa discussão crítica da Exposition Universelle (Paris, 1855).

13. Ibid., pp. 125, 127.

14. *Salon of 1859*, parte II. *Art in Paris*, pp. 149-55.

15. Ibid., pp. 125, 127.

16. *Art in Paris*, pp. 31-2.

17. Vejam-se os comentários de Baudelaire, no ensaio "Heroism of modern life ["Heroísmo da vida moderna"], sobre o terno preto ou cinza, que estava se tornando a moda masculina *standard*: ele expressa "não apenas beleza política, que é uma expressão de igualdade universal, mas também beleza poética, expressão da alma pública". A emergente moda padronizada confere "o necessário garbo à nossa idade sofrida, que veste o símbolo da perpétua lamentação sobre os seus negros ombros finos" (p. 118).

18. "Heroism of modern life", ibid., pp. 116-20.

19. *Painters of modern life*, pp. 9, 18.

20. Esses ensaios foram publicados conjuntamente sob o título *Charles Baudelaire: lyric poet in the era of high capitalism*, trad. Harry Zohn (Londres: New Left Books, 1973), mas vergonhosamente não disponível nos EUA, pelo menos até 1981.

21. *Paris spleen*, trad. Louise Varèse (New Directions, 1947, 1970). Nos poemas seguintes, no entanto, as traduções são minhas.

22. A respeito do "folhetim" e suas relações com a grande literatura do século XIX, v. *Baudelaire*, de Benjamin, e *Dostoevsky and romantic realism* (University of Chicago Press, 1965), de Donald Fanger.

23. Minha imagem da transformação de Paris realizada por Napoleão III e Haussmann formou-se a partir de diversas fontes: *Space, time and architecture*, de Siegfried Giedion (1941; 5ª ed., Harvard, 1966), pp. 744-75; "Haussmann", de Robert Moses, *Architectural Forum* (jul. 1942), pp. 57-66; *Napoleon III and the rebuilding of Paris* (1958; Princeton, 1972); *A history of modern architecture*, de Leonardo Benevolo (1960, 1966, trad. H. J. Landry, 2 v., MIT, 1971), I, pp. 61-95; *The modern city: planning in the nineteenth century*, de Françoise Choay (George Braziller, 1969), especialmente pp. 15-26; *Haussmann: Paris transformed*, de Howard Saalman (Braziller, 1971); e *Laboring classes and dangerous classes: Paris in the first half of the nineteenth century*, de Louis Chevalier, 1970, trad. Frank Jellinek (Howard Fertig, 1973). Os projetos de Haussmann são habilmente inseridos no contexto das mudanças político-sociais europeias a longo prazo, por Anthony Vidler, em "The scenes of the street: transformations in ideal and reality, 1750-1871", in *On streets*, org. Stanford Anderson (MIT,

1978), pp. 28-111. Haussmann contratou um fotógrafo, Charles Marville, para retratar dezenas de lugares condenados à demolição, preservando assim a sua memória para a posteridade. Essas fotografias estão guardadas no Musée Carnavalet, em Paris. Uma seleção admirável dessas fotos foi exibida em Nova York e outras cidades americanas em 1981. O catálogo *Charles Marville: photographs of Paris, 1852-1878*, French Institue/Alliance Française, contém um ótimo ensaio de Maria Morris Hamburg.

24. Em *Laboring classes and dangerous classes*, citada na nota 23, Louis Chevalier, o venerável historiador de Paris, faz um horripilante relato das investidas a que foram submetidos os velhos bairros centrais, nas décadas anteriores ao projeto Haussmann: explosão demográfica, que dobrou a população, enquanto a edificação de mansões de luxo e prédios públicos reduzia de maneira drástica o estoque de moradias; crescente desemprego em massa, fato que, em uma era anterior ao auxílio governamental, conduzia diretamente à morte por desnutrição; aterradoras epidemias de tifo e cólera, que atingiam sobretudo os velhos *quartiers*. Tudo isso mostra por que os parisienses pobres, que lutaram tão bravamente em tantas frentes do século xix, não opuseram resistência à destruição dos seus velhos bairros: eles talvez desejassem partir, como diz Baudelaire em outro contexto, para qualquer lugar longe do seu mundo.

O breve e pouco conhecido ensaio de Robert Moses, também citado na nota 23, oferece particular atração para aqueles que saboreiam as ironias da história urbana. Na tentativa de apresentar uma lúcida e equilibrada visão das realizações de Haussmann, Moses se autocoroa como seu sucessor e, de forma implícita, reivindica para si ainda mais autoridade do que aquela concedida a Haussmann, para levar avante projetos ainda mais gigantescos, após a guerra. O escrito termina com uma crítica admiravelmente incisiva e contundente que antecipa, com espantosa precisão e fina acuidade, as objeções que serão dirigidas contra o próprio Moses, na década seguinte, e que por fim ajudarão a tirar da cena pública os grandes discípulos de Haussmann.

25. Os engenheiros de Haussmann inventaram uma máquina de levantar árvores que lhes possibilitou o transplante, sem danos, de árvores antigas e consequentemente a criação de avenidas arborizadas de um dia para o outro. Giedion, *Space, time and architecture*, pp. 757-9.

26. Veja-se o comentário de Engels, no panfleto *Contribuição ao problema da habitação* (1872), a propósito do "método chamado 'Haussmann' [...]. Refiro-me à prática, hoje generalizada, de abrir grandes brechas nas vizinhanças operárias das nossas grandes cidades, especialmente aquelas situadas nas regiões centrais. [...] O resultado é o mesmo em toda a parte: os becos e alamedas mais comprometedores desaparecem, para dar lugar à autoglorificação da burguesia, como crédito de seu tremendo sucesso — mas reaparecem logo adiante, muitas vezes no bairro adjacente" (*Obras escolhidas de Marx e Engels*, Moscou, 1955, 2 vols. v. i, pp. 559, 606-9).

27. *Art in Paris*, p. 127.

28. Essa relação é explicada, em termos bastante diversos daqueles aqui apresentados, por Irving Wohlfarth, em *"Perte d'auréole* and the emergence of the dandy", *Modern Language Notes*, 1970, 85: 530-71.

29. Sobre as estimativas censitárias, *Napoleon III*, de Pinkney, pp. 151-4; sobre os cálculos e estimativas de tráfego e o conflito entre Napoleão e Haussmann a respeito do uso de macadame, pp. 70-2; a respeito da dupla função dos *boulevards*, pp. 214-5.

30. O tráfego de rua não foi, evidentemente, o único tipo de movimento organizado conhecido no século XIX. A ferrovia fez sua aparição, em larga escala, desde os anos de 1830, e constitui uma presença vital na literatura europeia, desde *Dombey and son*, de Dickens (1846-8). Mas a ferrovia obedecia a horários rígidos e trafegava em uma rota preestabelecida; assim, por causa de toda a sua potencialidade demoníaca, tornou-se um dos paradigmas da ordem oitocentista.

Deve-se observar que a experiência do "caos", em Baudelaire, é anterior ao advento dos sinais luminosos de trânsito, uma invenção desenvolvida nos Estados Unidos por volta de 1905, símbolo maravilhoso das primeiras tentativas estatais de regular e racionalizar o caos do capitalismo.

31. Quarenta anos depois, com o surgimento (ou melhor, a designação) dos Brooklin Dodgers (os Dribladores do Brooklin, equipe de beisebol), a cultura popular produzirá sua própria versão irônica dessa fé modernista. O nome traduz o meio pelo qual as habilidades necessárias à sobrevivência urbana — especificamente a habilidade para se desviar do tráfego — podem transcender a finalidade prática e assumir novas formas de significado e valor, no esporte e na arte. Baudelaire teria adorado esse simbolismo, como aconteceu a muitos de seus sucessores do século XX (e. e. cummings, Mariane Moore).

32. No século XIX, o principal transmissor de modernização foi a Inglaterra; no século XX têm sido os Estados Unidos. Os mapas de poder mudaram, mas a primazia da língua inglesa — a menos pura, a mais flexível e adaptável das línguas modernas — é maior do que nunca. Talvez sobreviva ao declínio do império americano.

33. Sobre a universalidade da linguagem e da literatura moderna, v. "T. S. Eliot as international hero", de Delmore Schwartz, em *Literary modernism*, de Howe, pp. 277-85. Esse é também um dos temas centrais de Edmund Wilson em *Axel's castle* e *To the Finland Station* (ed. bras: *Rumo à Estação Finlândia*, trad. Paulo Henriques Brito. Companhia das Letras, 1986).

34. *The city of tomorrow*, trad. Frederik Etchells (1929; MIT, 1971), pp. 3-4. Por vezes utilizei traduções minhas, baseadas no texto francês de *L'urbanisme* (10ª ed., G. Grés, 1941).

35. Ibid., pp. 123, 131.

36. *Towards a new architecture* (1923), trad. Frederik Etchells (1927; Praeger, 1959), pp. 56-9.

37. Citado em *Matrix of man: an illustrated history of urban environment*, de Sybil Moholy-Nagy (Praeger, 1968), pp. 274-5.

431

38. Le Corbusier nunca chegou a fazer muitos avanços em seus infatigáveis esforços para destruir Paris. Mas muitas de suas visões mais grotescas se concretizaram na era Pompidou, quando vias expressas elevadas dividiram a *Rive Droite*, os grandes mercados de *Les Halles* foram demolidos, dezenas de ruas prósperas foram eliminadas e bairros veneráveis, na sua totalidade, se transformaram em "*les promoteurs*" e desapareceram sem deixar vestígios. Veja-se Norma Evenson, *Paris: A century of change, 1878-1978* (Yale, 1979); Jane Kramer, "Um repórter na Europa: Paris". *The New Yorker*, 19/6/1978; Richard Cobb, "O assassinato de Paris". *New York Review of Books*, 7/2/1980, e vários dos últimos filmes de Godard, especialmente *Duas ou três coisas que eu sei dela* (1973).

39. Isso pede uma explicação. Le Corbusier sonhou com uma ultramodernidade capaz de cicatrizar as feridas da cidade moderna. Mais típico do movimento modernista em arquitetura foi o intenso e desqualificado ódio pela cidade e a incansável esperança de que o *design* e o planejamento modernos poderiam riscá-la do mapa. Um dos primeiros clichês modernistas foi a comparação entre a metrópole e a carruagem ou (depois da Primeira Grande Guerra) o cabriolé. Uma típica orientação modernista em relação à cidade pode ser encontrada em *Space, time and architecture*, a obra monumental do discípulo mais bem-dotado de Le Corbusier, o livro que, mais do que qualquer outro, foi usado por duas gerações como o cânone do modernismo. A edição original do livro, composto em 1938-9, termina com a exaltação do novo complexo rodoviário urbano, de Robert Moses, que Giedion vê como o modelo ideal para o planejamento e a construção do futuro. A rodovia demonstra que "não há mais lugar para a rua urbana, com tráfego pesado correndo entre fileiras de casas; não se pode permitir que isso persista" (p. 832). Essa ideia vem diretamente de *L'urbanisme*; o que difere, e incomoda, é o tom. O entusiasmo lírico e visionário de Le Corbusier foi substituído pela truculenta e ameaçadora impaciência do comissário. "Não se pode permitir que isso persista": a polícia não faria melhor. Ainda mais ominoso é o que vem em seguida: o complexo rodoviário urbano "aponta para um futuro em que, depois que a necessária cirurgia for realizada, a cidade artificial será reduzida a seu tamanho natural". Essa passagem, que tem o arrepiante efeito de uma nota marginal de Mr. Kurtz, mostra como a campanha contra a rua, por duas gerações de planejadores, foi apenas uma fase de uma guerra ainda mais ampla, contra a própria cidade moderna.

O antagonismo entre a arquitetura moderna e a cidade é explorado com sensibilidade por Robert Fishman, em *Urban utopias in the twentieth century* (Basic Books, 1977).

40. "É perturbador pensar que os jovens de hoje, recebendo agora o treinamento básico para suas carreiras, devam aceitar, *na presunção de que estejam adotando um pensamento moderno*, concepções sobre cidades e tráfego que são não apenas inviáveis, mas não acrescentam nada de significativo àquilo que se sabia quando seus pais eram crianças." (*The death and life of the great American cities*, Random House & Vintage, 1961, p. 371. — O grifo é de Jacobs.) A pers-

pectiva de Jacobs é desenvolvida de forma interessante por Richard Sennett, em *Uses of disorder* (Knopf, 1970), e por Robert Caro, em *The power broker: Robert Moses and the fall of New York* (Knopf, 1974). Existe ainda uma rica bibliografia europeia nessa direção. Veja-se, por exemplo, *The city: New town or home town?*, de Felizitas Lenz-Romeiss, de 1970, traduzido do alemão por Edith Kuestner e Jim Underwood (Praeger, 1973).

No âmbito profissional da arquitetura, a crítica à espécie de modernismo de Le Corbusier, e das esterilidades do Estilo Internacional, como um todo, começa com Robert Venturi, em *Complexidade e contradição em arquitetura*, com introdução de Vincent Scully (Museu de Arte Moderna, 1966). Na última década isso se tornou não só generalizadamente aceito, como gerou por sua conta uma nova ortodoxia. Tudo isso foi codificado claramente por Charles Jencks, em *The language of post-modern architecture* (Rizzoli, 1977).

IV. PETERSBURGO:
O MODERNISMO DO SUBDESENVOLVIMENTO [pp. 204-335]

1. É dessa forma que Hugh Seton-Watson, em um artigo seu, "Russia and modernization", descreve a Rússia imperial, como "o protótipo da 'sociedade subdesenvolvida', cujos problemas são tão familiares a nossa época". *Slavic Review*, 1961, 20: 583. O artigo de Seton-Watson contribui para discussões e controvérsias mais amplas (cf. pp. 556-600), que incluem Cyril Black, com "The nature of imperial Russian society", e Nicholas Riasanovski, com "Russia as an underdeveloped country". Para uma abordagem suplementar desse tema, v. *Why Lenin? Why Stalin?* (Lippincot, 1964), de Theodore von Laue; *In search of the modern world* (New American Library, 1967), de Robert Sinai, pp. 67-74, 109--24, 163-78; e várias discussões a respeito da economia russa que serão abordadas abaixo. Essas fontes mostram como nos anos 1960 o tema da modernidade veio suplantar o estreito enquadramento dos estudos tradicionais sobre a Rússia, "Russia and/versus the West". Essa tendência continuou nos anos 1970, embora os escritos sobre modernidade tendessem, nessa década, a concentrar sua atenção nos problemas da construção do Estado e da nação. V., por exemplo, Perry Anderson, *Lineages of absolute state* (Londres, New Left Books, 1974), pp. 328--60, e Reinhard Bendix, *Kings or people: power and the mandate to rule* (California, 1978), pp. 491-581.

2. Virtualmente, todo escritor russo do período 1830-1930 oferece alguma variação sobre esse tema. As melhores abordagens, em inglês, são *The spirit of Russia: studies in history, literature and philosophy* (1911), de T. G. Masaryk, trad. Eden e Cedar Paul (2 v., Allen & Unwin/Macmillan, 1919), e, mais recentemente, *The icon and the axe: an interpretative history of Russian culture* (Knopf, 1966), de James Billington.

3. Não conheço a língua russa, embora tenha lido história e literatura russa

433

por muitos anos. Esta seção deve agradecimentos a George Fischer, Allen Ballard e Richard Wortman, que não são responsáveis pelos meus erros.

4. Para um relato vigoroso da construção da cidade, v. Iurii Egorov, *The architectural planning of St. Petersburg*, trad. Eric Dluhosch (Ohio University Press, 1969), especialmente a "Nota do Tradutor" e o cap. I, e *The icon and the axe*, de Billington, pp. 180-92 e todo o resto. Para uma visão comparativa, v. *Capitalism and material life, 1400-1800*, de Fernand Braudel, pp. 418-24; no contexto de sua abrangente abordagem das cidades, pp. 373-440.

5. A população de Petersburgo chegou a 220 mil em 1800. Era ainda ligeiramente menor que a de Moscou (250 mil), porém Petersburgo logo passaria à frente da antiga capital. Sua população cresceu para 485 mil em 1850, 667 mil em 1860, 877 mil em 1880, passou de 1 milhão em 1890 e de 2 milhões nas vésperas da Primeira Guerra Mundial. Foi, ao longo do século XIX, a quarta ou quinta maior cidade da Europa, menor que Londres, Paris e Berlim e igual a Viena. (*European historical statistics, 1750-1970*. B. R. Mitchel, org., Columbia University Press, pp. 76-8.)

6. *O contrato social*, Livro I, cap. 6, in *Oeuvres complètes*, III, 361.

7. Essa questão é levantada pelo príncipe D. S. Mirsky, em seu *History of Russian literature*, org. Francis J. Whitfield (1926; Vintage, 1958), pp. 91 ss., e desenvolvida por Edmund Wilson, num ensaio de 1937 sobre o centenário da morte de Puchkin, republ. em *The triple thinkers* (1952; Penguin, 1962), pp. 40 ss.

8. Aparecido simultaneamente com seu ensaio "In honor of Pushkin", republ. em *The triple thinkers*, pp. 63-71. Em algumas passagens, alterei a estrutura frasal de Wilson em que as inversões poéticas resultavam em sentenças que, em inglês, beiravam a ininteligibilidade.

9. Citado em *Tsar and people: studies in Russian myths*, de Michael Cherniavski (Yale, 1961), pp. 151-2. Esse livro é particularmente esclarecedor da época de Nicolau I. Herzen reservou algumas de suas mais brilhantes invectivas para Nicolau. *My past and thoughts*, suas memórias, contêm muitas passagens desse tipo, que se comparam à melhor retórica política do século XIX. A respeito da brutalidade crescente dos últimos anos de Nicolau, e o fracasso definitivo de sua repressão, v. o ensaio clássico de Isaiah Berlin, "Russia and 1848" (1948) e "A remarkable decade: the birth of the Russian intelligentsia" (1954), ambos republicados em seu *Russian thinkers* (Viking, 1978), pp. 1-21, 114-35. V. também *The third section: police and society in Russia under Nicholas I*, de Sidney Monas (Harvard, 1961).

10. Alexander Gerschenkron, "Agrarian policies and industrialization: Russia, 1861-1917", em *Cambridge economic history of Europe* (Cambridge, 1966), pp. 706-800; sobre o temor e a resistência do governo à modernização, pp. 708-11. Também no mesmo volume, "The industrialization of Russia", de Roger Portal, pp. 801-72; sobre estagnação, retrocesso e relativo atraso antes de 1861, pp. 802-10. V. também o ensaio anterior de Gerschenkron, mais condensado e talvez mais incisivo, "Russia: patterns and problems of economic development,

1861-1958", no seu *Economic backwardness in historical perspective* (1962; Praeger, 1965), pp. 119-51.

11. Gerschenkron, "Economic development in Russian intellectual history of the 19th century", in *Economic backwardness*, pp. 152-97. Esse ensaio é uma corajosa acusação a quase todos os escritores e pensadores da "Idade de Ouro" da Rússia. Sobre Belinski vs. Herzen, pp. 165-9. V. também os ensaios de Isaiah Berlin sobre Herzen e Belinski no seu *Russian thinkers*.

12. Citado por Donald Fanger, em *Dostoevsky and romantic realism*, pp. 149-50; v. todo o cap. 5, "The most fantastic city", pp. 137-51. A evocação mais conhecida de Petersburgo como um fantasma ou cidade-sonho, por Dostoievski, está em *Noites brancas* (1848). Fanger é excelente no tratamento das tradições literárias e populares que embasam esse tema de Dostoievski.

13. Sobre a reconstrução da Nevski, v. Egorov, *Architectural planning of St. Petersburg*, pp. 204-8.

14. V. *Panorama of the Nevsky Prospect*, de Sadovinkov (Leningrado, Pluto Press, 1976), com textos em inglês, francês, alemão e russo. Essa incrível série descreve minuciosamente a construção da Nevski. Mas Sadovinkov trabalhou num estilo pouco ágil que, apesar de captar a diversidade da rua, perde a sua fluência e dinamismo.

Nevski como uma arena para o confronto entre a Rússia e o Ocidente é o tema do que parece ser a primeira obra literária na qual a rua assume um papel central; o conto de 1833 do príncipe Vladimir Odoievski, "A tale of why it is dangerous for young girls to go walking in a group along Nevsky Prospect", trad. Samuel Cioran, *Russian Literature Triquarterly*, nº 3 (primavera 1972), pp. 89-96. O estilo de Odoievski aqui é meio satírico, meio surreal — e, como tal, pode ter influenciado as evocações de Nevski em Gogol — mas definitivamente convencional, conservador e patrioticamente complacente na sua visão da rua e do mundo.

15. Utilizei principalmente a tradução de Beatrice Scott (Londres, Lindsy Drummond, 1945). V. também David Magarshack (Gogol, *Tales of good and evil*, Anchor, 1968) e as traduções de Donald Fanger de longos excertos em *Dostoevsky and romantic realism*, pp. 106-12. Fanger insiste no mérito e importância dessa história e oferece uma discussão sensível da questão. Fazendo uso extensivo do trabalho do crítico e literato soviético Leonid Grossman, ele é excelente quando descreve o mistério e romance da paisagem de Petersburgo, e a cidade como *habitat* natural para um "realismo fantástico". No entanto, o romance de Fanger sobre Petersburgo desconsidera a dimensão política que estou tentando assinalar.

16. V. *Nikolai Gogol*, de Nabokov (New Directions, 1944), cap. 1, para um sombrio relato do último gesto de Gogol. Nabokov também discute, de forma brilhante, naturalmente, "O Projeto Nevski", mas escapa-lhe a ligação entre visão imaginativa e espaço real.

17. Esse trecho, como muitos outros, foi cortado pelos censores de Nico-

lau, que revisaram esse texto com extrema atenção, aparentemente receosos de que a evidente amargura e os delírios, ainda que de um louco, pudessem despertar pensamentos irreverentes e perigosos entre as pessoas sãs. "The censorship of *Gogol's diary of a madman*", de Laurie Asch, *Russian Literature Triquarterly*, nº 14 (inverno 1976), pp. 20-35.

18. "Petersburg notes of 1836", trad. Linda Germano, *Russian Literature Triquarterly*, nº 7 (outono 1973), pp. 177-86. A primeira metade desse artigo apresenta um dos clássicos contrastes simbólicos entre Petersburgo e Moscou.

19. *Gente pobre* e os trabalhos que a ele se seguiram — destacando-se *O sósia* e *Noites brancas* — imediatamente consagraram Dostoievski como um dos maiores escritores urbanos do mundo. Neste livro, apenas uma parte dos aspectos da rica e complexa visão urbana de Dostoievski será explorada. A melhor abordagem da sua urbanidade pode ser encontrada no trabalho pioneiro de Leonid Grossman. Quase todo esse trabalho está por ser traduzido; v., no entanto, *Dostoevsky: his life and work* (1962), trad. Mary Sackler (Bobbs-Merrill, 1975), e *Balzac and Dostoevsky*, trad. Lydia Karpov (Ardis, 1973). Grossman dá ênfase ao gênero folhetim no jornalismo urbano de Dostoievski na década de 1840 e aponta as suas influências nos romances, especialmente em *Noites brancas*, *Notas do subterrâneo* e *Crime e castigo*. Alguns desses folhetins foram traduzidos por David Magarschak em *Dostoevsky's occasional writings* (Random House, 1963); eles são discutidos com bastante sensibilidade por Fanger, pp. 137-51, e por Joseph Frank, em *Dostoevsky: the seeds of revolt, 1821-1849* (Princeton, 1976), especialmente pp. 27-39.

20. Trad. Andrew MacAndrew, em *Three short novels of Dostoevsky* (Bantam, 1966). Há também uma tradução de David Magarshack, *Poor people* (Anchor, 1968).

21. Naturalmente nem toda a segurança do mundo pode salvar uma vítima de um verdadeiro assassino. O czar Alexandre II seria assassinado, em 1881, numa carruagem, nas imediações da rua Nevski, por terroristas que se colocaram ao longo do caminho a ser percorrido pelo czar e esperaram pelo inevitável congestionamento do tráfego.

22. *The double*, trad. Andrew MacAndrew, em *Three short novels of Dostoevsky*, citado na nota 20, e por George Bird, em *Great short works of Dostoevsky* (Harper & Row, 1968). Fiz uso de ambas as traduções.

23. Essa frase foi cunhada, em 1882, logo após a morte de Dostoievski, por um líder e pensador populista, Nikolai Mikhailovski. Mikhailovski usou o argumento de que a simpatia de Dostoievski pelos "fracos e oprimidos" foi sendo gradativamente obscurecida por um perverso prazer pelos seus sofrimentos. Declarava também que esse fascínio pela degradação tornou-se cada vez mais manifesto e alarmante na obra de Dostoievski, mas que poderia ser encontrado já em obras anteriores, como, por exemplo, em *O sósia*. V. *History of Russian literature*, de Mirsky, pp. 184, 337; *Dostoevsky in Russian literary criticism, 1846-1956*, de Vladimir Seduro (Octagon, 1969), pp. 28-38.

24. *Civilization and its discontents*, 1931, trad. James Strachey (Norton, 1962), p. 71; cf. 51. A literatura russa do século XIX e início do século XX, especialmente aquela produzida em Petersburgo, é bastante rica em imagens e ideias de um "Estado policial" no interior do ser. Freud acreditava que a terapia psicanalítica devia esforçar-se por fortalecer o ego contra um superego exageradamente punitivo, tanto o cultural como o pessoal. A tradição literária inaugurada com "O Cavaleiro de Bronze" pode ser vista como cumpridora desse papel na sociedade russa.

25. O melhor trabalho sobre "os homens dos anos 60" é *Sons against fathers* (Oxford, 1965), de Eugene Lampert. O estudo clássico de Franco Venturi, *Roots of revolution: a history of the populist and socialist movements in nineteenth century Russia* (1952), trad. do italiano por Francis Haskell (Knopf, 1961), oferece uma grande riqueza de detalhes sobre as atividades dessa geração e deixa-nos tocados pela sua complexidade humana. V. também *Road to revolution*, de Avrahm Yarmolinsky (1956; Collier, 1962).

26. Venturi, *Roots of revolution*, p. 247.

27. Ibid., p. 227.

28. Sobre o forte apelo de Herzen, v. Venturi, p. 35.

29. A fortaleza é digna de nota devido à sua ressonância simbólica e importância política e militar. Veja-se o caso de Trotski, em outubro de 1905, denunciando o manifesto de 17 de outubro de Nicolau II, que havia prometido um governo representativo e uma constituição: "Olhem ao redor, cidadãos. Alguma coisa mudou? A fortaleza Pedro-Paulo ainda não domina a cidade? Ainda não se ouvem gemidos e ranger de dentes por detrás de suas amaldiçoadas paredes?". Em *Petersburgo*, romance poético de Andrei Bieli, também de outubro, lê-se: "acima das paredes brancas da fortaleza, a torre impiedosa de Pedro-Paulo dolorosamente saliente avançava fria para o céu". Vemos aí uma polaridade simbólica nas percepções dos petersburguenses quanto aos dois marcos verticais mais notórios na paisagem urbana opressivamente horizontal: a torre dourada do Almirantado cristalizava toda a promessa de vida e alegria da cidade; o campanário de pedra da fortaleza marcava a ameaça do Estado àquela promessa, a sombra permanente contra o sol da cidade.

30. As melhores descrições da vida e obra de Chernyshevski podem ser encontradas em Venturi, op. cit., cap. 5; em *Sons against fathers*, de Eugene Lampert, cap. 3; e em *Nikolai Chernyshevsky*, de Francis Randall (Twayne, 1970). V. também *Pioneers of Russian social thought*, de Richard Hare (1951; Vintage, 1964), cap. 6; *The positive hero in Russian literature*, de Rufus Mathewson Jr. (1958; Stanford, 1975), especialmente pp. 63-83, 101; e sobre *Que fazer?*, "N. G. Chernyshevsky; a Russian utopia", de Joseph Frank, *Southern Review*, 1968, pp. 68-84. Observe-se o curioso esboço biográfico feito pelo herói do romance *The gift*, de Nabokov (1935-7; trad. Michael Scammell, Capricorn, 1970), cap. 4.

31. É importante observar que a rua Kameni-Ostrovski, local onde Chernyshevski situa sua cena de confronto, terminava na fortaleza Pedro-Paulo, onde

se achava prisioneiro enquanto escrevia. Situar a cena aí constituiu um desafio dissimulado, porém forte, às forças que esperavam manter o autor e suas ideias encarceradas.

32. Trad. Benjamin Tucker, 1913; republ. Vintage, 1970. A passagem citada acima foi retirada do Livro III, cap. 8.

33. Não é difícil imaginar essa cena ocorrendo numa cidade pós-revolucionária em qualquer lugar do mundo: Teerã ou, digamos, Manágua, em 1979. Porém, seria necessário uma mudança importante na marcação cênica de Chernyshevski: o dignatário, agora ex-dignatário, provavelmente manteria um caráter vil, talvez até mesmo excessivamente respeitoso para com seus ex-subordinados, uma vez que pretenderia sobreviver. Alternativamente, poderíamos imaginar um confronto como o de Chernyshevski no início da Revolução. Mas, então, as figuras de várias classes se moveriam do fundo para a frente do palco e se enfrentariam, ao invés de seguirem, serenas, seus caminhos.

34. Essa complacência espiritual prejudica algumas das melhores discussões das *Notas*, incluindo "Nihilism and *Notes from underground*", de Joseph Frank, *Sewanee Review*, 1961, pp. 1-33; *Dostoevsky's underground man in Russian literature*, de Robert Jackson (Haia, Mouton, 1958); a introdução de Ralph Matlaws a essa esplêndida tradução e edição das *Notas* (Dutton, 1960); "Dostoevsky's underground", de Philip Rahv, in *Modern Occasions*, inverno 1972, pp. 1-13. V. também "Euclidean and non-euclidean reasoning in the works of Dostoevsky", de Grigory Pomerants, no período soviético dissidente *Kontinent*, 3 (1978), pp. 141-82. Mas os cidadãos soviéticos têm um motivo especial — e talvez uma justificativa especial — para atacar Chernyshevski, que foi considerado por Lenin como um bolchevique *avant la lettre* e mais tarde canonizado como o mártir do *establishment* soviético.

35. Citado por Lampert, em *Sons against fathers*, pp. 132, 164-5. V. também *Diary of a writer*, de Dostoievski, 1873, trad. Boris Brasol (1949; Braziller, 1958), pp. 23-30.

36. *Notes from underground*, Livro III, cap. 1; trad. Ralph Matlaw (Dutton, 1960), pp. 42-9.

37. Vale notar que dois dos mais proeminentes *raznochinstsy*, Nikolai Dobroliubov e Dmitri Pisarev, tinham grande consideração por Dostoievski e viam sua obra como parte da luta do povo russo pelos seus direitos e dignidade humana; sua amargura e rancor eram, para eles, uma fase necessária para a autoemancipação. *Dostoevsky in Russian literary criticism*, de Seduro, pp. 15-27.

38. V. "A letter from the Executive Committee to Alexander III", publ. em 10 mar. 1881 pelos líderes do grupo de *Narodnya Volya* [A Vontade do Povo], que assassinaram Alexander II em 1º de março. *Roots of revolution*, de R. Venturi, pp. 716-20, V. também o pedido de 1905 do padre Gapon, citado e discutido na terceira seção deste capítulo.

39. Comparações entre Dostoievski e Baudelaire, também enfatizando o tema urbano, mas em perspectivas bastante distintas, podem ser encontradas

na obra de Fanger, *Dostoevsky and romantic realism*, pp. 235-58, e em *Dostoevsky and the age of intensity*, de Alex de Jonge (St. Martin's Press, 1975), pp. 33-65, 84-5, 129-30.

40. Gerschenkron, em seu livro *Economic backwardness in historical perspective*, pp. 119-25, explica como as reformas de 1860, prendendo os camponeses à terra e impondo-lhes novas obrigações em relação às comunas, intencionalmente retardaram a criação de uma mão de obra industrial móvel e livre, o que acabou por dificultar o crescimento econômico. Esse tema é desenvolvido mais extensamente em seu capítulo do *Cambridge economic history*, citado na nota 10. V. também o capítulo da autoria de Portal, no mesmo volume, pp. 810-23.

41. Por exemplo: o aerodinâmico Expresso Moscou–Petersburgo, que partia e chegava da Nevski após 1851, serviu como um símbolo vívido de modernidade dinâmica. Contudo, se tomarmos 1864, ano de *Notas do subterrâneo*, saberemos que havia apenas 5800 quilômetros de ferrovias ao longo de todo o imenso Império Russo, comparados aos 21 mil quilômetros da Alemanha e aos 22 mil quilômetros da França. (*European Historical Statistics, 1750-1870*, pp. 581-4.)

42. A demonstração individual na rua desempenha um papel crucial em todos os escritos de Dostoievski sobre Petersburgo, e é notável em *Crime e castigo*. Raskolnikov e seus camaradas sofredores estão por demais destruídos interiormente para se exporem ao fluxo social da Nevski, como faz o Homem do Subterrâneo, ou, como ele, começarem a afirmar seus direitos de uma forma política coerente (de fato, este é um dos problemas de Raskolnikov: ele não consegue se decidir entre ser um inseto e ser Napoleão). Entretanto, nos momentos culminantes de suas vidas, eles se lançam nas ruas para se confrontar com os estranhos que veem, para mostrar onde estão e quem são. Assim, quase no final do livro, Svidrigailov para em frente a uma torre de observação que oferece uma vista de toda a cidade. Apresenta-se ao recruta judeu que serve de guarda da torre, diz que vai para a América e mete uma bala na cabeça. Simultaneamente, no momento culminante do livro, Raskolnikov entra na praça do Mercado de Feno, no meio de uma agitada favela, em pleno centro da cidade, atira-se no chão e beija a calçada, antes de se dirigir à delegacia de seu bairro (recentemente instalada, produto das reformas legais dos meados da década de 1860) para confessar e se entregar.

43. Essa história é contada por Venturi, em *Roots of revolution*, pp. 544-6, 585-6, 805.

44. A maior concentração de capital e trabalho de Petersburgo foi na indústria metalúrgica e têxtil. Fábricas enormes e ultramodernas foram ali construídas, quase inteiramente com capital estrangeiro, mas com garantias e subsídios do Estado, para produzir locomotivas e material rodante, teares, peças de navios a vapor, armas modernas e maquinário para agricultura. É digna de nota a Metalúrgica Putilov, cujos 7 mil empregados desempenhariam um papel crucial nas revoluções de 1905 e 1917. O progresso industrial de Petersburgo é penetrantemente discutido por R. Zelnik em *Labor and society in tsarist Russia*:

The factory workers of St. Petersburgo, 1855-1870 (Stanford, 1971); v. também "The industrialization of Russia", de R. Portal, in *Cambridge Economic History of Europe*. VI, pp. 831-4. V. Zelnik, p. 239, quanto ao profundo isolamento dos operários, na sua maioria recém-chegados do campo, que "se estabeleciam nas margens industriais da cidade, onde viviam sem famílias. Sua incorporação à cidade foi apenas nominal; para todos os efeitos práticos, eles pertenciam aos subúrbios industriais que ficavam além dos limites da cidade, ao invés de pertencer a uma comunidade urbana". Foi só em 1870, época da primeira greve de Petersburgo, na fábrica de processamento de algodão na Nevski, que resultou em julgamentos de massa públicos e extensa cobertura nos jornais, que as paredes que separavam os trabalhadores e a cidade começaram a cair.

45. Ibid., p. 585.

46. Sobre a Revolução Francesa, v., por exemplo, de Albert Soboul, *The sans-culottes: popular movements and revolutionary government, 1793-94*, 1958; versão resumida, de 1968, trad. Remy Inglis Hall (Anchor, 1972); e, de George Rudé, *The crowd in the French Revolution* (Oxford, 1959). Sobre a Rússia, a obra--chave é a de Venturi. Recentemente, com a abertura (vagarosa e hesitante) dos arquivos soviéticos, uma geração mais jovem de historiadores começou a estudar os movimentos do século XX com um detalhamento e uma profundidade que se aproximam daquilo que Venturi produziu a respeito do século XIX. V., por exemplo, Leopold Haimson, "The problem of social stability in urban Russia, 1905-1917", *Slavic Review*, p. 23 (1964), pp. 621-43, e 24 (1965), pp. 1-2; de Marc Ferro, *The Russian Revolution of February 1917*, 1967, trad. do francês por J. L. Richards (Prentice-Hall, 1972); de G. W. Phillips, "Urban proletarian politics in tsarist Russia: Petersburgo and Moscow, 1912--1914", *Comparative Urban Research*, v. III, 3 (1975-6), II, 2, e, de Alexander Rabinowitch, *The bolsheviks come to power: The Revolution of 1917 in Petrograd* (Norton, 1976).

47. O trabalho que nos permite uma visualização mais detalhada do palácio de Cristal é o de Patrick Beaver, *The Crystal palace, 1851-1936: a portrait of victorian enterprise* (Londres, Hugh Evelyn, 1970). V. também *Space, time and architecture*, de Giedion, pp. 249-55; *History of modern architecture I*, de Benevolo, p. 96-102; *Art and the Industrial Revolution*, de F. D. Klingender, 1947, org. Artur Elton (Schocken, 1970).

48. Essa história, de sombria comicidade, é contada por Franz Mehring, em *Karl Marx: The story of his life*, 1918, trad. Edward Fitzgerald (Londres, Allen and Unwin, 1936, 1951), pp. 342-9.

49. O relato de Bucher é resumido, e aceito como padrão, por Giedion, pp. 252-4, e Benevolo, pp. 101-2.

50. *Winter notes on summer impressions*, trad. Richard Lee Renfield, com introdução de Saul Bellow (Criterion, 1955), pp. 39-41.

51. Uma das ironias mais estranhas desta história é o fato de que, no tempo em que as *Notas de inverno* foram escritas, o que seria provavelmente a ponte

suspensa mais avançada do mundo estava localizada na própria Rússia: a ponte Dnieper, bem perto de Kiev, projetada por Charles Vignoles e construída entre 1847 e 1853. Nicolau I tinha um afeto especial por essa ponte, cuja construção ele havia autorizado: exibiu planos, desenhos e aquarelas na Grande Exposição Internacional e guardava uma maquete no palácio de Inverno (Klingerder, *Art and Industrial Revolution*, pp. 159, 162). Mas nem Dostoievski — que tinha estudado engenharia e realmente sabia algo sobre pontes — nem qualquer outro russo intelectual, conservador ou radical, parece ter tomado conhecimento do projeto. É como se a crença de que a Rússia era constitucionalmente incapaz de desenvolvimento — crença aceita axiomaticamente pelos que desejavam o desenvolvimento, assim como pelos que não o queriam — tivesse cegado a todos para o desenvolvimento que realmente ocorria. Isto, sem dúvida, ajudou a retardar ainda mais o desenvolvimento.

52. Essa cena, inexplicavelmente omitida da tradução de Tucker, é traduzida por Ralph Matlaw e incluída, juntamente com outras cenas chernychevskianas, em sua edição de *Notes from underground*, pp. 157-77.

53. *Garden cities of to-morrow*, 1902 (MIT, 1965, intr. F. J. Osborn e L. Mumford): sobre a metrópole como diligência, veja-se p. 146; sobre o palácio de Cristal como modelo suburbano, vejam-se pp. 53-4 e 96-8. Ironicamente, embora o palácio de Cristal fosse um dos traços mais populares do projeto ideal de Howard, os homens encarregados de construir a primeira Cidade-Jardim em Letchworth o excluíram do projeto por ser não inglês (o senhor Podsnap certamente concordaria), moderno em demasia e excessivamente caro. Eles o substituíram por uma rua de mercado neomedieval que era, a seu ver, mais "orgânica" (Fishman, *Urban utopias in the twentieth century*, pp. 67-8).

54. V. *Town and revolution*, de Anatol Kopp, 1967, trad. Thomas Burton (Braziller, 1970), e de Kenneth Frampton, "Notes on Soviet urbanism, 1917--32", *Architects' year book* (Londres, Elek Books, 1968), 12: 238-52. A ideia de que o marxismo exigia a destruição das cidades era, sem dúvida, uma distorção grotesca. Para um breve e incisivo relato das complexidades e ambivalências do marxismo em relação à cidade moderna, v. "The idea of the city in European thought: Voltaire to Spengler", de Carl Schorske, 1963, republ. em *Urbanism in world perspective*, org. Sylvia Fava (Crowell, 1968), pp. 409-24.

55. *Nós*, de Zamiatin, escrito entre 1920 e 1927, foi traduzido por Bernard Guibert Guerney e incluído na ótima antologia de Guerney, *Russian literature in the Soviet period* (Random House, 1960). É a fonte original de *Admirável mundo novo*, de Huxley, e de *1984*, de Orwell, mas incrivelmente superior a ambos, uma das obras-primas do modernismo no século XX.

Jackson, em seu *Dostoevsky's underground man in Russian literature*, pp. 149--216, apresenta-nos um fascinante relato da importância de *Notas do subterrâneo* durante a década de 1920 para muitos escritores soviéticos que estavam lutando para manter vivo o espírito crítico — Zamiatin, Yuri Olesha, Ilya Ehrenburg, Boris Pilnyak — antes que a escuridão stalinista tudo encobrisse.

56. Alan Harrington parece ter sido o primeiro a explicitar essa relação em seu romance sobre a crise semirrural e corporativista *Life in the Crystal palace* (Knopf, 1958). Eric e Mary Josephson colocaram lado a lado trechos do livro de Harrington e a primeira parte de *Notas do subterrâneo* em sua antologia *Man alone: alienation in modern society* (Dell, 1962). Esse livro foi *best-seller* entre os estudantes americanos durante a década de 1960.

57. Citado por Zelnik, em seu *Labor and society in tsarist Russia*, p. 60.

58. Há várias versões desse documento, nenhuma delas definitiva. Reuni essa versão, retirada do livro de Bertram Wolfe, *Three who made a revolution* (1948; Beacon, 1957), pp. 283-6, à versão mais longa encontrada em *First blood: the Russian Revolution of 1905*, de Sidney Harcave (Macmillan, 1964). V. também o fascinante depoimento de Solomon Schwarz, *The Russian Revolution of 1905* (U. of Chicago, 1967), pp. 58-72, 268-84.

Sobre a situação em 1905: para o súbito desenvolvimento econômico e industrial da última década do século XIX, v. *Economic backwardness in historical perspective*, de Gerschenkron, pp. 124-33, e o artigo de Portal, em *Cambridge economic history*, VI, pp. 824-43; sobre as explosões políticas, *Why Lenin? Why Stalin?*, de Theodore von Laue, caps. 3 e 4; *Social democracy and the St. Petersburg labor movement, 1885-1897*, de Richard Pipes (Harvard, 1963); *The making of a workers' revolution: Russian social democracy, 1891-1903*, de Allan Wildman (Chicago, 1967).

59. Wolfe, p. 286; Trotski, *1905*, trad. Anya Bostock (Vintage, 1972), p. 253. O grifo é meu.

60. Ibid., pp. 104-5, 252-3.

61. V. Wolfe, cap. 16, sobre "socialismo policial", e pp. 301-4 sobre Gapon depois do 9 de janeiro, incluindo seu encontro com Lenin; v. também, de Harcave, *First blood*, pp. 24-5, 65-6, 94-5. Para a ressonância histórica de "Não há mais czar!", *Tsar and people*, de Cherniavski, pp. 191-2, e todo o capítulo seguinte. Um vívido relato do fim de Gapon é encontrado no livro de Boris Nicolaievski, *Aseff the spy: Russian terrorist and police stool* (Doubleday, Doran, 1934), pp. 137-48.

62. V., por exemplo, *Aseff the spy*, de Nicolaievski, citado na nota 61; *Russia: a history and an interpretation*, de Michael Florinski (1947; Macmillan, 1966), II, pp. 1153-4, 1166-7, 1172, 1196, 1204; Wolfe, pp. 266, 479, e o fascinante relato (1911) de Thomas Masaryk, em seu estudo clássico, *The spirit of Russia*. Masaryk apresenta extensa discussão da filosofia e visão de mundo do terrorismo russo e distingue o niilismo e a desolação existencial dos contemporâneos de Azev do idealismo humanístico e abnegado da geração do *Zemlya i Volya*.

Masaryk mostra-se particularmente intrigado com Boris Sakinkov, tenente de Azev que, logo após sua baixa (que mais tarde se revelou temporária), publicou dois romances que captam, de maneira aguda, o mundo dos terroristas. Os romances, publicados sob o pseudônimo de V. Ropshin, e intitulados *The pale horse* e *The tale of what was not*, causaram sensação na Europa. Sabe-se que tiveram influência na adesão ao bolchevismo de alguns intelectuais da

Europa central, como Lukács, Ernst Bloch e outros. V. *The spirit of Russia*, II, pp. 375-7, 444-61, 474, 486, 529, 535, 546, 581. V. também o recente trabalho de Michael Löwy, *Georg Lukács: From romanticism to bolshevism*, 1976, trad. do francês por Patrick Cammiller (Londres, New Left Books, 1979), e *The young Lukács and the origins of western marxism* de Andrew Arato e Paul Breines (Continuum, 1979). Masaryk, assim como Lukács fará alguns anos mais tarde, compara de modo extravagante Sakinkov a Ivan Karamazov e ao *Fausto* de Goethe.

Bolcheviques e mencheviques, como bons marxistas, condenavam o terrorismo das esquerdas e sugeriam que ele estava sendo instigado pela polícia. Por outro lado, seria importante notar que a polícia também tinha agentes entre os seus grandes líderes. V., por exemplo, "The case of Roman Malinovsky", de Wolfe, pp. 534-58.

63. O livro foi traduzido para o inglês, por John Gournos, em 1960, mas não recebeu a atenção que merecia e não foi reeditado por muitos anos. Entretanto, em 1978, foi feita uma nova tradução, por Robert Maguire e John Malmstad (Indiana University Press), acompanhada de uma profusão de notas críticas e históricas. Incluía também uma discussão particularmente atraente sobre o urbanismo do romance, com notas sobre a história e o folclore e mapas de Petersburgo. O sucesso desta nova edição parece ter levado Grove Press a reeditar a tradução de Gournos. O fato de que leitores americanos podem agora escolher entre as duas versões de *Petersburgo* prenuncia um bom futuro para o romance neste país. Utilizei a tradução de Maguire e Malmstad; citações em parênteses, dentro do meu texto, designam números de capítulos e páginas.

64. Donald Fanger coloca *Petersburgo* em posição proeminente, em "The city of Russian modernist fiction", in *Modernism*, org. Malcolm Bradbury e James MacFarlane (Penguin, 1976), pp. 467-80. A respeito do tema da "sombra" que tudo envolve de Bieli e sua relevância política, v., de Lubomir Dolezel, "The visible and the invisible Petersburgo", *Russian Literature*, VII (1979), pp. 465-90.

Para discussões gerais, v., na edição da Penguin, *Modernism*, os interessantes ensaios de Eugene Lampert, "Modernism in Russia: 1893-1917", e, de G. M. Hyde, "Russian futurism" e "The poetry of the city"; a coleção org. por George Gibian e H. W. Tjalsma, *Russian modernism-culture and the avant-garde, 1890-1930* (Cornell, 1976); e *Artists in revolution: portraits of the Russian avant-garde, 1905-1925*, de Robert C. Williams (Indiana, 1977).

65. Harcave, em *First blood*, pp. 168-262, apresenta o mais claro relato dos "dias de outubro" e suas consequências; pp. 195-6 para o Manifesto do czar, de 17 de outubro. Mas *1905*, de Trotski, é especialmente agudo e brilhante ao tratar do clímax e do começo do fracasso da Revolução. O discurso de Trotski de 18 de outubro (citado no texto) e alguns dos seus artigos de jornal proporcionam uma análise precisa do Manifesto de outubro, no qual, como ele disse, "Tudo é dado — e nada é dado". Mas Trotski também foi um dos primeiros revolucioná-

rios a perceber que as massas da Rússia teriam de descobrir isso sozinhas, e, até que o fizessem — poderia levar anos —, a Revolução estava terminada.

66. Mathewson, em *The positive hero in Russian literature*, p. 172, usa o argumento de que o tratamento que Gorki dispensa à Revolução é muito mais profundo em romances como *The Artaminov business* e peças, onde ele retrata o seu impacto sobre a burguesia e os intelectuais (não heroicos e não revolucionários).

67. Gerschenkron, em *Economic backwardness in historical perspective*, pp. 124-33, situa o desenvolvimento comunista e as políticas de industrialização no contexto da tradição de Pedro.

68. Billington, *The icon and the axe*, pp. 534-6.

69. V. o trabalho de Leopold Haimson, Marc Ferro, Alexander Rabinowitch e outros, citado em detalhes nas notas 46 e 62. À medida que esse trabalho vai se desenvolvendo e sendo assimilado, estamos gradualmente acumulando conhecimento e ampliando uma perspectiva a partir da qual a história de Petersburgo em 1917 pode ser compreendida em toda a sua profundidade. Talvez, no futuro, essa história venha a ser finalmente contada de modo adequado.

70. Os poemas de Mandelstam, na maior parte sem título, estão numerados de acordo com a edição-padrão russa, org. Gleb Struve e Boris Filippov, e publ. em Nova York em 1967. As traduções aqui utilizadas são de Clarence Brown e W. S. Merwin, em *Osip Mandelstam: selected poems* (Atheneum, 1974).

71. "Meia-noite em Moscou", omitido do *Selected poems*, pode ser encontrado em *Complete poetry of Osip Emilevich Mandelstam*, trad. Burton Raffel e Alan Burago (State University of New York Press, 1973). Mas preferi usar a versão de Max Hayward, de sua tradução do magnífico *Hope against hope: a memoir* (Atheneum, 1970), p. 176. A viúva de Mandelstam colocou grande ênfase no compromisso do poeta (e no seu próprio) com esta tradição, pp. 176-8; v. pp. 146-54 para um contraste entre Mandelstam, "o homem comum" de Petersburgo, e Pasternak, o "aristocrata de Moscou".

72. Trad. Clarence Brown em *Prose of Osip Mandelstam* (Princeton, 1967), pp. 149-89, com um penetrante ensaio crítico, pp. 37-57.

73. Clarence Brown, *Mandelstam* (Cambridge, 1973), pp. 125, 130.

74. Para as primeiras oito linhas, usei a tradução de Max Hayward, em *Hope against hope*, p. 13, que inclui "o assassino e exterminador de camponeses". Utilizei a versão de Mervin e Brown, mais consistente, para as últimas oito linhas. Esta tradução foi feita a partir de uma versão posterior do poema, onde o quarto verso é diferente. Essa versão é aquela que passou pelas mãos da polícia.

75. *On socialist realism*, publicado sob o pseudônimo de Abram Tertz, apareceu na revista *Dissent*, trad. George Dennis, em 1959, e em forma de livro (Pantheon, 1960), com introdução de Czeslaw Milosz.

76. Alexander Zinoviev, *The yawning heights*, publicado em *samizdat* em 1974-5, trad. Gordon Clough (Random House, 1979), p. 25.

77. Cornelia Gerstenmaier, *The voices of the silent*, trad. do alemão por Susan Hecker (Hart, 1972), p. 127. Esse volume, juntamente com *In quest of justice*:

protest and dissent in the Soviet Union today (Praeger, 1960), apresenta um relato fascinante, com grande número de documentos, do renascimento da dissidência nos jornais e nas ruas.

78. Citado por Natalia Gorbanevskaia, em *Red Square at noon*, trad. Alexander Lieven, intr. Harrison Salisbury (Holt, Rinehart, Winston, 1972), pp. 11-2, 221-2. Gorbanevskaia, ela mesma participante dessa demonstração, ficou presa num hospital da KGB por muitos anos.

79. Na verdade, aos olhos dos outros habitantes deste mundo, eles parecem sentir-se à vontade demais. Assim, Simon Karlinski atacou ferozmente Dostoievski, em setembro de 1971, num artigo na primeira página do *New York Times Book Review*. Depois de citar um batalhão de autoridades culturais, de Nabokov a Lenin, sobre a depravação, repugnância e inaptidão artística de Dostoievski, Karlinski deixou claro que o alvo de sua ira eram seus alunos radicais, que amavam Dostoievski desesperadamente, mas que pouco se importavam com escritores russos realmente "civilizados". Karlinski conta como, recentemente, havia ligado o rádio em busca de descanso neste mundo saturado de admiradores de Dostoievski, mas acabara ouvindo um grupo de aficionados engajados numa discussão com o ultra-aficionado Herbert Marcuse! É para se ter pena de Karlinski; foi para isso que ele lutou por um lugar ao sol da Califórnia? Entretanto, ele deveria ter se lembrado das últimas e proféticas palavras de Svidrigailov, pronunciadas no momento em que atirava contra a própria cabeça: "Diga-lhes que estou indo para a América". (Sua única testemunha, cabe observar, é um pobre recruta judeu, cujos bisnetos bem podiam ter seguido aquele espectro para assombrar as aulas de Karlinski.)

V. NA FLORESTA DOS SÍMBOLOS [pp. 336-410]

1. Essas afirmações estão citadas por Robert Caro no seu monumental estudo, *The power broker: Robert Moses and the fall of New York* (Knopf, 1974), pp. 849, 876. A passagem do "cutelo" provém das memórias de Moses, *Public works: a dangerous trade* (McGraw-Hill, 1970). A avaliação feita por Moses da Via Expressa Cross-Bronx aparece numa entrevista com Caro. *The power broker* é a fonte principal da minha narrativa sobre a carreira de Moses. V. também o artigo de minha autoria sobre Caro e Moses, "Buildings are judgment: Robert Moses and the romance of construction", *Ramparts*, mar. 1975, e um artigo adicional na edição de junho.

2. Palestra proferida no Long Island Real Estate Board, 1927, citada por Caro, op. cit., p. 275.

3. Mas o empreendimento norte-americano nunca se rende. Nos fins de semana, uma procissão contínua de aeroplanos cruza o ar logo após a linha da praia, traçando palavras no céu ou portando faixas que proclamam as qualidades de várias marcas de refrigerantes ou de vodca, de discotecas ou clubes de sexo,

de políticos e empresas locais. Nem mesmo Moses foi capaz de zonear o céu como área proibida ao comércio e à política.

4. Coney Island é a epítome daquilo que o arquiteto holandês Rem Koolhaas denomina "a cultura do congestionamento". *Delirious New York: a retrospective manifesto for Manhattan* [Nova York Delirante: um manifesto retrospectivo para Manhattan], especialmente pp. 21-65. Koolhaas vê Coney Island como um protótipo, uma espécie de reverso da intensamente vertical "cidade de torres" de Manhattan; compare-se o traçado radicalmente horizontal de Jones Beach, apenas acentuado pela torre de água, a única estrutura vertical permitida.

5. *The city of tomorrow*, pp. 64-6. V. Koolhaas, pp. 199-223, sobre Le Corbusier e Nova York.

6. Isso gerou amargos conflitos com os proprietários e deu a Moses a oportunidade de aparecer como defensor do direito do povo ao ar livre e fresco e à liberdade de movimento. "Isso era estimulante para Moses", relembra um de seus engenheiros meio século depois. "Ele fazia com que a gente se sentisse parte de algo grandioso. Era a gente lutando contra os ricos proprietários e legisladores reacionários em benefício do povo. [...] Era quase como se fosse uma guerra" (Caro, pp. 228, 272). Na verdade, porém, como mostra o próprio Caro, virtualmente todo o terreno de que Moses se apropriou consistia em pequenas casas e sítios familiares.

7. Para detalhes deste episódio, v. Caro, op. cit., pp. 368-72.

8. Por outro lado, tais projetos realizaram uma série de incursões drásticas e fatais na rede urbana de Manhattan. Koolhaas, em *Delirious New York*, p. 15, explica incisivamente a importância desse sistema para o ambiente da cidade: "A disciplina bidimensional da Rede cria a liberdade nunca sonhada para a anarquia tridimensional. A Rede define um novo equilíbrio entre controle e descontrole. [...] Com sua imposição, Manhattan está para sempre imunizada contra qualquer intervenção totalitária (adicional). No quarteirão simples — a maior área possível que pode ser submetida ao controle arquitetônico — ela desenvolve uma máxima unidade de Ego urbanístico". São precisamente essas fronteiras do Ego que o próprio ego de Moses procurou suprimir.

9. *Space, time and architecture*, pp. 823-32.

10. Walter Lippmann parece ter sido um dos poucos a perceber as implicações de longo alcance e os custos ocultos desse futuro. "A General Motors despendeu uma pequena fortuna para convencer o público norte-americano de que, se desejava gozar dos benefícios da empresa privada na fabricação de automóveis, teria de reconstruir suas cidades e suas rodovias pela ação da empresa pública." Essa profecia correta está citada em seu belo ensaio "The people's fair: cultural contradictions of a consumer society" [A feira do povo: contradições culturais de uma sociedade de consumo], incluído no volume do catálogo do Museu de Queens, *Dawn of a new day: the New York World's Fair*, 1939-40 [Madrugada de um novo dia: a Feira Mundial de Nova York] (NYU, 1980, p. 25).

Esse volume, que inclui interessantes ensaios de diversos autores e fotografias esplêndidas, é o melhor livro disponível sobre a feira.

11. Frances Perkins, *Oral history reminiscences* (Columbia University Collection), citado por Caro, op. cit., p. 318.

12. Uma análise definitiva das autarquias públicas nos Estados Unidos pode ser encontrada em *The public business: the politics and practices of government corporations* (MIT, 1978), de Annemarie Walsh, especialmente os caps. 1, 2, 8, 11, 12. O livro de Walsh contém muitas informações interessantes a respeito de Moses, mas ela situa o seu trabalho num amplo contexto social e institucional que Caro tende a omitir. Robert Fitch, num agudo ensaio de 1976, "Planning New York", tenta deduzir todas as atividades de Moses a partir de uma agenda de cinquenta anos organizada pelos financistas e funcionários da Regional Plan Association; isso aparece em *The fiscal crisis of American cities*, org. Roger Alcaly e David Mermelstein (Random House, 1977), pp. 247-84.

13. *Space, time and architecture*, pp. 831-2.

14. Moses pelo menos era suficientemente honesto para chamar um cutelo por seu nome real, para reconhecer a violência e a devastação no âmago de suas obras. Bem mais típica do planejamento do pós-guerra é uma sensibilidade como a de Giedion, para quem, "após a cirurgia necessária, a cidade artificialmente inflada está reduzida a seu tamanho natural". Essa genial autoilusão, que pressupõe que as cidades possam ser retalhadas sem sangue ou ferimentos, sem gritos ou dor, aponta o caminho da "precisão cirúrgica" dos bombardeios da Alemanha, do Japão e, depois, do Vietnã.

15. Das discussões recentes sobre os problemas e paradoxos daquele período, a melhor é o ensaio de Morris Dickstein, "The cold war blues", que aparece como o segundo capítulo de *Gates of eden*. Para uma interessante polêmica sobre os anos 1950, v. o ataque de Hilton Kramer a Dickstein, "Trashing the fifties", *The New York Times Book Review*, 10 abr. 1977, e a réplica de Dickstein na edição de 12 jun.

16. Para uma versão ligeiramente posterior desse conflito de sensibilidade muito diferente mas de equivalente força intelectual e visionária, compare-se com "For the union dead", de Robert Lowell.

17. Um relato detalhado deste caso pode ser encontrado na obra de Caro, pp. 1132-44.

18. *The death and life of great American cities* (Random House e Vintage, 1961). Os trechos seguintes são das páginas 50-4. Para uma interessante discussão crítica da visão de Jacobs, v., por exemplo, Herbert Gans, "City planning and urban realities", *Commentary*, fev. 1962; Lewis Mumford, "Mother Jacobs' home remedies for urban cancer", *The New Yorker*, 1º dez. 1962, republ. *The urban prospect* (Harcourt, 1966), e Roger Starr, *The living end — the city and its critics* (Coward-McCann, 1966).

19. Em Nova York, essa ironia teve um efeito especial. É provável que nenhum político norte-americano tenha encarnado a fantasia e as esperanças

da cidade moderna tão bem como Al Smith, que usou como hino de sua campanha presidencial de 1928 a canção popular "East Side, West Side, all around the town [...] We'll trip the light fantastic on the sidewalks of New York" [East Side, West Side, por toda a cidade. [...] Passearemos à luz fantástica nas calçadas de Nova York]. Foi Smith, no entanto, que nomeou e apoiou vigorosamente Robert Moses, o homem que fez mais que qualquer outro para destruir essas calçadas. Os resultados das eleições de 1928 mostraram que os norte-americanos não estavam prontos ou dispostos a aceitar as calçadas de Nova York. Por outro lado, como depois ficou claro, os Estados Unidos estavam contentes em abraçar "as rodovias de Nova York" e em pavimentar a si próprios à sua imagem.

20. Citado por Barbara Rose, em *Claes Oldenburg* (MOMA/New York Graphic Society, 1970), pp. 25, 33.

21. Nota à exposição *The streets*, referido por Rose, op. cit., p. 46.

22. Declaração constando do catálogo da exposição de 1961, "Environments, situations, spaces", citada por Rose, op. cit., pp. 190-1. Esta declaração, uma incrível mistura de Whitman com dadaísmo, está também reproduzida em *Pop art redefined*, de Russell e Gablik, pp. 97-9.

23. A ideia de que a rua, ausente do modernismo dos anos 1950, tornou-se um ingrediente ativo no modernismo da década de 1960 não resiste a um exame mais acurado de todos os meios de expressão. Mesmo nos desesperançados anos 1950, a fotografia continuou a alimentar-se da vida nas ruas, como o fizera desde seus primeiros tempos. (Note-se, também, as estreias de Robert Frank e William Klein.) A segunda maior cena de rua da ficção norte-americana foi escrita na década de 1950 sobre a de 1930, na obra de Ralph Ellison, *Invisible man*. A melhor passagem, ou as melhores passagens, foram escritas nos anos 1930: a East 6th Street, em direção ao rio, em *Call it sleep*, de Henry Roth. A rua passou a ser uma presença fundamental nas sensibilidades bastante diferentes de Frank O'Hara e Allen Ginsberg nos últimos anos da década, em poemas como "Kaddish", de Ginsberg, e "The day lady died", de O'Hara, ambos pertencentes ao ano de transição de 1959. Embora seja necessário assinalá-las, as exceções não parecem negar meu argumento de que uma grande transformação ocorreu.

24. Contemporâneas da obra de Jacobs, e semelhantes a ela em sua tessitura e riqueza, há a ficção urbana de Grace Paely (cujas histórias se passam no mesmo bairro) e, a um oceano de distância, a de Doris Lessing.

25. Citado por Caro, op. cit., p. 876.

26. Em *Blindness and insight*, pp. 147-8.

27. Tomei emprestado este título de um trabalho da década de 1960, o álbum de Bob Dylan, *Bringing it all back home* (Columbia Records, 1965). Esse disco brilhante, talvez o melhor de Dylan, é pleno do radicalismo surreal do final dos anos 1960. Ao mesmo tempo, o seu título e os títulos de algumas de suas canções — "Subterranean homesick blues" [Blues subterrâneo com saudade de casa], "It's alright, ma, I'm only bleeding" [Tudo bem, mãe, estou só

448

sangrando] — expressam um vínculo intenso com o passado, com os pais, com o lar, que estava quase totalmente ausente uma década atrás. Esse álbum pode voltar a ser experimentado hoje, como um diálogo entre os anos 1960 e os anos 1970. Aqueles dentre nós que se formaram em meio às canções de Dylan só podem esperar que ele possa aprender tanta coisa com seu trabalho dos anos 1960 quanto nós aprendemos com ele.

28. *Woman warrior: memoirs of a girlhood among ghosts* (Knopf, 1976; Vintage, 1977). Os temas desse livro ganham desenvolvimento, com maior alcance histórico e menos intensidade pessoal, numa espécie de continuação intitulada *China men* (Knopf, 1980).

29. Um roteiro de *Rumstick road* é republicado, com marcação cênica de Elizabeth Le Compte e algumas poucas fotografias, in *Performing Arts Journal*, III, 2 (outono 1978). *The Drama Review*, nº 81 (mar. 1979) traz comentários sobre as três peças de Gray e James Bierman, juntamente com excelentes fotografias.

30. Declarações sem título, 1971-2, em *The writings of Robert Smithson: essays and illustrations*, org. Nancy Holt (NYU, 1979), pp. 220-1. Para as visões urbanas de Smithson, v. seus ensaios "Ultra-moderne", "A tour of the monuments of Passaic, New Jersey", e "Frederik Law Olmsted and the dialectical landscape", todos nesse volume.

31. Finalmente, no final dos anos 1970, algumas autarquias e comissões de artes locais começaram a responder favoravelmente, e algumas expressivas obras da terra passaram a ser construídas. Essa grande oportunidade incipiente também apresenta problemas, coloca os artistas em conflito com os defensores do meio ambiente e pode levá-los a criar uma mera beleza cosmética que disfarça a cobiça e a brutalidade políticas das grandes corporações e dos políticos. Para uma lúcida análise das formas pelas quais os artistas da terra colocaram e responderam tais questões, veja-se Kay Larson, "It's the pits", *Village Voice*, 2 de setembro de 1980.

32. V. o volume *Devastation/resurrection: the South Bronx*, preparado pelo Bronx Museum of Art no inverno de 1979-80. Esse volume apresenta um ótimo relato, tanto da dinâmica da destruição como dos primórdios do processo de reconstrução.

33. V., de Carter Ratcliff, "Ferrer's sun and shade", *Art in America* (mar. 1980), pp. 80-6, para uma aprofundada discussão desse artigo. Mas Ratcliff não nota que, interligada à dialética do trabalho de Ferrer, o local desse trabalho — a Fox Street, no South Bronx — tem uma dialética interna própria.

34. Para uma breve discussão, v. a nota 26 da introdução.

35. *Growing up absurd: problems of youth in organized society* (Random House, 1960), p. 230.

36. *Paracriticisms: seven speculations of the times*, p. 40.

ÍNDICE REMISSIVO

Administração Federal de Habitação, 360
Adorno, T. W., 412, 426-7
Advento da Idade de Ouro, O, por Stent, 101
Aleichem, Sholem, 403, 418
Além do bem e do mal, por Nietzsche, 32
Alexandre I, czar da Rússia, 211, 218, 224, 242
Alexandre II, czar da Rússia, 250, 436
"Almirantado, O", por Mandelstam, 215, 318
anti-heróis, 188, 260
antissemitismo, simbolismo do, 417
antiurbanismo: da arquitetura moderna, 196-200; marxismo e, 441; palácio de Cristal e, 285, 287-8; Robert Moses e, 349-50
Arendt, Hannah, 201, 363, 427; crítica de Marx por, 153, 155-6
arquitetura modernista: antagonismo à cidade na, 196-201; crítica da, 433
art déco, 346-7
arte da terra, 401
autodesenvolvimento: custos humanos do, 69-71, 74, 153-4, 421-2; desejo de Fausto por, 53-4; desenvolvimento econômico ligado a, 53, 77-8, 81-2, 118-20; economia de Mefistófeles do, 61; restrito sob o capitalismo, 118-9; trabalho como meio de, 120-1

Azev, Evni, 297, 300, 442

Babel, Isaac, 96, 368
Baca, Judith, 402
Balzac, Honoré de, 170, 173, 176-7, 184, 234
Banville, Theodore de, 159, 165
Barthes, Roland, 41
Baudelaire, Charles, 21, 34, 43-4, 49, 110, 148, 153-4, 158-71, 173-7, 179-81, 183-5, 187, 189-91, 193-201, 203, 205, 268-71, 275, 298, 319, 338, 368, 371, 373, 375, 424, 428-31, 438; anti-pastorais de, 161, 166-7; artista moderno como o "amante da vida universal" segundo, 174; autorrebaixamento de, 165, 167; dualismo entre arte e vida modernas, 167, 169; dualismo entre ordem material e ordem espiritual segundo, 167; heroísmo da vida moderna segundo, 171-2, 196; modernismo de Dostoievski *vs.*, 268-71; moderno-latria e desespero cultural a partir de, 161, 201; paradoxos da modernidade, segundo, 171; pastorais de, 161-6; realidade material como inspiração para, 168-9, 171, 173-5; *v. tb.* "Olhos dos pobres, Os"; "Perda do halo, A"; *Spleen de Paris*
"Baudelaire", por Eliot, 158
Belinski, Vissarion, 225, 316, 435

451

Bell, Daniel, 43, 149, 426-7

Benjamin, Walter, 175-6, 187, 412, 426

Bieli, Andrei, 205, 214, 298-300, 302, 309, 311, 313-6, 320, 324-5, 437, 443; modernismo segundo a interpretação de, 311-3; *v. tb. Petersburgo*

Billington, James, 317, 433

Boccioni, Umberto, 37, 43

Branco, canal do mar, 95

Brecht, Bertolt, 417, 426

Bringing it all back home, 448

Bronx, 382-4, 400-6; arte da terra proposta para o, 401; como pesadelo urbano, 340, 404-5; mural proposto para o, 402-4; renovação da vizinhança, 404; sonho moderno de mobilidade e o, 383; *v. tb.* Cross-Bronx, via expressa

Brooklin Dodgers, designação dos, 431

Brown, Jerry, 419

Brown, Norman O., 99, 363, 426

Bucher, Lothar, 279, 440

bulevares, 228, 287; como marco do urbanismo do século XIX, 180-1, 195; contradições do capitalismo simbolizadas pelos, 193; exibição do amor nos, 182; macadame nos, 190; mobilidade e liberdade como resultantes dos, 191; na modernização de Paris, 180, 185, 189-95, 269; parisienses pobres e os, 183, 185, 430; protestos revolucionários e os, 184, 195, 197, 201-2; tráfego nos, 189-91, 194, 197-8

"Burgueses, Aos", por Baudelaire, 162-3, 424

burguesia: aversão russa à, 225; celebração por Baudelaire da, 162; como "Partido da Ordem", 123;

como feiticeiros, 124-6; criatividade dinâmica negada pela, 122, 124; dinamismo perpétuo como essencial à, 115-6; exaltação de Marx da, 114, 116; intensidade da dependência à, 140-5; ironia no ativismo da, 116; princípio da livre troca e a, 136-9; sublevação da, 117; violência e destrutividade, 123, 125-7; *v. tb.* capitalismo

Burke, Edmund, 59, 133, 135, 188

Burke, Kenneth, 358

Burroughs, William, 149

Cage, John, 44-5

Capital, O, por Marx, 109, 121, 141, 421-3, 425

capitalismo: bulevares e caos do, 190; desenvolvimento de Fausto e o, 63-4; dialética entre o bem e o mal no, 417; formações sociais sólidas do, 113; ideólogos do, 122, 149; potencial para autodesenvolvimento no, 119; vínculos comunitários dos trabalhadores no, 127-8. *v. tb.* burguesia

Capitão América, 51, 104

"Capote, O", por Gogol, 241, 243

"cárcere de ferro", conceito de, 39, 46, 412

Carlyle, Thomas, 34, 39, 43, 67, 159, 352

Caro, Robert, 347, 353, 382-3, 433, 445

Catarina, a Grande, imperatriz da Rússia, 210-1, 224

Cavaleiro de Bronze, O, por Falconet, 210, 219-20, 239, 317

"Cavaleiro de bronze, O", por Puchkin, 213-4, 222, 224, 239, 274, 328, 437; descrição lírica de São Petersburgo em, 214-6; homem-deus *vs.* ídolo em, 219-

-22; protesto radical em, 222, 270; vingança da natureza em, 216, 218, 222

Chadaaev, Piotr, 210, 225

Chaplin, Charles, 188

Chernyshevski, Nikolai, 253-8, 276, 284-7, 289, 320, 322; Dostoievski e, 258-9, 262-3, 272, 275; palácio de Cristal como símbolo para, 258, 275, 277, 281-2, 284--6; personalidade da Rússia revolucionária e, 274-5, 438; prisão de, 253, 258; *v. tb. Que Fazer?*

Chevalier, Louis, 429-30

cientistas nucleares: mito fáustico e, 105-8; no papel de Mefistófeles, 107; "sacerdócio nuclear" e, 420

City of tomorrow, The (*L'Urbanisme*), por Le Corbusier, 197, 432

Colinas bocejantes, As, por Zinoviev, 332

Coltrane, John, 43

comunismo: bases para a ausência de autoridade no, 155; dissolução de fronteiras, 128-9; ideal desenvolvimentista no, 121, 154; potencial niilístico, 139, 155

Condição humana, A, por Arendt, 155, 363

Coney Island, 338, 348

Conselho de Operários de Fábrica de Petersburgo, 291

Constantino Pavlovich, grão-duque da Rússia, 212

construtivismo, 148, 175, 283, 298, 352

Contradições culturais do capitalismo, As, por Bell, 43

Contribuição ao problema da habitação, por Engels, 430

"Coração fraco, Um", por Dostoievski, 225

Courbet, Gustave, 148, 165, 375

criação, mito judaico-cristão da, 61-2

Crime e castigo, por Dostoievski, 423, 436, 439

Cristal, palácio de, em Londres, 257--8, 275-9; como ameaça à autonomia pessoal, 276; como criação de engenheiros, 282-3; construção e remontagem do, 278-9; descrição do, 275, 277-81; "nova Rússia" de Chernyshevski e o, 285; potencialidades antiurbanas do, 285-9; reação pública ao, 278-81

Cross-Bronx, via expressa, 340--2, 344-6; cercanias destruídas pela, 340-7; construção da, 342; devastação econômica da, 340--3; Mural do Bronx e a, 402-4; natureza expansiva da modernidade e a, 345-6

Crumb, Robert, 376

Cunningham, Merce, 34, 374

dadaísmo, 148, 175, 233, 368, 448

dança moderna, e a vida da rua, 373-4

De Man, Paul, 389-90

Death anf life of great American cities, The [*Morte e vida de grandes cidades*], por Jacobs, 202, 369, 372-3, 378-82; como visão feminina da cidade, 378; complexidade da vida urbana em, 372; exaltação da família e do bairro em, 379--80; imagem da dança em, 373; montagem urbana em, 370-1

desespero cultural, 161, 201, 412

Deus: concepção de Fausto, 61; do Velho *vs.* do Novo Testamento, 416-7; morte de 31, 111, 124, 136

dezembristas, 212-3, 222, 300

"Diário de um louco", por Gogol, 241

453

Dickens, Charles, 159, 177, 234, 319, 369, 375, 431
Diderot, Denis, 176, 210-1
Dionísio, 153
Discurso sobre as artes e as ciências, por Rousseau, 210
Dnieper, ponte, em Kiev, 441
Domingo Sangrento (9 de janeiro de 1905), 290-1, 293, 295, 313; confronto no, 292; modernidade expressa no, 293; reivindicações da manifestação do, 291-2; tática policial no, 292-6
Dostoievski, Fiodor, 49, 110, 136, 159, 174, 177, 214, 216, 223, 225, 242-3, 246-8, 257-8, 260, 262-3, 267-8, 271, 274, 290, 296, 301, 309, 319-20, 326, 357, 368, 423, 436, 441; busca da dignidade como tema de, 242, 246, 264, 266-7; Chernyshevski e, 257, 259, 262, 264, 272, 275--6, 279; cidade moderna amada por, 287--90; engenharia segundo, 282-3; modernidade de Baudelaire *vs.*, 268-71; movimentos revolucionários e, 274-5; palácio de Cristal como símbolo para, 275, 278-83, 285-9; subdesenvolvimento russo e inferioridade de, 281; *v. tb. Notas do subterrâneo*
Dremliuga, Vladimir, 333
Dylan, Bob, 376

Eisenstein, Sergei, 214, 216, 233, 298, 317, 324, 362
Eliot, T. S., 40, 112, 158, 175, 201, 268, 362, 368
Ellison, Ralph, 363
Engels, Friedrich, 177, 368, 375, 421, 423, 430
engenharia como símbolo da criatividade humana, 282-3

Eros e civilização, por Marcuse, 153, 426
estrada de ferro, como paradigma da ordem, 431
estruturalismo, 45
Evgeni Oneguin, por Puchkin, 214
expressionismo abstrato, 363, 374, 406

Falconet, Etienne, *O Cavaleiro de Bronze* de, 210, 240, 300
fantasmas: no modernismo dos anos 1970, 391-5, 400, 404-5; simulação da identidade moderna e, 394-5
fáustico, homem, julgado obsoleto, 102
fáustico de desenvolvimento, modelo, 90, 92-8; custos humanos do, 96-7; equilíbrio entre poder público e privado no, 93-4; para futuro a longo prazo da humanidade, 91; responsabilidade da sociedade no, 107; símbolos de progresso, 97; transformações implacáveis no, 98; *v. tb.* pseudofáustico, modelo de desenvolvimento
Fausto, 50-86, 88-91, 93-5, 97-104, 106-8; ação histórica e angústia simbolizadas por, 99; cientistas nucleares e, 104-7; como amador, 55, 65-76; como demônio da "moderna cultura do progresso", 104; como feiticeiro burguês, 125-6; como fomentador, 53-4, 59, 77-81, 83-5, 87-8, 90, 93, 344, 352; como intelectual, 143; como sonhador solitário, 54-65, 77; como vilão dos anos 1970, 103-4; história de, como figura literária, 50-1
Fausto, por Goethe, 50-82, 84, 86-7,

454

89-91, 93-9, 101-9, 115, 143; autodesenvolvimento relacionado ao desenvolvimento econômico, 53, 77, 81-4; cena da "floresta e caverna" em, 70; cisão entre a vida interior e mundo exterior, 55-61; colapso social e, 75-6; como desafio à sociedade moderna, 108; como tragédia do "desenvolvimento capitalista", 90; desejo de desenvolvimento em, 53; dialética da criação e destruição em, 60--2, 71-2, 78-9; economia e autodesenvolvimento em, 61-4; Filemo e Báucia em, 84, 89, 95, 98-9; homogeneidade do mundo modernizado em, 86-9, 91--101, 103-8; interlúdio político em, 79; liberação psíquica, 58--9; natureza espiritual da modernização em, 82-3; obsolescência do fomentador em, 88, 90; "pequeno mundo" em, 66, 68, 71, 75-6; Prelúdio e Prólogo em, 416; "Tragédia de Gretchen" em, 65-76; utopismo e, 91-2; vida moderna como um todo coerente em, 110; visão gótica descrita em, 72-3, 86; *Walpurgisnacht* em, 71; *v. tb.* Gretchen; Mefistófeles

Feira Mundial (1939-40), 341, 355, 360

feminismo, 378

Ferrer, Rafael, 406, 449

fetichismo das mercadorias, 141

FHA (Federal House Administration), *ver* Administração Federal de Habitação

FHP (Federal Highway Program), *ver* Programa Rodoviário Federal

Fim de São Petersburgo, O, por Pudovkin, 317

Fitzgerald, Scott, 349, 355

Flaubert, Gustave, 110, 145

fotografia: verdade *vs.* beleza na, 168-9

Foucault, Michel, 46-7, 201, 415

Frankenstein, 125

Frankfurt, Escola de, 154, 427

Freud, Sigmund, 40, 58, 183, 249, 394, 437

"Froim Grach", por Babel, 96

futurismo, 35-9, 148, 175, 233, 288, 298, 324, 412

Gapon, George, 291-3, 295-6, 438; manifestação liderada por, 291; polícia secreta e, 295, 297; zelo revolucionário de, 291

Garden cities of to-morrow, por Howard, 287-8, 441

Gente pobre, por Dostoievski, 243, 245, 247, 436: conceito de "egoísmo necessário" em, 242

Giedion, Siegfried, 354-5, 359-60, 432

Ginsberg, Allen, 339, 341, 344, 364--5, 368, 394

Globe, Le, 91, 93

Godard, Jean-Luc, 376, 432

Goethe, Johann Wolfgang von, 21, 50-1, 53, 56-9, 61, 66-7, 69, 71, 73, 76, 80, 159, 417; emergência do moderno sistema mundial e, 52-3; saint-simonianos e, 91; *v. tb.* Fausto; *Fausto*

Goffman, Ervin, 46, 415

Gogol, Nikolai, 177, 214, 225, 229, 231-3, 235-6, 238-41, 244, 272, 300-1, 309, 320, 324, 326, 369--70, 435; morte de, 238; *v. tb.* "Projeto Nevski, O"

Goodman, Paul, 363, 409, 426

Gorki, Maxim, 315, 444

gótico, mundo, 72, 83, 86-7

455

Gramsci, Antonio, 146, 421
Grande Exposição Internacional (1851), 278, 441
Grande Gatsby, O, por Fitzgerald, 349, 355
Grass, Günter, 34, 363
Gray, Spalding, 394-6, 449
Green, Gerald, 392
Greenberg, Clement, 41
Gretchen, 66, 68-76, 86-7, 98; convenções do velho mundo e, 74-6; tema do autodesenvolvimento e, 75, 79
Grooms, Red, 374, 376
Guernica, por Picasso, 43
Guerra e paz, por Tolstoi, 212
Guys, Constantin, 163, 165, 172

Haley, Alex, 392
Harvey, David, 423
Hassan, Ihab, 409
Haussmann, Georges Eugène, 177-81, 354, 429-30; bulevares como inovação de, 181-2, 184, 189, 228, 269; Moses e, 181, 354, 430, 448
Hegel, Georg, 41, 153, 159, 249, 355
"Heroísmo da vida moderna", por Baudelaire, 159, 171, 196, 429
Herzen, Alexander, 159, 212, 224-5, 252, 434
"História literária e modernidade literária", por De Man, 389
Holocausto, por Green, 392
"homem novo", *ver raznochintsy*
Homem unidimensional, O, por Marcuse, 40
"homens supérfluos", 245
Howard, Ebenezer, 287, 360, 441

Ideologia alemã, A, por Marx e Engels, 121, 154
individualismo, 121, 135, 155, 417
Inkeles, Alex, 38, 412

"Instituições Sociais e Energia Nuclear", por Weinberg, 106
intelectuais: como membros do proletariado, 142; ideias revolucionárias dos, 144; perda do halo dos, 141, 144, 191; posição privilegiada dos, 143
Invisible man, por Ellison, 363

Jacobs, Jane, 202, 338, 369-74, 377, 379-81, 383, 396, 432 *v. tb. Death and life of great American cities, The*
James, Bernard, 103
Jencks, Charles, 433
Johnson, Philip, 414
Jones Beach, parque estadual, 347-50, 357; clareza de espaço e forma em, 347, 349; serenidade do, 347, 349
Joyce, James, 43, 100, 175, 233, 298, 362, 367-70, 372

"Kaddish", por Ginsberg, 394
Kafka, Franz, 112, 298, 325, 368
Kandinsky, Vassili, 169, 298
Kant, Immanuel, 167-8
Kaprow, Allen, 374
Karlinski, Simon, 445
Kazan, praça, em São Petersburgo: manifestação na (1876), 272-3, 320, 332
Keaton, Buster, 188
Khazov, 273
Kierkegaard, Soren, 22, 34, 39, 110, 140, 174, 368
Kingston, Maxine Hong, 34, 392-3
Koolhaas, Rem, 336
Kurtz, Mr., 344, 357, 366, 432

lar: luta em harmonia com o, 391; memória étnica e, 391-2; no modernismo dos anos 1970, 390

Lawrence, D. H., 43, 59, 380

Le Corbusier, Charles Jeanneret, 37, 197-9, 201, 284, 288, 372, 432-3; implicações políticas de, 200; ódio da rua moderna de, 200; ódio de Nova York de, 348; ódio de Paris de, 199; perspectiva do homem no carro assumida por, 199; serenidade desejada por, 349; tráfego como ameaça para, 198-9

Lenin, V. I., 214, 254, 274, 295, 317, 438, 445

Lessing, Doris, 364

Lettres persanes, por Montesquieu, 133

Lewis, Wyndham, 169, 369

linguagem internacional da modernização, 192

Lippmann, Walter, 446

livre troca, princípio da, 136-9; aplicação a ideias do, 137, 139, 142; compromisso da burguesia com o, 138; estendido à arte e à cultura, 166

Lubitsch, Ernst, 176

Luís xiv, rei da França, 209, 344

Lukács, Georg, 63, 80, 90, 110, 412, 416-7, 421, 426, 443

macadame: bulevares pavimentados com, 189-90; como protótipo do *Franglais*, 192

Mãe, A, por Gorki, 315

Maiakovski, Vladimir, 43-4, 201, 298, 324, 426

Mailer, Norman, 50, 100, 363

Maistre, Joseph de, 204, 211

Mandelstam, Ossip, 205, 214, 312, 316, 318-3, 325-8, 330-1, 362, 368, 444; desmascaramento como objetivo de, 328; "homem comum" de São Petersburgo representado por, 321-8, 330-5;

identificação com São Petersburgo de, 324; perseguição soviética a, 331-2; *v. tb. Selo egípcio, O*

Mandeville, Bernard de, 417

Manhattan, Projeto, 106

Manhattan, rede urbana de, 446

Manifesto do Partido Comunista, por Marx, 21, 30, 50, 75, 111-5, 120--2, 125-6, 129-30, 135, 137, 141, 150, 154, 162, 174, 188, 193, 206, 402, 410, 420, 422-3; como arquétipo do modernismo, 112, 126; crítica do, 126-7, 129, 135; dialética da nudez no, 130-5; formações sociais sólidas no, 113-4; visão diluidora no, 113-22

Mann, Thomas, 94

máquina estética, 37

Marcuse, Herbert, 40-1, 153-4, 201, 412, 426, 445; Marx criticado por, 153-5

Marlowe, Christopher, 50, 344

Marx, Karl, 21-2, 24, 28-36, 39-41, 43, 48-9, 54, 75, 81, 100, 109-27, 129, 131, 134-6, 138-41, 143-6, 148, 150, 153-6, 159, 162, 174, 176-7, 187-8, 193, 196, 205--6, 271, 275, 279-80, 352, 368, 375, 417, 420-5, 427-8; ativismo burguês exaltado por, 114--6; ausência de uma teoria da comunidade política por, 155--6; como escritor modernista, 109-12, 125, 146, 156, 159; destruição inovadora da burguesia segundo, 123-5, 127; ideal desenvolvimentista de, 119-20, 154, 422; imagem da nudez de, 130-2, 134-5; imagem do halo de, 140, 142-3, 145-7, 149, 186, 188-94; intelectuais segundo, 141-5, 189; literatura mundial segundo, 150, 193; personalidade moderna segundo, 119; princípio da livre troca segundo, 136-40, 162; revolução na visão de, 120-1, 124-5, 127-8, 132, 134, 137; sublevação e renovação perpétuas exaltadas por, 117-18, 120; teoria das crises de, 127; teoria do valor de troca de, 136; visão "diluidora" de, 24, 111-9, 280

McLuhan, Marshall, 37, 44, 116, 201

McNamara, Robert, 94, 367, 389

mediocridade, proteção da sociedade burguesa pela, 138

Mefistófeles, 53-4, 61-73, 76-8, 80-1, 85-6, 90, 93, 109; cientistas no papel de, 107; como empresário capitalista, 63, 90, 92; paradoxos de, 61-62

Merrill, James, 337, 376

Metamorfoses, por Ovídio, 84

Mies van der Rohe, Ludwig, 37, 389

Mikhailovski, Nikolai, 436

militar, desfile, na visão pastoral da modernidade, 165

Mill, John Stuart, 39, 138, 162

Miller, Henry, 387

modernidade: aparências deslumbrantes na, 163-6; definição de Baudelaire da, 159-61; no século XIX, resumida, 28; no século XVIII, resumida, 25-6; no século XX, resumida, 34-41, 43-4; três fases da, resumidas, 25-7

modernismo: acusações conservadoras do, 149 como exclusivo do Ocidente desenvolvido, 151; como procura de arte-objeto autorreferida, 42, 148, 167; como subversão pura, 43; definição de, 25-6, 406-7; dialética no, 197, 203; dualismo da modernização e do, 110-2, 158, 362-3; emergência da cultura mundial e, 150; Marx e, 110, 124, 146, 153-5; marxismo excluído

do, 148; nos anos 1960, 368-86; nos anos 1970, 386-98, 400-2, 404-10; pop, 44-5; repressão do, 152; "sensação de abismo" e, 311

modernização: como aventura *vs.* rotina, 283-5, 287-90; definição da, 25; diferentes caminhos da, 151; dualismo do modernismo e da, 110-1, 151-2, 158

"Modernização do homem, A", por Inkeles, 38

modernolatria, 161, 201

Mondrian, Piet, 169, 348

Montesquieu, Charles de Secondat, barão de la Brede e de, 133, 176

Moscou, 207; dualismo de São Petersburgo e, 207; mudança do regime bolchevique para, 316, 318, 327-8, 331

Moscou–Petersburgo, expresso, 227, 439

Moses, Robert, 21, 94, 181, 338-65, 367, 382-4, 389, 396-7, 403, 430, 432, 445-8; ambiente natural e projetos de, 345-9; aparente defensor dos direitos do povo, 446; autarquias públicas criadas por, 357-8; aversão ao povo por, 357; como homem de organização, 362; Feira Mundial (1939-40) e, 341, 355, 360; Jones Beach e, 341, 347-9; Long Island Parkway e, 349, 351, 361; Moloch de Ginsberg como, 341, 364-5; New Deal e, 350-1, 356; parques da cidade recuperados por, 351; potencialidades antiurbanas em projetos de, 359-61; problemas humanos ignorados por, 343-4, 360; projeto Triborough de, 353; queda de, 344-5, 361; *v. tb.* Cross-Bronx, via expressa

murais, 401-4

Nabokov, Vladimir, 110, 214, 238, 298, 435, 445

Napoleão i, 115, 211, 355

Napoleão iii, 93, 165, 177, 180-1, 189, 195, 429, 431

Napoleão III e a reconstrução de Paris, por Pinkney, 189

"Nariz, O", por Gogol, 241, 307

Nevski, projeto, em São Petersburgo, 227, 229-31, 233, 235-40, 242, 266-70; como cenário de teatro, 266-7; como espaço moderno típico, 228; demonstrações políticas no, 251-2, 272; descrição de Bieli do, 300-3, 307-8; descrição do, 227-8; Homem do Subterrâneo e, 206, 209-13; mitologia popular do, 241-3, 246-7, 435; promessa enganosa do, 242, 246; singularidade do, 227, 238; sociabilidade do, 228-9, 231; *v. tb.* "Projeto Nevski, O"

New Deal, 342, 350-1, 357; entusiasmo de trabalhadores no, 351-2; objetivos sociais do, 351

New Yorker, The, 51, 104

Nicolau i, czar da Rússia, 212-3, 216, 223-4, 326, 332, 441; desenvolvimento econômico retardado por, 224; regime repressivo de, 212-3, 223, 229, 434; simbolismo espectral e, 226

Nicolau ii, czar da Rússia, 291, 316, 437

Nietzsche, Friedrich, 28, 31-3, 35-6, 39, 48-9, 111, 124, 136-7, 148, 174, 204, 222, 275, 334, 368, 389, 423-4, 426; como modernista, 28, 31-3, 49; niilismo explorado por, 136-7, 424; "nômades do Estado" e, 204, 222, 275, 334

niilismo, 22, 31, 43, 124-5, 136-7, 139, 147, 149, 155-6, 251, 297, 334, 337, 365, 368, 414, 423-5, 442; origem da palavra, 251, 423

Ninotchka, 176, 305

Northern State Parkway, 349, 361

Nós, por Zamiatin, 288, 441

Notas de inverno sobre impressões de verão, por Dostoievski, 280, 440

"Notas de Petersburgo de 1836", por Gogol, 242

Notas do subterrâneo, por Dostoievski, 257, 268, 272, 274-6, 282, 286, 423; ambivalência plebeia em, 261-3; aspectos políticos da confrontação nas, 260, 264; aspirações utópicas nas, 263; busca do reconhecimento nas, 261, 267-8; degradação social e política nas, 263-4; desigualdade de classes nas, 260-1, 263-4, 267-8, 270-1; *motif* do palácio de Cristal nas, 257-8, 284-5, 287-90; projeto Nevski como cenário das, 262-5

Nova Direita, 380

Nova Esquerda, 40, 377, 386-7, 389

Nova Heloísa, A, por Rousseau, 27

Nova York, 337-8; arte e vida da rua em, 373-6; construção de vias expressas em, 353-5, 365-6; destruição contínua em, 337-8; Feira Mundial (1939-40) em, 341, 355, 360; obras de arte ao ar livre em, 397-9, 405-6; reciclagem de bairros em, 396, 401; regeneração de parques em, 350-1; símbolos internacionais em, 337-8; "tradição do Novo" em, 345-6; *v. tb.* Bronx; Cross Bronx, via expressa

Novalis, 387

459

nudez e desvelamento, 130, 132-4, 136; como antiidílio, 134; como metáfora da verdade e da auto-descoberta, 130-4; dialética de Shakespeare da, 131-6; imagem de Marx e, 130-2, 134-6

Odoievski, Vladimir, 435

Oldenburg, Claes, 367, 374-5, 404

"Olhos dos pobres, Os", por Baudelaire, 176, 178, 182, 185-7; divisão de classes em, 183-4; divisões interiores no indivíduo moderno em, 184-5; espaço urbano em, 180-5, 189; exibição pública da intimidade em, 182; pobreza urbana em, 179, 183-4

Olmsted, Frederick Law, 287, 401, 449

Orfeu, 153-4

Outubro, por Eisenstein, 216, 324

Pais e filhos, por Turguêniev, 245, 251, 423

Panamá, canal do, 92

Paris, 205; acontecimentos de 1968 em, 195; como arena de políticas explosivas, 269; esquema de Le Corbusier para, 199-200, 432; São Petersburgo *vs.*, 268-71; *v. tb.* bulevares

Partido Social Revolucionário, 297

Paxton, Joseph, 21, 277, 284, 286-7, 289

Paz, Octavio, 47, 152, 425

Pedro I, czar da Rússia, 207, 344; "O cavaleiro de bronze" e, 210, 215, 218-22; como herói revolucionário, 316-7; como presença espectral, 226; São Petersburgo construída por, 207

Pedro-Paulo, fortaleza, em São Petersburgo, 211, 253, 273, 437

Pentágono, marcha coletiva sobre o, 100

"Perda do halo, A", por Baudelaire, 176, 185, 187-8, 192-3; como drama da dessacralização, 187-8; energia anárquica como fonte de arte em, 191-2; ironia cômica em, 188; modernista *vs.* antimodernista em, 194; nuanças da linguagem em, 192-3; tráfego moderno e, 189-90, 194

Perkins, Frances, 356, 447

Petersburgo, por Bieli, 205, 305-15, 317, 325, 437; cena da bomba cm, 305-12; cena do encontro em, 302; críticas de, 315; estilo narrativo de, 298-9, 307-8, 313; personagens de, resumidos, 300; realismo e modernismo ligados em, 299-300, 311; Revolução de 1905 como cenário de, 298; tradição da cidade em, 299

Picasso, Pablo, 43, 393

Pinkney, David, 189

"Pintor da vida moderna, O", por Baudelaire, 159-60, 163-6, 172, 174-5

Platão, 121, 348

Plehve, Viacheslav von, 297

Plekhanov, Georgi, 273, 295

Poggioli, Renato, 42

Pollock, Jackson, 35

pós-modernismo, 44-5, 407-9, 414

Pososhkov, Ivan, 211

Programa Rodoviário Federal, 360-1

"Progresso", por Baudelaire, 170

"Projeto Nevski, O", por Gogol, 229, 231-3, 235, 237-9, 241, 272, 307, 324; aura mágica da hora noturna em, 233; disparidade entre introdução e narrativas, 238; ironia ambivalente em, 236; política em, 241; romance da rua da cidade em, 229; vida de sonho coletivo em, 237

Prometeu, 153-4

Proust, Marcel, 58, 298, 394

pseudofáustico, modelo, de desenvolvimento, 96-7

psicanálise, 26, 99, 437

"Público moderno e a fotografia, O", por Baudelaire, 168-71, 174

Puchkin, Alexander, 52, 110, 213-6, 218-22, 224, 234, 239, 249, 300, 317, 320; ligações políticas de, 213; *v. tb.* "Cavaleiro de bronze, O"

Pudovkin, Vsevolod, 317

Que fazer?, por Chernyshevski, 253-9, 265, 272; falhas de, 254-5; mitologia de fronteira em, 256-7; *motif* do palácio de Cristal em, 284; realismo *vs.* fantasmagoria em, 256; vidas exemplares de "novos homens novos" em, 254-5

Raízes, por Haley, 392

Rastrelli, Bartolomeo, 210

raznochintsy ("homens novos"), 250-71; cultura política moderna dos, 251; estilo do, 251; Homem do Subterrâneo como, 257-67; retrato por Chernyshevski dos, 254-8

reciclagem, do bairro, 396

Rei Lear, por Shakespeare, 78, 131-3, 188; dialética da nudez em, 131, 133

Revolução Francesa, 25, 56, 133, 274, 440

Revolução Russa (1905), 290-6, 313-5; atmosfera de mistério da, 296-7, 313; Manifesto de Outubro e a, 314; papel de Gapon na, 291-6; retrato literário da, *v. Petersburgo*

Revolução Russa (1917), 219, 317, 326, 332

Rich, Adrienne, 376, 387

Rilke, Rainer Maria, 111, 153, 417

Rimbaud, Jean Nicolas Arthur, 34, 111, 147

Romantismo, 57; ideal desenvolvimentista no, 91-2, 119-20; liberação psíquica no, 58-9

Rosenberg, Harold, 42, 345, 420

Rousseau, Jean-Jacques, 26, 133, 135, 210, 213, 380, 411, 421

ruas: artes visuais e, 374-6; como alternativas ao mundo da via expressa, 369, 386-7; como assimiladas à dança moderna, 373-4; como espaço político, 377; Le Corbusier e a destruição da, 199-200, 372; música popular e, 376; no modernismo dos anos 1950, 448; no modernismo dos anos 1960, 369-86, 448; *performances* nas, 376; poesia e, 376

Rumstick Road, por Gray e Le Compte, 394-6

Rússia, 57; como vanguarda da contra-revolução europeia, 211; estagnação econômica da, 204-7, 223-6, 269-70, 439; história do desenvolvimento revolucionário da, 274; os anos 1860 como linha divisória na história da, 250-2; pensamento e cultura empurrados ao subterrâneo na, 222-3, 270; polícia política na, 223, 295-7; servidão na, 224-5, 264, 334; terrorismo e assassinatos na, 297, 442; *v. tb.* São Petersburgo; União Soviética

Saint-Simon, Claude de Rouvroy, conde de, 92-3, 116, 282, 418, 428

461

saint-simonianos, 282, 428; projetos utópicos dos, 91-2; realização dos, 93

Sakinkov, Boris, 442-3

Salão de 1845, crítica de Baudelaire ao, 171

"Salão de 1846", por Baudelaire, 162, 424

samizdat, literatura, 332

Sant'Elia, Antonio, 37

São Petersburgo, 204-5; como "cidade irreal" arquetípica do mundo moderno, 207, 209-10, 212--3, 225-6, 298-9; como janela da Europa, 208, 215; como local espectral, 225-6, 298-9; construção de, 207-8; contrassonho da modernização vindo de baixo, 213, 257, 271-3, 275, 333-5; decoração pródiga de, 210; demonstrações individuais em, 270; desenho geométrico de, 208; dualismo entre Moscou e, 207; enchentes em, 214; fábricas e operários em, 271, 290-5, 301; modernismo no subdesenvolvimento em, 206-7, 227, 268; modernização de cima em, 207, 209-13, 256, 333-5; novo nome de, 316; Paris *vs.*, 268-71; população de, 209; pós-revolucionária, 316-32; Soviete de Delegados de Trabalhadores em, 293; *v. tb.* Nevski, Projeto

Sartre, Jean-Paul, 426

Schiller, Johann von, 119, 417

Schumacher, E. F., 105

Segal, George, 374, 376, 403

Selo egípcio, O, por Mandelstam, 205, 320-30, 362; conteúdo político de, 320-1, 326-9; declínio moral em, 324-5; estilo de, 321; herói de, 321-4, 330; meios eletrônicos de comunicação em, 325; nostal-gia de São Petersburgo em, 325--6; visão fragmentada em, 324

semáforos, 431

Serra, Richard, 398-400, 406

Shakespeare, William, 30, 131, 133--4, 188

Shelley, Mary, 125, 277

Shorter, Edward, 417

Simmel, Georg, 412

Siniavski, Andrei, 332

Smith, Al, 448

Smithson, Robert, 43, 401, 449

"Sobre a moderna ideia de progresso aplicada às belas-artes", por Baudelaire, 166-7

Soho, em Nova York, 396-8

"Sol de Porto Rico", por Ferrer, 405-6

Soljenitzin, Alexander, 419

Sontag, Susan, 44, 413-4

Sósia, O, por Dostoievski, 247, 249; busca da dignidade em, 249

Southern State Parkway, 353

Space, time and architecture, por Giedion, 354

Spiess, Johann, 50

Spleen de Paris, por Baudelaire, 175-80; folhetins como forma original de, 177; modernização de Paris e, 176-80, 182-7, 189, 191-3; poemas em prosa em, 175; *v. tb.* "Olhos dos pobres, Os", "Perda do halo, A"

Stalin, Joseph, 95-6, 148, 274, 317-8, 329-31, 344, 441

Steinberg, Leo, 42

Stendhal, 159

Stent, Gunther, 101-2

Stone, Lawrence, 417

subdesenvolvimento: cisão fáustica e, 57-8; desenvolvimento fáustico e, 94; modernismo do, 206-7, 227-8

suburbano, desenvolvimento, 288

Sue, Eugène, 177, 184
Suez, canal de, 92-3
surrealismo, 233, 238, 326, 368, 426
Szilard, Leo, 106

Tambor, O, por Grass, 363
Terceiro Mundo: cisão fáustica, 57-8; desenvolvimento pseudofáustico no, 96-7; repressão ao modernismo no, 151-2; Rússia do século xix como arquétipo do, 206, 271, 333; velocidade e mitologias populistas do, 64
Tevye e suas filhas, por Aleichem, 418
Tharp, Twyla, 34, 374
Three places in Rhode Island, por Gray e Le Compte, 394
Toennies, Ferdinand, 76
Toffler, Alvin, 37
Tolstoi, Leon, conde, 212, 227, 254
Towards a new architecture, por Le Corbusier, 200
"Trabalho alienado", por Marx, 121
tráfego, 191; caráter dual dos veículos no, 247; celebração do, 198--9; pedestres ameaçados pelo, 199, 201-2
Triborough, projeto, 353-4
Trotski, Leon, 293-4, 403, 437, 443
Turguêniev, Ivan, 245, 251, 270, 287, 423
Turner, Joseph, 277
TWU, por Serra, 398-400, 406

"Uivo", por Ginsberg, 339, 364, 368
Ulisses, por Joyce, 175, 233, 298, 362, 367, 370
Understanding media, por McLuhan, 37-38
União Soviética: desenvolvimento pseudofáustico na, 95-6; manifestações políticas na, 332-3; radicalismo surreal na, 332; *v. tb.* Rússia

"unidimensional, o homem", 40-1, 201, 413
Urbanisme, L', por Le Corbusier, *v. City of tomorrow, The*
urbanismo: modelos para modernização sem, 285-9; *v. tb.* antiurbanismo
urbanismo modernista, 197-200, 202--3, 371-2; automação como objetivo do, 197-9; confrontos e colisões evitados no, 196, 200; críticas contemporâneas ao, 202; ironia trágica do, 202; segmentação espacial e social no, 200
utopismos, visão de Fausto e, 91-3

vanguarda, pseudorreligiosidade da, 145
Veblen, Thorstein, 423
velocidade, aura sexual da, 64
Venturi, Robert, 44
Verlaine, Paul, 159
Vida contra a morte, por Brown, 99, 363
Vignoles, Charles, 441
visão pastoral: de Baudelaire, 161-70; de Jacobs, 377-80; nos anos 1960, 101-4
vita activa, 115
Vontade de potência, A, por Nietzsche, 204, 423-4

Weber, Max, 39, 46-7, 412
Weinberg, Alvin, 106, 420
Williams, William Carlos, 44, 339, 362
Wilson, Edmund, 214, 431, 434
Wolfe, Bertram, 293
Woman warrior, por Kingston, 392

xá do Irã, 45, 97

Zamiatin, Evgeni, 214, 288-9, 368, 413, 441
Zinoviev, Alexander, 332, 424

MARSHALL BERMAN nasceu em Nova York e fez seus estudos na Bronx High School of Science e nas universidades de Columbia, Oxford e Harvard. Desde o final da década de 1960, é professor de teoria política e urbanismo na City University, em Nova York. É autor de dois outros livros — *The politics of authenticity* e *Aventuras no marxismo* (Companhia das Letras, 2001) —, bem como de inúmeros artigos sobre cultura e política. É membro do conselho editorial de *Dissent* e contribui regularmente para *The Nation*.

COMPANHIA DE BOLSO

Jorge AMADO
  Capitães da Areia
  Mar morto
Carlos Drummond de ANDRADE
  Sentimento do mundo
Hannah ARENDT
  Homens em tempos sombrios
  Origens do totalitarismo
Philippe ARIÈS, Roger CHARTIER (Orgs.)
  História da vida privada 3 — Da Renascença
    ao Século das Luzes
Karen ARMSTRONG
  Em nome de Deus
  Uma história de Deus
  Jerusalém
Paul AUSTER
  O caderno vermelho
Ishmael BEAH
  Muito longe de casa
Jurek BECKER
  Jakob, o mentiroso
Marshall BERMAN
  Tudo que é sólido desmancha no ar
Jean-Claude BERNARDET
  Cinema brasileiro: propostas para uma
    história
Harold BLOOM
  Abaixo as verdades sagradas
David Eliot BRODY, Arnold R. BRODY
  As sete maiores descobertas científicas da
    história
Bill BUFORD
  Entre os vândalos
Jacob BURCKHARDT
  A cultura do Renascimento na Itália
Peter BURKE
  Cultura popular na Idade Moderna
Italo CALVINO
  Os amores difíceis
  O barão nas árvores
  O cavaleiro inexistente
  Fábulas italianas
  Um general na biblioteca
  Os nossos antepassados
  Por que ler os clássicos
  O visconde partido ao meio
Elias CANETTI
  A consciência das palavras
  O jogo dos olhos
  A língua absolvida
  Uma luz em meu ouvido

Bernardo CARVALHO
  Nove noites
Jorge G. CASTAÑEDA
  Che Guevara: a vida em vermelho
Ruy CASTRO
  Chega de saudade
  Mau humor
Louis-Ferdinand CÉLINE
  Viagem ao fim da noite
Sidney CHALHOUB
  Visões da liberdade
Jung CHANG
  Cisnes selvagens
John CHEEVER
  A crônica dos Wapshot
Catherine CLÉMENT
  A viagem de Théo
J. M. COETZEE
  Infância
  Juventude
Joseph CONRAD
  Coração das trevas
  Nostromo
Mia COUTO
  Terra sonâmbula
Alfred W. CROSBY
  Imperialismo ecológico
Robert DARNTON
  O beijo de Lamourette
Charles DARWIN
  A expressão das emoções no homem e nos
    animais
Jean DELUMEAU
  História do medo no Ocidente
Georges DUBY
  Damas do século XII
  História da vida privada 2 — Da Europa
    feudal à Renascença (Org.)
  Idade Média, idade dos homens
Mário FAUSTINO
  O homem e sua hora
Meyer FRIEDMAN,
Gerald W. FRIEDLAND
  As dez maiores descobertas da medicina
Jostein GAARDER
  O dia do Curinga
  Maya
  Vita brevis
Jostein GAARDER, Victor HELLERN,
Henry NOTAKER
  O livro das religiões

Fernando GABEIRA
O que é isso, companheiro?
Luiz Alfredo GARCIA-ROZA
O silêncio da chuva
Eduardo GIANNETTI
Auto-engano
Vícios privados, benefícios públicos?
Edward GIBBON
Declínio e queda do Império Romano
Carlo GINZBURG
Os andarilhos do bem
História noturna
O queijo e os vermes
Marcelo GLEISER
A dança do Universo
O fim da Terra e do Céu
Tomás Antônio GONZAGA
Cartas chilenas
Philip GOUREVITCH
Gostaríamos de informá-lo de que amanhã seremos mortos com nossas famílias
Milton HATOUM
A cidade ilhada
Cinzas do Norte
Dois irmãos
Relato de um certo Oriente
Um solitário à espreita
Patricia HIGHSMITH
Ripley debaixo d'água
O talentoso Ripley
Eric HOBSBAWM
O novo século
Sobre história
Albert HOURANI
Uma história dos povos árabes
Henry JAMES
Os espólios de Poynton
Retrato de uma senhora
P. D. JAMES
Uma certa justiça
Ismail KADARÉ
Abril despedaçado
Franz KAFKA
O castelo
O processo
John KEEGAN
Uma história da guerra
Amyr KLINK
Cem dias entre céu e mar
Jon KRAKAUER
No ar rarefeito

Milan KUNDERA
A arte do romance
A brincadeira
A identidade
A ignorância
A insustentável leveza do ser
A lentidão
O livro do riso e do esquecimento
Risíveis amores
A valsa dos adeuses
A vida está em outro lugar
Danuza LEÃO
Na sala com Danuza
Primo LEVI
A trégua
Alan LIGHTMAN
Sonhos de Einstein
Gilles LIPOVETSKY
O império do efêmero
Claudio MAGRIS
Danúbio
Naguib MAHFOUZ
Noites das mil e uma noites
Norman MAILER (JORNALISMO LITERÁRIO)
A luta
Janet MALCOLM (JORNALISMO LITERÁRIO)
O jornalista e o assassino
A mulher calada
Javier MARÍAS
Coração tão branco
Ian McEWAN
O jardim de cimento
Sábado
Heitor MEGALE (Org.)
A demanda do Santo Graal
Evaldo Cabral de MELLO
O negócio do Brasil
O nome e o sangue
Luiz Alberto MENDES
Memórias de um sobrevivente
Jack MILES
Deus: uma biografia
Vinicius de MORAES
Antologia poética
Livro de sonetos
Nova antologia poética
Orfeu da Conceição
Fernando MORAIS
Olga
Toni MORRISON
Jazz
V. S. NAIPAUL
Uma casa para o sr. Biswas

Friedrich NIETZSCHE
Além do bem e do mal
Ecce homo
A gaia ciência
Genealogia da moral
Humano, demasiado humano
O nascimento da tragédia

Adauto NOVAES (Org.)
Ética
Os sentidos da paixão

Michael ONDAATJE
O paciente inglês

Malika OUFKIR, Michèle FITOUSSI
Eu, Malika Oufkir, prisioneira do rei

Amós OZ
A caixa-preta
O mesmo mar

José Paulo PAES (Org.)
Poesia erótica em tradução

Orhan PAMUK
Meu nome é Vermelho

Georges PEREC
A vida: modo de usar

Michelle PERROT (Org.)
História da vida privada 4 — Da Revolução
Francesa à Primeira Guerra

Fernando PESSOA
Livro do desassossego
Poesia completa de Alberto Caeiro
Poesia completa de Álvaro de Campos
Poesia completa de Ricardo Reis

Ricardo PIGLIA
Respiração artificial

Décio PIGNATARI (Org.)
Retrato do amor quando jovem

Edgar Allan POE
Histórias extraordinárias

Antoine PROST, Gérard VINCENT (Orgs.)
História da vida privada 5 — Da Primeira
Guerra a nossos dias

David REMNICK (JORNALISMO LITERÁRIO)
O rei do mundo

Darcy RIBEIRO
Confissões
O povo brasileiro

Edward RICE
Sir Richard Francis Burton

João do RIO
A alma encantadora das ruas

Philip ROTH
Adeus, Columbus
O avesso da vida
Casei com um comunista
O complexo de Portnoy
Complô contra a América
A marca humana
Pastoral americana

Elizabeth ROUDINESCO
Jacques Lacan

Arundhati ROY
O deus das pequenas coisas

Murilo RUBIÃO
Murilo Rubião — Obra completa

Salman RUSHDIE
Haroun e o Mar de histórias
Oriente, Ocidente
O último suspiro do mouro
Os versos satânicos

Oliver SACKS
Um antropólogo em Marte
Enxaqueca
Tio Tungstênio
Vendo vozes

Carl SAGAN
Bilhões e bilhões
Contato
O mundo assombrado pelos demônios

Edward W. SAID
Cultura e imperialismo
Orientalismo

José SARAMAGO
O Evangelho segundo Jesus Cristo
História do cerco de Lisboa
O homem duplicado
A jangada de pedra

Arthur SCHNITZLER
Breve romance de sonho

Moacyr SCLIAR
O centauro no jardim
A majestade do Xingu
A mulher que escreveu a Bíblia

Amartya SEN
Desenvolvimento como liberdade

Dava SOBEL
Longitude

Susan SONTAG
Doença como metáfora / AIDS e suas metáforas
A vontade radical

Jean STAROBINSKI
Jean-Jacques Rousseau

I. F. STONE
O julgamento de Sócrates

Keith THOMAS
O homem e o mundo natural
Drauzio VARELLA
Estação Carandiru
John UPDIKE
As bruxas de Eastwick
Caetano VELOSO
Verdade tropical
Erico VERISSIMO
Caminhos cruzados
Clarissa
Incidente em Antares
Paul VEYNE (Org.)
História da vida privada 1 — Do Império
Romano ao ano mil

XINRAN
As boas mulheres da China
Ian WATT
A ascensão do romance
Raymond WILLIAMS
O campo e a cidade
Edmund WILSON
Os manuscritos do mar Morto
Rumo à estação Finlândia
Edward O. WILSON
Diversidade da vida
Simon WINCHESTER
O professor e o louco

1ª edição Companhia das Letras [1986] 19 reimpressões
2ª edição Companhia das Letras [2005] 1 reimpressão
1ª edição Companhia de Bolso [2007] 10 reimpressões

Esta obra foi composta pela Verba Editorial em
Janson Text e impressa pela Gráfica Bartira em
ofsete sobre papel Pólen Natural da Suzano S.A.

A marca FSC® é a garantia de que a madeira utilizada na fabricação do papel deste livro provém de florestas que foram gerenciadas de maneira ambientalmente correta, socialmente justa e economicamente viável, além de outras fontes de origem controlada.